Planung und Auslegung von Computernetzen

Informatik

Sandra Krüger, Helmut Balzert

HTML5, XHTML & CSS, 2. Auflage

Websites systematisch & barrierefrei entwickeln

Djamshid Tavangarian, Daniel Versick

Basiswissen Rechnerstrukturen & Betriebssysteme

Werner Poguntke

Basiswissen IT-Sicherheit

Das Wichtigste für den Schutz von Systemen & Daten

Management

Klaus Mentzel

BWL für Manager

Das Wichtigste an Beispielen erklärt

Roman Bendisch, Andreas Führer

Projekte managen mit Microsoft Project 2007

Projekte auch in stürmischen Zeiten auf Erfolgskurs halten

Zu allen diesen Bänden gibt es »E-Learning-Zertifikatskurse« unter www.W3L.de.

Sachbuch

Klaus Schmeh

Codeknacker gegen Codemacher, 2. Auflage

Die faszinierende Geschichte der Verschlüsselung

Patrick-Benjamin Bök
York Tüchelmann

Planung und Auslegung von Computernetzen

Systematik und methodische Vorgehensweise

W3L-Verlag | Herdecke | Witten

Autoren:
Patrick-Benjamin Bök
E-Mail: boek@iis.rub.de
Prof. Dr. York Tüchelmann
E-Mail: tuechelmann@iis.rub.de

Bibliografische Information der Deutschen Nationalbibliothek:
Die Deutsche Nationalbibliothek verzeichnet diese Publikation in der Deutschen Nationalbibliografie. Detaillierte bibliografische Daten sind im Internet über `http://dnb.ddb.de/` abrufbar.

Gesamtgestaltung: Prof. Dr. Heide Balzert, Herdecke

Herstellung: Miriam Platte, Witten

Satz: Das Buch wurde aus der E-Learning-Plattform W3L automatisch generiert. Der Satz erfolgte aus der Lucida, Lucida sans und Lucida casual.

Druck und Verarbeitung: CPI buchbücher.de GmbH, Birkach

Vorwort

Zielsetzung

Die Planung und Auslegung eines Computernetzes stellt in aller Regel hohe Ansprüche an das Planungsteam. Im Wesentlichen sind dafür folgende Aspekte ausschlaggebend: Erwartungen hinsichtlich der Leistungsfähigkeit des Netzes werden durch die Endnutzer lediglich informell formuliert. Dies ist nachvollziehbar, da das Netz für den Nutzer letztendlich nicht mehr als ein Vehikel für einen zeitlich zufriedenstellenden und sicheren Transport von multimedialen Daten ist. Hinzu kommt, dass das Benutzerverhalten unter Einbeziehung der Dienste und Anwendungen sowie der Nutzungshäufigkeiten im Tagesverlauf, woraus die Datenflüsse und somit die Netzlasten resultieren, zu Beginn eines Projektes kaum vollständig und selten quantifiziert vorliegen. Darüber hinaus muss sich das Planungsteam in der Regel mit bereits vorhandenen, historisch gewachsenen und damit nicht optimalen Netzstrukturen auseinandersetzen.

So erfolgen Planung und Auslegung von Computernetzen meist primär auf der Basis von rein technischem Wissen über Computernetze, deren Komponenten wie Router, Switches etc. sowie Techniken zur Realisierung. Ein erfahrener Netzplaner verfügt sicherlich über fundiertes technisches Basiswissen und darüber hinaus auch über spezifische Detailkenntnisse zu den Produkten verschiedener Anbieter von Netzwerkkomponenten.

Es ist jedoch unabdingbar, nicht-technische Gegebenheiten und Randbedingungen der Endnutzer im Planungs- und Auslegungsprozess ebenfalls zu berücksichtigen. Fazit ist, dass die Planung und Auslegung von Computernetzen einen hoch komplexen Prozess mit einer Vielzahl von Parametern und internen Abhängigkeiten darstellt. Um hier nicht nur mehr oder weniger zufriedenstellende Lösungen zu erhalten, sondern eine weitestgehend optimale Lösung, bedarf es einer strukturierten, methodischen und nachhaltigen Vorgehensweise. Dies ist insbesondere unter dem Aspekt der Vermeidung von Fehlinvestitionen von Bedeutung.

Viele namhafte Anbieter von Equipment für Computernetze bieten umfangreiche Literatur zur Auslegung von Computernetzen an. Hier ist jedoch der technische Aspekt bestimmend. Eine in sich geschlossene und konsistente Planungssystematik, die alle Teilprozesse der Planung umfasst, beginnend mit der detaillierten Erfassung des Ist-Zustandes und der Anforderungen des Endnutzers – sprich Kunden – über die Entwicklung der Netzarchitektur bis hin zur Aufnahme des Produktivbetriebes, existiert in der Literatur derzeit nicht.

Dieses Buch vermittelt eine derartige Systematik zur strukturierten und methodischen Planung und Auslegung von Computernetzen, die abhängig vom jeweiligen Projekt insbesondere in der Phase der technischen Umsetzung des Planungs- und Auslegungsergebnisses durch herstellerspezifische Literatur zu verschiedensten Mechanismen und Architekturen ergänzt werden kann.

Zielgruppen

Eine Zielgruppe für dieses Buch sind Studierende an Universitäten und Hochschulen, die im Rahmen ihres Studiums bereits technisches Basiswissen zu Computernetzen erworben haben und dieses um eine Systematik zur Planung und Auslegung von Enterprise Computernetzen erweitern möchten. Ferner richtet sich dieses Buch an IT-Verantwortliche und technische Mitarbeiter in Unternehmen, Verwaltungen und Institutionen, die bereits mit dem Support und der Weiterentwicklung von Computernetzen befasst sind, jedoch das meist aus der Praxis erworbene Wissen um methodisches Fachwissen erweitern möchten, das zur erfolgreichen Umsetzung zukünftiger Projekte beitragen kann.

Neue Didaktik

Um Ihnen als Leser das Lernen zu erleichtern, wurde für die W3L-Lehrbücher eine neue Didaktik entwickelt. Der Buchaufbau und die didaktischen Elemente sind auf der vorderen Buchinnenseite beschrieben.

Kostenloser E-Learning-Kurs

Ergänzend zu diesem Buch gibt es den kostenlosen E-Learning-Kurs »Parameter der Netzplanung«, der zusätzlich zahlreiche Tests erhält, mit denen Sie Ihr Wissen überprüfen können. Sie finden den Kurs auf der Website `http://Akademie.W3L.de`. Unter `Startseite & Aktuelles` finden Sie in der Box `E-Learning-Kurs zum Buch` den Link zum `Registrieren`. Nach der Registrierung und dem Einloggen geben Sie bitte die folgende Transaktionsnummer (TAN) ein: `6025619136`.

Vom Lesen zum Zertifikat

Wenn Sie Ihren Lernerfolg überprüfen wollen, dann sollten Sie den kostenpflichtigen, gleichnamigen E-Learning-Kurs auf `http://Akademie.W3L.de` buchen. Tests und Aufgaben helfen Ihnen, Ihr Wissen zu vertiefen und zu festigen. Mentoren und Tutoren betreuen Sie dabei. Bei erfolgreichem Abschluss erhalten Sie ein Test- und ein Klausurzertifikat, mit dem Sie Ihren Erfolg dokumentieren können.

Aktuelle Informationen

Ein Buch enthält trotz aller Anstrengungen immer noch Fehler und Verbesserungsmöglichkeiten. Kritik und Anregungen sind daher jederzeit willkommen. Aktuelle Informationen und Korrekturen zu diesem Buch finden Sie im zugehörigen E-Learning-Kurs (siehe oben).

Danksagung

Für die Anregungen und Hinweise zum Abschnitt Security-Architektur danken wir Herrn M.Sc. Stefan Spitz, wissenschaftlicher Mitarbeiter in der Arbeitsgruppe Integrierte Informationssysteme der Ruhr-Universität Bochum. Für die Unterstützung bei der Gestaltung von Grafiken sowie der Einarbeitung von Korrekturen danken wir Herrn B.Sc. Joachim Bick, wissenschaftliche Hilfskraft in der Arbeitsgruppe Integrierte Informationssysteme. Den studentischen Hilfskräften Frau Katharina Kohls, Herrn B.Sc. Thomas Szeremeta und Herrn B.Sc. Rafael Schypula der Arbeitsgruppe Integrierte Informationssysteme sowie Frau Katharina Wiedner, Studienrätin am Gymnasium Petrinum Dorsten, danken wir für das Korrekturlesen und die sich daraus ergebenden wertvollen Hinweise.

Ihre Autoren

Patrick-Benjamin Bök
York Tüchelmann

Inhalt

1 Aufbau und Gliederung *

Dieses Buch behandelt die Planung und Auslegung von Enterprise-Computernetzen. Um abstrakte Inhalte zu veranschaulichen und so die inhaltliche Erarbeitung zu erleichtern, umfasst der Text zahlreiche Beispiele. Das Buch beinhaltet neben der Beschreibung des Planungs- und Auslegungsprozesses für Enterprise-Computernetze sowohl technische als auch nicht-technische Grundlagen, die jedoch lediglich zur Auffrischung von erwartetem Grundlagenwissen über Computernetze dienen.

Allgemeines Wissen

Unterschiedliche Einflussgrößen, Planungs- und Auslegungsparameter bestimmen die Planung und Auslegung von Computernetzen. Von besonderer Bedeutung ist dabei, dass nicht nur technische Parameter einbezogen werden, sondern auch z. B. Organisation, Geschäftsprozesse, Workflows sowie andere Rahmenbedingungen im Unternehmen, da diese Einfluss auf die gesamte IT haben. Deshalb werden zusätzlich zu den technischen Parametern unternehmensspezifische sowie nicht-technische Einflussfaktoren in Bezug auf das zu planende Computernetz diskutiert:

- »Einflussgrößen, Planungs- und Auslegungsparameter«, S. 3

Grundlagen

Die nachhaltige Planung und Auslegung eines Computernetzes setzt ein systematisches und strukturiertes Vorgehen voraus. Hierzu werden Grundlagen vermittelt, auf denen das Buch basiert. Um eine möglichst hohe Transparenz und Flexibilität für alle an der Planung Beteiligten zu erreichen, wird der gesamte höchst komplexe Planungs- und Auslegungsprozess in fünf aufeinander aufbauende Phasen strukturiert. Ein Problem bei der Planung und Auslegung stellt der Umgang mit komplexen Netzstrukturen und Szenarien dar. Um dies handhabbar zu gestalten, werden verschiedene Strukturierungsschemata aufgezeigt. Mit entscheidend für eine erfolgreiche Projektplanung und ein effizientes Projektmanagement ist zudem eine angemessene und stets aktuelle Dokumentation des gesamten Planungs- und Auslegungsprozesses:

- »Grundlagen der Planung und Auslegung«, S. 27

5 Phasen

Der Prozess der Planung und Auslegung eines Computernetzes wird in fünf aufeinander aufbauende, jeweils mehrschrittige Phasen gliedert.

Phase 1

In der ersten Phase werden die vorhandenen Rahmenbedingungen sowie die Anforderungen an das zu entwerfende oder zu überarbeitende Computernetz erfasst und daraus Datenflüsse entwickelt, die bezüglich ihrer Anforderungen analysiert werden:

- »Phase 1 – Rahmenbedingungen & Anforderungen erfassen«, S. 57

Phase 2 In der zweiten Phase werden die vier grundlegenden Architekturen (Basisarchitekturen) des Computernetzes entwickelt. Diese Basisarchitekturen – nämlich Switching-, Routing-, Security- sowie Performance-Architektur – müssen in jedem Fall entworfen und umgesetzt werden:

- »Phase 2 – Basisarchitekturen entwickeln«, S. 151

Phase 3 In der dritten Phase werden Architekturen entwickelt, die besondere Bereiche, Anwendungen oder Dienste betreffen. Dabei sind die Computernetz-Management-Architektur sowie die Content-Delivery-Architektur von besonderer Bedeutung. Aufgrund ihrer Herstellerabhängigkeit werden die ebenfalls relevanten Architekturen für Voice-Transport und Multimedia in diesem Buch nicht behandelt:

- »Phase 3 – Erweiterungsarchitekturen entwickeln«, S. 255

Phase 4 In der vierten Phase werden die erarbeiteten Ergebnisse technisch konkretisiert. Dabei werden Verbindungsmechanismen bestimmt, Computernetzelemente ausgewählt und das Layout des Computernetzes festgelegt. Ergebnis dieser Phase sind somit die Blaupausen für das Computernetz:

- »Phase 4 – Hardware auswählen und positionieren«, S. 295

Phase 5 In der fünften Phase des Planungs- und Auslegungsprozesses wird der Netzentwurf geprüft, validiert, und im Falle einer erfolgreichen Validierung im Rahmen der Installation und Inbetriebnahme realisiert:

- »Phase 5 – Entwurf prüfen und umsetzen«, S. 299

2 Einflussgrößen, Planungs- und Auslegungsparameter *

In die Planung und Auslegung von Computernetzen dürfen nicht nur technische Parameter einbezogen werden, da Struktur, Organisation, Workflows und weitere Rahmenbedingungen eines Unternehmens in aller Regel einen nicht unerheblichen Einfluss auf IT-Systeme, deren Vernetzung, die Informationsverarbeitung und die Informationsflüsse haben. Informationen sind mittlerweile zu einem weiteren Produktionsfaktor geworden, die den Erfolg eines Unternehmens am Markt mitbestimmen. Nicht-technische Parameter haben für den Planungs- und Auslegungsprozess daher eine nicht zu unterschätzende Bedeutung:

- »Unternehmensspezifische Einflussfaktoren«, S. 3
- »Nicht-technische und technische Auslegungsparameter«, S. 14

Von zentraler Relevanz sind zudem die sogenannten **Performance-Parameter**, **Zuverlässigkeit**, **Datenrate** und **Verzögerung**. Auf der Basis dieser Parameter lassen sich letztlich die von den Benutzern und durch die Anwendungen bestimmten Anforderungen an das zu planende Computernetz quantifizieren:

- »Performance-Parameter«, S. 19

2.1 Unternehmensspezifische Einflussfaktoren *

Die Verfügbarkeit von Informationen, und zwar zeitgerecht am gewünschten Ort und in der benötigten Zusammenstellung, ist heute mehr denn je Teil der Geschäftsgrundlage für Unternehmen, Verwaltungen und andere Organisationen, gleich welcher Art. Damit tragen Computernetze als Teil der IT-Infrastruktur wesentlich zum Geschäftserfolg bei:

- »Informationen, Computernetze und Unternehmenserfolg«, S. 4

Ein Netz im Hinblick auf die zu erfüllenden Anforderungen und Funktionen optimal zu planen und auszulegen stellt an die **Computernetzdesigner** hohe Ansprüche. In der Regel werden Anforderungen lediglich informell formuliert, unabhängig davon, ob sie durch Benutzer beschrieben werden oder durch die Anwendungen bestimmt sind. Die Zahl der bei Planung zu berücksichtigenden Parameter ist hoch, die Abhängigkeiten zwischen den Parametern sind häufig komplex. Planungs- und Designhilfen für Computernetze in Form **geschlossener mathematischer Lösungen** existieren nicht. Unter diesen Randbedingungen sind **Erfahrung** und **Methodik des Planers** entscheidend für die optimale Auslegung eines Netzes:

- »Randbedingungen des Netzdesigns«, S. 5

Wichtige Basisinformationen liefern in diesem Kontext unternehmensspezifische informationslogistische Parameter, die sich aus der Unternehmensstruktur, den unternehmensinternen und -externen Geschäftsprozessen sowie den daraus resultierenden Workflows ableiten lassen:

- »Unternehmensweite informationslogistische Parameter«, S. 7

2.1.1 Informationen, Computernetze und Unternehmenserfolg **

Erfolgreiches Arbeiten in Wirtschaft und Verwaltung ist heute nur möglich, wenn die zur Abwicklung der Geschäftsprozesse erforderlichen Informationen jederzeit verfügbar sind. Insoweit tragen Computernetze als Informationstransportsystem entscheidend zum Unternehmenserfolg bei. Das Fehldesign eines Computernetzes hat so nicht nur Fehlinvestitionen zur Folge. Es induziert auch Opportunitätskosten, wenn die Ressource »Computernetz« nicht den Anforderungen entsprechend arbeitet, was i. d. R. zu Nutzen- oder Erlösminderungen führt.

Verfügbarkeit von Informationen

Der **wirtschaftliche Erfolg** von Unternehmen sowie öffentlichen Institutionen wird in hohem Maße und mit steigender Tendenz erheblich durch die Verfügbarkeit von zeitgerecht abrufbaren und bereitgestellten Informationen, in einer für den jeweiligen Zweck aufbereiteten Zusammenstellung, beeinflusst. Durch eine optimale Bereitstellung der zur Erreichung eines Zieles relevanten Informationen kann sich ein Unternehmen von seinen Wettbewerbern absetzen. So tragen Informationen beispielsweise wesentlich zum Erfolg oder Misserfolg von Unternehmen bei und entscheiden mit darüber, ob ein Unternehmen am Markt zu den Gewinnern oder zu den Verlierern zählt. Häufig wird daher **Information** in Erweiterung der Gutenberg'schen Produktionsfaktor-Definition als eigenständiger **Produktionsfaktor** betrachtet.[1]

Produktionsfaktor Information

Wie schnell, zuverlässig und sicher ein Endnutzer über die von ihm gewünschten Informationen verfügen kann, hängt zum einen maßgeblich von der Effizienz der Softwaresysteme ab, gleichgültig in welchem Bereich, ob beispielsweise klassische Fi-

[1] Eine teilweise recht kontroverse Diskussion dazu wird bereits seit den siebziger Jahren des vorigen Jahrhunderts geführt und soll an dieser Stelle nicht aufgenommen werden. Stellvertretend für viele weitere seien hier für den interessierten Leser drei Literaturstellen angegeben, die sich mit dieser Thematik befassen: [Muel09], [Seid98], [LSW08]

nanzbuchhaltung, CAD für die Produktentwicklung, Dokumentenmanagement oder Multimedia-Anwendungen. Zum anderen hat die Infrastruktur der Computernetze wesentlichen Einfluss darauf, den **Produktionsfaktor Information** optimal nutzen zu können. So kommt der **Netzinfrastruktur** als Teil der gesamten **IT-Infrastruktur**, insbesondere vor dem Hintergrund immer höherer Anforderungen an die Performance, eine ständig wachsende Bedeutung zu. Sie ist daher bei der mittel- und langfristigen Unternehmensplanung im Hinblick auf die **Investitionssicherheit** und **Produktivität** nachhaltig zu berücksichtigen. Dabei stehen Fragestellungen bezüglich der Bildung sinnvoller Netzhierarchien in Unternehmensnetzen, die Ermittlung funktionsbezogener Subnetze sowie die Umsetzung von Strategien und Regeln zur **IT-Sicherheit** im Vordergrund.

Kein nachhaltiges Konzept

Trotz der Bedeutung der Netzinfrastruktur für die Produktivität und die Arbeitseffizienz von Unternehmen und öffentlichen Institutionen[2], wie beispielsweise Verkehrsbetrieben, Krankenhäusern, Landes- oder Bundesämtern, wurden und werden Planung und Auslegung von Computernetzen im LAN- und WAN-Bereich häufig nicht strukturiert und methodisch durchgeführt. Dies hat in aller Regel **Fehlinvestitionen** zur Folge. Die Ursache liegt, wie Recherchen und Netzanalysen belegen, zu einem wesentlichen Teil darin, dass Netze offensichtlich als Folge kurzfristiger Problemlösungs- und Managemententscheidungen, hinter denen kein nachhaltiges Konzept steht, gewissermaßen organisch wachsen [Wigg04]. Neben der gerade in diesem Bereich rasanten und vielfältigen technischen Entwicklung, die eine Vielzahl von Vernetzungsvarianten ermöglicht, ist ein wesentlicher Grund für dieses Problem häufig der **hohe Zeitdruck**, unter dem insbesondere im industriellen Umfeld Vernetzungsprojekte durchgeführt werden müssen. Eine alle Aspekte umfassende Netzplanung ist unter diesen Randbedingungen in der Regel kaum umsetzbar, da sie einen hohen Zeit- und Kostenaufwand erfordert.

2.1.2 Randbedingungen des Netzdesigns *

Ein Netzplaner wird bei Projektstart in aller Regel mit folgenden Randbedingungen umgehen müssen: Rein verbale Formulierung der Anforderungen durch den Auftraggeber, ungenaue Beschreibungen des Benutzerverhaltens hinsichtlich Zugriffshäufigkeiten und -zeiten im Tagesverlauf sowie historisch gewachsene Netzstrukturen, die üblicherweise nicht optimal sein können.

[2] Im Folgenden wird im Sinn der einfacheren Lesbarkeit generell der Begriff Unternehmen verwendet.

Sowohl Planung als auch Auslegung und technische Spezifikation von Computernetzen sind durch die folgenden Merkmale und Randbedingungen gekennzeichnet:

Informelle Anforderungen

In der Regel sind es globale, meist lediglich **informell formulierte Anforderungen**, die im Rahmen der konkreten Planung und der technischen Realisierung eines Netzes umgesetzt werden müssen.

Keine geschlossene mathematische Lösung

Planungs- und Designhilfen für Computernetze in Form geschlossener mathematischer Lösungen existieren nicht. Erfahrung und Methodik des Planers sind entscheidend für das Design eines Netzes und dessen Effizienz im Alltagsbetrieb. Die Auswirkungen eines Fehldesigns können gravierend sein, insbesondere dann, wenn **unternehmenskritische Anwendungen** und damit die Kerngeschäftsprozesse eines Unternehmens betroffen sind.

Auslegungsparameter

Die Auslegung eines Netzes wird durch eine Vielzahl von Parametern bestimmt. Wesentliche Auslegungs-Parameter, insbesondere die aus **Benutzerverhalten** und **Anwendungen** zu erwartenden Netzlasten, können nicht bzw. nur unzureichend erfasst und quantifiziert werden. Befragungen der Benutzer können zwar Basisdaten liefern, sind jedoch nicht zielführend, da Benutzer üblicherweise keine Statistiken führen und auch nicht führen sollten, wann sie welche Anwendungen im Kontext welcher Geschäftsprozesse verwenden. Darüber hinaus ist der Erfassungsaufwand in großen Unternehmensnetzen kaum zu rechtfertigen.

Kommentar

James D. McCabe – erfahrener Netzplaner und Consultant in den USA, u. a. für die NASA, sowie Universitätsdozent – beschreibt die Komplexität des Netzdesigns folgendermaßen [Mcca98]:

»Network design is somewhat of an art, combining rules on evaluating and choosing network technologies, knowledge about how technologies, services, and protocols work, and experience in what works and what doesn't.«

»... there are many ways to achieve design goals and there is rarely a single right answer – although there are often many wrong ones!«

Netze wachsen permanent

Die Planungsprozesse werden immer komplexer. Dies liegt darin begründet, dass die Netze permanent wachsen und damit die Zahl der Endgeräte, *Switches*, *Router* und *Firewalls* zunimmt – vielfach mit unterschiedlichen Eigenschaften bezüglich Technik sowie strukturellen und technischen Merkmalen. Neue, immer datenintensivere Anwendungen – insbesondere aus dem Multimediabereich – erfordern immer mehr Performance, d. h. höhere **Übertragungsraten**, geringere **Verzögerungen** sowie eine hohe **Zuverlässigkeit**. Da Netze aufgrund dieser Anforderungen und den daraus resultierenden Anpassungs- und Erweiterungsmaßnahmen wie oben bereits angesprochen *organisch* wachsen, wird zwangsläufig in gewissen Zeitabständen ein ***Redesign*** des Netzes erforderlich und zwar sowohl hinsichtlich der Netzstruktur als auch im Hinblick auf den technischen Fortschritt.

Beispiel

Ein eindrucksvolles Beispiel dazu ist in [AGW+08] ausführlich beschrieben. Ein großer deutscher Versicherungskonzern hatte bis 2008 circa 500 verschiedene Computernetze, die bis 2010 auf 50 bis 60 Netze reduziert werden sollten – für den verantwortlichen CIO eine enorme Herausforderung. Hier hat offensichtlich ein historisch bedingter Wildwuchs stattgefunden, der das Geschäft erheblich behindert. Mit 2 Milliarden Datensätzen und 72 Millionen Versicherungsverträgen bilden die Computernetze gewissermaßen das »Nervensystem« und mit ihren in die Netze integrierten Speichersystemen zugleich das »Gedächtnis« des Konzerns. In der IT des Konzerns, der die drei Sparten Sachversicherung, Lebens- und Krankenversicherung umfasst, existierte kein spartenübergreifendes Computernetz. Auch ein Datenabgleich zwischen Anwendungen der drei Sparten war u. a. deshalb nicht möglich. So mussten Kunden nach einem Umzug der Versicherung ihre neue Adresse oft mehrfach mitteilen. Innendienstmitarbeiter konnten die Gesamtzahl der Policen eines Kunden nicht auf einen Blick sehen. Neustrukturierung und Modernisierung der IT des Konzerns erfordern hohe Investitionen: etwa 120 Millionen Euro.

2.1.3 Unternehmensweite informationslogistische Parameter **

Ein Unternehmen ist durch seine Unternehmensarchitektur, die durch die Aufbauorganisation, die Ablauforganisation, die zugehörigen Geschäftsprozesse sowie die daraus resultierenden Workflows näher beschrieben wird, global gekennzeichnet. Aus diesen Zusammenhängen lassen sich die informationslogistischen Parameter bestimmen, die maßgeblich für die Auslegung eines Computernetzes verantwortlich sind.

Unternehmensarchitektur

Grundsätzlich soll die Vernetzung von IT-Systemen es jedem Benutzer ermöglichen, unabhängig von seinem Standort durch Nutzung der im Netz vorhandenen Ressourcen die für ihn relevanten Informationen zeitgerecht, vollständig und unverfälscht zu erhalten. Da die Benutzer nicht unabhängig voneinander arbeiten, sondern innerhalb von Unternehmen und über deren Grenzen hinweg, kommt der **Unternehmensarchitektur** sowie den im Unternehmen und an den **Schnittstellen** zur Außenwelt ablaufenden Geschäftsprozessen für die Planung und Auslegung von Computernetzen eine hohe Bedeutung zu.

Informations-logistische Abläufe

Im Kontext der Informationsverarbeitung in Unternehmen ist ein Aspekt der Unternehmensarchitektur das Zusammenwirken und die gegenseitige Beeinflussung von IT-Systemkomponenten und Geschäftsprozessen. Wesentlich für die Netzplanung ist dabei, die aus den Geschäftsprozessen resultierenden **informations-logistischen Abläufe** in ihrer Gesamtheit zu analysieren und zu bewerten. Abb. 2.1-1 zeigt diese Zusammenhänge auf.

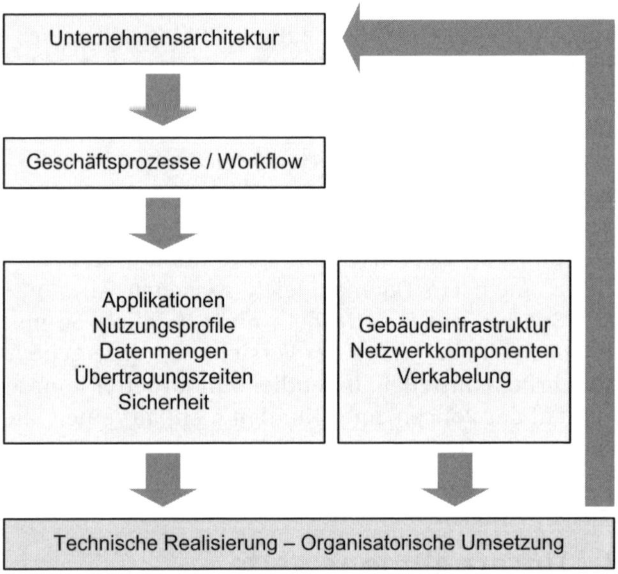

Abb. 2.1-1: Wirkungszusammenhang zwischen Unternehmensarchitektur und daraus resultierenden Einflussgrößen auf die Netzplanung.

Informations-logistische Parameter

Die informationslogistischen Parameter, die die Auslegung der Computernetze in Unternehmen maßgeblich mit bestimmen, können aus der Unternehmensarchitektur abgeleitet werden. Ein zweckmäßiges Vorgehen ist dabei, wesentliche Teilaspekte der Unternehmensarchitektur, nämlich die Aufbauorganisation und die Ablauforganisation näher zu betrachten.[3]

Hierarchisches Gerüst

Die **Aufbauorganisation** bildet das hierarchische Gerüst eines Unternehmens. Sie legt fest, welche Aufgaben ausgehend von der Gesamtaufgabe des Unternehmens von welchen Mitarbeitern mit welchen Ressourcen durchzuführen sind. Zweck der Aufbauorganisation ist es damit, eine zielgerichtete, arbeitsteilige Glie-

[3]Diese Begriffe werden zwar heute im Vergleich beispielsweise zu SOA (Service Oriented Architectures) häufig als antiquiert angesehen, sind aber wohldefiniert und daher gut geeignet zur systematischen Ableitung der informationslogistischen Parameter.

derung und Ordnung der Prozessabläufe im Unternehmen durch die Bildung von **Aufgabenpaketen** und deren Verteilung auf zugeordnete **Organisationseinheiten** zu erreichen. Dies sind beispielsweise Bereiche, Hauptabteilungen, Abteilungen und Gruppen. In Abb. 2.1-2, Abb. 2.1-3 und Abb. 2.1-4 werden beispielhaft einige Hauptformen der Aufbauorganisation veranschaulicht.

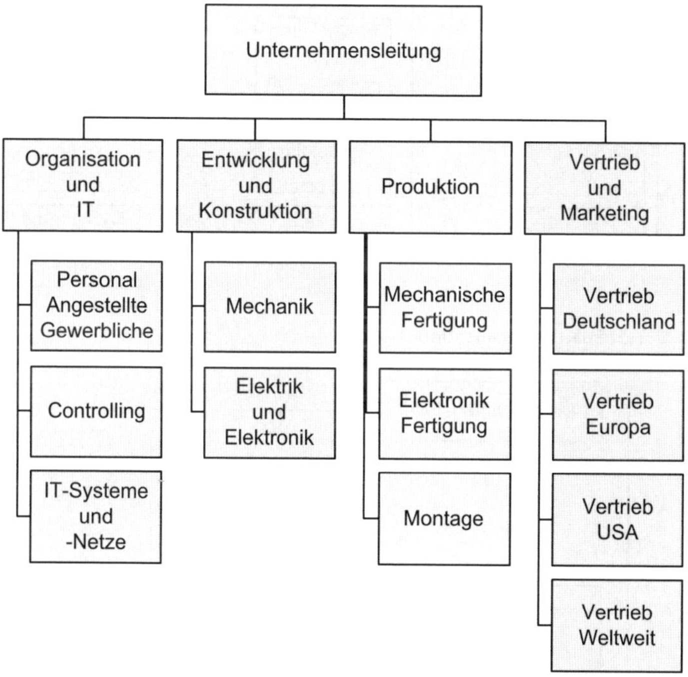

Abb. 2.1-2: Funktionale Organisation.

Prozessabläufe

Es ist leicht nachvollziehbar, dass die Aufbauorganisation unmittelbaren Einfluss auf die **Prozessabläufe** zwischen den jeweiligen Unternehmensbereichen und den zugehörigen Abteilungen hat. Die Prozessabläufe wiederum bestimmen die Informationsflüsse im Unternehmen und wirken sich damit auf die Struktur der Computernetze und die Auslegung der IT-Komponenten aus. Dies betrifft sowohl standortbezogene und lokale Netze als auch ein standortübergreifendes Intranet. Durch die Ablauforganisation werden die innerhalb der Rahmenbedingungen der Aufbauorganisation abzuwickelnden Arbeits- und Informationsprozesse festgelegt. Anschaulich formuliert heißt das: »Wer bearbeitet, welche Aufgabe(n), wie, wann, wo, womit und in Zusammenarbeit mit wem.«

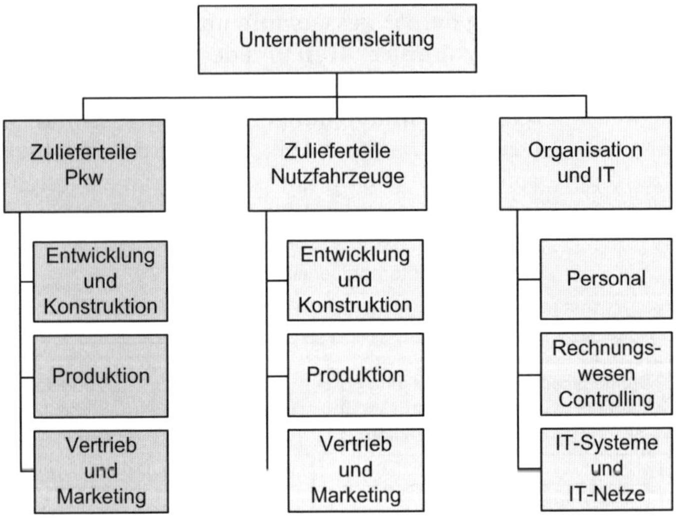

Abb. 2.1-3: Spartenorganisation.

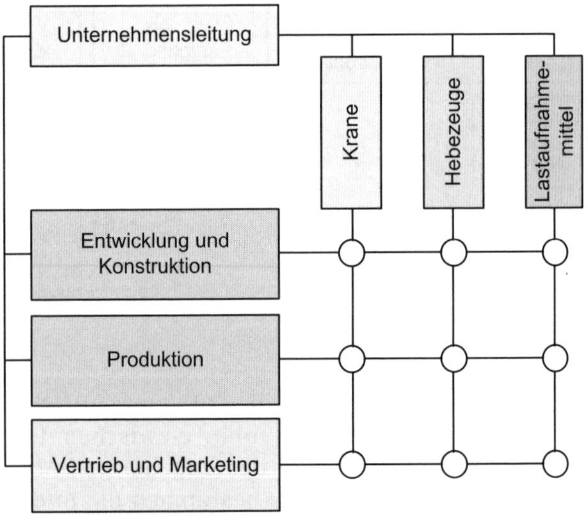

Abb. 2.1-4: Matrixorganisation.

Prozessketten

Die **Ablauforganisation** ergibt sich aus der Organisationsstruktur und legt auf Basis der Aufbauorganisation Einzelheiten hinsichtlich der Prozesse fest. Dies sind z. B. die Gliederung der Arbeitsprozesse in einzelne Schritte sowie die zeitliche Reihenfolge der Prozessschritte, der Einsatz von Ressourcen und die räumlichen Zuordnungen der Arbeitsprozesse. Durch die ablaufbedingten Verknüpfungen der Prozesse entstehen Prozessketten, die die **Workflows** im Unternehmen erzeugen. Mit Fokus auf die IT-Systeme bestimmen die Prozesse Workflows, benötigte Anwendungen, Zugriffs- und Übertragungshäufigkeiten, zu übertragende Datenmengen, zeitliche Anforderungen sowie Sicherheitserfordernisse (Abb. 2.1-5).

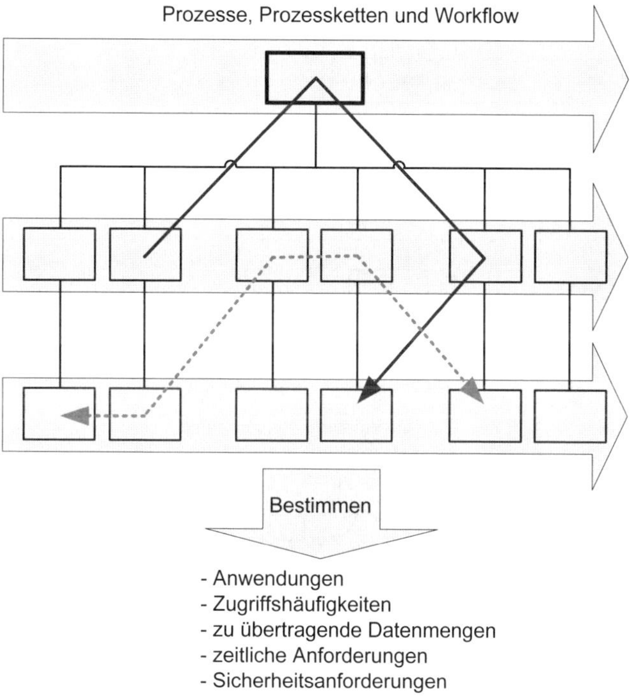

Abb. 2.1-5: Ablauforganisation mit Prozessen, Prozessketten und Workflows.

Informationsflussorientierte Sicht

Im Hinblick auf die Planung und Auslegung von IT-Systemen sind diese Zusammenhänge in eine informationsflussorientierte Sicht zu transformieren. Dies bedeutet, die sich aus den **Workflows** im Unternehmen ergebenden Informationsflüsse zu identifizieren, in Bezug auf die in Abb. 2.1-5 aufgeführten Parameter zu spezifizieren und soweit möglich zu quantifizieren. Die Abb. 2.1-6 skizziert diese grundsätzliche Vorgehensweise in abstrahierter Form.

Wirkungskette

Grundsätzlich lassen sich diese Zusammenhänge über die **Wirkungskette** »Geschäftsprozess – dem jeweiligen Geschäftsprozess zugeordnete Nutzer – die vom Nutzer zur Durchführung des Geschäftsprozesses benötigten IT-Anwendungen – üblicherweise von der Anwendung transferiertes Datenvolumen – Zugriffshäufigkeiten auf die jeweilige Applikation« quantifizieren und daraus letztlich Lastprofile ableiten (Abb. 2.1-7). Jeder Nutzer verursacht mittels der von ihm verwendeten Anwendungen im Zeitverlauf einen für ihn **typischen Informationsfluss**, der

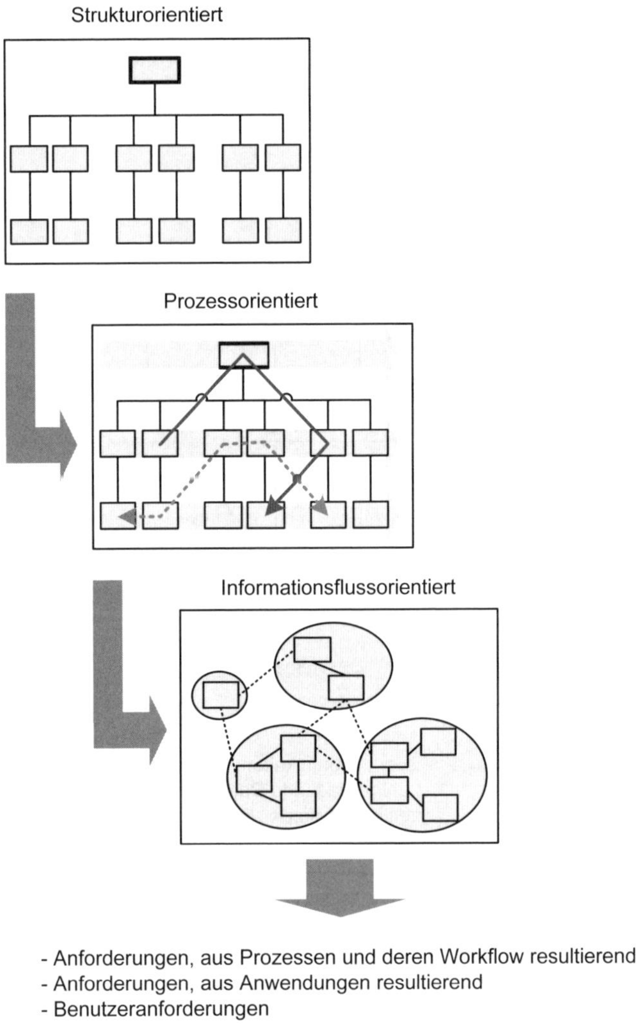

Abb. 2.1-6: Struktur-, prozess- und informationsflussorientierte Sicht.

einen Teil der insgesamt im Unternehmen zu erwartenden Belastung eines Computernetzes und seiner Komponenten ausmacht. Je nach Branche und Geschäftsfeld ist der Begriff Nutzer hier nicht auf die Mitarbeiter eines Unternehmens beschränkt, sondern kann auch Ressourcen wie beispielsweise Produktionsanlagen oder automatisierte Transportsysteme umfassen, die ihrerseits ereignisgesteuert Informationsflüsse generieren.

Abschätzung von Netzlasten

Die hier aufgezeigte **Methodik** zur Abschätzung zu erwartender Netzlasten kann als Basis systematischer Planung und Auslegung von Computernetzen dienen. Ein Hinderungsgrund, diese Methodik in der Praxis anzuwenden, liegt häufig darin begründet, dass

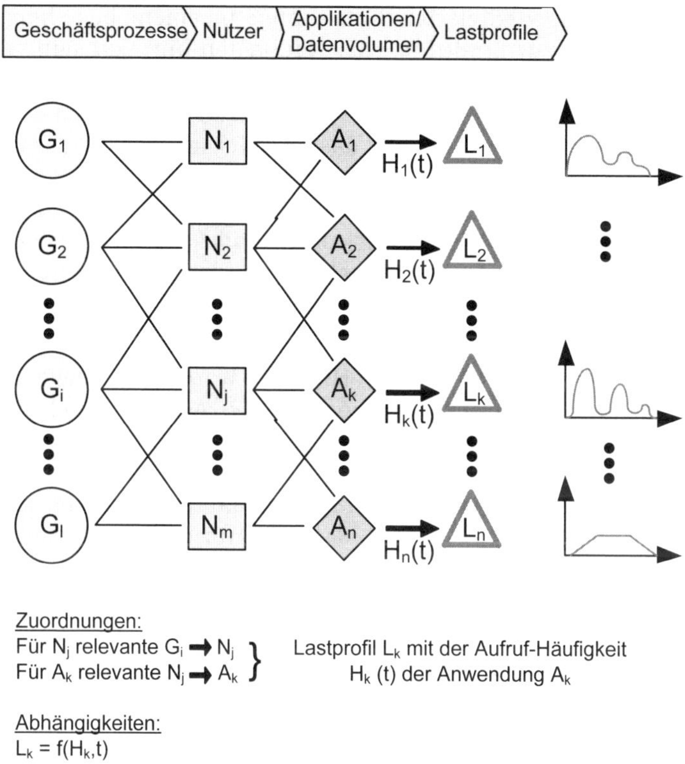

Abb. 2.1-7: Prinzipielle Wirkungskette zur Bestimmung von Lastprofilen.

Ermittlung und Quantifizierung der oben beschriebenen und in Abb. 2.1-7 grafisch veranschaulichten Zusammenhänge in der Regel mit einem hohen Analyse-, Mess- und Dokumentationsaufwand verbunden sind. Dennoch sollten Netzplaner, insbesondere auch im Zuge des Netz-Redesigns, bestrebt sein, gemäß einer derartigen Methodik vorzugehen.

Messungen an Anwendungen

Notwendige Basis sind per **Messung** ermittelte, von den Anwendungen erzeugte Netzlasten. Abhängig von der Anzahl der Anwendungen und den gegebenenfalls stark variierenden Datenvolumina je Übertragungsvorgang ist genau zu analysieren, welche Datenvolumina und Häufigkeiten Lastprofile charakterisieren. Hier empfiehlt es sich, unter Berücksichtigung des tageszeitlichen Verlaufes unterschiedliche Lastszenarien zu betrachten. Insbesondere ein Szenario, das für den **Unternehmenserfolg** signifikante Anwendungen mit ihren Spitzenlasten berücksichtigt und ein Szenario, das lediglich von Lastdurchschnittswerten ausgeht, sollten berücksichtigt werden. Ein Beispiel ist die zeitliche Verteilung der eingehenden Anrufe bei einem Callcenter-Dienstleister.

Messungen an Netzknoten

Messungen an dedizierten Netzknoten in einem bestehenden Netz können zur Ermittlung der Netzlasten hilfreich sein, sind jedoch nicht in jedem Fall aussagekräftig und zielführend im Hinblick auf eine neu zu planende Netzstruktur. Dazu sei an dieser Stelle noch einmal auf das Beispiel in [AGW+08] verwiesen: Um zur Planung einer Strukturmaßnahme 500 verschiedene Computernetze auf 50 bis 60 Netze zu reduzieren, sind Lastmessungen bestenfalls hilfreich im Hinblick auf die Auslegung begrenzter Subnetzbereiche, nicht jedoch bei der Planung eines nachhaltigen integrierten Gesamtkonzeptes.

Die Zuordnungen Geschäftsprozesse – Nutzer – Anwendungen lassen sich am effektivsten mit Hilfe von Workflow-Managementsystemen dokumentieren, wenngleich der Aufwand auch dabei nicht zu unterschätzen ist. Allerdings ist das Ergebnis – nämlich eine Dokumentation der Geschäftsprozesse, deren Verknüpfungen und Abhängigkeiten sowie der daran beteiligten Mitarbeiter – nützlich, um Unternehmensstruktur und Prozessabläufe transparent zu machen, damit ineffiziente Strukturen zu erkennen und ggf. zu verändern.

2.2 Nicht-technische und technische Auslegungsparameter **

Die Planung und Auslegung von Computernetzen wird u.a. durch die Einwirkung des Netzplaners auf verschiedenste technische und nicht-technische Auslegungsparameter gesteuert. Die technischen Auslegungsparameter der Anwendungen, der Hosts sowie des Computernetzes spielen dabei ebenso eine wichtige Rolle, wie die nicht-technischen Auslegungsparameter, die durch das auftraggebende Unternehmen vorgegeben sind. Die nicht-technischen Auslegungsparameter schränken die Möglichkeiten des Netzplaners beim Entwurf des Computernetzes ein.

Rahmenbedingungen

Anforderungen

Die Grundlage der Planung und Auslegung von Computernetzen bilden die Anforderungen an das zu erstellende Netz. Die Anforderungen an die Auslegung eines Computernetzes resultieren aus den Anforderungen der Applikationen, die Nutzer benötigen, um ihre Geschäftsprozesse abzuwickeln. Im Hinblick auf die **Zukunftssicherheit** des zu konzipierenden Computernetzes sind ggf. sich im Zeitverlauf ändernde Geschäftsprozesse sowie ein mögliches Unternehmenswachstum als Anforderungen mit einzubeziehen.

Randbedingungen

Die Anforderungen werden durch verschiedenste **Randbedingungen** beeinflusst. Wesentliche Randbedingungen sind:

- Eine bereits bestehende Netzinfrastruktur, die ganz oder teilweise modifiziert oder unverändert weiter genutzt werden soll.
- Gebäudetopologie mit Verteilerräumen und Kabelkanälen.
- Einschlägige Normen, Gesetzesvorschriften sowie sicherheitstechnische Richtlinien, die notwendigerweise zu erfüllen sind.
- Personelle Ressourcen hinsichtlich Administration und Wartung des Computernetzes.

Transparenz

Der Netzplaner arbeitet daher in dem durch die Randbedingungen vorgegebenen Rahmen. Es ist seine Aufgabe durch Modifikation von Auslegungsparametern, innerhalb des vorgegebenen Rahmens, eine zufriedenstellende, optimale Lösung zu entwickeln. Im Hinblick auf die Transparenz des Planungs- und Auslegungsprozesses ist es zweckmäßig zwischen nicht-technischen und technischen Auslegungsparametern zu differenzieren. Da die Auslegungsparameter unterschiedliche und durchaus entgegengesetzte Zielrichtungen haben können, sind ihre Abhängigkeiten und Wechselwirkungen zu prüfen und entsprechend zu berücksichtigen.

Grüne Wiese

Heutzutage werden nur noch in seltenen Fällen Netze von Grund auf neu, also auf der »grünen Wiese« geplant. Häufig existieren bereits Computernetze in gegebenen Gebäudestrukturen, die bei der Planung und Auslegung berücksichtigt werden müssen. Damit sind technische Randbedingungen vorgegeben und die Freiheitsgrade der technischen Auslegungsparameter hinsichtlich des neu zu konzipierenden Computernetzes eingeschränkt. Erscheint es nicht sinnvoll, die Strukturen des vorhandenen Computernetzes in die neue Struktur zu integrieren, so sollte die vollständige Beseitigung einer derartigen »Altlast« aus Motivationsgründen in Absprache und in Kooperation mit den für die Netzadministration verantwortlichen Mitarbeitern erfolgen.

In diesem Kapitel werden folgende weitere Themen behandelt:

2.2.1 Nicht-technische Auslegungsparameter **

Die nicht-technischen Auslegungsparameter sind primär durch betriebswirtschaftlich motivierte sowie durch von den Mitarbeitern im Unternehmen gestellten Anforderungen, daraus abgeleiteten Zielen und Randbedingungen bestimmt. Diese Auslegungsparameter stehen in der Regel in direktem Zusammenhang mit dem Unternehmenserfolg.

Budget

Ein für die Realisierung eines Projekts wesentlicher nicht-technischer Auslegungsparameter ist das zur Verfügung stehende **Budget**. Budgetrestriktionen können dabei nicht nur die Möglichkeiten bei Technik- und Komponentenauswahl einschränken, sondern auch die personellen Kapazitäten hinsichtlich Planung und Auslegung.

Mitarbeiter

Die **Mitarbeiter** eines Unternehmens – sowohl die Nutzer als auch Administratoren – stellen einen weiteren nicht-technischen Auslegungsparameter dar, der die Planung und Auslegung sowie den späteren Betrieb signifikant beeinflusst. Dieser Auslegungsparameter erlaubt jedoch, ebenso wie das Budget, kaum eine Einflussnahme, sondern ist in der Regel eine gegebene Randbedingung.

Arbeitsverhalten

Das **Arbeitsverhalten** der Mitarbeiter und somit die Nutzung der IT beeinflussen maßgeblich das Verhalten und die Performance eines Computernetzes. Durch die Nutzung der bereitgestellten Anwendungen wird Netzverkehr erzeugt. Es ist daher wichtig, das Verhalten der Mitarbeiter im Vorfeld zu analysieren. Nur so können die Workflows bei der Planung und Auslegung entsprechend berücksichtigt werden. Auch sollten Entscheidungen, die diese Arbeitsabläufe beeinflussen könnten, mit den betroffenen Mitarbeitern besprochen werden, um die spätere **Akzeptanz** bei diesen zu fördern.

Neben den Nutzern sind in jedem Fall die mit der Administration und dem Support des Computernetzes befassten Mitarbeiter in den Planungs- und Auslegungsprozess einzubeziehen. Die **Fähigkeiten** und **Fortbildungspotenziale** der administrativen Mitarbeiter sollten bei der Auswahl von Lösungen mitberücksichtigt werden, da eine hoch komplexe Lösung nur nutzbringend sein kann, sofern die Mitarbeiter dazu in der Lage sind, diese zu bedienen und zu warten.

Strukturen und Regelwerke

Unternehmensinterne **Strukturen** und **Regelwerke**, beispielsweise Sicherheits- oder Datenschutzrichtlinien, bestimmen im Kontext der den Mitarbeitern zugeteilten Aufgaben deren Rechte und Pflichten. Diese Strukturmerkmale und Regeln müssen auch auf die IT-Anwendungen übertragen werden, da sie erste Anhaltspunkte für funktionale Anforderungen, wie beispielsweise für zu berücksichtigende Sicherheitsmechanismen geben, welche letztendlich die technische Auslegung bestimmen. Auch regeln sie die Zuständigkeiten der Mitarbeiter für die einzelnen Aufgabenbereiche.

2.2.2 Technische Auslegungsparameter **

Die technischen Auslegungsparameter offerieren dem IT-Spezialisten viele Möglichkeiten zur Regelung der Informationsflüsse, um das System so zu gestalten, dass die an das Netz gestellten Anforderungen eingehalten und die vereinbarten Ziele erreicht werden können.

Restrukturierung

Die **Restrukturierung** eines Computernetzes führt nicht nur zu Veränderungen für Nutzer und Administratoren. Sie bietet gleichzeitig die Chance, die IT-Infrastruktur eines Unternehmens zu analysieren und neuen Anforderungen entsprechend anzupassen. Durch eine detaillierte Analyse der Ist-Struktur des Computernetzes einschließlich der einzelnen Netzkomponenten wie beispielsweise *Switches*, *Router*, *Server* oder *Firewalls*, können vorhandene – unter Umständen nicht als solche wahrgenommene – **Flaschenhälse** identifiziert werden. Flaschenhälse können nicht nur durch ein falsch dimensioniertes Computernetz bzw. die dort verwendeten Elemente und Technologien, sondern auch durch Hosts und darauf laufenden Anwendungen verursacht werden. Im Planungs- und Auslegungsprozess können die technischen Auslegungsparameter gewissermaßen als **Regelparameter** dienen.

Anwendungsparameter

Die Anwendungsparameter stehen in direktem Zusammenhang mit dem Betrieb einer Computernetz-Anwendung. Aufgrund der Tatsache, dass häufig viele der eingesetzten Anwendungen **proprietäre Anwendungen** sind, ist eine Konfiguration der Parameter, die das Verhalten der Anwendung im Computernetz mit bestimmen, nur selten möglich. Daraus können sich Probleme ergeben, wenn Anwendungen für den Einsatz in lokalen Netzen ausgelegt und unter Idealbedingungen in lokalen Netzen getestet wurden, dann jedoch unangepasst im WAN eingesetzt werden.

Lokale Probleme

Lokale Probleme, wie beispielsweise die Ressourcenauslastung auf einem Host, können durch Variation der Host-Parameter häufig gelöst werden. Hingegen lassen sich beispielsweise die **Antwortzeitelastizität** oder die von der Anwendung verwendeten Protokolle nur sehr selten beeinflussen, obwohl diese Anwendungsparameter bekanntermaßen signifikante Auswirkungen auf die Anwendung insgesamt haben können. Von daher muss ebenfalls in Betracht gezogen werden, die Anwendung selbst gegen eine alternative Anwendung auszutauschen.

Strategische Entscheidungen

Die Signifikanz der Anwendungsparameter, bezogen auf das Computernetz, wird zusätzlich von strategischen Entscheidungen beeinflusst. Werden hauptsächlich lokale Anwendungen verwendet, so werden die Anwendungsparameter nur einen geringen Einfluss auf das Computernetz haben. Werden jedoch zum Großteil verteilte oder Remote- bzw. **Terminal-Anwendungen** verwendet, so haben die Anwendungsparameter einen erheblichen Einfluss auf die Planung und Auslegung. Bei der Auswahl von Anwendungen sollte geprüft werden, ob die nachfolgend aufgeführten Parameter zumindest partiell modifizierbar sind.

Beispiele für Anwendungsparameter

- Kommunikationsarchitektur der Anwendung (Client-Server, Peer-to-Peer, Multi-Tier Client-Server etc.)
- Ressourcenverbrauch (Auslastung der CPU, Hauptspeicherbelegung)
- Protokolle (Protokolle der Anwendungs- und Transportschicht)
- Antwortzeitelastizität (zulässige Toleranzbereiche hinsichtlich der Antwortzeiten)
- Sicherheit (Verfahren für Verschlüsselung und Authentifizierung)
- Initiator (Benutzerinitiierung oder Systeminitiierung)

Host-Parameter

Die Host-Parameter beziehen sich auf die im Computernetz vorhandenen oder zu integrierenden Hosts. Hosts können sowohl die Dienst anfordernden Clients (Client-Hosts) als auch die Dienst anbietenden Server (Server-Hosts) darstellen. Bei bereits vorhandenen Hosts sind die Host-Parameter weitestgehend vorgegeben und können nur bedingt geändert werden. Hingegen ist eine Einflussnahme bei neu zu integrierenden Hosts im Rahmen der Planung und Auslegung in der Regel möglich.

Auswahl von IT-Komponenten

Die für die Auswahl von IT-Komponenten relevanten Parameter werden häufig in Form von **Benchmarks** bewertet. Dabei spielen unter anderem die Leistung der CPU sowie die Größe des Hauptspeichers eine entscheidende Rolle. Bei der Planung werden die Host-Parameter häufig vernachlässigt, da nicht in Betracht gezogen wird, dass diese Parameter die Anwendungsparameter bzw. die Auswahl von Anwendungen beeinflussen, welche wiederum großen Einfluss auf das Computernetz haben können. Neben den bereits genannten Host-Parametern ist als weiterer Parameter die Kopplung an das Computernetz zu nennen. Dieser Parameter steht in direktem Zusammenhang mit den Netzparametern. Entscheidend für einen Host sind zusammenfassend nachfolgend aufgelistete Parameter.

Beispiele für Host-Parameter

- Leistung der CPU
- Größe des Hauptspeichers

- Größe des Cache
- Kopplung an das Computernetz (Netzwerkkarte)

Netzparameter

Gestaltungsvielfalt

Die Netzparameter spezifizieren die Eigenschaften der für ein Computernetz relevanten Komponenten. Bei der Planung und Auslegung von Computernetzen bieten die Netzparameter ein hohes Maß an Gestaltungsvielfalt. Dabei sind folgende übergeordnete Auslegungsmerkmale für die Planung und Auslegung von grundlegender Bedeutung.

Beispiele für Netzparameter

- Technik (Fast Ethernet, Gigabit Ethernet, Wi-Fi etc.)
- Topologie des Computernetzes
- Datendurchsatz (Pakete/Rahmen pro Zeiteinheit)
- Protokolle (IPv4, IPv6 etc.)
- Redundanz
- Skalierbarkeit
- Positionierung von Koppelelementen und Hosts
- Verbindungsarten (kabellose bzw. kabelgebundene Verbindungen)
- Physikalische Medien (Kupfer, Glasfaser)
- Subnetze (Variation der Größe bzw. Zugehörigkeitsklassen)
- Funktionalitäten bezogen auf die verschiedenen Schichten des TCP/IP-Modells

2.3 Performance-Parameter *

Erfolg der Umsetzung

Im Rahmen der Planung und Auslegung werden die technischen und nicht-technischen Auslegungsparameter durch den Netzplaner modifiziert, um ein den Anforderungen entsprechendes Computernetz zu entwerfen. Um den Erfolg der Umsetzung der an das Computernetz gestellten Anforderungen, am Ende des Planungs- und Auslegungsprozesses oder auch zwischenzeitlich, überprüfen zu können, müssen die anforderungsspezifischen Performance-Parameter quantifiziert werden. Die Einhaltung der Performance-Parameter wird maßgeblich durch die Ausgestaltung der technischen und lediglich indirekt durch die Ausgestaltung der nicht-technischen Auslegungsparameter beeinflusst.

Messbare Performance-Paramter

Messbare Performance-Parameter sind die **Zuverlässigkeit**, die **Datenrate** sowie die **Verzögerung**. Da sich diese gegenseitig beeinflussen können, ermöglicht ausschließlich der Kanon dieser drei Performance-Parameter eine fundierte Aussage über die Anforderungen einer Anwendung an die Performance des Computernetzes. Insbesondere fundierte Aussagen über die Qualität von **Ende-zu-Ende-Verbindungen** können nur auf Basis dieses Kanons objektiv und zuverlässig gemacht werden.

Folgende Performance-Parameter werden in diesem Kapitel vorgestellt:

2.3.1 Zuverlässigkeit *

Der Ausfall oder die Störung eines Systems kann erhebliche, hauptsächlich monetäre, Folgen für ein Unternehmen haben. Deshalb ergeben sich häufig Anforderungen an die Zuverlässigkeit, also den fehler- und verlustfreien Betrieb eines Systems.

Deterministisch und korrekt

Die **Zuverlässigkeit** eines Systems gibt an, inwieweit ein System deterministisch und korrekt arbeitet. Sie gibt zudem Auskunft darüber, wie schnell sich ein System nach einem Ausfall wieder in den normalen Zustand versetzen lässt. Verschiedene Metriken erlauben Aussagen über die Zuverlässigkeit des Systems. Die korrekte und deterministische Übertragung wird messbar, wenn man die Fehler- bzw. Verlustrate des Systems betrachtet. Die Anzahl verfälschter, fehlerhafter Bits in Relation zur Gesamtzahl der übertragenen Bits wird als ***Bit-Error-Rate (BER)***, die Anzahl verlorener Zellen bzw. Rahmen in Relation zur Gesamtzahl der übertragenen Zellen bzw. Rahmen als ***Cell-Loss-Rate (CLR)*** bezeichnet.

Wiederherstellbarkeit

Überschreiten diese Werte definierte Grenzen bzw. fallen Anwendungen, Dienste oder Systeme vollständig aus, ergibt sich die Frage nach der Wiederherstellbarkeit des normalen Zustands. Die Wiederherstellbarkeit beschreibt das Zeitintervall, das nach Beginn des fehlerhaften Verhaltens oder Ausfall des Dienstes bzw. Systems vergehen darf, bis der normale Zustand wieder hergestellt sein muss und wird als **Mean Time To Recover MTTR** bezeichnet. Die Zeit bis zum erwarteten Auftreten eines fehlerhaften, betriebsgefährdenden Verhaltens wird als **Mean Time Between Critical Failure MTBCF** bezeichnet. Auf Basis dieser beiden Metriken lässt sich die **Verfügbarkeit** quantifizieren. Die Verfügbarkeit setzt die *Mean Time Between Critical Failure*, in der kein Ausfall eintreten soll bzw. darf, in Relation zur Normbetriebszeit, die bei ausfallfreiem Betrieb zustande käme. Die Verfügbarkeit definiert keine festgeschriebene Relation, sondern ist für spezifische Zeitintervalle zu definieren. Liegt die Ausfallzeit im jeweils zulässigen Rahmen, kann von der erwarteten Verfügbarkeit ausgegangen werden.

$$MTBCF = Normbetriebszeit - MTTR$$

$$Verfügbarkeit = \frac{MTBCF}{Normbetriebszeit}$$

Beispiele für unterschiedliche Zuverlässigkeiten

In den Tabellen Tab. 2.3-1 und Tab. 2.3-2 wird die Verfügbarkeit für verschiedene Referenzzeiten exemplarisch dokumentiert. In beiden Tabellen wird eine Reihe zulässiger Ausfallzeiten in Bezug zu verschiedenen Referenzzeiträumen gesetzt. Die Tabellen unterscheiden sich jedoch hinsichtlich der berücksichtigten Betriebszeiten. In Tab. 2.3-1 wird die Verfügbarkeit bei einem Betriebstag mit 24 Stunden angesetzt. Hingegen wird in Tab. 2.3-2 ein Betriebstag mit 12 Stunden zugrunde gelegt. Eine solche projekt- bzw. anwendungsspezifische Unterscheidung ist notwendig, um den Grad der angestrebten Verfügbarkeit besser einordnen und damit Investitionen zur Einhaltung der Verfügbarkeit wirtschaftlicher gestalten zu können.

Zulässige Ausfallzeit i. B. a. eine(n)	**Stunde**	**Tag**	**Woche**	**Monat**	**Jahr**
1 Minute	98,333	99,931	99,990	99,998	100
5 Minuten	91,667	99,653	99,950	99,988	100
15 Minuten	75,000	98,958	99,851	99,965	100
60 Minuten	0	95,833	99,405	99,861	100
240 Minuten	0	83,333	97,619	99,445	99,998

Tab. 2.3-1: Verfügbarkeit bei Betriebstag mit 24 Stunden.

Zulässige Ausfallzeit i. B. a. eine(n)	**Stunde**	**Tag**	**Woche**	**Monat**	**Jahr**
1 Minute	98,333	99,861	99,980	99,995	100
5 Minuten	91,667	99,306	99,901	99,977	100
15 Minuten	75,000	97,917	99,702	99,931	100
60 Minuten	0	91,667	98,810	99,722	99,999
240 Minuten	0	66,667	95,238	98,890	99,997

Tab. 2.3-2: Verfügbarkeit bei Betriebstag mit 12 Stunden.

Die festzulegenden Werte hinsichtlich der Verfügbarkeit sollten wohl überlegt sein. Eine hohe Verfügbarkeit stellt unter Umständen hohe Anforderungen an die Redundanz des Computernetzes. Diese kann nur durch eine hochredundante Auslegung aller relevanten Komponenten des Computernetzes erreicht werden. Verfügbarkeiten jenseits der 99,99 Prozent sind in der Regel nur von theoretischer Relevanz.

Soll nun eine qualitative Aussage zur Zuverlässigkeit gemacht werden, müssen die zuvor beschriebenen Metriken miteinander in Relation gesetzt werden, wie in Tab. 2.3-3 exemplarisch dargestellt. Werden die jeweils definierten Grenz- und Schwellwerte eingehalten, so kann von der entsprechenden Zuverlässigkeit des Systems ausgegangen werden. Zu beachten ist, dass die Verfügbarkeit eines Systems i. d. R. nur gegeben ist, wenn die entsprechenden Grenzwerte für BER und CLR eingehalten werden.

Metrik / Zuverlässigkeit	Keine	Niedrig	Mittel	Hoch
BER	>10 %	5 %-10 %	1 %-5 %	<1 %
CLR	>5 %	2 %-5 %	1 %-2 %	<1 %
Verfügbarkeit	<75 %	75 %-90 %	90 %-97 %	>97 %

Tab. 2.3-3: Bewertung der Zuverlässigkeit.

2.3.2 Datenrate *

Die Leistungsfähigkeit eines Computernetzes hängt u. a. davon ab, wie schnell Daten zwischen zwei Punkten übertragen werden können. Der für die Charakterisierung verwendete Performance-Parameter ist die *Datenrate*.

Bits pro Sekunde

Die **Datenrate** gibt an, inwieweit ein System dazu in der Lage ist, eine bestimmte Anzahl Datenbits in einem Zeitintervall zwischen zwei Punkten zu übertragen. Sie ist eine Funktion der Bandbreite des verwendeten Übertragungsmediums. Die von Geräteherstellern gemachten, den Standards entsprechenden Angaben zur möglichen Datenrate betreffen in der Regel lediglich die Übertragung auf dem Medium selbst.[4] Die Angabe erfolgt üblicherweise mit der Anzahl der übertragenen Bits pro Sekunde (Bit/s). Man unterscheidet drei verschiedene Formen der Datenrate (vgl. Abb. 2.3-1):

Spitzendatenrate

Die **Spitzendatenrate (SDR)** beschreibt die kurzfristig, höchstmöglich auftretende Datenrate, mit der eine Anwendung sendet bzw. senden können muss oder darf.

[4] Folgender hier nicht hergeleiteter Zusammenhang zwischen Datenübertragungsrate und Bandbreite ist hier von Bedeutung: Bei der Übertragung rein binär codierter Signale ergibt sich eine maximale Bandbreitenausnutzung von 2 Bit/s pro Hertz Bandbreite bzw. bei einer geforderten Datenrate eines digitalen Signals von N Bit pro Sekunde wird mit einer Bandbreite von 2 N Hz eine sehr gute Repräsentation des ursprünglichen Signals erreicht.

Die Spitzendatenrate ist durch die Bitrate des physikalischen Mediums begrenzt.

Durchschnittliche bzw. minimale Datenrate

Die **durchschnittliche Datenrate (DDR)** beschreibt die im Mittel entstehende Datenrate. **minimale Datenrate (MDR)** beschreibt die durch eine Anwendung verursachte Mindestbelastung des Übertragungsmediums. Mittels der minimalen Datenrate (MDR) kann beispielsweise eine untere Schranke definiert werden, die für einen verlustfreien Betrieb einer Anwendung nicht unterschritten werden darf.

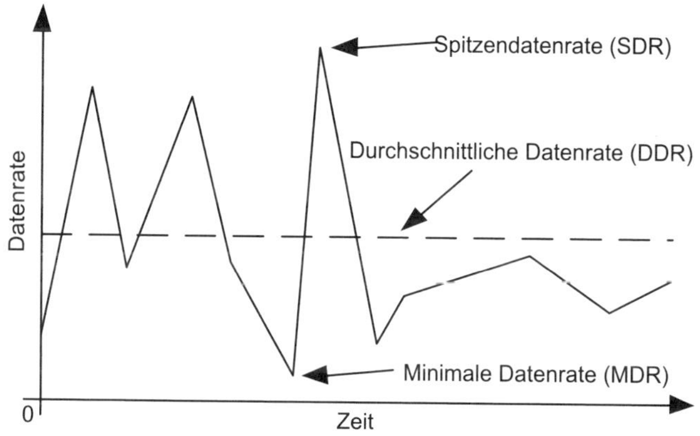

Abb. 2.3-1: Einordnung von Datenraten.

2.3.3 Verzögerung *

Die Elemente auf dem Übertragungspfad zwischen zwei Punkten verursachen bei der Übertragung von Informationen Verzögerungen, die die Leistungsfähigkeit des Computernetzes beeinflussen.

Ursachen für Verzögerung

Die entstehende Zeitdifferenz bei der Informationsübertragung zwischen einem Sender- und einem Empfängerknoten im Computernetz wird als Verzögerung bezeichnet. Die Verzögerung wird sowohl durch die vom Computernetz (Latenz der Koppelelemente, Ausbreitungsgeschwindigkeit des Signals auf dem Medium) als auch durch die von weiteren Systemkomponenten (z. B. Verarbeitung durch die Anwendung, Betriebssystem, Netzwerkkarte) induzierten Verzögerungen bestimmt. Je nach Anwendungsfall sind verschiedene Arten der Verzögerung, die jeweils Auskunft über verschiedene Abschnitte einer Kommunikationsstrecke geben, von Interesse (vgl. Abb. 2.3-2).

Ende-zu-Ende-Verzögerung

Die einfachste Form der Verzögerung ist die **Ende-zu-Ende-Verzögerung**. Mit der Ende-zu-Ende-Verzögerung wird die Zeit beschrieben, die ein Signal von einem Sender über das Netz zu einem Empfänger benötigt. Sie ergibt sich im Betrieb aus den auf einem Pfad im Computernetz resultierenden Verzögerungen, die durch die Ausbreitungsgeschwindigkeit des Signals auf dem Medium sowie durch die in den Koppelelementen entstehenden Latenzzeiten, beispielsweise induziert durch Warteschlangen, Puffergrößen oder die Leistung des verarbeitenden Netzprozessors, entstehen. Weiterhin sind auf Sender- und Empfängerseite die Verzögerungen durch die Verarbeitung im Netzwerk-Stack des Betriebssystems bis hin zur Ausgabe auf dem Medium mit zu berücksichtigen.

Round-Trip-Verzögerung

Die **Round-Trip-Verzögerung** umfasst sowohl die Verzögerung, die ein Signal von einem Sender über das Computernetz zu einem Empfänger benötigt, als auch die Zeit, die ein Antwortsignal über das Computernetz zurück zum Initiator benötigt. Ein naiver Ansatz beschreibt die Round-Trip-Verzögerung als zweifache Ende-zu-Ende-Verzögerung. Berücksichtigt wird dabei jedoch nicht, dass das Antwortsignal über einen anderen Pfad als die Anfrage geleitet werden kann, also abschnittsweise disjunkte Pfade mit verschiedenen Koppelelementen existieren.

Antwort-Verzögerung

Letztendlich berücksichtigt die **Antwort-Verzögerung** zusätzlich zur Round-Trip-Verzögerung die Dauer der Bearbeitung der Anfrage eines Senders beim beantwortenden Empfänger.

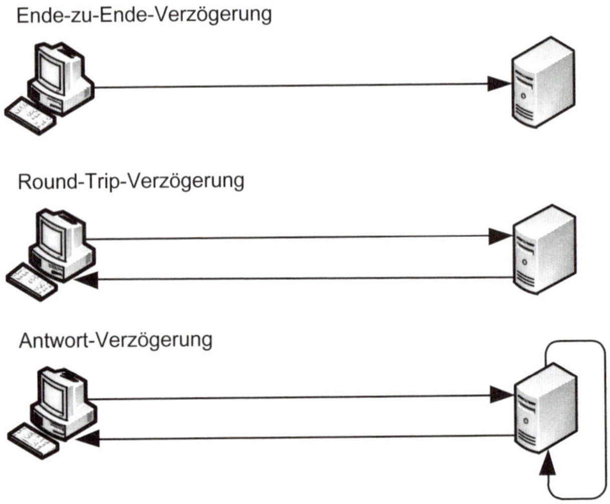

Abb. 2.3-2: Varianten der Verzögerung.

Jitter

Die verschiedenen Varianten der Verzögerung erlauben lediglich eine starre Quantifizierung. Daher wird zusätzlich zur entsprechenden Variante die Abweichung von der mittleren Verzögerungszeit berücksichtigt. Diese wird als Jitter der jeweiligen Verzögerung bezeichnet. Häufig wird zeitlich beschränkt zulässiger Jitter für die Beschreibung maximal zulässiger Abweichungen verwendet. Der Zusammenhang von Verzögerung und Jitter ist in Abb. 2.3-3 dargestellt.

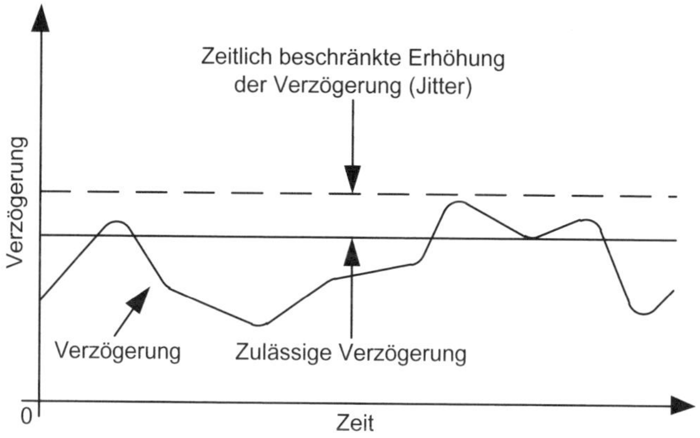

Abb. 2.3-3: Jitter.

3 Grundlagen der Planung und Auslegung *

Nachhaltigkeit

Die nachhaltige Planung und Auslegung eines Computernetzes setzt ein systematisches und strukturiertes Vorgehen voraus. Nachhaltigkeit bedeutet in diesem Zusammenhang, dass die Planung langfristig nachvollziehbar sein muss, um z. B. bei einer späteren Fehlersuche als fundierte Grundlage herangezogen werden zu können. Nachhaltigkeit bedeutet jedoch auch, dass der Entwurf eine angemessene Skalierbarkeit bezogen auf zukünftige Änderungen im Unternehmen berücksichtigen muss. Dabei muss gleichzeitig eine hohe Flexibilität im Vorgehen gewährleistet sein. Der in diesem Kapitel vorgestellte, iterative Prozess der Planung und Auslegung wird diesen Anforderungen gerecht:

- »Prozess der Planung und Auslegung«, S. 28

Strukturierung

Eine Problemstellung bei der Planung und Auslegung stellt der Umgang mit komplexen Netzstrukturen und Szenarien dar. Um diese handhabbar zu machen, empfiehlt es sich das zu planende Computernetz zu strukturieren. Eine derartige Strukturierung erlaubt dem Netzplaner die abschnittsweise Bearbeitung des Projekts und sorgt gleichzeitig für eine erhöhte Transparenz in der Planung und Auslegung. Transparenz wird in diesem Fall durch die Bildung von Teilprojekten geschaffen. In diesem Kapitel werden zwei unterschiedliche Strukturierungsvarianten behandelt. Diese ermöglichen die modularisierte Betrachtung des zu planenden Computernetzes. Die Planung und Auslegung eines Computernetzes wird so übersichtlich und effizient durchführbar:

- »Varianten der Strukturierung«, S. 38

Dokumentation

Mit entscheidend für eine fundierte und für alle Beteiligten nachvollziehbare Projektplanung ist die Dokumentation des gesamten Planungs- und Auslegungsprozesses. Abhängig vom Projektfortschritt muss die Dokumentation in unterschiedlichen Detaillierungsstufen erfolgen. Mit der Dokumentation wird auch die Basis geschaffen, Entscheidungsfindungsprozesse nachvollziehen zu können und Entscheidungen ggf. zu revidieren:

- »Dokumenation des Planungs- und Auslegungsprozesses«, S. 42

Validierung

Vor der Implementierung und Inbetriebnahme des Netzes ist zu überprüfen, ob das Ergebnis des Planungs- und Auslegungsprozesses die Anforderungen und die daraus resultierenden Funktionalitäten erfüllt. Dies kann durch Simulation oder durch ein realitätsnahes *Testbed* erfolgen:

- »Ermittlung und Bewertung der Güte der Planung und Auslegung«, S. 53

3.1 Prozess der Planung und Auslegung *

Fünf aufeinander aufbauende Phasen zeichnen den Prozess der Planung und Auslegung aus. Der Fokus des Prozesses liegt auf der frühen Erfassung und Analyse von Rahmenbedingungen und Anforderungen. Erfolgt die Durchführung dieses Schritts mit großer Sorgfalt, so wird dem Netzplaner der Entwurf der Architektur und damit auch die Auswahl von Hardware erleichtert. Spätestens bei der Inbetriebnahme wird sich zeigen, ob die Bemühungen in den frühen Prozessschritten ausreichend waren.

Prozessübersicht

Der Prozess der Planung und Auslegung eines Computernetzes kann in fünf aufeinander aufbauende Phasen (Abb. 3.1-1) gliedert werden, welche sich jeweils aus mehreren Schritten zusammensetzen.

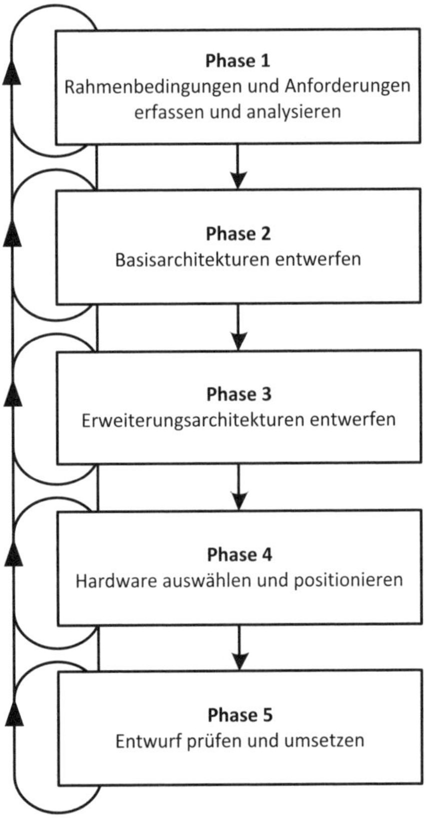

Abb. 3.1-1: Prozessübersicht.

Iterative Planung

Die Planung und Auslegung eines Computernetzes ist ein iterativer Vorgang, da die verschiedenen, aktuell betrachteten Phasen und Schritte Auswirkungen auf bereits abgeschlossene Phasen und Schritte haben können. Dadurch können Rücksprünge in eine vorangegangene Phase oder einen vorangegangenen Schritt erforderlich werden. Ebenso kann es zu einem erneuten, vollständigen Durchlauf des Prozesses kommen.

Beispiel für Rücksprünge

Angenommen in der Phase 5 des Prozesses, der Prüfung und Durchführung der Implementierung des Computernetzes, wird festgestellt, dass bereits das Ergebnis eines Schrittes der Phase 2 fehlerbehaftet gewesen ist. In diesem Fall müsste der entsprechende Schritt der Phase 2 überprüft bzw. erneut, jedoch im Hinblick auf den identifizierten Fehler, durchgeführt werden. Da die verschiedenen Phasen und in der Regel auch die jeweiligen Schritte der Phasen aufeinander aufbauen, müssen alle der Phase 2 nachfolgenden Phasen erneut durchlaufen bzw. hinsichtlich der sich ergebenden Änderungen überprüft werden. Ein weiterer Iterationsschritt muss jedoch nicht zwangsläufig durch Fehler ausgelöst werden, sondern kann auch durch sich während der Planung ergebende Änderungen der Computernetzstruktur verursacht werden.

In Phase 2 (Basisarchitekturen) wird im Rahmen der Entwicklung einer Switching-Architektur die Struktur des Computernetzes entworfen. Anschließend werden auf dieser Grundlage weitere Architekturen entwickelt. Angenommen in Phase 3 (Erweiterungsarchitekturen) kommt es im Rahmen der Entwicklung einer Content-Delivery-Architektur, bei der beispielsweise die Positionierung von Servern sowie deren Anzahl verändert wird, um die Performance des Computernetzes zu erhöhen, zu einer Änderung der Computernetzstruktur. In diesem Fall müssten alle auf der **Computernetztopologie** beruhenden Entscheidungen überarbeitet werden, sodass beginnend beim genannten Schritt der Phase 2 der Prozess neu durchlaufen wird. Ein Rücksprung ist in diesem Fall unumgänglich.

Nachfolgend werden die wesentlichen Inhalte der verschiedenen Phasen zusammenfassend erläutert.

Phase 1: Rahmenbedingungen und Anforderungen erfassen und analysieren

In der ersten Phase des Planungs- und Auslegungsprozesses (Abb. 3.1-2) werden die vorhandenen Rahmenbedingungen sowie die Anforderungen an das zu entwerfende oder zu überarbeitende Computernetz erfasst. Hieraus lassen sich Datenflüsse entwickeln, die bezüglich ihrer Anforderungen analysiert werden. Es ergeben sich drei aufeinander aufbauende Schritte:

1 Ist-Analyse
2 Anforderungsanalyse
3 Datenflussanalyse

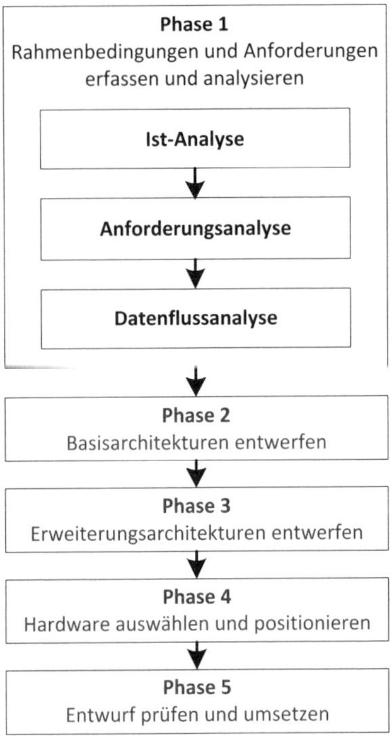

Abb. 3.1-2: Übersicht Phase 1.

Rahmenbedingungen erfassen

Im Rahmen der **Ist-Analyse** werden die für das Projekt relevanten Informationen und Rahmenbedingungen erfasst. Zunächst wird der Typ des Projekts bestimmt. Der Projekttyp gibt an, ob es sich beispielsweise um die Planung und Auslegung eines neuen oder die Erweiterung eines bereits bestehenden Computernetzes handelt. Die verschiedenen Projekttypen unterscheiden sich bez. ihres Fokus auf bestimmte Phasen und Schritte und insbesondere deren jeweilige Ausprägung im Rahmen der Planung und Auslegung. In der Ist-Analyse werden dementsprechend alle relevanten Informationen zu gegebenen Unternehmensstrukturen und Computernetzstrukturen, aber beispielsweise auch die auf den ersten Blick vernachlässigbaren gebäudetechnischen Parameter, wie die Aufteilung der Etagen oder die bauliche Beschaffenheit von Wänden, erfasst. Die Auswahl von Techniken für das zu entwickelnde Computernetz kann durch die gebäudetechnischen Parameter eingeschränkt sein, wenn beispielsweise die Beschaffenheit der Wände eine Verwendung von kabellosen Verbindungsmechanismen (Wireless LAN) unmöglich macht.

Anforderungen erfassen

In der **Anforderungsanalyse** werden zunächst die Anwendungen und Dienste, welche das Computernetz als Übertragungsmittel nutzen oder zukünftig nutzen werden, erfasst. Die erfassten Anwendungen und Dienste werden bez. ihrer Kommunikationsarchitektur, also ob beispielsweise eine Client-Server- oder eine Peer-to-Peer-Kommunikationsarchitektur vorliegt, analysiert. Anschließend werden die jeweiligen Anforderungen der Anwendungen und Dienste, wie beispielsweise Anforderungen an die Zuverlässigkeit oder an eine zu garantierende Datenrate, erfasst.

Verhaltensprofile entwickeln

Aufbauend auf den Ergebnissen der Ist-Analyse sowie den Ergebnissen der Anforderungsanalyse werden zum Abschluss dieses Schrittes **Verhaltensprofile** für die im Unternehmen existierenden Benutzergruppen ermittelt. Verhaltensprofile beinhalten u. a. Informationen zu den von einem Benutzer in Anspruch genommenen Anwendungen und Diensten sowie Informationen über die Nutzungshäufigkeit der einzelnen Anwendungen und Dienste. Aus den Verhaltensprofilen lassen sich wichtige Parameter für die Datenflussanalyse, wie beispielsweise zu garantierende Datenraten, ableiten.

Datenflüsse analysieren

Die erfassten Informationen und die Ergebnisse der Ist-Analyse sowie der Anforderungsanalyse bilden eine Basis für die **Datenflussanalyse**. In der Datenflussanalyse werden zunächst die vorhandenen und einzuplanenden Kommunikationsendpunkte identifiziert und den entsprechenden Benutzergruppen zugeordnet. Im Anschluss daran werden den Benutzergruppen ihre spezifischen Verhaltensprofile zugewiesen und die Datenflüsse darauf aufbauend analysiert. Dabei werden die individuellen Datenflüsse der verschiedenen Anwendungen und Dienste, basierend auf den bereits entwickelten Verhaltensprofilen, identifiziert und sukzessive zusammengefasst, sodass Auslegungsparameter abgeleitet werden können.

Phase 2: Basisarchitekturen entwerfen

In der zweiten Phase des Planungs- und Auslegungsprozesses (Abb. 3.1-3) werden die erforderlichen, grundlegenden Architekturen (Basisarchitekturen) des Computernetzes entwickelt. Die im Folgenden beschriebenen vier Basisarchitekturen müssen in jedem Fall entworfen und umgesetzt werden, damit am Ende des Auslegungsprozesses ein funktionssicheres und robustes Computernetz vorliegt. Diese vier aufeinander aufbauenden Architekturen sind:

1 Switching-Architektur
2 Routing-Architektur
3 Security-Architektur
4 Performance-Architektur

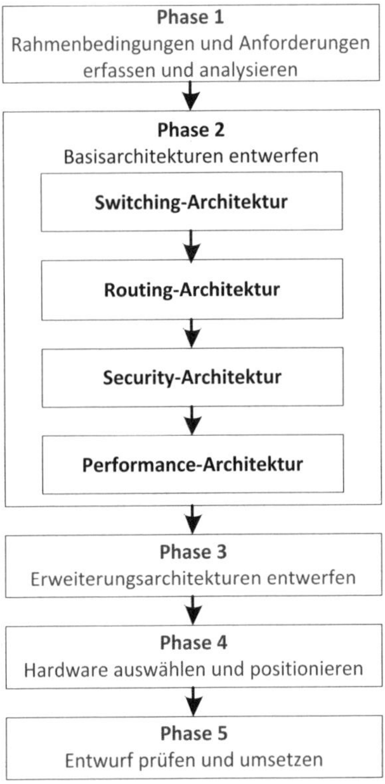

Abb. 3.1-3: Übersicht Phase 2.

Netzstruktur entwickeln

Die **Switching-Architektur** wird häufig auch als physikalische Architektur bezeichnet. In diesem Schritt werden keinerlei logische Routen oder Gruppen definiert, da nur die hierarchische Organisation auf physikalischer Ebene von Interesse ist. Im Rahmen der Entwicklung dieser sehr grundlegenden Architektur werden die physikalisch vorhandenen und einzuplanenden Verbindungen und Koppelelemente sowie deren Grundfunktionalität bestimmt. Je nach Bedarf wird die Funktionalität der Koppelelemente in darauf folgenden Schritten und Phasen erweitert. Auf dieser Basis werden verschiedene Teilschritte durchgeführt:

Beispiele für Teilschritte

- Entwurf der physikalischen Computernetzhierarchie
- Entwurf einer physikalische Gruppierung (VLAN), um physikalisch voneinander zu trennende Benutzergruppen zu definieren
- Entwurf redundanter Strukturen zur Erhöhung der Ausfallsicherheit oder Leistungsfähigkeit

Die **Routing-Architektur** baut auf der Switching-Architektur auf. Sie beinhaltet z. B.:

Kommunikationsstruktur entwickeln

- Entwurf der logischen Adressierung und Gruppierung von Endpunkten
- Entwicklung einer logischen Kommunikations-/Routing-Architektur

Beide Teilschritte können bereits durch die ggf. vorhandene physikalische Gruppierungen eingeschränkt sein. Die Kommunikationsarchitektur wird auf Basis der Switching-Architektur sowie der durch die Anwendungen, die Dienste und deren Endpunkte vorgegebenen Kommunikationsarchitekturen entworfen.

Computernetz schützen

Im Rahmen der Entwicklung der **Security-Architektur** wird auf Grundlage der physikalischen und logischen Struktur eine Erweiterung der bisherigen Teilarchitekturen um Sicherheitsmechanismen, basierend auf Sicherheitsrichtlinien, vorgenommen. Die Berücksichtigung von Sicherheitsaspekten ist heutzutage unabdingbar, um Computernetze vor Angriffen und Unternehmen sowie Privatleute vor Schäden, insbesondere monetärer Art zu schützen. Bestimmt werden die Entwicklung von Sicherheitsrichtlinien und die Auswahl der Sicherheitsmechanismen im Allgemeinen durch die durch Anwendungen, Dienste und Randbedingungen vorgegebenen Anforderungen an die Sicherheit des Computernetzes. Bei der Security-Architektur werden beispielsweise folgende Teilschritte durchgeführt:

Beispiele für Teilschritte

- Entwurf einer Firewall-Architektur
- Bildung sicherer Gruppen
- Absicherung von Anwendungsservern (beispielsweise E-Commerce Server)

Performance

Die Entwicklung einer **Performance-Architektur** ist insbesondere in Enterprise-Computernetzen unabdingbar notwendig, um einen zuverlässigen und den Leistungsanforderungen entsprechenden Betrieb sicherzustellen. Aufgrund divergierender Anforderungen der verschiedensten Anwendungen und Dienste von nahezu vollkommener Performance-Unabhängigkeit (beispielsweise E-Mail) bis hin zu einer vollständigen Performance-Abhängigkeit (beispielsweise bei Voice-over-IP), ist eine genaue Berücksichtigung der Performance-Anforderungen aller Anwendungen und Dienste notwendig. Nur so kann gewährleistet werden, dass das Computernetz für Anwendungen, Dienste und letztendlich die Benutzer zufriedenstellend arbeitet. Beim Entwurf einer Performance-Architektur wird ein auf die Anforderungen der Anwendungen und Dienste abgestimmtes **Performance-Modell** entwickelt, welches in Form einer **Quality-of-Service**

(QoS) Architektur umzusetzen ist. Die Einführung einer Performance-Architektur führt in der Regel zu höheren Anforderungen an die bereitgestellten Funktionen der Endpunkte und Koppelelemente. Die Performance Architektur wirkt sich daher in der Regel auf die physikalische und logische Architektur aus.

Phase 3: Erweiterungsarchitekturen entwerfen

Funktionalität ausbauen

Nach der Entwicklung der Basisarchitekturen kann es notwendig sein, die bisherigen Ergebnisse des Planungs- und Auslegungsprozesses durch Architekturen, die besondere Bereiche, Anwendungen oder Dienste betreffen, zu erweitern (Abb. 3.1-4). Dabei sind die nachfolgenden vier **Erweiterungsarchitekturen** von Bedeutung:

1. Computernetz-Management-Architektur
2. Content-Delivery-Architektur
3. Voice-Transport-Architektur
4. Multimedia-Architektur

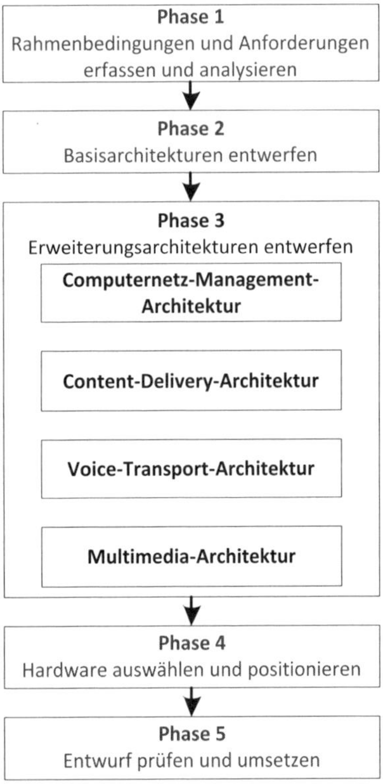

Abb. 3.1-4: Übersicht Phase 3.

Im Gegensatz zu den aufeinander aufbauenden Basisarchitekturen, sind die Erweiterungsarchitekturen im Rahmen ihrer Entwicklung unabhängig voneinander, können sich jedoch trotzdem aufeinander auswirken. Die Unabhängigkeit ergibt sich aus der Fokussierung der Erweiterungsarchitekturen auf konkrete Anwendungen und Dienste im Computernetz und somit nur nachrangig auf das Computernetz selbst.

Unabhängigkeit der Architekturen

Angenommen, es wurden eine Voice-Transport-Architektur und eine Content-Delivery-Architektur in der gegebenen Reihenfolge entwickelt. Bei der Entwicklung der Content-Delivery-Architektur wurde entschieden, dass die VoIP-Proxy-Server, die Teil der Voice-Transport-Architektur sind, an verschiedene Positionen in der Computernetzhierarchie verteilt werden sollen. Eine in der Voice-Transport-Architektur getroffene Entscheidung, beispielsweise dass die Koppelelemente zwischen Quelle und Ziel den Verkehr nach einem vorgegebenen Schema behandeln, kann durch die Entscheidung in der Content-Delivery-Architektur beeinflusst werden. Somit wäre eine Nachbearbeitung der betroffenen Voice-Transport-Architektur notwendig.

Beispiel

Für Enterprise-Computernetze wird in der Regel eine **Computernetz-Management-Architektur** entwickelt, die die Architektur zur Überwachung und Steuerung des Computernetzes und der darin vorhandenen Elemente beinhaltet. Durch eine Computernetz-Management-Architektur wird eine proaktive Kontrolle von Computernetzen möglich, die eine Basis für die qualitätsorientierte Steuerung des Computernetzes bildet.

Computernetze verwalten

Zur Steigerung der Performance, insbesondere der von verteilten Unternehmensstandorten mit gemeinsamer, zentraler Datenbasis, werden **Content-Delivery-Architekturen** für Anwendungen und Dienste entwickelt. Durch eine verteilte Positionierung, beispielsweise von hierarchisch replizierten Servern, kann die Performance eines Computernetzes insgesamt signifikant verbessert werden. Dadurch werden zudem ausgewählte Verbindungsabschnitte entlastet.

Inhalte bereitstellen

Im Rahmen der Entwicklung der **Voice-Transport-Architektur** sowie der **Multimedia-Architektur** werden für die jeweiligen Anwendungen spezifische Rahmenbedingungen, beispielsweise durch die Einführung von Koppelelementen mit speziell dafür ausgelegten Funktionen oder die Anpassung der Kommunikationsarchitektur, geschaffen, die einen den Anforderungen entsprechenden Betrieb ermöglichen. Besondere Anforderungen der Anwendungen und Dienste bestehen in diesen Fällen insbesondere bez. der einzuhaltenden, maximal zulässigen Verzögerung

Qualität von Multimediaübertragungen verbessern

bei der Übertragung sowie der dafür minimal vom Computernetz bereitzustellenden Datenrate.

Phase 4: Hardware auswählen und positionieren

Umsetzung vorbereiten

Nachdem die verschiedenen Architekturen entworfen wurden, kann die Hardware auf Basis der Ergebnisse des Auslegungsprozesses ausgewählt und positioniert werden (Abb. 3.1-5). Dabei werden drei aufeinander aufbauende Schritte durchgeführt:

1 Verbindungsmechanismen bestimmen
2 Computernetzelemente auswählen
3 Computernetz-Layout festlegen

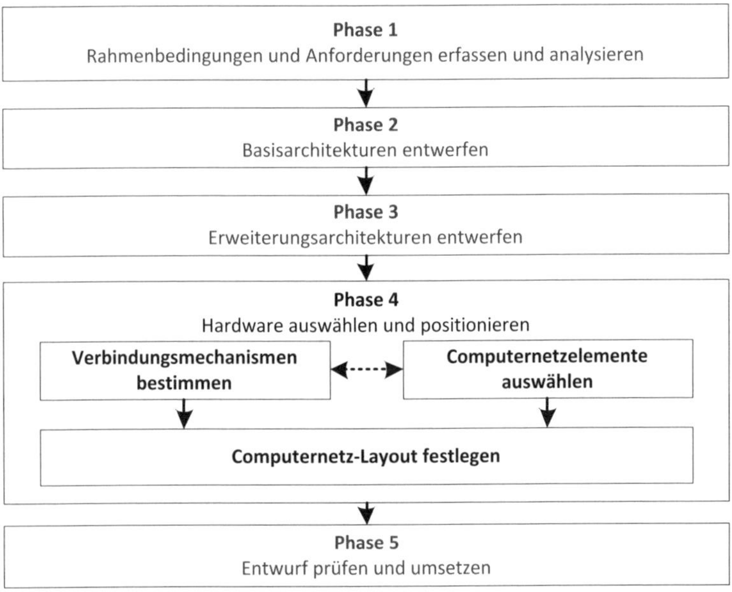

Abb. 3.1-5: Übersicht Phase 4.

In dieser Phase werden die zuvor erarbeiteten Ergebnisse und Informationen technisch konkretisiert. Zunächst werden die für die Umsetzung der Architektur notwendigen **Verbindungsmechanismen** bestimmt und in den bisherigen Computernetz-Entwurf übernommen. Anschließend werden die Computernetz-Elemente, wie beispielsweise Koppelelemente, nach Maßgabe der Anforderungen an ihre Funktionalitäten ausgewählt. Der Auswahlspielraum in beiden Schritten wird durch die finanziellen Rahmenbedingungen beschränkt. Darum ist eine Verwendung beliebiger Technologien in der Praxis nur selten umsetzbar. Abschließend wird das für die Prüfung und Durchführung der Implementierung benötigte **Computernetz-Layout** (siehe »Phase

4 – Hardware auswählen und positionieren«, S. 295), quasi die Blaupause für die Umsetzung, erstellt.

Phase 5: Entwurf prüfen und umsetzen

In der letzten Phase des Planungs- und Auslegungsprozesses (Abb. 3.1-6) wird der Netzentwurf geprüft und im Rahmen der Inbetriebnahme umgesetzt. Dabei ergeben sich zwei aufeinanderfolgende Schritte:

1 Validierung
2 Inbetriebnahme

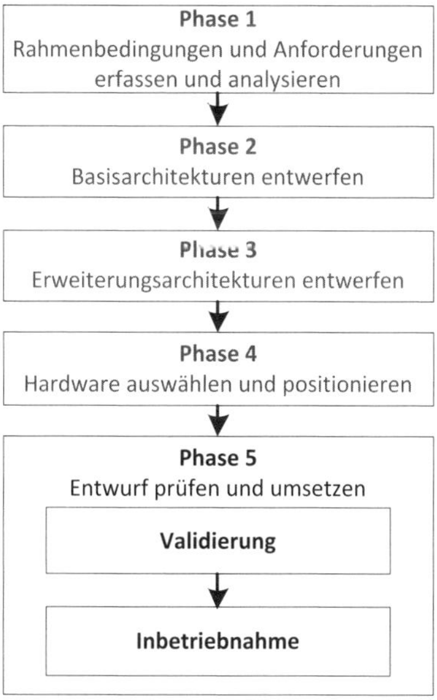

Abb. 3.1-6: Übersicht Phase 5.

Computernetz in Betrieb nehmen

In den vorangegangenen Phasen des Prozesses wurde die Architektur lediglich theoretisch auf Eignung zur Einhaltung der Anforderungen überprüft. Um Kosten für Fehler bei der Planung und Auslegung, insbesondere bei Entwurf der Architektur und Durchführung der Implementierung zu vermeiden, sind die Planungsergebnisse zu validieren. Durch diese Vorprüfung können Kosten für die Beseitigung von im Betrieb auftretenden Fehlern minimiert werden. Dabei ist es zu empfehlen, das entworfene Computernetz unter Verwendung eines Simulationswerkzeuges bez. der Einhaltung der an das Computernetz gestellten Anforderungen zu validieren. Bei einer nicht erfolgreichen Validierung werden betroffene Elemente oder Architekturbereiche einer genauen Prüfung unterzogen. Ein Ergebnis dieser Prüfung kann sein, dass Anpassungen am Entwurf des Computernetzes vorgenommen werden müssen. Hingegen kann nach einer positiven Validierung die Implementierung im Rahmen der Inbetriebnahme des Computernetzes erfolgen.

3.2 Varianten der Strukturierung **

Der Prozess der Planung und Auslegung eines Computernetzes lässt sich nur dann effizient durchführen, wenn das Projekt, also das zu planende Computernetz, in angemessen granulare Teilbereiche gegliedert wird. Für die verschiedenen Teilbereiche müssen dann die jeweils relevanten Phasen und Schritte durchgeführt werden. Da die verschiedenen Teilbereiche des Computernetzes in der Regel untereinander verbunden sind, sind auch die Schnittstellen zwischen diesen zu betrachten.

Die im Folgenden behandelten Modelle bilden eine Basis für die funktionale Einordnung der Unternehmensbereiche.

Hierarchische Strukturierung

Bei der **hierarchischen Strukturierung** (Abb. 3.2-1) unterscheidet man drei Ebenen im Computernetz:

- Access Ebene
- Distribution Ebene
- Core Ebene

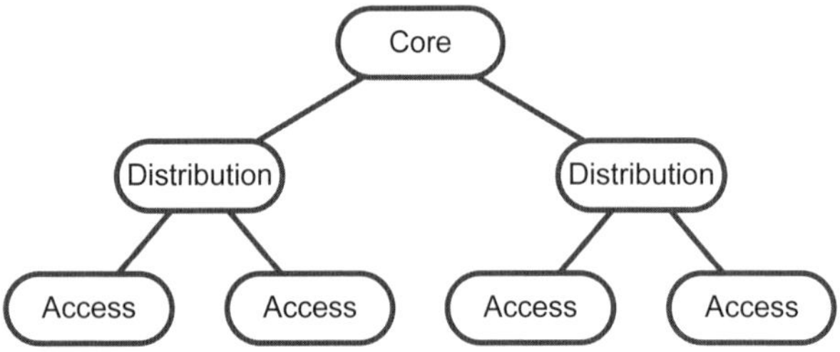

Abb. 3.2-1: Hierarchische Strukturierung.

Benutzer gruppieren

Der **Access Ebene** sind die Benutzer, Benutzergruppen sowie deren Endgeräte, die auf die Ressource Computernetz zugreifen, zugeordnet. Räumlich oder logisch getrennte Benutzergruppen werden bei der hierarchischen Strukturierung zu einzelnen Gruppen auf der Access Ebene zusammengefasst.

Zentrale Elemente erfassen

Der **Distribution Ebene** sind Elemente mit Funktionalitäten zugeordnet, die beispielsweise die Einhaltung von Dienstgütevorgaben oder Sicherheitsmechanismen durch Priorisierung oder Filterung von Netzwerkverkehr sicherstellen und die Arbeits- bzw. Benutzergruppen logisch miteinander und mit der Core Ebene verbinden. Dieser Ebene werden auch zentrale Elemente, wie beispielsweise Anwendungsserver oder Internet Access Links zugeordnet.

Bereiche verbinden

Die **Core Ebene** umfasst High-Speed **Backbone** Verbindungen zu den verschiedenen Bereichen der Distribution Ebene. Eine Filterung erfolgt auf dieser Ebene aufgrund der High-Speed Eigenschaften nicht mehr.

Keine strikte Trennung

Diese hierarchische Strukturierung führt zu keiner strikten Trennung in Form von Elementen, sondern lediglich zur hierarchischen Trennung der Funktionen. So ist es beispielsweise denkbar, dass dasselbe Koppelelement alle drei Ebenen in sich vereint. Die verschiedenen Funktionen der Ebenen sind dann in diesem Koppelelement realisiert.

Anwendbarkeit

Die hierarchische Strukturierung eignet sich für Computernetze kleiner und ggf. mittlerer Unternehmen mit wenigen netzrelevanten Anwendungen, bei denen ein hoch modularer Ansatz keine Vorteile bei der Planung und Auslegung mit sich bringt.

Literatur

[Mcca07]

Funktionale Strukturierung

Anwendbarkeit

Die funktionale Strukturierung (Abb. 3.2-2) eignet sich im Vergleich zu der hierarchischen Strukturierung für mittlere und große Unternehmen. Sie ermöglicht eine modulare Handhabung, insbesondere des mit zunehmendem Projektumfang komplexer werdenden Core Bereichs. Zwar wächst bei zunehmendem Projektumfang auch der Anteil der bei der hierarchischen Strukturierung der Access Ebene zuzuordnende Elemente, jedoch liegt hier lediglich eine Vervielfachung der Flüsse und keine Steigerung der Komplexität vor. Die Anzahl der Elemente im Core Bereich erhöht sich erheblich, da aufgrund der Vielzahl der Benutzer häufig mehr Anwendungen und Dienste intern, aber auch extern angeboten werden. Das funktionale Strukturierungsmodell besteht aus zwei Ebenen: User Ebene und Core Ebene. Diese Ebenen sind nicht mit den Ebenen der hierarchischen Strukturierung gleichzusetzen.

Module

Den **Source & Sink (User)** Modulen der User Ebene sind die Benutzer, deren zugehörige Benutzergruppen sowie deren an das Computernetz gekoppelte Endgeräte zuzuordnen. Auch Arbeitsgruppen- bzw. Benutzergruppenverteiler können diesen Modulen zugeordnet werden. Räumlich oder logisch getrennte Benutzergruppen werden bei der funktionalen Strukturierung als einzelne Gruppen auf der User Ebene dargestellt.

Das **Backbone (Distribution)** stellt die Schnittstelle zwischen User Ebene und Core Ebene dar. Den Backbone (Distribution) Modulen sind Elemente mit Funktionalitäten zugeordnet, die u. a.

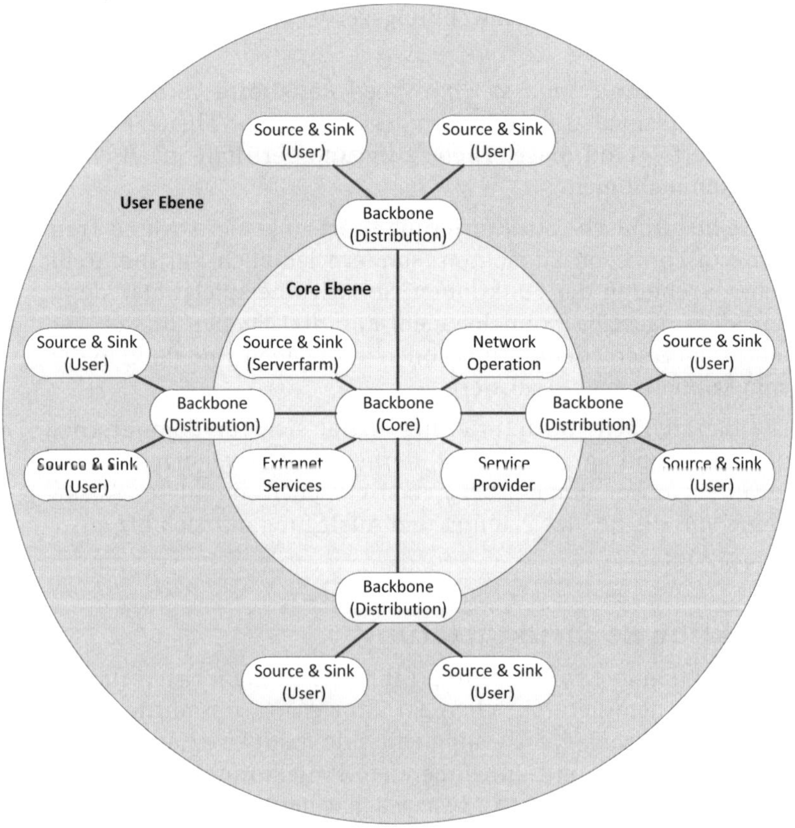

Abb. 3.2-2: Funktionale Strukturierung.

die Einhaltung von Performance-Anforderungen durch entsprechende Mechanismen (Layer-2/Layer-3-Switching, QoS-Marking, QoS-Shaping) sicherstellen sollen und die Arbeits- bzw. Benutzergruppen logisch miteinander sowie mit der Core Ebene verbinden. Zentrale Elemente, wie beispielsweise Anwendungsserver oder Internet Access Links, sind diesem Modul nicht zuzuordnen. Aufgrund ihrer Bedeutung werden diese jeweils separat betrachtet.

Das **Backbone (Core)** Modul umfasst High-Speed Verbindungen zu den vorhandenen Backbone (Distribution) Modulen. Dadurch wird eine Kommunikation der Elemente der Source & Sink (User) Module mit den Elementen der Module der Core Ebene sowie der Module der Core Ebene untereinander, realisiert. Die Koppelelemente im Backbone (Core) ermöglichen keine Filterung von Verkehr, zeichnen sich jedoch durch eine besonders hohe Zuverlässigkeit und insbesondere Verfügbarkeit aus.

Das **Source & Sink (Serverfarm)** Modul der Core-Ebene umfasst alle Server des Computernetzes für die Anwendungen und Dienste des internen Unternehmensbetriebs. Dazu gehören Elemente, wie beispielsweise Anwendungs-Server, Datenbank-Server, Intranet-Server, FTP-Server oder auch Print-Server.

Im **Network Operation** Modul werden alle relevanten Elemente und Dienste zusammengefasst, die für den Betrieb des Computernetzes relevant sind. Dazu zählen das Computernetz-Management, die Bereitstellung von netzwerkfunktionalen Servern und Diensten, wie DNS, DHCP und RADIUS, ebenso wie die Integration von Sicherheitsdiensten wie **Intrusion Detection**, **Intrusion Prevention** oder **Intrusion Response Systeme**.

Dem **Extranet Services** Modul werden Server sowie deren Anwendungen und Dienste zugewiesen, die eine Schnittstelle für externe Benutzer anbieten. Dazu zählen beispielsweise E-Mail-Server, Web-Server, VoIP-Server sowie Applikationsserver, die für Kunden oder Lieferanten Schnittstellen zum Unternehmen bereitstellen (E-Commerce). Durch die Zugriffsmöglichkeit für externe Benutzer sind entsprechende Sicherheitsmaßnahmen in diesem Bereich von besonderer Bedeutung.

Die Elemente des **Service Provider** Moduls ermöglichen die Übergänge in externe Netze. Beispielsweise wird der Zugriff auf das Internet für die Mitarbeiter über entsprechende Internet Service Provider (ISP) oder der Zugriff auf den E-Mail- oder Web-Server von außen, abgesichert durch entsprechende Elemente, darüber organisiert. Elemente für die Anbindung des Computernetzes an das Telefonnetz, beispielsweise über VoIP-Zugänge oder die Umsetzung von **VoIP** auf das **PSTN**, aber auch die Bereitstellung von Remote Access Schnittstellen (**VPN**), sind dem Service Provider Modul zuzuordnen.

Sicherheitsmechanismen

Sicherheitsrelevante Elemente, wie Firewalls oder Intrusion Detection Systeme, können jedem der Module zugeordnet und je nach Bedarf in einem oder mehreren Modulen berücksichtigt werden.

Des Weiteren kann jedes Modul lokale, einfache Koppelelemente, wie Layer-2-Switches, enthalten. Eine Aufspaltung oder feinere Aufgliederung der verschiedenen Module ist je nach Bedarf möglich und sinnvoll. Eine zu detaillierte Strukturierung führt jedoch nicht unbedingt zu einem besseren Ergebnis, da bei einer Kosten/Nutzen-Betrachtung der Aufwand mit höherem Detailgrad signifikant steigen wird.

Unternehmensstandorte verbinden

In der Regel wird dieses Modell auf einen Unternehmensstandort angewandt. Die User-Ebene in Verbindung mit dem Schnittstellenmodul Backbone (Distribution) kann dabei, je nach Verhalten und Anzahl der Benutzer, die Etage eines Gebäudes oder ein ganzes Gebäude bzw. Unternehmensareal abdecken. Bei einer standortübergreifenden Vernetzung würden die verschiedenen Standorte über das Service Provider Modul miteinander verbunden sein, da hierbei Verbindungen verwendet werden, die über externe Anbieter realisiert werden. Eine direkte Verbindung der Backbone (Core) Module von zwei Standorten ist somit nicht zulässig. Bei Einsatz der funktionalen Strukturierung ist die Anwendung des Zwiebelschalenprinzips bei der Betrachtung der verschiedenen Bereiche bzw. Module von außen nach innen sinnvoll.

3.3 Dokumentation des Planungs- und Auslegungsprozesses *

Eine detaillierte Dokumentation der Planung und Auslegung ist notwendig, um Planungsschritte für alle an der Planung Beteiligten transparent zu machen und somit Flexibilität zu erhalten. Neben der obligatorischen Verwaltung von Informationen und Prozessschritten in Form von Tabellen steht dem Planer das Visualisierungsinstrument des Netzplans zur Verfügung.

Folgende Themen werden in diesem Kapitel behandelt:

3.3.1 Motivation *

Die nachhaltige Entwicklung von Computernetzen basiert unter anderem auf einer ausführlichen Dokumentation, die sowohl die Ergebnisse als auch Entscheidungsfindungsprozesse während der Entwicklung transparent abbildet und somit nachvollziehbar macht. Hierdurch wird die Flexibilität im und nach dem Projekt enorm gesteigert.

Nachhaltigkeit

Grundlage einer nachhaltigen Planung von Computernetzen ist eine ausführliche und vollständige Dokumentation des Planungs- und Auslegungsprozesses. Erst mit einer durchgängigen Dokumentation in verschiedenen Detaillierungsstufen wird zum einen eine fundierte Basis für Entscheidungen geschaffen und zum anderen die **Rückverfolgbarkeit** von Entscheidungsfindungsprozessen möglich. Die Rückverfolgbarkeit von Entscheidungen erleichtert dem Netzplaner – sollte das Betriebsverhalten des realisierten Computernetzes die Anforderungen nicht erfüllen – im Nachhinein Entscheidungsparameter, die ggf. nicht zielführend umgesetzt wurden, zu identifizieren und dementsprechend Korrekturen vornehmen zu können. Die in der ersten Phase des Planungs- und Auslegungsprozesses erfassten Basisinformationen und Eingangsparameter müssen, ebenso wie die Ergebnisse, dokumentiert und veranschaulicht werden. Ein solches Vorgehen führt zu einem hohen Grad an **Transparenz** in der Planung.

Transparenz

Projekte im Bereich der Planung und Auslegung von Computernetzen sind mittelfristige, häufig sogar langfristige Projekte, die eine Laufzeit von mehreren Wochen bis hin zu mehreren Jahren haben können. Während des Planungs- und Auslegungsprozesses können sich Ziele, Eingangsparameter, und somit auch Anforderungen ändern. Daher ist es umso mehr von Bedeutung im Zeitverlauf einen hohen Grad an Transparenz zu erreichen.

Flexibilität

Ein hoher Grad an Transparenz in der Planung und Auslegung führt zu einem hohen Grad an **Flexibilität**. Eine schnelle Reaktion auf Änderungen der Rahmenbedingungen und daraus resultierend die Berücksichtigung neuer oder geänderter Parameter werden erleichtert, da die Auswirkungen, die sich schon bei kleinen Änderungen ergeben, identifiziert und dementsprechend berücksichtigt werden können. Insbesondere bei langfristig angelegten Projekten kommt es vor, dass Mitarbeiter während der Projektlaufzeit wechseln oder das Team um neue Mitarbeiter ergänzt wird. Die Einarbeitung neuer Mitarbeiter in ein bereits laufendes Projekt ist signifikant für den Erfolg – sowohl unter fachlichen als auch unter Kostengesichtspunkten. Ein hoher Grad an Transparenz hinsichtlich des Planungsprozesses führt hier zu erheblichen Effizienzsteigerungen.

Entstehung von Kosten

Die Transparenz im Bezug auf das zur Verfügung stehende Budget steigt ebenfalls, da Vorgaben bzw. Entscheidungen, die zur Entstehung bestimmter Kosten beigetragen haben, nachvollzogen werden können. Damit hat der Netzplaner eine fundierte Argumentationsbasis, falls er dem Projektverantwortlichen oder dem Auftraggeber Aufwendungen bzw. Ausgaben begründen muss.

Unterstützung durch Anwendungen

Inwieweit die Dokumentation durch entsprechende Anwendungen unterstützt werden kann, hängt vom zur Verfügung stehenden Budget für das Projekt ab. Sofern es sich nicht um ein vom Typ her einmaliges Projekt handelt, kann – nach einer Kosten/Nutzen-Analyse – eine Investition in ein entsprechendes Werkzeug sinnvoll sein. In diesem Bereich existieren fast ausschließlich kommerzielle Produkte.

3.3.2 Darstellungskonventionen für Netzpläne *

Während des Planungs- und Auslegungsprozesses werden verschiedene Typen von Netzplänen erstellt. Um auch in größeren Projekten eine optimale Darstellung zu gewährleisten, existieren verschiedene Konventionen, die die Übersichtlichkeit in Netzplänen erhöhen können.

Netzpläne

Die Netzpläne werden nach der Erstellung im Rahmen der Ist-Analyse, dem ersten Schritt des Planungs- und Auslegungsprozesses, bis hin zum Abschluss des Prozesses und auch nach der Implementierung ständig weiterentwickelt. Sie enthalten, gemäß des Fortschritts im Prozess, die jeweils aktuellsten Informationen zu den Strukturen des Computernetzes und werden zur Dokumentation von Datenflüssen verwendet. Die Netzpläne dokumentieren während des gesamten Projektverlaufs, abhängig vom Detaillierungsgrad, die logischen bzw. physikalischen Zusammenhänge hinsichtlich Netzwerkkomponenten, Teilnetzbildungen bis hin zum gesamten Unternehmensnetz. Nach Abschluss der Planung stellen die Netzpläne gewissermaßen die **Blaupausen** für die Umsetzung dar und bieten während des Betriebs eine Übersicht über das Computernetz.

Die Netzpläne können während des gesamten Planungs- und Auslegungsprozesses derart gestaltet werden, dass sie sowohl einen **Drill-Down** (Hineinzoomen) als auch einen entsprechenden **Roll-Up** (Herauszoomen) in die Struktur ermöglichen.

In den folgenden Abschnitten werden verschiedene Typen von Netzplänen vorgestellt. Welcher Netzplantyp jeweils zur Darstellung der Zusammenhänge gewählt werden sollte, ist abhängig von der jeweiligen Projektphase. Bei der Auswahl aus den verschiedenen Netzplantypen ist es zweckmäßig stets die Form auszuwählen, die für den zum Erstellungszeitpunkt vorhandenen Wissensstand sowie für die darzustellenden Informationen angemessen ist.

Allgemeine Konventionen

Übersichtlichkeit

Zunächst ist es erforderlich, einige notwendige Konventionen für die Erstellung von Netzplänen zu vereinbaren. Der beschriebene Planungs- und Auslegungsprozess ist auf die Projektierung von Enterprise-Computernetzen abgestimmt. Bei Enterprise-Computernetzen ist von einer hohen Mitarbeiterzahl und somit von Hosts im Netz auszugehen. Dies kann schnell zu unübersichtlichen Netzplänen führen. Sind nur wenige Hosts vorhanden, so können diese unmittelbar im Netzplan berücksichtigt werden.

Je nach Format eines Netzplanes (z. B. DIN A3) sind andere Formen der Darstellung zu wählen, wie in Abb. 3.3-1 gezeigt. Bei Variante (a) werden statt aller Hosts nur noch der erste und der letzte Host dargestellt. Auf die restlichen Hosts wird durch drei Weiterführungspunkte verwiesen. Dies gilt analog für die entsprechenden Verbindungen der Elemente. Bei Variante (b) wird lediglich ein Host, beschriftet mit der Anzahl der vorhandenen Hosts, als Platzhalter für die entsprechenden Hosts verwendet. Dadurch wird eine übersichtliche Abbildung einer großen Anzahl von Hosts möglich.

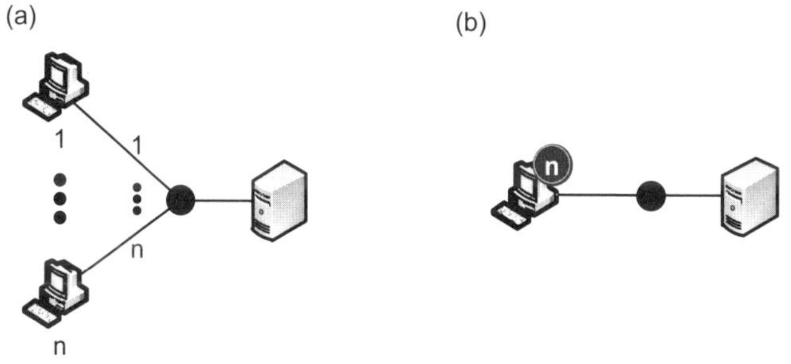

Abb. 3.3-1: Allgemeine Konventionen.

Datenflüsse

Datenflüsse sind **logische Verbindungen** zwischen zwei Kommunikationspunkten, die Informationen über die übertragenen Daten einer Anwendung, beispielsweise die Datenmenge pro Zeiteinheit, beinhalten. Bei Datenflüssen wird zwischen unidirektionalen und bi-direktionalen Datenflüssen unterschieden. Unidirektionale Datenflüsse werden durch einen einfach gerichteten Pfeil, bidirektionale Datenflüsse durch einen doppelt gerichteten Pfeil dargestellt. Datenflüsse werden, mit einer Ausnahme, ausschließlich direkt zwischen Hosts des Datenflusses eingezeichnet. Zusätzlich können die Hosts gemäß der dargestellten Notation, in Abhängigkeit vom Datenfluss, als Quelle und/oder Senke gekennzeichnet werden (vgl. Abb. 3.3-2). Zur vereinfachten Darstellung einer großen Anzahl Datenflüsse und dazugehörigen Hosts gelten ebenfalls die zuvor bereits festgelegten Konventionen.

Virtuelles Stellvertreter-Element

Sollte einer der Hosts eines Datenflusses außerhalb des verwendeten Netzplans liegen, so kann ein virtueller, mit dem Zusatz **VSE** (**virtuelles Stellvertreter-Element**) gekennzeichneter Host als Stellvertreter eingezeichnet werden. Daraus ergibt sich, dass im anderen Teil des Netzplans, also dort wo der reale Host liegt, analog ein virtueller Host, auf den die entsprechenden Datenflüsse gerichtet sind, ergänzt werden muss. Enthält der verwendete Netzplan bereits Informationen zu Koppelelementen und Verbindungen, so ist es zulässig Datenflüsse entlang

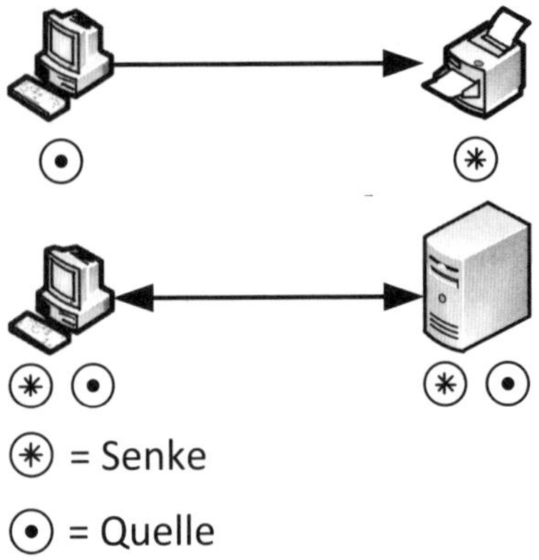

Abb. 3.3-2: Darstellung von Datenflüssen.

von Verbindungen, auch über mehrere Koppelelemente hinweg, einzuzeichnen. Dabei ist zu beachten, dass die Pfeilspitze, also das Ziel des Datenflusses, stets auf einen Host als Datensenke und nicht auf Transitelemente zu richten ist.[1]

3.3.3 Netzplantypen *

Informationen zu den logischen, funktionalen und physikalischen Strukturen werden in verschiedenen Netzplantypen erfasst. Diese werden in Abhängigkeit vom jeweiligen Planungsstand erstellt und gepflegt.

Logischer Netzplan (Typ 1)

Logische Strukturen

Die Basis für einen Netzplan bildet eine maßstabsgetreue Abbildung der Struktur der Unternehmensabschnitte, die für das Computernetz von Bedeutung sind. Eine maßstabsgetreue Wiedergabe der Struktur ist notwendig, um im Planungs- und Auslegungsprozess Kabellängen und -wege möglichst genau bestimmen und die optimale Positionierung von Patchfeldern, Switches oder Routern vornehmen zu können. Aufbauend auf dieser Struktur können die existierenden bzw. geplanten Hosts entsprechend ihrer Position eingetragen werden. Im Regelfall sind zu Beginn des Planungs- und Auslegungsprozesses wenig Informationen vorhanden und somit auch lediglich die logischen Verbindungen für den Netzplaner relevant.

[1] Ein Koppelelement kann der Host eines Datenflusses sein, beispielsweise dann, wenn Datenflüsse des Netzmanagements betrachtet werden. In diesem Fall hat das Koppelelement mehr als Transitfunktionalität, jedoch lediglich bezogen auf den konkreten Management-Datenfluss.

Das bedeutet, dass im Netzplan lediglich die logischen Verbindungen zwischen den verschiedenen Hosts, zusammengefasst an Aggregationspunkten, die zueinander in keiner hierarchischen Relation stehen, dokumentiert werden. Eine Zusammenführung an Aggregationspunkten ist zur Verbesserung der Übersichtlichkeit empfehlenswert. Ein Aggregationspunkt bündelt eine begrenzte Anzahl logischer Verbindungen und kann als Indikator für die Positionierung von Koppelelementen dienen. Die logischen Verbindungen stellen keine Kabelstrecken dar und dienen deshalb lediglich zur Darstellung der logischen Verbindungsstruktur. Ein logischer Netzplan enthält keinerlei technische Details über das Computernetz. In Abb. 3.3-3 ist der logische Netzplan einer Etage mit mehreren Räumen exemplarisch dargestellt.

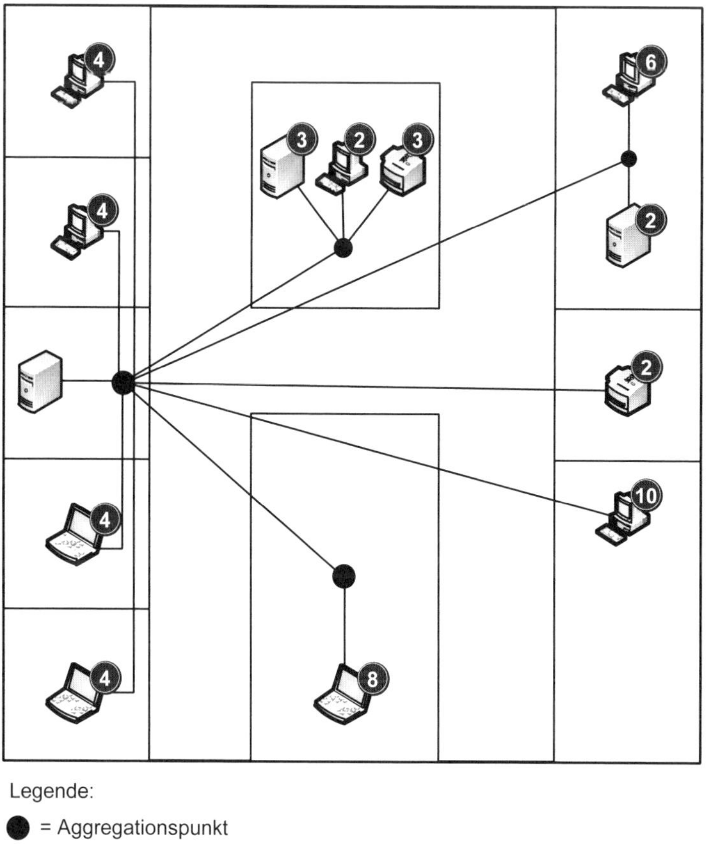

Abb. 3.3-3: Logischer Netzplan (Typ 1).

Funktionaler Netzplan (Typ 2)

Funktionale Strukturen

Während des Projektverlaufs wächst die Informationsmenge zur Beschreibung des Computernetzes. Der logische Netzplan kann mit seinem beschränkten Informationsgehalt zwar zu Beginn der Planung und Auslegung, jedoch nicht im weiteren Verlauf des Prozesses verwendet werden. Er eignet sich optimal für frühe Projektphasen, in denen vorhandene Strukturen und grundlegende Informationen erst eruiert werden. Der in Abb. 3.3-4 dargestellte funktionale Netzplan beinhaltet weitere Information zum in Planung befindlichen Computernetz. Die Aggregationspunkte des logischen Netzplans werden entweder durch rein funktional beschriebene Koppelelemente ersetzt oder ersatzlos gestrichen und die dazugehörigen Verbindungen zu anderen Aggregationspunkten geführt, wie in Abb. 3.3-4 exemplarisch dargestellt.

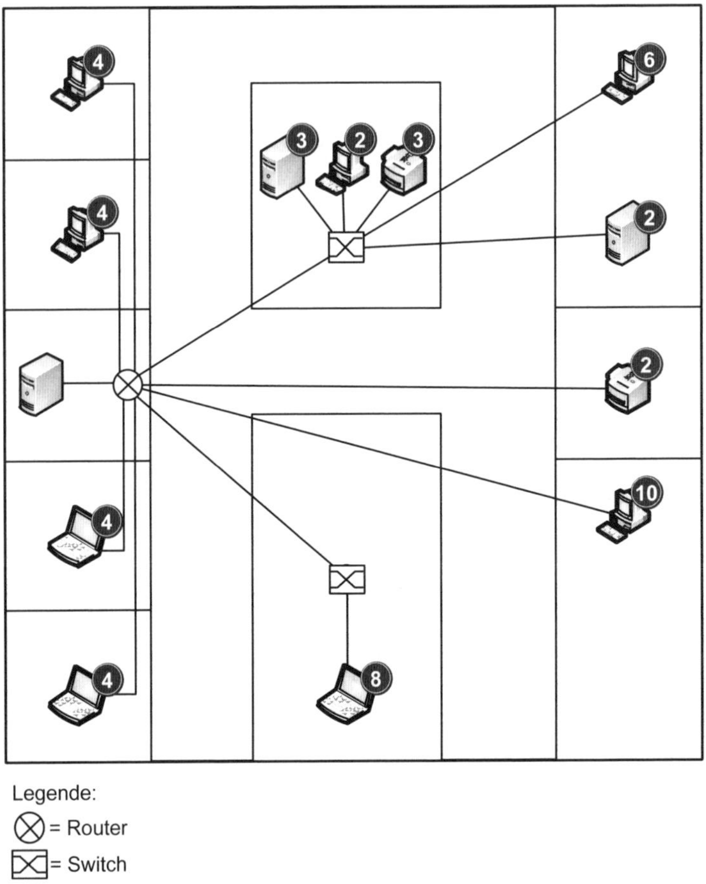

Abb. 3.3-4: Funktionaler Netzplan (Typ 2).

Physikalischer Netzplan (Typ 3)

Physikalische Strukturen

Die zur Darstellung der logischen und funktionalen Netzstruktur verwendeten Netzpläne enthalten keine technischen Informationen zu den vorhandenen Elementen und Verbindungen. Diese werden erst bei der Erarbeitung der physikalischen Netzstruktur ergänzt. Die vorhandene physikalische Struktur wird bereits während der Ist-Analyse erfasst. Hingegen wird die physikalische Struktur des geplanten Computernetzes erst zum Ende des Planungs- und Auslegungsprozesses erstellt. Ein physikalischer Netzplan, wie in Abb. 3.3-5 dargestellt, beinhaltet eben diese Informationen. Um einen physikalischen Netzplan übersichtlich zu gestalten, werden technische und sonstige beschreibende Daten der Elemente nicht im Netzplan, sondern in einer getrennten Aufstellung dokumentiert. Im Netzplan werden die Elemente durch Kürzel referenziert (vgl. Tab. 3.3-1).

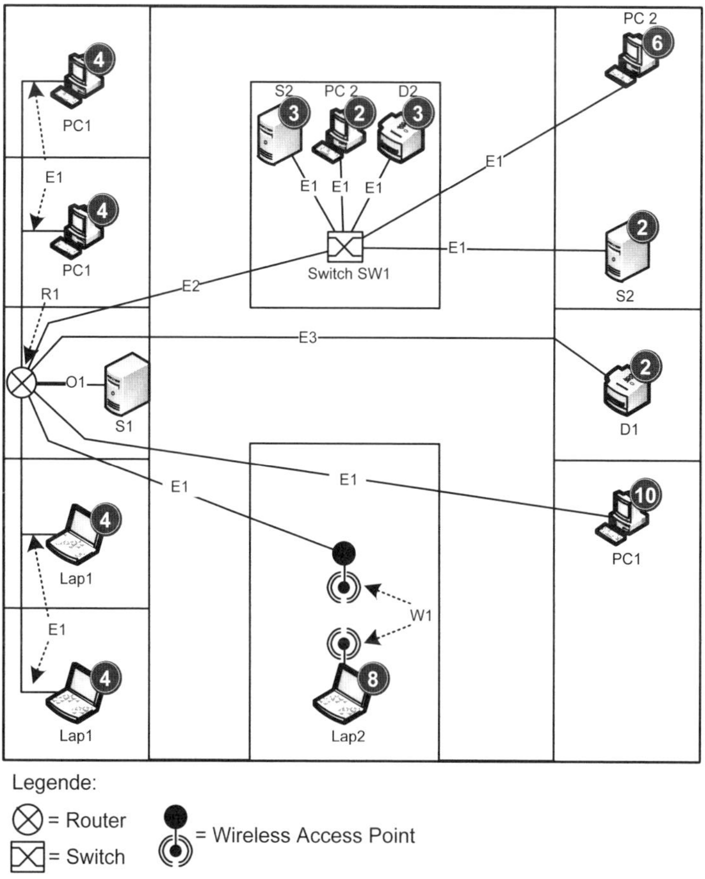

Abb. 3.3-5: Physikalischer Netzplan (Typ 3).

Kürzel	Typ	Hardware oder Technologie
E1	Verkabelung	100BASE-T
E2	Verkabelung	1000BASE-T
E3	Verkabelung	10BASE-T
O1	Verkabelung	10GBASE-SR
W1	Verkabelung	802.11g
R1	Koppelelemente	Router Cisco 3800, 1x10GBASE-SR, 1x1000BASE-T, 32x10/100BASE-T
SW1	Koppelelemente	3Com Baseline Switch 2824, 24x100/1000BASE-T
PC1	Arbeitsplatzrechner	Dell Optiplex 760, IntelCore2Duo E7400, 2GB DDR2, MS Windows 7
PC2	Arbeitsplatzrechner	Dell Precision T5500, Intel DualCore Xeon E5502, 4GB DDR3, Ubuntu 10.04
S1	Server	Dell PowerEdge T310, Intel Xeon X3430, 14GB DDR3, MS Windows Server 2008
S2	Server	Dell PowerEdge R900, 2x Intel Xeon E7420, 8GB DDR3, MS Windows Server 2008
D1	Drucker	Dell Laser Printer 5110cn
D2	Drucker	Dell Laser Printer 2330dn
Lap1	Notebook	Dell Latitude E6400, Intel Core2Duo P8600, 2GB DDR2, MS Windows 7
Lap2	Notebook	Dell Latitude E4200, Intel Core2Duo ULV SU9400, 3GB DDR2, MS Windows 7

Tab. 3.3-1: Tabellarische Übersicht zu Elementen des Netzplans.

3.3.4 Räumliche Abstraktion in Netzplänen **

Die Netzpläne verschiedener Etagen, Gebäude oder Unternehmensstandorte lassen sich durch eine einfache Abstraktionstechnik miteinander verbinden, sodass ein globaler Überblick entsteht.

Abstraktiongrad

Insbesondere für größere Projekte ist es sinnvoll verschiedene räumliche Abstraktionsstufen des Computernetzes zu erstellen, um eine globale Übersicht über das Computernetz und dessen Struktur zu erhalten. Das *Drill-Down* bzw. *Roll-Up* ist erst nach der Erstellung von Abstraktionsstufen möglich.

Beispiel

Die Abb. 3.3-6 veranschaulicht die Abstraktion anhand eines funktionalen Netzplans. Die vorgestellte Methode ist analog auf die anderen Netzplantypen anwendbar. Das dargestellte, abstrahierte Gebäude besteht aus vier Etagen.

Bei der Abstraktion eines funktionalen Netzplans werden lediglich die für das Gebäude und die darin befindlichen Verbindungen relevanten Elemente dargestellt und miteinander verbunden. Jegliche Detailinformationen zu einer Etage, aber auch zu den zuvor berücksichtigten relevanten Koppelelementen liegen im entsprechenden Plan der Etage vor.

Durch die Ergänzung von technischen Informationen der Koppelelemente und Verbindungen kann dieser abstrahierte funktionale Netzplan zu einem abstrahierten physikalischen Netzplan erweitert werden.

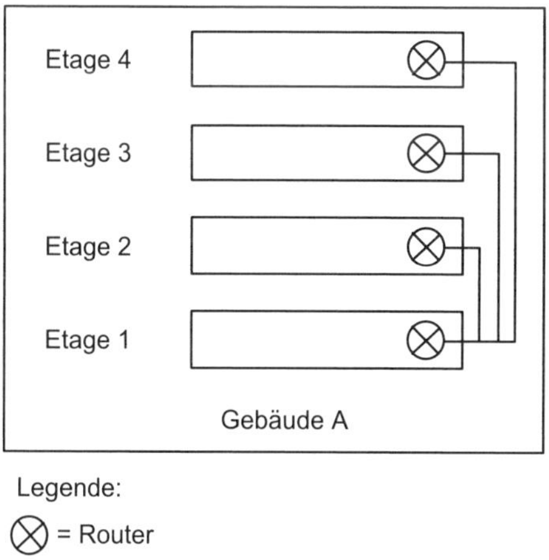

Abb. 3.3-6: Abstraktion des Gebäudes.

Diese Methode der Abstraktion lässt sich analog auf eine nächste Abstraktionsstufe anwenden. Besteht ein Unternehmen beispielsweise aus mehreren Gebäuden, müssen auch die Verbindungen der Gebäude untereinander betrachtet werden. Die Abb. 3.3-7 veranschaulicht diese Abstraktionsstufe.

Eine derartige hierarchische Abstraktion kann beliebig auf lokale, regionale oder globale Unternehmensbereiche ausgedehnt werden. In diesen Fällen wird analog verfahren. Der zuvor beschriebene Abstraktionspfad, jedoch an dieser Stelle rein auf die Räumlichkeiten bezogen, ist in der Abb. 3.3-8 dargestellt.

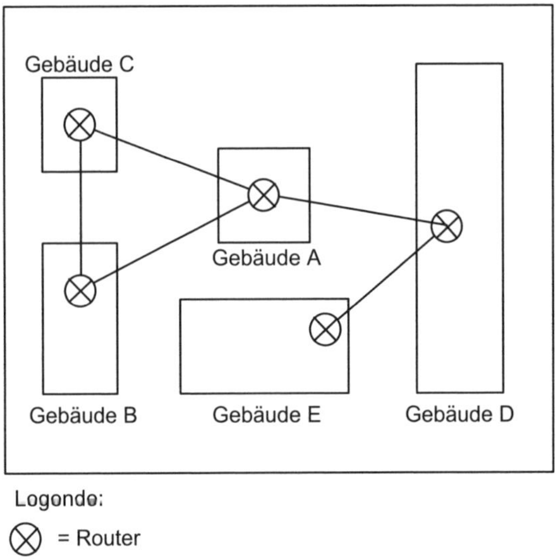

Abb. 3.3-7: Abstraktion eines Standorts.

Für jede Netzplanvariante lassen sich die beschriebenen sowie weitere Abstraktionsstufen definieren und somit unterschiedliche Sichten auf das Computernetz entwickeln. Die hier vorgestellten Abstraktionsstufen und Typen von Netzplänen stellen im Regelfall eine ausreichende Variantenvielfalt für den Netzplaner dar.

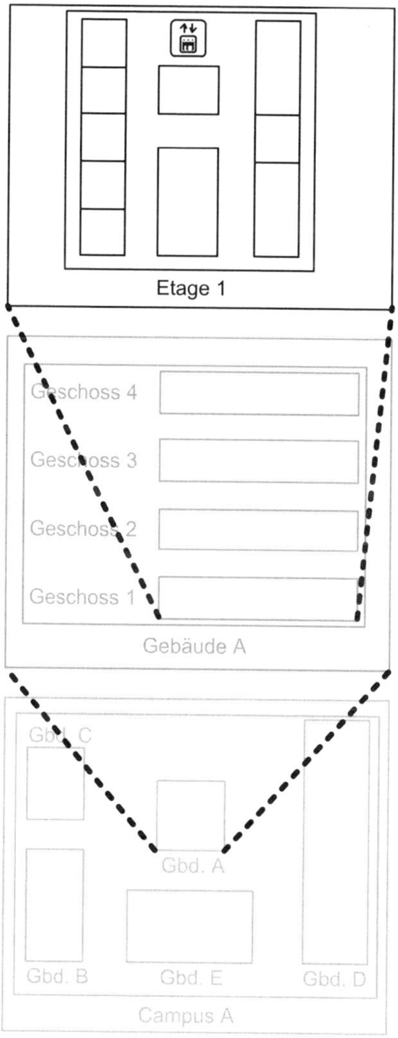

Abb. 3.3-8: Abstraktionspfad.

3.4 Güte der Planung und Auslegung **

Die Güte der durchgeführten Planung und Auslegung wird spätestens dann offensichtlich, wenn es in der Test- oder Betriebsphase zu Fehlern, Problemen oder Ausfällen im Computernetz kommt. Hiermit ist häufig ein nicht zu vernachlässigender finanzieller Schaden verbunden.

Einem Callcenter-Dienstleister können beispielsweise Einnahmen entgehen, wenn aufgrund eines »defekten« Computernetzes die Mitarbeiter zeitweise keine Anfragen bearbeiten können. Motivation

Deshalb muss nach Abschluss der Planung und Auslegung, vor der Implementierung und Inbetriebnahme, eine Validierung des entworfenen Computernetzes erfolgen. Auch während der Planung und Auslegung kann eine Zwischenvalidierung der Ergebnisse abgeschlossener Phasen und Schritte erfolgen. Aufgrund der wirtschaftlichen Bedeutung darf die Validierung in keinem Fall vernachlässigt werden.

Simulation und Laborbetrieb

Im Rahmen der Anforderungs- und Datenflussanalyse werden für die Validierung heranzuziehende Performance-Anforderungen entwickelt. Diese basieren in der Regel jedoch lediglich auf den Performance-Parametern Datenrate und Verzögerung, da der Performance-Parameter Zuverlässigkeit erst im Produktivbetrieb gemessen werden kann. Bei einer Validierung unter Prüfung verschiedener Szenarien mittels **Simulation** oder dem Betrieb von **Testbeds** sind die in der ersten Prozessphase festgelegten, zulässigen Werte der Performance-Parameter auf ihre Einhaltung im entworfenen Computernetz zu überprüfen. Dazu werden projektspezifische Prüfszenarien entwickelt.

Validierung

Die Validierung (Abb. 3.4-1) der Ergebnisse der Planung und Auslegung ergibt im für den Netzplaner einfachsten Fall, dass das Computernetz den Anforderungen in allen zugrunde gelegten Prüfszenarien entspricht. Andernfalls ist eine Überarbeitung des Computernetzentwurfs notwendig, dessen Ergebnisse erneut validiert werden müssen. Sind die Ergebnisse der Planung und Auslegung positiv validiert worden, so kann die Installation und Inbetriebnahme gefolgt von einem Testbetrieb beginnen.

Produktivbetrieb

Bevor das entworfene Computernetz im Produktivbetrieb eingesetzt werden kann, muss jedoch eine abschließende Überprüfung der Ergebnisse des Testbetriebs erfolgen. Sollte diese Überprüfung entgegen der Erwartungen, die auf positiven Ergebnissen der Validierung der Ergebnisse der Planung und Auslegung beruhen, Probleme aufzeigen, so sind die Ergebnisse der Planung und Auslegung zu überarbeiten und der Prüfprozess erneut zu durchlaufen. Nur auf diese Weise kann sichergestellt werden, dass das entworfene Computernetz den Anforderungen entspricht und verhindert werden, dass im Produktivbetrieb unerwartete, für das Unternehmen unerwünschte Auswirkungen auftreten.

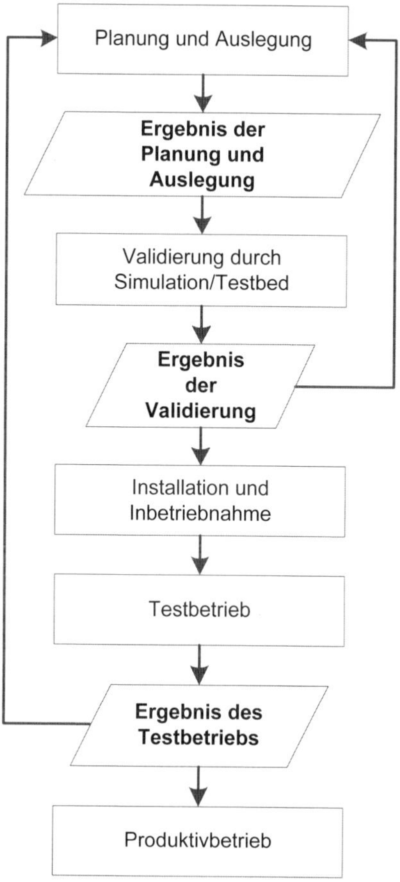

Abb. 3.4-1: Ablauf des Prüfverfahrens.

4 Phase 1 – Rahmenbedingungen & Anforderungen erfassen *

In der ersten Phase des Planungs- und Auslegungsprozesses werden die vorhandenen Rahmenbedingungen sowie die Anforderungen an das zu entwerfende oder zu überarbeitende Computernetz erfasst:

- »Ist-Analyse«, S. 57
- »Anforderungsanalyse«, S. 75

Hieraus lassen sich Datenflüsse ableiten, die erfasst und bezüglich ihrer Anforderungen analysiert werden:

- »Datenflussanalyse«, S. 113

4.1 Ist-Analyse *

Die Planungs- und Auslegungsprozesse können sehr unterschiedlich und vielschichtig sein. Im einfachsten Fall sind lediglich bereits bestehende Teilnetze zu erweitern. Weit anspruchsvoller ist das Redesign verbunden mit Netzerweiterungen. Am komplexesten und aufwendigsten ist die Neuplanung eines Netzes. Unternehmensbedingte, organisatorische und bauliche Gegebenheiten müssen als wesentliche Randbedingungen bei der Ist-Analyse berücksichtigt werden:

- »Planungsvarianten«, S. 58
- »Unternehmensspezifische organisatorische Merkmale und Randbedingungen«, S. 60
- »Bauliche und gebäudetechnische Gegebenheiten«, S. 61

Einen Schwerpunkt der Ist-Analyse bilden die Aufnahme und die Dokumentation der Struktur des Netzes und seiner Teilnetze, um ermitteln zu können, ob die Ist-Struktur dem aktuellen Performancebedarf des Netzes gerecht wird und diesen erfüllen kann. Für diese Struktur sind netzwerkspezifische Merkmale und Parameter zu erfassen und – falls möglich – zu messen, um Schwachstellen und Engpässe zu lokalisieren und insbesondere auch im Hinblick auf ein Redesign eine fundierte Datenbasis für die spätere Anforderungsanalyse und die Datenflussanalyse zu schaffen:

- »Strukturmerkmale des Computernetzes«, S. 62
- »Netzwerkspezifische Merkmale und Parameter«, S. 67

Schließlich ist zu diskutieren, inwieweit Vorgehensweise und Systematik der Ist-Analyse (vgl. Abb. 4.1-1) im Fall von Netzerweiterungen oder Neuplanungen angewendet werden können:

- »Erweiterungskonzepte für ein bestehendes Netzwerk und Neuplanung«, S. 74

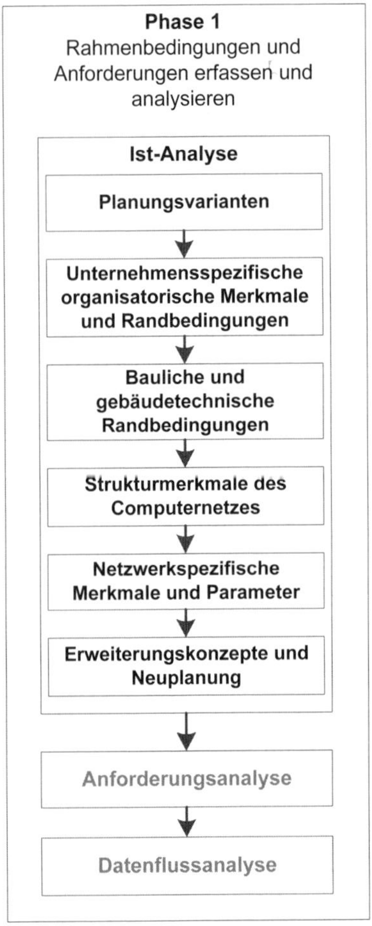

Abb. 4.1-1: Teilschritte der Ist-Analyse.

4.1.1 Planungsvarianten *

Die Planung und Auslegung von Computernetzen kann mit unterschiedlichen Zielsetzungen erfolgen, sodass unterschiedliche Planungsvarianten zu betrachten sind.

Planung und Auslegung von Computernetzen bzw. Teilnetzen können unter verschiedenen Gesichtspunkten und daraus resultierend mit unterschiedlichen Zielsetzungen erfolgen. Es kann beispielsweise erforderlich sein, ein bestehendes Netz aufgrund expandierender Geschäftstätigkeit zu erweitern und dabei gleichzeitig veraltete Technik durch neue Technik zu ersetzen. So ist es sinnvoll, unterschiedliche Planungsvarianten zu betrachten.

Planungsvarianten

Vor dem praktischen Hintergrund, dass bestehende Netze häufig erweitert werden müssen, ein vollständiges Redesign erfolgen soll oder ein Netz neu zu planen ist, ist es zweckmäßig folgende Varianten zu unterscheiden:

- **Erweiterung bestehender Teilnetze**
  Diese Variante kommt dann zum Tragen, wenn Unternehmensbereiche, Abteilungen oder Gruppen expandieren, sodass neue Netzkomponenten in bestehende Teilnetze zu integrieren sind. Insbesondere hier stellt sich die Frage, ob nicht im Zuge dieser integrativen Erweiterung ggf. eine veraltete Technik für das gesamte Teilnetz durch eine neue Technik ersetzt werden sollte.
- **Erweiterung des bestehenden Netzes um weitere Teilnetze**
  Die Aufgabe besteht hier darin, Teilnetze für zusätzliche Unternehmensbereiche, Abteilungen oder Gruppen mit dem bestehenden Netz und seinen Teilnetzen zu koppeln.
- **Redesign ausgewählter Teilnetze bzw. Redesign eines gesamten Netzes**
  Hier liegt der Fokus primär darauf, veraltete Technik durch neue, leistungsfähigere zu ersetzen und gleichzeitig historisch bedingten »Wildwuchs«, historisch bedingtes Patchwork in der Netzinfrastruktur zu beseitigen.
- **Planung eines neuen Netzes**
  Die Planung eines neuen Netzes wird immer dann erfolgen, wenn ein Unternehmen – gewissermaßen »auf der grünen Wiese« – einen neuen Standort plant. In der Regel ist in diesem Fall keine Ist-Analyse erforderlich. Allerdings kann es sinnvoll und zielführend sein, ausgewählte Kenn- und Erfahrungswerte aus bestehenden Netzen anderer, bereits existierender Standorte zu berücksichtigen, sofern die Geschäftsprozesse und die daraus resultierenden Informationsflüsse an den Standorten vergleichbar sind.

Ziele

Die Ist-Analyse bezieht sich ausschließlich auf bereits implementierte Netze, Teilnetze bzw. deren Komponenten. Ziel der Ist-Analyse ist es, **Schwachstellen** und **Engpässe** zu identifizieren, um so eine fundierte Ausgangsbasis für Redesign- bzw. Erweiterungskonzepte zu schaffen.

Die Ist-Analyse muss in jedem Fall systematisch erfolgen, um sicherzustellen, dass alle hinsichtlich Erweiterungen bzw. für das Redesign wesentlichen Aspekte und Merkmale berücksichtigt werden.

Dies sind organisatorische Merkmale und Randbedingungen im Unternehmen, die durch die Aufbau- und Ablauforganisation bestimmt sind, die Struktur des Netzes mit seinen Teilnetzen, bauliche und gebäudetechnische Gegebenheiten sowie Merkmale und Parameter des Netzes wie beispielsweise Benutzer und Benutzergruppen, Übertragungsgeschwindigkeiten und Verzögerungszeiten.

Merkmale

Um den **Aufwand** dabei in vertretbaren Grenzen zu halten, sollten jedoch lediglich die unabdingbar erforderlichen Merkmale des bestehenden Netzwerks ermittelt, erfasst bzw. gemessen werden. Welche der Merkmale im konkreten Fall letztendlich einbezogen werden müssen, ist projektspezifisch und kann daher nicht vollständig verallgemeinert werden.

In den folgenden Abschnitten werden daher die wichtigsten Merkmale und Parameter genannt und erläutert, ohne dabei den Anspruch auf Vollständigkeit erheben zu wollen. Um die Projektdurchführung möglichst effizient zu gestalten, sollten bestimmte Arbeitsschritte der Ist-Analyse parallel sowohl *Top-Down* als auch *Bottom-Up* durchgeführt werden. So macht es beispielsweise Sinn, parallel zur Analyse unternehmensspezifischer organisatorischer Merkmale und Randbedingungen oder zur Ermittlung der Strukturmerkmale des Netzes *(Top-Down)* Messungen von Übertragungsgeschwindigkeiten und Verzögerungszeiten durchzuführen *(Bottom-Up)*.

4.1.2 Unternehmensspezifische organisatorische Merkmale und Randbedingungen *

Organisatorische Merkmale und Randbedingungen wirken sich in aller Regel auf die Netzplanung aus und sind damit vom Netzplaner zu berücksichtigen.

Merkmale & Randbedingungen

Organisatorische Merkmale und Randbedingungen sind in Unternehmen in der Regel durch das unternehmensspezifische Geschäftsfeld und die dazu von der Unternehmensleitung festgelegte Aufbau- und Ablauforganisation gegeben. Für den Netzplaner ist es wichtig diese Merkmale und Randbedingungen zu kennen, um ihre möglichen Auswirkungen auf die Netzplanung einschätzen zu können und ggf. Veränderungen insbesondere bez. der Ablauforganisation vorzuschlagen.

Unternehmensspezifische Basisdaten

Bevor das existierende Netz näher analysiert wird, sind die im Abschnitten »Unternehmensweite informationslogistische Parameter«, S. 7, diskutierten Zusammenhänge zu erfassen und zu dokumentieren.

Ziel dabei ist es, unternehmensspezifische Basisdaten zu gewinnen, die für die weiteren Analyse- und Planungsschritte benötigt werden.

Diese **Bestandsaufnahme** sollte daher unabhängig von der tatsächlichen Struktur des Computernetzes erfolgen, da es hier nicht das Ziel ist, die Netzstruktur abzubilden. Darüber hinaus ist es für den Netzplaner und dabei insbesondere für seine weitere Arbeit hilfreich, auf diese Weise Struktur, Organisationseinheiten, Geschäftsprozesse sowie die zugehörigen Anwendungen und Dienste kennenzulernen.

Ausgehend von der in Unternehmen in der Regel vorliegenden Organisationsstruktur, d. h. der Aufbauorganisation, sind abhängig von dieser Struktur Bereiche, Abteilungen und Arbeitsgruppen zu identifizieren und ihre für die Netzplanung relevanten Parameter zu quantifizieren bzw. zu beschreiben. In diesem Zusammenhang sind für jede Organisationseinheit die folgenden wesentlichen Basisdaten zu erheben – ohne, dass hier der Anspruch auf Vollständigkeit erhoben wird:

Beispiele für Basisdaten

- Name/Bezeichnung/ID-Nummer der Organisationseinheit
- Anzahl der Mitarbeiter
- Arbeitszeiten/Dienstzeiten bzw. Öffnungszeiten
- Anwendungen und Dienste, die von der jeweiligen Organisationseinheit genutzt werden
- Zuordnung der Anwendungen und Dienste zu den entsprechenden Geschäftsprozessen
- Zugriffsberechtigungen bezüglich Anwendungen und Diensten
- Räume, für die eine besondere Zugangsberechtigung erforderlich ist und die somit nicht als mehr oder weniger öffentlich nutzbare Räume für Netzkomponenten (z. B. Drucker, Server, Firewall) zur Verfügung stehen.

4.1.3 Bauliche und gebäudetechnische Gegebenheiten *

Die Möglichkeiten der Implementierung und Installation eines Netzes werden nicht unerheblich durch bauliche und gebäudetechnische Gegebenheiten mit bestimmt. Insofern ist es von Wichtigkeit, diese als Randbedingungen für die zu einem späteren Zeitpunkt durchzuführende technische Projektierung bereits in der Ist-Analyse zu erfassen. Als wichtige Merkmale bzw. Parameter sind hier zu erfassen:

Beispiel für Randbedingungen

- Bauliche Ausführung von Wänden und Decken im Hinblick auf Wireless LANs
- Kabelkanalführungen und Kabelkanalzugänge
- Anzahl und Lage der Anschlussdosen für Endpunkte
- Kabelschächte zwischen Etagen
- Verteilerräume
- Art der Verkabelung (strukturierte oder nicht strukturierte Verkabelung)

4.1.4 Strukturmerkmale des Computernetzes *

Computernetze wachsen infolge von Anpassungen und Erweiterungen. Dies führt dazu, dass sich auch dessen Struktur ändert und nach einer gewissen Zeit nicht mehr dem Zustand nach der Erst-Installation entspricht. In diesem Teilschritt wird die Strukturierung des Computernetzes ermittelt und analysiert, um unter anderem Strukturbrüche, die beispielsweise zu Engpässen führen können, aufzudecken.

Wie bereits ausführlich im Kapitel »Informationen, Computernetze und Unternehmenserfolg«, S. 4, diskutiert, wachsen Netze im Laufe der Zeit infolge Anpassungen und Erweiterungen organisch, sodass eine ursprünglich in der Erst-Installation gegebene Struktur nicht mehr erhalten bleibt.

Daher ist die Ermittlung der Struktur eines bestehenden Netzes ein wichtiger Top-Down Analyseschritt im Zuge der Ist-Analyse, um ggf. mittlerweile vorhandene Strukturbrüche, die beispielsweise zu Engpässen führen können, aufzudecken.

Beispiele für Strukturen

- Topologische Strukturen
- Logisch-funktionale Strukturen
- Physikalische Strukturen

In diesem Analyse-Teilschritt ist zu ermitteln, ob und – wenn ja – in welcher Form ein zu analysierendes Netz hierarchisch strukturiert ist.

Dazu werden im Weiteren zwei einfache, intuitive und damit leicht zu handhabende topologische Architekturmodelle betrachtet ([Mcca07]): das LAN/CAN/WAN – Architekturmodell (Abb. 4.1-2) und das Access/Distribution/Core – Modell (Abb. 4.1-3).

Das LAN/CAN/WAN Modell orientiert sich an der geografischen und/oder topologischen Trennung der Netze. Das Modell definiert hier eine dreistufige Hierarchie, die jedoch entsprechend den Gegebenheiten angepasst werden kann, beispielsweise auf eine der häufig anzutreffenden Topologien LAN/WAN.

LAN/CAN/WAN-Modell

Mit Hilfe dieses Modells lassen sich den Teilbereichen – also beispielsweise LAN, CAN und WAN – auf einfache Weise Funktionen und Dienste zuordnen sowie bezogen auf die Grenzen zwischen den Teilbereichen insbesondere Daten hinsichtlich Performance, Sicherheit und ggf. für dieses Netz spezifische Besonderheiten ermitteln. Beispiel für eine LAN/CAN – Struktur ist eine Universität mit Fakultätsnetzen als LAN, wobei die einzelnen Fakultätsnetze zusammen das Campusnetz, das CAN bilden.

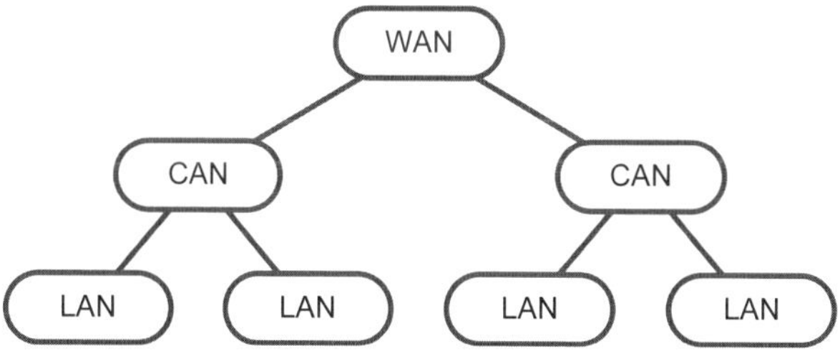

Abb. 4.1-2: LAN/CAN/WAN Modell.

Das Access/Distribution/Core Modell ist dem LAN/CAN/WAN Modell insoweit ähnlich, dass es die Funktionen, Dienste, Performanceanforderungen und Besonderheiten eines Netzwerkes auf Teilbereiche aufteilt. Diese Teilung basiert jedoch auf den funktionalen Merkmalen des Netzwerkes und nicht auf den quasigeografischen Gegebenheiten des LAN/CAN/WAN – Architekturmodells. Der Access Teilbereich ist unmittelbar den Benutzern mit ihren Anwendungen und Diensten zuzuordnen. Er beinhaltet daher die meisten Datenquellen und -senken.

Access / Distribution / Core-Modell

Der Distribution Teilbereich umfasst Server – beispielsweise Webserver, Datenbankserver oder Druckserver und darüber hinaus ggf. spezifische Hosts, auf die mehrere Benutzer gleichzeitig zugreifen. Der Core Teilbereich ist zuständig für den Datentransfer im Netz und enthält daher im Gegensatz zu den anderen zwei Bereichen keine Datenquellen bzw. -senken.

Die meisten der Core-Flüsse sind Flüsse, die aus den Flüssen der anderen Teilbereiche zusammengesetzt sind. Typische Core-Komponenten sind z. B. Backbone-Hochleistungsrouter.

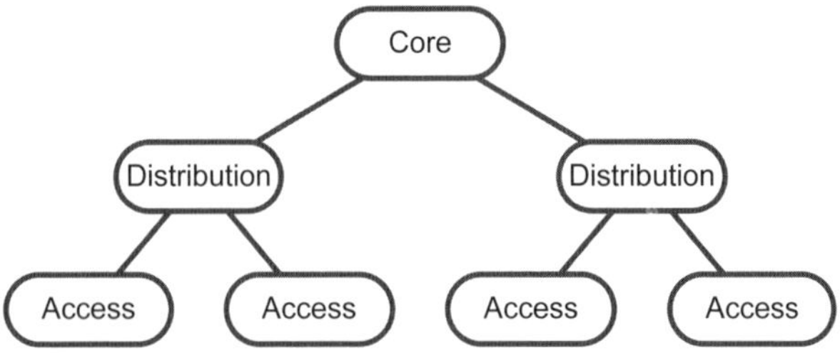

Abb. 4.1-3: Access/Distribution/Core Modell.

Beide Modelle sind für die Basisanalyse eines Netzwerks geeignet, da sie intuitiv und einfach anzuwenden sind, einen guten Einblick in die globale Architektur ermöglichen und die Struktur des bestehenden Netzes vermitteln.

Darüber hinaus können bereits zu einem sehr frühen Zeitpunkt der Analyse im Hinblick auf Performance und Sicherheit relevante Verbindungen identifiziert werden, da mit Hilfe dieser Modelle die Schnittstellen zwischen den Netzteilbereichen – wie z. B. LAN/WAN bzw. Access/Core dokumentiert werden.

Strukturen dokumentieren

In einem weiteren Analyse-Teilschritt ist es notwendig, die logische, funktionale und die physikalische Struktur des Netzes detaillierter zu ermitteln und zu dokumentieren. Ergebnis sind Netzpläne, die die Basis für weitere Analyseschritte bilden. Dabei bleibt eine Top-Down-Vorgehensweise zunächst sinnvoll. Abhängig von der Unternehmensstruktur und je nach geografischer Ausdehnung des zu analysierenden Netzwerks sind je ein Netzwerkplan für Kontinente, Länder, Städte, Standorte innerhalb einer Stadt sowie Gebäude und Etagen in einem Gebäude zu erstellen.

Abb. 4.1-4 veranschaulicht beispielhaft die Struktur eines weltweit operierenden Unternehmens, für das derartige Pläne im Rahmen der Ist-Analyse zu erarbeiten wären. Der Fall, ein länder- bzw. kontinentübergreifendes Unternehmensnetz vollständig neu zu planen, wird in der Praxis relativ selten vorkommen.

Ein Netzwerk landesweit neu zu planen, kann jedoch durchaus erforderlich werden, wie am Beispiel des Versicherungskonzerns aus dem Abschnitt »Randbedingungen des Netzdesigns«, S. 5, deutlich wird.

Komplexität beherrschen

Um im Rahmen der Ist-Analyse zum einen aussagekräftige Ergebnisse zu erhalten und zum anderen die Analyse selbst effektiv zu gestalten, sollte bei weit ausgedehnten und damit in der Regel hoch komplexen Netzen entsprechend dem Prinzip »teile und herrsche« verfahren werden, um so die Komplexität zu reduzieren.

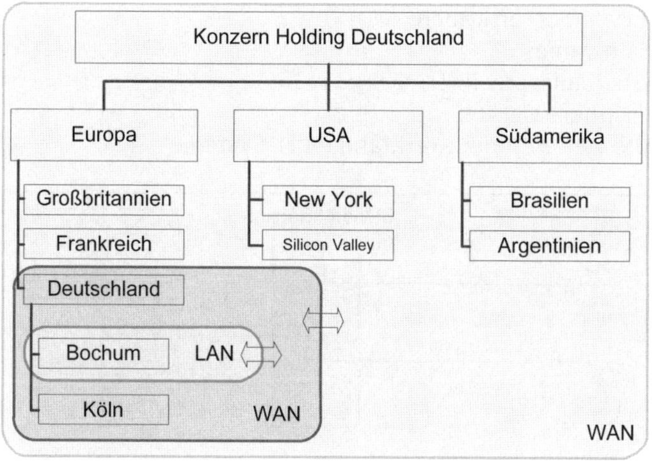

Abb. 4.1-4: Beispiel für die Unternehmensstruktur eines international operierenden Unternehmens.

Bezogen auf einen Standort sind beispielsweise die in Abb. 4.1-5 dargestellten Netzpläne ein erster Schritt zu einer systematischen Bestandsaufnahme.

Notwendige Informationen

Die Netzwerkpläne sollten entsprechend der räumlichen Ausdehnung des zu planenden Netzes und gemäß der Detaillierungsstufe des jeweiligen Planes folgende Informationen enthalten:

- Geografische Informationen (Kontinente, Länder, Regionen, Städte sowie Standorte in einer Stadt)
- WAN-Verbindungen bezogen auf die geografischen Gegebenheiten, insbesondere hinsichtlich der Verfügbarkeit bestimmter Techniken (DSL, MPLS, Glasfaser-Verkabelung oder Wireless WAN)
- LAN- und ggf. CAN-Verbindungen innerhalb eines Standortes, also zwischen den Gebäuden
- LAN-Verbindungen innerhalb eines Gebäudes, auf jeder Etage sowie in jedem Raum einer Etage
- In einer weiteren Detaillierungsstufe funktionsbezogene und technische Spezifikationen der Verbindungen sowie der zugehörigen Netzwerkkomponenten:
  - Kabeltypen mit Kategorie, Klasse und Datenübertragungsrate
  - Koppelelemente, also Router, Switches sowie ggf. Hubs und Repeater (wired), falls noch im Einsatz
  - Wireless Access-Points und Wireless Repeater
  - Application Gateways, VPN-Endpunkte, Firewalls, Intrusion Detection Systeme

- Server, Serverfarmen
- Mainframes
- Arbeitsplatzrechner
- Periphere Geräte
- Alle weiteren netzwerkfähigen IT-Systeme

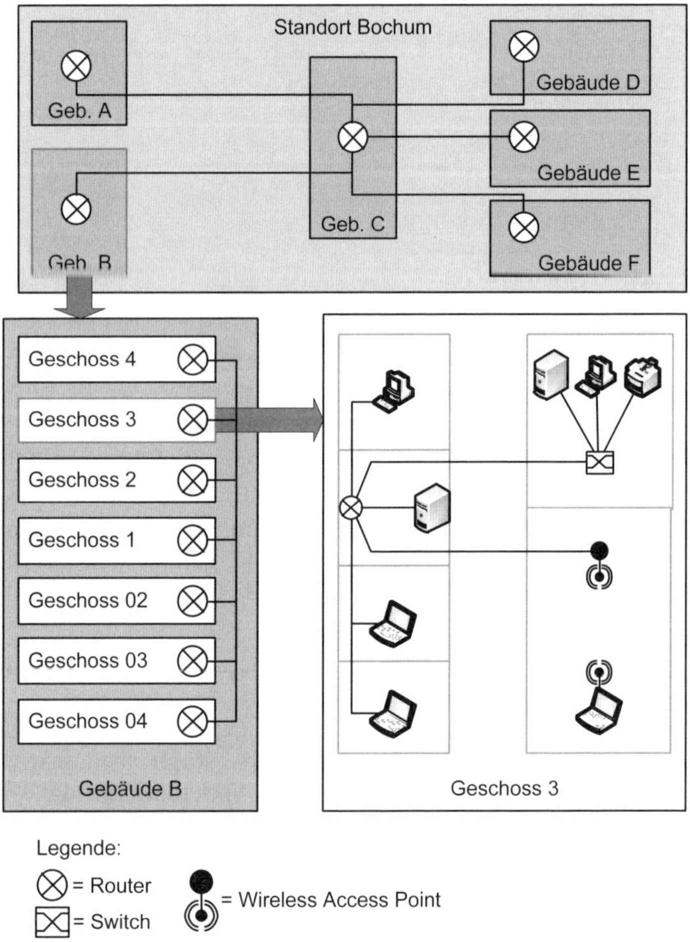

Abb. 4.1-5: Beispiel für die Netzwerkpläne eines Standortes.

Wesentlich ist dabei für alle Netzwerkkomponenten und IT-Systeme die Angabe einer eindeutigen Benennung, die örtliche Positionierung sowie die Angabe, ob die Komponente einen Endpunkt im Netz darstellt. Ein Beispiel dazu veranschaulicht Abb. 4.1-6.

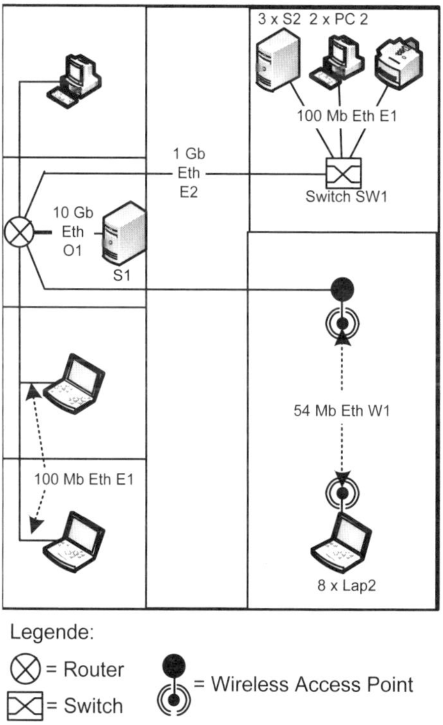

Abb. 4.1-6: Beispiel einer physikalischen Netzwerkstruktur.

4.1.5 Netzwerkspezifische Merkmale und Parameter *

Verzahnung

Subnetze als logische Einheiten, Benutzergruppen und auch einzelne Benutzer mit den von ihnen benötigten Diensten und Anwendungen sind eng miteinander verzahnt und bestimmen maßgeblich, wie effizient die Geschäftsprozesse im Tagesgeschäft abgewickelt werden können. Insoweit ist es unabdingbar, Subnetze mit den ihnen zugeordneten Benutzern und Benutzergruppen, Diensten und Anwendungen zu erfassen und zu dokumentieren.

Um den aus der Geschäftstätigkeit resultierenden Netzwerkverkehr analysieren und beurteilen zu können und gleichzeitig Basisdaten für die weiteren Planungsphasen zu schaffen, sind die wesentlichen Performance-Parameter zu messen bzw. zu erfassen.

4.1.5.1 Subnetze und Adressierungsschemata *

Subnetzstrukturen und zugehörige Adressierungsschemata sind für die Erweiterung bzw. das Redesign bestehender Netze wesentliche Planungsdaten und müssen daher ermittelt werden.

Adressierung dokumentieren

In der Regel werden die Subnetze sowie deren Namen an Arbeitsgruppen, Abteilungen oder Bereichen eines Unternehmens orientiert sein. Insofern wäre es durchaus sinnvoll Subnetze unter **Unternehmensspezifische organisatorische Merkmale und Randbedingungen** zu beschreiben. Da Subnetze und deren Adressierung als Einheit zu betrachten sind, werden sie den netzwerkspezifischen Merkmalen zugeordnet.

Abb. 4.1-7 veranschaulicht beispielhaft den Ausschnitt eines Unternehmensnetzes mit Subnetzen und der zugehörigen IP-Adressierung. Eine derartige Darstellungsform ist für ausgedehnte Netze mit einer Vielzahl von Subnetzen und Nutzern nicht umsetzbar und wäre auch nicht zweckmäßig.

Zur grafischen Dokumentation von Unternehmensnetzen bietet der Markt eine Reihe von Netzwerkdokumentationswerkzeugen, die im Rahmen der Ist-Analyse produktiv genutzt werden können.

Die Palette der Werkzeuge reicht hier vom einfachen Freeware-Tool bis hin zu mächtigen Lösungen, die – so gewünscht – eine Vielzahl von Detaildaten aller Netzwerkkomponenten, bei Endsystemen beispielsweise einschließlich der auf diesen installierten Anwendungen, ermitteln und dokumentieren.

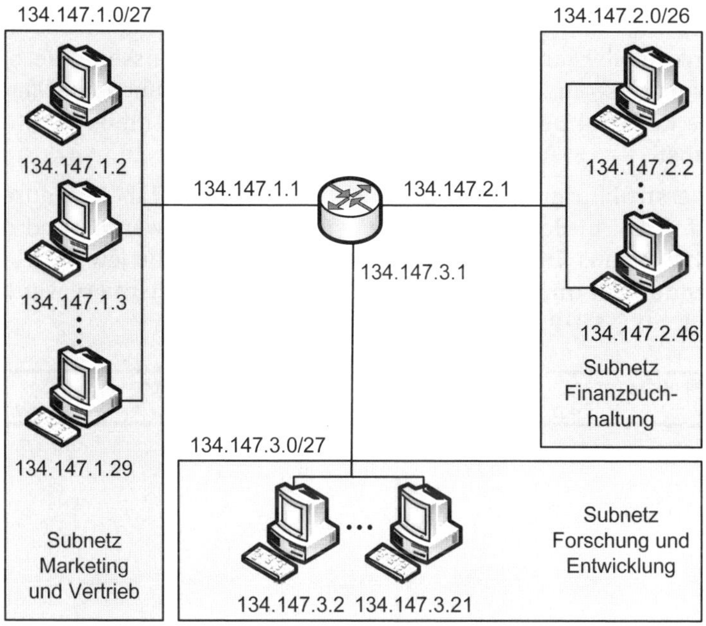

Abb. 4.1-7: Subnetze und IP-Adressierung.

4.1.5.2 Benutzer, Benutzergruppen, Anwendungen und Dienste *

Weitere relevante Daten der Ist-Analyse sind Benutzer und Benutzergruppen sowie deren Zuordnungen zu Anwendungen und Diensten einschließlich der Zugriffshäufigkeiten.

Benutzerinformationen ermitteln

Ein weiterer wesentlicher Aspekt der Ist-Analyse ist die Ermittlung von Benutzern, Benutzergruppen und den ihnen jeweils zugeordneten Anwendungen und Dienste (vgl. Abb. 4.1-8), da Datenflüsse und die daraus resultierenden Netzlasten letztlich durch die von den Benutzern für die Erledigung ihrer Aufgaben verwendeten Anwendungen und Dienste entstehen.

Üblicherweise werden Benutzergruppen orientiert an organisatorischen oder funktionalen Einheiten eines Unternehmens eingerichtet. Marketing und Vertrieb, Forschung und Entwicklung sowie Finanzbuchhaltung (vgl. »Subnetze und Adressierungsschemata«, S. 68) sind dabei sowohl Organisationseinheiten als auch funktionale Bereiche, wobei Benutzer durchaus mehreren Benutzergruppen angehören können.

Dies wird immer dann der Fall sein, wenn organisatorische und funktionale Bereiche eng zusammenarbeiten müssen, wie beispielsweise in einem produzierenden Unternehmen die Bereiche Konstruktion, Produktionsvorbereitung und die Produktion selbst.

Eine strukturierte Ist-Analyse ist auf Basis von Tabellen durchzuführen, in der die Zuordnungen transparent werden und darüber hinaus Zugriffshäufigkeiten bezogen auf die jeweilige Anwendungen und Dienste im Tagesverlauf dokumentiert werden (vgl. Abb. 4.1-9).

Benutzer	Benutzergruppen						Anwendungen					
	BG_1	BG_2	...	BG_j	...	BG_m	AW_1	AW_2	...	AW_k	...	AW_l
Name_1												
Name_2												
.												
.												
Name_i												
.												
.												
Name_n												

Benutzer	Benutzergruppen						Dienste					
	BG_1	BG_2	...	BG_j	...	BG_m	DN_1	DN_2	...	DN_k	...	DN_l
Name_1												
Name_2												
.												
.												
Name_i												
.												
.												
Name_n												

Abb. 4.1-8: Zuordnung von Benutzern, Benutzergruppen, Anwendungen und Diensten.

Anwendungen und Dienste ermitteln

Weiterhin sollte analysiert und bewertet werden, welche Anwendungen und Dienste für das Unternehmen eine signifikante Bedeutung haben und somit direkt oder indirekt zur Erreichung der Unternehmensziele einen wesentlichen Beitrag leisten und welche unter diesem Gesichtspunkt eher von sekundärer Wichtigkeit sind.

Benutzergruppe j	Zugriffshäufigkeit		
	8.00 - 9.00	...	17.00 - 18.00
Anwendung_1			
Anwendung_2			
.			
.			
Anwendung_k			
.			
.			
Anwendung_l			
Dienst_1			
Dienst_2			
.			
.			
Dienst_q			
.			
.			
Dienst_r			

Abb. 4.1-9: Zuordnung von Benutzer, Anwendungen, Dienste und Zugriffshäufigkeit.

4.1.5.3 Messung, Analyse und Bewertung von Leistungskenngrößen *

Messung, Analyse und Bewertung der Performance-Parameter sind im Zuge der Ist-Analyse erforderlich, um für die Netzplanung fundierte Basisdaten bezüglich bestehender Netze zu erhalten.

Erwartungen aus Nutzersicht

Bevor im Detail auf die Leistungskenngrößen eingegangen wird, sollen zunächst die Erwartungen an ein Computernetzwerk aus Nutzersicht umrissen werden. Ein Nutzer erwartet von einem Netz, dass die Informationen und Daten, die er anderen Netzteilnehmern übermitteln will, zeitgerecht, in der Regel unmittelbar und korrekt übertragen werden, d. h.

- Benötigte Dienste zur Abwicklung von Geschäftsprozessen – beispielsweise E-Mail, Web-Dienste oder Voice over IP – müssen verfügbar sein und sicher funktionieren.
- Daten-Übermittlungszeiten sowie – bei interaktiven Anwendungen – Antwortzeiten müssen so gering sein, dass die mit

den Daten in Zusammenhang stehenden Geschäftsprozesse zeitgerecht bearbeitet bzw. abgewickelt werden können.

- Daten müssen fehlerfrei – z. B. im Zusammenhang mit Finanztransaktionen – bzw. in einer angemessenen Qualität – z. B. bei Sprach- oder Video-Übermittlung – übertragen werden.

Leistungsbestimmende Parameter

Diese verbalen Umschreibungen aus Nutzersicht lassen sich durch drei primäre leistungsbestimmende Parameter charakterisieren, nämlich die Datenrate – im Netz-Sprachgebrauch häufig nicht korrekt als Bandbreite bezeichnet –, die Verzögerungen, die im Computernetz bzw. in Netzsegmenten auftreten sowie die Zuverlässigkeit des Netzes, zusammengefasst also die Performance-Parameter.

Um aussagekräftige, repräsentative, für die Planung und Auslegung des neuen Netzes verwertbare Ergebnisse in der Ist-Analyse zu erhalten, müssen Messungen der Performance-Parameter sorgfältig geplant werden.

Realitätsgetreue Abbildung

Die Auslastung des bestehenden Netzes sollte möglichst realitätsgetreu abgebildet werden. Dazu ist es erforderlich die minimale, die maximale und die durchschnittliche Nutzung der jeweilig installierten nominalen Datenrate – z. B. 10 Mbit/s oder 100 Mbit/s – des zu analysierenden Netzes zu erfassen bzw. zu bestimmen. Verzögerungszeiten zu messen macht nur dann Sinn, wenn Benutzer nicht zumutbare Antwort- bzw. Wartezeiten in Kauf nehmen müssen oder wenn die Qualität von multimedialen Daten oder von VoIP-Verbindungen nicht den heutigen Ansprüchen genügt.

Netzbelastung

In der Regel lassen sich aus der Geschäftstätigkeit eines Unternehmens Zeitintervalle ableiten, die eine besonders hohe bzw. besonders niedrige Netzbelastung erwarten lassen. Je nach Art der Geschäftstätigkeit können zu betrachtende Zeitintervalle dabei ein Monat, bestimmte Tage innerhalb eines Monats bis hin zu bestimmten Stunden innerhalb eines Tages sein. Ist beispielsweise die Geschäftstätigkeit eines Unternehmens stark **saisonabhängig**, wie dies für diverse Home-Shopping Unternehmen je nach Produktpalette beispielsweise zur Urlaubs- oder Vorweihnachtszeit charakteristisch ist, sollten sich Netzlastmessungen insbesondere auf diese Zeiträume beziehen, um die maximalen Netzbelastungen ermitteln zu können. Analog dazu sollten zur Ermittlung der minimal erforderlichen Datenrate die übrigen Zeiträume gewählt werden. Für die Hotline eines Unternehmens ist zunächst zu ermitteln, zu welchen Tageszeiten eine hohe Frequentierung der Hotline zu erwarten ist. Dementsprechend sind die Messintervalle zur Ermittlung der maximal bzw. minimal zu erwartenden Netzbelastung zu wählen. Abhängig von Branche und Anwendungsfeld können dies die Hauptgeschäftsstunden eines Arbeitstages sein oder beispielsweise die frühen Abendstunden.

Spitzenlasten

Den Netzwerkverkehr in Zeitabständen von beispielsweise 1, 5 oder 10 Minuten für einige Millisekunden oder Sekunden zu messen, ist nicht sinnvoll, da so kurzzeitig auftretende Spitzenlasten ggf. unentdeckt bleiben. Vielmehr ist der Netzwerkverkehr während der Messzeitintervalle paketweise zu erfassen und auszuwerten.

Messpunkte setzen

Idealerweise würde man primär als Messpunkte die dem **Core-Bereich** (siehe »Strukturmerkmale des Computernetzes«, S. 62) zuzurechnenden Komponenten wählen, die in der Regel Backbone-Funktionalität besitzen wie beispielsweise Hochleistungsrouter. Komplexität und Funktionsumfang derartiger Hochleistungsrouter sowie das üblicherweise hohe Verkehrsaufkommen im Core-Bereich erfordern sowohl in Hardware als auch in Software eine hoch leistungsfähige und damit entsprechend aufwendige und teure Messausstattung. Zweckmäßiger ist es, die Datenströme paketweise an den Endpunkten – also den Clients und Servern – zu erfassen und die Datenflüsse zu kumulieren.

Netzwerkanalysator

Ein leistungsfähiges Werkzeug zur Analyse von Netzwerkverbindungen ist das mittlerweile etablierte Freeware-Programm **Wireshark**. Dieser Netzwerkanalysator stellt wahlweise während oder im Anschluss an einen Mitschnitt des Datenverkehrs einer Netzwerk-Schnittstelle die Daten in Form einzelner Pakete dar. Laufzeiten und Verzögerungszeiten von Diensten und Anwendungen sowie die Datenausgaberaten der Anwendungen können erfasst werden, insbesondere auch multimediale Datenströme und z. B. VoIP. Die erfassten Daten werden übersichtlich dargestellt und können damit effizient analysiert werden. So kann beispielsweise der Inhalt der mitgeschnittenen Pakete untersucht und nach Inhalten gefiltert werden. Darüber hinaus bietet Wireshark Statistikfunktionen zur Datenflussanalyse und Exportfunktionen für spezielle Auswerteprogramme, sodass eine Bewertung des Netzwerkverkehrs möglich wird.

Zuverlässigkeit

Wie bereits im Abschnitt »Zuverlässigkeit«, S. 20, ausführlich beschrieben, lässt sich die Zuverlässigkeit mittels verschiedener Metriken quantifizieren und bewerten. An dieser Stelle seien die einschlägigen Begriffe daher lediglich noch einmal in Erinnerung gerufen:

- Bit-Error-Rate (BER)
- Cell-Loss-Rate (CLR)
- Mean Time Between Critical Failure (MTBCF)
- Mean Time To Recover bzw. Mean Time To Repair (MTTR)

Hinsichtlich der Zuverlässigkeit des zu analysierenden bestehenden Netzes ist der Netzplaner auf – hoffentlich – dokumentierte Vergangenheitswerte der Anwender angewiesen. Liegen diese nicht vor, sollte er versuchen diese Parameter durch Befragung der einschlägigen Fachleute beim Anwender – insbesondere der Netzadministratoren – abzuschätzen.

4.1.6 Erweiterungskonzepte für ein bestehendes Netzwerk und Neuplanung *

In diesem Teilschritt ist die Frage zu erörtern, ob – und wenn ja, in welcher Weise – die Methodik der Ist-Analyse auf Netzerweiterungen bzw. auf die Neuplanung eines Netzes übertragbar und anwendbar ist.

Soll-Konzept

Logischerweise kann sich die hier beschriebene Ist-Analyse lediglich auf ein bestehendes Netz beziehen. Besteht das Projektziel nicht nur im Redesign eines Netzes, sondern beinhaltet gleichzeitig Erweiterungen, sind die in der Ist-Analyse als Fakten dokumentierten Merkmale, Randbedingungen und Parameter nicht erfass- bzw. messbar. Die Erarbeitung eines Soll-Konzepts hinsichtlich der Erweiterungen sollte jedoch mit der gleichen Vorgehensweise und Systematik erfolgen wie die Analyse des vorhandenen Netzes, d. h., es sollten hinsichtlich aller in der Ist-Analyse betrachteten Aspekte fundierte Zuordnungen und Abschätzungen erarbeitet werden, beginnend mit unternehmensspezifischen und organisatorischen Merkmalen und Randbedingungen über Strukturmerkmale der Netzerweiterungen, bauliche und gebäudetechnische Gegebenheiten bzw. Anforderungen bis hin zu den netzwerkspezifischen Merkmalen und Parametern. So sind beispielsweise seitens der Unternehmensleitung ggf. neue Organisationseinheiten zu bilden und funktional zu beschreiben, räumliche Zuordnungen vorzunehmen oder Gebäudeteile neu zu planen. Orientiert an zu definierenden Benutzergruppen ist die gewünschte Netzstruktur festzulegen. Auf der Basis der den Benutzern zuzuordnenden Dienste und Anwendungen sind Zuverlässigkeitsanforderungen zu formulieren und die voraussichtlich für Datenübertragungen benötigten Kapazitäten abzuschätzen. Die Ergebnisse der Ist-Analyse und die Erweiterungskonzepte sind zusammenzuführen. Sie bilden die Basis für die sich nun anschließende Anforderungsanalyse.

Neuplanung

Steht die Neuplanung eines Netzes an, beispielsweise in einem neuen Gebäude am Standort oder an einem anderen Standort, sind die grundsätzliche Vorgehensweise und die Systematik beizubehalten. Inwieweit in diesem Fall insbesondere bereits bekannte unternehmensorganisatorische Randbedingungen und Netzwerkparameter berücksichtigt werden können oder müssen, ist davon abhängig, ob das zu planende Netz mit Anwendungen, Diensten, Benutzern bzw. Benutzergruppen bereits bestehende Geschäftsfelder des Unternehmens erweitert oder ob ein oder mehrere Geschäftsfelder hinzukommen. Plant beispielsweise ein bisher konventionelles Unternehmen der Telekommunikation als neues Geschäftsfeld einen Online-Shop für Endgeräte, Heimnetzwerk-Equipment und Entertainment-Produkte, so werden neue Dienste und Anwendungen relevant.[1] Diese sind insbesondere hinsichtlich der **netzwerkspezifischen Merkmale und Parameter** besonders sorgfältig zu analysieren und zu bewerten, da unterstellt werden muss, dass die Mitarbeiter des Unternehmens bezüglich der neuen Anwendungen und Dienste kaum über Erfahrungen im Alltagsbetrieb verfügen.

Freiheitsgrade in der Planung

Damit nimmt zwar in der Regel die Zahl der Freiheitsgrade bei der Planung zu, weil beispielsweise hinsichtlich einer Anwendungssoftware aufgrund des Marktangebots Wahlmöglichkeiten bestehen. Andererseits wird die Planung umfangreicher, komplexer und damit auch aufwendiger. Letztlich steigt damit auch das Planungsrisiko. Davon unabhängig bilden die Planungsergebnisse auch hier die Basis für die Anforderungsanalyse.

4.2 Anforderungsanalyse *

Identifizierung und Erfassung

Die Verlässlichkeit der in der Anforderungsanalyse ermittelten und konkretisierten Anforderungen von **Anwendungen** und **Diensten** beeinflusst maßgeblich die Qualität des Computernetzentwurfs. Eine Herausforderung liegt sowohl in der Identifizierung und Erfassung der technischen Anforderungen an das Computernetz als auch darin, informelle Anforderungen, die beispielsweise vonseiten der Benutzer lediglich verbal beschrieben werden oder aus Unternehmensrichtlinien abzuleiten sind, zu formalisieren. Die Ergebnisse der Anforderungsanalyse bilden zusammen mit denen der Ist-Analyse und ggf. Erweiterungskonzepten die Grundlage für den letzten Schritt der ersten Planungsphase: die Datenflussanalyse. Ungenauigkeiten oder Fehler, die in der Anforderungsanalyse entstanden sind, wirken sich signifikant auf die zu treffenden Entscheidungen in den nachfolgenden Prozessschritten aus.

In diesem Kapitel wird folgendes Basiswissen behandelt:

[1] Ein klassisches Beispiel für derartige Geschäftsfelderweiterung im Zeitverlauf ist die Deutsche Telekom AG.

- »Strategische Berücksichtigung von Anforderungen«, S. 89
- »Kommunikationsarchitekturen von Anwendungen und Diensten«, S. 90

Aufbauend auf diesem Basiswissen werden die Teilschritte der Anforderungsanalyse erläutert:

- »Anwendungen und Dienste bestimmen«, S. 104
- »Initiatoren erkennen«, S. 105
- »Anforderungen erfassen und bewerten«, S. 106
- »Verhaltensprofile entwickeln«, S. 109

4.2.1 Eigenschaften und Anforderungen *

Zu erfüllende Anforderungen an das Computernetz werden aus den Eigenschaften von Anwendungen und Diensten abgeleitet.

Computernetz als Dienstleister

Die an ein Computernetz gestellten Anforderungen resultieren aus netzrelevanten Anwendungen und Diensten. Ein Computernetz ist als Dienstleister zu betrachten, der eine den Anforderungen entsprechende Kommunikation ermöglichen und sicherstellen soll. Anwendungen und Dienste lassen sich durch die nachfolgend dokumentierten Eigenschaften charakterisieren, aus denen spezifische Anforderungen an das Computernetz abgeleitet werden. Zur Veranschaulichung werden in mehreren Beispielen die beiden nachfolgend vorgestellten fiktiven Unternehmen zugrunde gelegt:

BestLearn

Das Unternehmen **BestLearn aus Witten (BLW)** betreibt eine E-Learning Plattform im Internet, mit der das selbst gesteuerte Lernen von Gymnasiasten 24 Stunden am Tag und 7 Tage die Woche im Rahmen verschiedenster Angebote ermöglicht wird. Das Unternehmen erzielt seinen Umsatz durch den Verkauf und die Bereitstellung der Bildungsangebote über die E-Learning Plattform.

SecForm

Das Unternehmen **SecForm aus Datteln (SFD)** fertigt Hemden und Uniformen ausschließlich und exklusiv für Behörden und Unternehmen aus dem Sicherheitsbereich, mit denen langjährige Vereinbarungen bestehen. Die Fertigung erfolgt in direkter Absprache mit den Behörden und den Unternehmen. SecForm präsentiert sich, u.a. mit einer ausführlichen Unternehmenshistorie, auf einer eigenen Webseite. Des Weiteren besitzt das Unternehmen Fertigungsmaschinen, welche bei Bedarf die für die automatisierte Produktion notwendigen Schnittprogramme von einem zentralen System erhalten.

Weiterführende Literatur

[Mcca07]

4.2.1.1 Unternehmenskritisch *

Unternehmenskritische Anwendungen und Dienste stehen in direktem Zusammenhang mit Geschäftsprozessen, die Umsatz bzw. Gewinn unmittelbar beeinflussen. Der Ausfall oder der unzuverlässige Betrieb unternehmenskritischer Anwendungen und Dienste kann so u. a. einen finanziellen Schaden für das Unternehmen nach sich ziehen.

Aus der Eigenschaft unternehmenskritisch lässt sich die Anforderung ableiten, ein hohes Maß an Zuverlässigkeit für alle die Anwendung betreffenden Netzelemente sicher zu stellen. Dabei ist eine differenzierte Betrachtung der Anforderungen an die Zuverlässigkeit des Computernetzes für alle Anwendungen und Dienste durchzuführen, um Ausgaben für unnötige Maßnahmen, die die definierte **Zuverlässigkeit** ermöglichen sollen, zu vermeiden.

Hierbei wird die Nutzungsfrequenz der Anwendungen und Dienste für Zeiträume, in denen diese mit hoher Frequenz genutzt werden und Zeiträume, in denen sie mit niedriger Frequenz bzw. gar nicht genutzt werden, unterschieden. Eine derartige Unterscheidung kann beispielsweise basierend auf Betriebs-, Dienst- oder Öffnungszeiten erfolgen. Die Zuverlässigkeit sowie die erforderliche Verfügbarkeit unternehmenskritischer Anwendungen und Dienste haben für die Mitarbeiter während der genannten Zeiten bekanntermaßen einen höheren Stellenwert als außerhalb dieser Zeiten.

Zeiträume differenziert betrachten

Für unternehmenskritische Anwendungen und Dienste sind somit bezüglich der erhöhten Anforderung an die Zuverlässigkeit zunächst die zu differenzierenden Zeiträume zu ermitteln. Anschließend wird für die ermittelten Zeiträume die maximal zulässige Dauer für einen Ausfall bzw. den fehlerhaften Betrieb bestimmt. Daraus ergibt sich dann die für die verschiedenen Zeiträume zu garantierende Zuverlässigkeit.

Beispiel

Für das Unternehmen BLW stellt die Bereitstellung der E-Learning Plattform im Internet eine unternehmenskritische Anwendung dar. Die durchgehende Bereitstellung der E-Learning Plattform erfordert jedoch keinesfalls eine hohe Zuverlässigkeit mit einer Verfügbarkeit der Systeme von 99,99 Prozent. Diese lässt sich im Allgemeinen nur theoretisch, quasi »auf dem Papier«, erreichen.

Das Unternehmen hat keine konkreten Vorstellungen, welche Dauer eines fehlerhaften Betriebs bzw. der Nicht-Verfügbarkeit zu welcher Tageszeit toleriert werden kann. Jedoch ist die durchschnittliche Dauer zur Wiederherstellung der Betriebsfähigkeit (MTTR) von 20 Minuten bekannt, die bezogen auf einen Wochentag zugrunde gelegt wird.

Die Präsentation des Unternehmens SFD auf einer Webseite ist nicht unternehmenskritisch, da sie in keinem Zusammenhang mit der Wertschöpfung des Unternehmens steht und lediglich der Dokumentation dient.

4.2.1.2 Aufgabenkritisch *

Aufgabenkritische Anwendungen und Dienste stehen im Gegensatz zu unternehmenskritischen Anwendungen und Diensten nicht in direktem Zusammenhang mit einer umsatzbringenden Tätigkeit - dem Kerngeschäft -, sind jedoch für den Betrieb des Computernetzes bzw. der gesamten IT-Infrastruktur von entscheidender Bedeutung.

Betrieb von Systemen

Der Ausfall oder der unzuverlässige Betrieb aufgabenkritischer Anwendungen und Dienste führt kurzfristig zu keinem signifikanten monetären Verlust für das Unternehmen. Bei einer langfristigen Störung kann jedoch ein finanzieller Schaden hervorgerufen werden. Daher ist - analog zum Verfahren bei unternehmenskritischen Anwendungen und Diensten - eine Analyse der Nutzungsfrequenzen der aufgabenkritischen Anwendungen und Dienste erforderlich.

Beispiel

Die Mitarbeiter des Unternehmens BLW können sich mittels eines internen IM-Clients, beispielsweise über noch zu erledigende Aufgaben, austauschen oder sich gegenseitig Informationen zukommen lassen. Ein Ausfall kann zeitweise durch die Verwendung von Telefonen oder den Gang zum Büro des entsprechenden Kollegen kompensiert werden, verlangsamt jedoch die internen Kommunikationsabläufe spürbar. Die genannte Anwendung ist somit aufgabenkritisch und erfordert eine hohe Zuverlässigkeit während der Dienstzeiten. Die tolerierbare Ausfallzeit beträgt 30 Minuten bezogen auf einen Wochentag.

Die Mitarbeiter des Unternehmens SFD können sich unternehmensintern über einen eigenen IM-Client austauschen. Der Austausch gehört zu keinen unternehmensrelevanten Prozessen, sondern stellt lediglich eine Möglichkeit für die hauptsächlich private Kommunikation der Mitarbeiter untereinander dar. Diese Anwendung ist somit nicht aufgabenkritisch.

4.2.1.3 Geschwindigkeitskritisch *

Geschwindigkeitskritische Anwendungen und Dienste besitzen besondere Anforderungen bezüglich der benötigten Datenrate. Kann die benötigte Datenrate nicht sichergestellt werden, kann dies zu einer Minderung der (Präsentations-) Qualität bzw. zur eingeschränkten Benutzung einer Anwendung oder eines Dienstes, bis hin zum zeitweisen Ausfall führen.

Datenrate

Aus dieser Eigenschaft lassen sich mehrere Anforderungen bezüglich der im Mittel benötigten oder der zu garantierenden Datenrate für Anwendungen und Dienste ableiten. Zum einen kann die Sicherstellung einer minimalen Datenrate (MDR), die eine Untergrenze darstellt, erforderlich sein. Wird die MDR unterschritten, kann dies zu einem Verlust von Informationen führen. Zum anderen, für die meisten Anwendungen am ehesten zutreffend, kann eine durchschnittliche Datenrate (DDR) sicherzustellen sein. Letztendlich kann aber auch eine, ggf. zeitlich beschränkte, Zulässigkeit von Spitzendatenraten (SDR) gefordert sein. Sowohl für MDR als auch DDR wird die jeweilige Datenrate dokumentiert. Bei der SDR müssen zusätzlich der Zeitraum, in dem die SDR zulässig sein soll, sowie die Auftrittsfrequenz erfasst werden. Ist eine Anwendung nicht geschwindigkeitskritisch, so wird für diese lediglich die benötigte Datenrate erfasst, die als Richtwert im Planungsprozess berücksichtigt wird.

Beispiel

Die Mitarbeiter des Unternehmens BLW bieten sowohl für die Autoren als auch für die Kunden der E-Learning Plattform eine telefonische Support-Hotline an, die intern als VoIP-System umgesetzt wird. Damit der Einsatz von VoIP von den verschiedenen Benutzergruppen nicht als störend wahrgenommen wird, soll eine angemessen hohe Sprach-/Verbindungsqualität durch das System gewährleistet werden. Für das System wurde, in Abhängigkeit vom gewählten Audio-Codec, festgelegt, dass eine MDR von 120 kbit/s und eine DDR von 200 kbit/s einzuhalten sind.

Wird die DDR dauerhaft signifikant unterschritten, ist die Sprach-/Verbindungsqualität zwar beeinträchtigt, jedoch immer noch akzeptabel. Wird die MDR nicht mehr eingehalten, so steht der Dienst nicht mehr zur Verfügung, da die Sprach-/Verbindungsqualität zu stark beeinträchtigt ist. Diese Anwendung ist somit geschwindigkeitskritisch.

Für die Übertragung von Schnittprogrammen von einem zentralen System zu den einzelnen Fertigungsmaschinen des Unternehmens SFD wird eine DDR von 300 kbit/s festgelegt. Eine Übertragung dauert bei dieser Datenrate durchschnittlich 10

Sekunden. Es besteht keine harte Taktung, sodass auch weder eine einzuhaltende MDR, noch eine maximal zulässige Übertragungszeit definiert sind. Diese Anwendung ist somit nicht geschwindigkeitskritisch.

4.2.1.4 Verzögerungskritisch *

Existieren für Anwendungen oder Dienste einzuhaltende Grenzen oder Grenzbereiche bezüglich der zulässigen Übertragungsverzögerung von Informationen, so werden diese als verzögerungskritisch charakterisiert. Eine zeitweise oder dauerhafte Überschreitung von Grenzen bzw. das Verlassen von Grenzbereichen führt zu einer Störung, die die Benutzungsqualität der Anwendung oder des Dienstes signifikant einschränkt oder zum Ausfall von Anwendungen und Diensten führt.

Echtzeit

Bei verzögerungskritischen Anwendungen und Diensten sind zunächst diejenigen Anwendungen und Dienste mit Echtzeitanforderungen von denen ohne Echtzeitanforderungen zu unterscheiden. Anwendungen und Dienste mit Echtzeitanforderungen besitzen festgelegte Timer, nach deren Ablauf zu spät ankommende Pakete verworfen werden, da die Informationen bei verspäteter Ankunft nutzlos sind. Dies ist beispielsweise bei Telefonieanwendungen der Fall. Verzögerungskritische Anwendungen und Dienste, die keine Echtzeitanforderungen besitzen, werden als interaktiv bezeichnet.

Interaktiv

Interaktive Anwendungen und Dienste haben keine festgelegten Timer, nach deren Ablauf die jeweils zu spät eintreffenden Pakete verworfen werden. Eine zu hohe Verzögerung wird jedoch – seitens der Benutzer – als unangenehm empfunden. Darum besteht auch bei interaktiven Anwendungen und Diensten eine zeitliche Abhängigkeit zwischen den Kommunikationsendpunkten. Die Art der Interaktivität einer Anwendung lässt sich differenziert betrachten. Eine Anwendung, bei der die durch das Computernetz verursachte Verzögerung dominanter ist als die Verzögerung, die durch die Verarbeitung in der Anwendung selbst entsteht, wird als Interaktiv-Burst bezeichnet. In diese Anwendungsklasse fallen beispielsweise SSH und Telnet, bei denen in der Regel maximal 150 ms Verzögerung als zulässig angenommen werden.

Eine Anwendung, bei der die Verzögerung der Verarbeitung durch die Anwendung selbst dominanter ist als die durch das Computernetz verursachte Verzögerung, wird als Interaktiv-Bulk bezeichnet.

In diese Anwendungsklasse fallen u.a. FTP-Anwendungen, bei denen in der Regel zwischen 100 ms und 100 s Verzögerung als zulässig angenommen werden.

Sofern keine anderen Werte für die jeweils zulässigen Verzögerungen ermittelt wurden, können die zuvor dokumentierten, anwendungsspezifischen Werte als Referenzwerte verwendet werden. Als Grundregel ist zu beachten, dass ein Benutzer Verzögerungen bereits ab circa 150 ms wahrnimmt. Unabhängig von der Wahrnehmung als Verzögerung, kann ein Benutzer, je nach persönlichem Gefühl, auch Verzögerungen von 5 s – 20 s zwar als unangenehm, jedoch noch erträglich empfinden. In der Regel ist ein Benutzer sogar bereit, zwischen 60 s und 100 s auf Antworten zu warten. Erst nach Ablauf dieser Zeit wird ein Benutzer versuchen, den Verbindungsaufbau bzw. die Kommunikationsverbindung zu beenden.

Asynchron

Eine **nicht verzögerungskritische Anwendung** besitzt asynchrone Anforderungen bez. der Verzögerung. Das bedeutet, dass eine Unempfindlichkeit bezüglich der Verzögerung bei der Übertragung besteht und eine Antwort erst mit großem zeitlichen Versatz generiert und vom Benutzer erwartet wird, wie es beispielsweise bei E-Mail-Anwendungen der Fall ist.

Beispiel

Die Mitarbeiter des Unternehmens BLW bieten – wie bereits erwähnt – sowohl für die Autoren als auch für die Kunden der E-Learning Plattform eine telefonische Support-Hotline an, die als VoIP-System umgesetzt wird. Damit der Einsatz von VoIP von den verschiedenen Benutzergruppen nicht als minderwertig wahrgenommen wird, soll eine entsprechend hohe Sprach-/Verbindungsqualität durch das System gewährleistet werden.

Für das System wird daher festgelegt, dass eine maximale Verzögerung von 100 ms (**HRT**) und ein maximaler Jitter von 10% nicht überschritten werden dürfen. Werden diese Werte überschritten, müssen die verspäteten Pakete verworfen werden. Der Dienst steht dann nicht mehr in der geforderten Sprach-/Verbindungsqualität zur Verfügung. Diese Anwendung ist somit verzögerungskritisch.

Bei der Übertragung der Schnittprogramme zu den Fertigungsmaschinen des Unternehmens SFD besteht keine harte Taktung, sodass auch keine maximal zulässige Verzögerung der Übertragung definiert werden muss. Diese Anwendung ist somit nicht verzögerungskritisch. Häufig sind geschwindigkeitskritische Anwendungen und Dienste gleichzeitig auch verzögerungskritisch.

4.2.1.5 Sicherheitskritisch *

Sicherheitskritische Anwendungen und Dienste – wie beispielsweise E-Mail, Finanzanwendungen oder Voice-over-IP – benötigen einen besonderen Schutz vor unerlaubtem Zugriff, Manipulationen der übertragenen Informationen oder Schutz vor Angriffen auf die Zuverlässigkeit des Dienstes. Derartige Beeinträchtigungen können zu materiellen und immateriellen Schäden für das Unternehmen führen, denn die übertragenen Informationen könnten beispielsweise kritisch bezüglich unternehmensrelevanter Prozesse sein. Auch datenschutzrechtliche Belange könnten dabei tangiert werden.

Starke Anforderungen

Für sicherheitskritische Anwendungen und Dienste lassen sich als unterschiedlich starke Anforderungen die Garantie eines hohen Grades an Sicherheit, Vertraulichkeit, Integrität sowie Authentizität der von den Anwendungen und Diensten übertragenen Informationen ableiten. Existieren sicherheitskritische Anwendungen und Dienste, die keine entsprechende **Garantie** der zuvor genannten Anforderungen durch das Computernetz fordern, so müssen diese dennoch bei der Planung berücksichtigt werden.

Nur so können ggf. gegensätzliche Sicherheitsrichtlinien und Sicherheitskonfigurationen von Anwendungen, Diensten und dem Computernetz vermieden werden. Besitzen Anwendungen und Dienste keine derartigen Anforderungen, so sind diese als nicht sicherheitskritisch einzustufen.

Beispiel

Die Autoren des Unternehmens BLW können Inhalte über eine vom Angebotsserver getrennte Plattform (Autorenserver) erstellen. Die Inhalte des Autorenservers werden nach einer Prüfung in das Produktivsystem übernommen.

Eine nicht zulässige Manipulation der Daten würde die Qualität der Angebote nachhaltig schädigen, weshalb der Zugang und der Betrieb dieser Anwendung besonders vor Fremdzugriffen geschützt werden müssen. Diese Anwendung ist somit sicherheitskritisch.

Die Mitarbeiter des Unternehmens SFD können sich – wie bereits erwähnt – unternehmensintern über einen eigenen IM-Client austauschen. Es werden keine unternehmensrelevanten Informationen übertragen. Von daher würde selbst ein Fremdzugriff keinen Schaden für das Unternehmen verursachen. Diese Anwendung ist somit nicht sicherheitskritisch.

4.2.1.6 Relevanz der Anforderungen **

Die aus den verschiedenen Eigenschaften der Anwendungen und Dienste abgeleiteten Anforderungen an das Computernetz sind – jeweils separat – bezüglich ihrer Relevanz zu gewichten bzw. zu bewerten. Diese Informationen werden im Planungsprozess in verschiedenen Teilschritten benötigt, um eine anforderungsgerechte Projektierung des Netzes vornehmen zu können.

Eine Berücksichtigung von Anforderungen ist nur dann zielführend, wenn diese in allen betroffenen Komponenten und Elementen einer Kommunikationsverbindung umgesetzt werden können. Für die Bewertung können folgende drei Klassen verwendet werden:

Bewertung von Anforderungen

Keine oder geringe Anforderung: *Best-Effort Class*

Wird einer Anwendung bzw. einem Dienst eine der zuvor genannten Eigenschaften nicht zugeordnet, besteht bezüglich dieser Eigenschaft keine dedizierte oder lediglich eine geringe Anforderung an das Computernetz. In diesem Fall ist lediglich zu prüfen und festzulegen, ob und in welchem Maß die zu der Eigenschaft gehörende Anforderung bei der Auslegung des Netzes zu berücksichtigen ist. Beispielsweise wird bei einer nicht-geschwindigkeitskritischen Anwendung trotzdem die durchschnittliche Datenrate, klassifiziert als *Best-Effort*, herangezogen. Diese muss dann bei der Berechnung der Leitungskapazitäten berücksichtigt werden. Würden nicht-geschwindigkeitskritische Anwendungen und Dienste bei der Bestimmung der Gesamtkapazität von Verbindungsabschnitten vernachlässigt werden, würde dies zu Problemen beim Betrieb dieser, im schlimmsten Fall sogar aller Anwendungen führen, da die entsprechenden Verbindungsabschnitte zu schwach ausgelegt sein würden.

Best-Effort

Weiche Anforderung: *Predictable Class*

Weiche Anforderungen sollten zwar in der Regel erfüllt werden, eine kurzzeitig nicht erfüllte weiche Anforderung zieht jedoch keine Konsequenzen nach sich, wie beispielsweise den Abbruch der Datenübertragung einer Anwendung oder eines Dienstes. Sollten die Anforderungen jedoch länger als einen anwendungsspezifisch zu definierenden Zeitraum andauern, kann es zielführend sein, die Datenübertragungen einer Anwendung bzw. eines Dienstes zu beenden, da dann angenommen werden muss, dass die angeforderte Qualität dauerhaft nicht zur Verfügung steht.

Predictable

Harte Anforderung: ***Guaranteed Class***

Guaranteed

Eine harte Anforderung ist verbindlich zu erfüllen, da die jeweiligen Anwendungen und Dienste auch kurzzeitige Qualitätseinbußen nicht tolerieren können. Aufgrund dessen wird bei einer Nicht-Erfüllung der Anforderung die Anwendung bzw. der Dienst umgehend beendet und steht damit nicht mehr zur Verfügung.

Eine Übersicht über die verschiedenen Klassen in Bezug auf die drei vorgestellten Performance-Parameter Datenrate, Verzögerung und Zuverlässigkeit dokumentiert Tab. 4.2-1.

	Datenrate	**Verzögerung**	**Zuverlässigkeit**
Best-Effort	Keine Zusicherung, lediglich informativ	Keine Zusicherung, lediglich informativ	Keine Zusicherung, lediglich informativ
Predictable	Zusicherung, kurzzeitige Schwankungen zulässig	Zusicherung, kurzzeitige Schwankungen zulässig	Zusicherung, bis auf wenige Ausnahmen
Guaranteed	Zusicherung, keine Schwankungen zulässig	Zusicherung, keine Schwankungen zulässig	Zusicherung, keine Abweichungen zulässig

Tab. 4.2-1: Bewertung von Performance-Parametern.

Bewertung von Sicherheitsanforderungen

Sicherheitskritische Anwendungen und Dienste diesen Klassen zuordnen zu wollen, ist nicht sinnvoll, da hinsichtlich der Anforderungen an sicherheitskritische Anwendungen und Dienste üblicherweise binäre Entscheidungen zu treffen sind: Die Erfüllung der Anforderungen ist entweder zwingend notwendig oder nicht relevant. Somit können hier ausschließlich harte Anforderungen hinsichtlich der Erfüllung von Sicherheitskriterien formuliert werden.

Beispiel

Die Mitarbeiter des Unternehmens BLW bieten – wie bereits bekannt – sowohl für die Autoren als auch für die Kunden der E-Learning Plattform eine telefonische Support-Hotline an, welche über eine VoIP-Telefonanlage realisiert wird. Dabei soll eine entsprechend hohe Sprach-/Verbindungsqualität durch das System gewährleistet werden. Die Anwendung wird als geschwindigkeitskritisch eingestuft, da für sie eine MDR von 120 kbit/s und eine DDR von 200 kbit/s definiert sind. Wird die DDR dauerhaft unterschritten, ist die Qualität der Verbindung beeinträchtigt, aber immer noch akzeptabel.

Wird hingegen die definierte MDR nicht mehr eingehalten, so steht der Dienst nicht mehr zur Verfügung, da die Verbindungsqualität zu sehr beeinträchtigt wird. Die Anforderung bezüglich der bereitzustellenden Datenrate lässt sich somit als weiche Anforderung klassifizieren. Weiterhin sind für das

System eine maximale Verzögerung von 100 ms und ein maximaler Jitter von 10 %, der nicht überschritten werden darf, definiert. Werden diese Werte überschritten, müssen die verspäteten Nachrichten verworfen werden. Der Dienst steht dann nicht mehr in der geforderten Qualität zur Verfügung. Diese Anwendung ist somit auch verzögerungskritisch. Die zugehörige Anforderung ist ebenfalls eine weiche Anforderung.

Für die Übertragung der Schnittprogramme zu den Fertigungsmaschinen des Unternehmens SFD wird – wie bereits bekannt – eine DDR von 300 kbit/s festgelegt. Eine Übertragung dauert bei dieser Übertragungsgeschwindigkeit durchschnittlich 10 Sekunden. Es besteht keine harte Taktung, sodass auch keine einzuhaltende MDR oder eine maximal zulässige Übertragungszeit definiert sind. Die Anwendung ist nicht geschwindigkeitskritisch und somit stellt die bereitzustellende DDR keine (besondere) Anforderung dar.

Weiterführende Literatur

[Mcca07]

4.2.2 Randbedingungen **

Neben den durch Anwendungen und Dienste vorgegebenen Anforderungen an das Computernetz können weitere, globalere Randbedingungen existieren, die im Rahmen der Anforderungsanalyse zu erfassen und bei der Auslegung des Computernetzes zu berücksichtigen sind. Randbedingungen resultieren dabei sowohl aus strukturellen, organisatorischen als auch aus technischen Gegebenheiten eines Unternehmens. Randbedingungen können sich dabei auf einzelne Anwendungen, Benutzer, Benutzergruppen oder auch auf die gesamte IT und das Computernetz beziehen. Im Nachfolgenden werden wesentliche, häufig gegebene Randbedingungen beschrieben. Diese bilden eine Basis, auf der weitere, für die jeweiligen Vorhaben spezifische, Randbedingungen entwickelt werden können.

In diesem Abschnitt werden folgende Randbedingungen vorgestellt:

- »Mobilität von Hosts und Benutzern«, S. 86
- »Ausgestaltungswünsche«, S. 86
- »Sicherheitsrichtlinien«, S. 87
- »Lizenzierungsverfahren«, S. 88
- »Unternehmensentwicklung«, S. 88

4.2.2.1 Mobilität von Hosts und Benutzern ***

Besitzen Hosts und Benutzer sich dynamisch ändernde Positionen im Unternehmen, ergeben sich höhere Anforderungen an die logische Struktur des Computernetzes.

Dynamik von Hosts

Kann nicht von einer festen Positionierung von Hosts und Benutzern ausgegangen werden, müssen die durch die entstehende Dynamik von Datenquellen und Datensenken höheren Anforderungen an die logische Struktur sowie die Performance-Architektur berücksichtigt werden. Infolge dieser Randbedingung wird die Komplexität der Datenflussanalyse zunehmen. Hier kann zwischen zwei Grundszenarien unterschieden werden:

Zum einen können Hosts fest positioniert sein, während die Benutzer dynamisch ihre Position und somit den von ihnen verwendeten Host wechseln. In diesem Szenario sind die durch die Mobilität betroffenen Anwendungen und Dienste bzw. die in der Anforderungsanalyse entwickelten Verhaltensprofile in der Datenflussanalyse entsprechend der verschiedenen möglichen Benutzerpositionen und -kombinationen zu berücksichtigen.

Zum anderen können Hosts dynamisch positioniert werden, wobei diesen jeweils ein oder mehrere Benutzer fest zugeordnet sein können. In diesem Szenario werden zusätzlich zu den Datenflüssen und Verhaltensprofilen auch die logische und physikalische Struktur des Computernetzes beeinflusst.

Ein drittes mögliches Szenario beschreibt die gleichzeitige Dynamik von Benutzern und Hosts. Bei der Planung und Auslegung von Computernetzen kann dieser Fall, im Gegensatz zu der Planung und Auslegung von mobilen Kommunikationsnetzen, vernachlässigt werden.

4.2.2.2 Ausgestaltungswünsche **

Die Ausgestaltung eines Computernetzes wird durch die Ausgestaltungswünsche von Administratoren und Benutzern beeinflusst.

Gewünschte Funktionen

Die von Administratoren und Benutzern gewünschten Funktionen sowie deren Ausgestaltung können die konkrete Auslegung des Computernetzes maßgeblich beeinflussen, wie das nachfolgende Beispiel veranschaulicht. Für die Bereitstellung von Telefonie-Anwendungen über VoIP existieren verschiedene Umsetzungsmöglichkeiten:

1 Die Telefonie kann über den Computer oder wahlweise über ein separates VoIP-Telefon erfolgen.

2 Die Telefonie erfolgt ausschließlich über ein separates VoIP-Telefon.
3 Die Telefonie erfolgt ausschließlich über den Rechner.

Durch die verschiedenen Ausgestaltungswünsche ergeben sich in den drei Szenarien jeweils unterschiedliche Anforderungen an die Switching-Architektur des Computernetzes, da sich beispielsweise die Anzahl der Hosts oder auch die Anzahl der zu berücksichtigenden Datenflüsse ändert.

Bereits dieses einfache Beispiel verdeutlicht, dass die Ausgestaltungswünsche von Mitarbeitern oder Unternehmen frühestmöglich zu klären sind, um einerseits die Akzeptanz der späteren Umsetzung durch Benutzer und Administration zu erhöhen und andererseits, jedoch hauptsächlich, die Auswirkungen auf die Auslegung des Computernetzes zu erkennen.

4.2.2.3 Sicherheitsrichtlinien **

Die Sicherstellung der Vertraulichkeit von Informationen ist insbesondere bei der Netzplanung zu berücksichtigen.

Datenschutz-rechtliche Belange

Schutz von Informationen und somit die Sicherstellung von Vertraulichkeit gewinnt in der heutigen Diskussion um die Berücksichtigung und Einhaltung von datenschutzrechtlichen Belangen immer stärker an Bedeutung.

Vertraulichkeit

Die durch Sicherheitsrichtlinien eines Unternehmens vorgegebenen Randbedingungen zur Gewährleistung verschiedener Vertraulichkeitsstufen müssen für alle Anwendungen, Dienste und Bereiche des Computernetzes überprüft und berücksichtigt werden, und zwar unabhängig davon, ob diese als sicherheitskritisch charakterisiert wurden oder nicht. Nicht nur Anwendungen, Dienste und Bereiche des Computernetzes sind von den Auswirkungen der Sicherheitsrichtlinien betroffen.

Sicherheits-richtlinien

Auch die Positionierung von Netzelementen muss ggf. unter Sicherheitsaspekten erfolgen. Sicherheitsrichtlinien eines Unternehmens können dazu beispielsweise vorgeben, dass der physikalische Zugang zu einem Host nur bestimmten Personen erlaubt sein darf. Auch kann festgelegt sein, dass generell nur ein verschlüsselter Austausch von Daten, unabhängig von der Anwendung, dem Dienst und dem Bereich im Computernetz, zulässig ist.

4.2.2.4 Lizenzierungsverfahren **

Die Lizenzierungsverfahren von Anwendungen und Diensten können Einfluss auf die Komplexität des Planungsprozesses haben.

Verfügbare Lizenzen

Moderne Lizenzierungsverfahren, wie beispielsweise das **Floating-Lizenzierungsverfahren**, beeinflussen die Planung des Computernetzes. Werden beispielsweise ausgewählte Anwendungen und Dienste im Rahmen des Floating-Lizenzierungsverfahren betrieben, ist die Anzahl der parallel aktiven Teilnehmer durch die Anzahl der zentral verfügbaren Lizenzen beschränkt. Daraus ergibt sich zwangsläufig, dass auch die Anzahl der gleichzeitig parallel auftretenden und somit zu berücksichtigenden Datenflüsse, verursacht von den jeweiligen Anwendungen und Diensten, durch die Anzahl der vorhandenen Lizenzen beschränkt wird. Bei der Bemessung der Kapazität des Computernetzes ist dies zu berücksichtigen, um ggf. Kosten bei der Umsetzung reduzieren zu können. Die verschiedenen Lizenzierungsverfahren müssen anwendungs- bzw. dienstbezogen dokumentiert und bei der Datenflussanalyse berücksichtigt werden.

4.2.2.5 Unternehmensentwicklung **

Die Berücksichtigung der zukünftigen Entwicklung ist eine wesentliche Voraussetzung für die Nachhaltigkeit der Auslegung eines Computernetzes.

Wachstum

Wachstum eines Unternehmens bedeutet zum einen die Erhöhung der Anzahl der Mitarbeiter. Diese weiteren Mitarbeiter erzeugen zusätzlichen Verkehr im Computernetz, der bereits bei der Planung und Auslegung berücksichtigt werden sollte, um nicht ggf. nach kurzer Zeit ein Redesign bzw. eine Erweiterung des Computernetzes vornehmen zu müssen.

Zukünftige Mitarbeiter

Eine Berücksichtigung kann derart erfolgen, dass die zukünftigen Mitarbeiter den in der Datenflussanalyse entwickelten Lastprofilen und einer physikalischen Position im Gebäude zugeordnet werden.

Geschäftsprozesse

Zum anderen verursacht das Wachstum eine Änderung der Anzahl der **Geschäftsprozesse**, durch die zusätzlicher Verkehr im Computernetz erzeugt wird. Auch dieser sollte bereits bei der Planung berücksichtigt werden, um die Workflows auch zukünftig gemäß den Anforderungen abwickeln zu können. Verhält sich der zu erwartende Verkehrszuwachs proportional zur Anzahl der zusätzlichen Mitarbeiter, so wird dieser bereits implizit durch den zuvor beschriebenen Fall berücksichtigt. Wächst das Verkehrsaufkommen aufgrund neuer Geschäftsprozesse hingegen überproportional zur Anzahl der zusätzlichen Mitarbeiter, so müssen die erwarteten Zuwächse darüber hinaus in den zugehörigen Verhaltensprofilen berücksichtigt werden. Sollte ein Unternehmen sich gezielt verkleinern wollen, weil beispielsweise bestimmte Bereiche bzw. Funktionseinheiten an Dritte ausgelagert werden, so ist dies beim Netz-Redesign ebenfalls entsprechend zu berücksichtigen. Anderenfalls würden Fehlinvestitionen verursacht, beispielsweise infolge überdimensionierter Hard- und Software.

4.2.3 Strategische Berücksichtigung von Anforderungen *

Um Anforderungen adäquat berücksichtigen und die entsprechenden Maßnahmen umsetzen zu können, ist es sinnvoll einen Zeitplan für die Umsetzung der verschiedenen Maßnahmen zu erstellen.

Anforderungen priorisieren

Die im Rahmen der Anforderungsanalyse erfassten Anforderungen beinhalten in der Regel alle aus Anwendungen, Diensten und Randbedingungen resultierenden Anforderungen an das zu entwerfende bzw. zu optimierende Computernetz. Die so ermittelten Anforderungen sind zunächst nicht bezüglich des Zeitpunkts ihrer Umsetzung priorisiert. Um eine Berücksichtigung der Anforderungen innerhalb der Projektierung handhabbar zu machen, ist es notwendig die verschiedenen Anforderungen bezüglich ihrer Relevanz zu priorisieren, denn nicht jede Anforderung kann und muss unmittelbar umgesetzt werden. Zunächst kann eine generelle Berücksichtigung bei der Planung erfolgen und die Umsetzung auf einen späteren Zeitpunkt – auch nach dem eigentlichen Projektabschluss – verschoben werden. Ein derartiges Vorgehen ist notwendig, wenn beispielsweise die durch eine hinsichtlich Leistung und Qualität des Computernetzes nicht zwingend notwendige Maßnahme entstehenden Kosten das momentane Budget übersteigen und eine Umsetzung zu einem späteren Zeitpunkt erfolgen kann. Die Bewertung der Relevanz einer Anforderung ist immer projektspezifisch.

Maßnahmen umsetzen

Um Anforderungen adäquat berücksichtigen und die entsprechenden Maßnahmen umsetzen zu können, ist es zweckmäßig einen in drei Zeitabschnitte aufgeteilten Zeitplan zu erstellen. Ist eine Anforderung kurzfristig – innerhalb des Projektzeitraums – zu berücksichtigen, so wird diese als primäre Anforderung bezeichnet. Soll eine Anforderung erst mittelfristig – innerhalb von 6 bis 12 Monaten nach Projektabschluss – berücksichtigt werden, so wird diese als sekundäre Anforderung bezeichnet. Ist eine Anforderung erst langfristig – innerhalb von 18 bis 24 Monaten nach Projektabschluss – zu berücksichtigen, so wird diese als tertiäre Anforderung bezeichnet. Eine sekundäre Anforderung wird aufgrund der zeitlichen Nähe zum Projektabschluss im Projekt bereits berücksichtigt, um unnötigen Mehraufwand zu vermeiden. Es erfolgt dabei jedoch keine Umsetzung von entsprechenden Maßnahmen, beispielsweise durch die Beschaffung zusätzlicher Elemente. Im Gegensatz zu einer sekundären Anforderung wird eine tertiäre Anforderung bei der Planung nicht berücksichtigt.

- Primäre Anforderung (PriA)
  Umsetzung soll umgehend erfolgen
  (innerhalb des Projektzeitraums)
- Sekundäre Anforderung (SekA)
  Umsetzung soll mittelfristig erfolgen
  (innerhalb von 6–12 Monaten nach Projektabschluss)
- Tertiäre Anforderung (TerA)
  Umsetzung soll langfristig erfolgen
  (innerhalb von 18–24 Monaten nach Projektabschluss)

Der zeitliche Ablauf ist in Abb. 4.2-1 dargestellt.

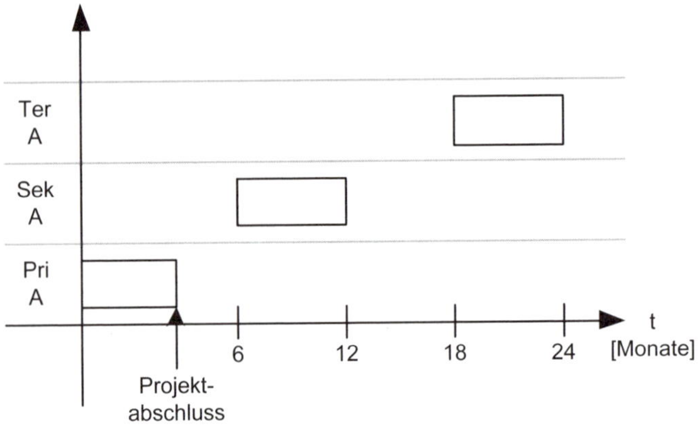

Abb. 4.2-1: Strategische Berücksichtigung von Anforderungen.

4.2.4 Kommunikationsarchitekturen von Anwendungen und Diensten *

Die Kommunikationsarchitektur aller Anwendungen und Dienste, bezogen auf den Nachrichtenaustausch der miteinander kommunizierenden Hosts, muss bestimmt werden, um die für die Datenflussanalyse relevanten Flussrichtungen sowie die Einflussmöglichkeiten auf die Entstehung von Flüssen bestimmen zu können. Im Folgenden werden die wesentlichen Kommunikationsarchitekturen heutiger Computernetze erläutert:

Weiterführende Literatur

[Mcca07], [KuRo09]

4.2.4.1 Client-Server *

Web-Anwendungen verwenden in der Regel die Client-Server Kommunikationsarchitektur, um mit den Clients zu kommunizieren.

Die Client-Server Kommunikationsarchitektur ist eine der am häufigsten verwendeten Architekturen bei der Kommunikation von Anwendungen und Diensten. Der dabei zugrunde gelegte Ablauf sieht vor, dass ein Client eine Anfrage an einen Server sendet und daraufhin eine Antwort von diesem erhält. Somit existieren zwei getrennt voneinander zu betrachtende Arten von Datenflüssen: (1) Anfrage-Flüsse und (2) Antwort-Flüsse. Das Verhältnis der von diesen Flüssen erzeugten, zu transferierenden Datenmengen ist in der Regel asymmetrisch.

Asymmetrische Flussgrößen

Beim Besuch von Internet-Seiten ist beispielsweise der Anfrage-Fluss im Verhältnis zum Antwort-Fluss signifikant kleiner. Beim Upload von Dateien über ein Web-Formular liegt genau der umgekehrte Fall vor. Das bekannteste Anwendungsbeispiel für die Client-Server Kommunikationsarchitektur ist die Bereitstellung von Web-Anwendungen/-Seiten auf einem Server, die durch einen Browser auf dem Client abgerufen werden. Aber auch andere Anwendungen, wie beispielsweise FTP-basierte Datendienste, Enterprise Resource Planning (ERP), Audio/Video-Streaming gehören in diese Kategorie. Die Client-Server Kommunikationsarchitektur ist exemplarisch in Abb. 4.2-2 dargestellt.

Symmetrische Flussgrößen

Von diesen Anwendungen, denen eine Client-Server-Kommunikationsarchitektur zugrunde liegt, sind Server-Based-Computing bzw. Terminal-Server-Anwendungen zu unterscheiden. Bei diesen existieren in der Regel kontinuierlich bidirektionale Kommunikationsverbindungen zwischen Client und Server, die dadurch eine höhere Frequenz der Übertragungen und eine signifikant längere Sitzungsdauer aufweisen (vgl. Abb. 4.2-3).

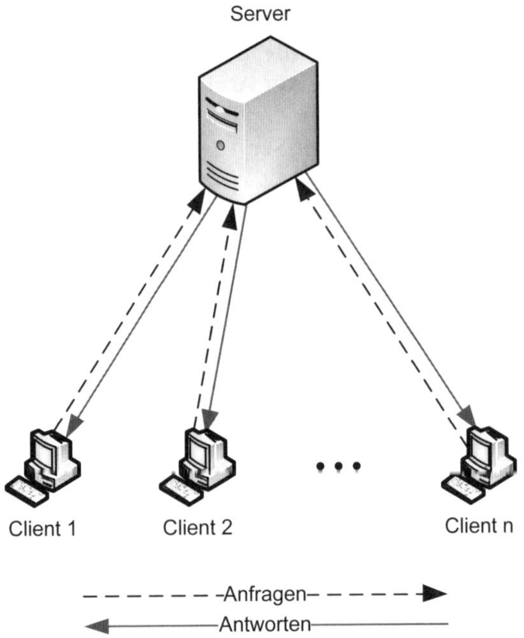

Abb. 4.2-2: Client-Server Architektur.

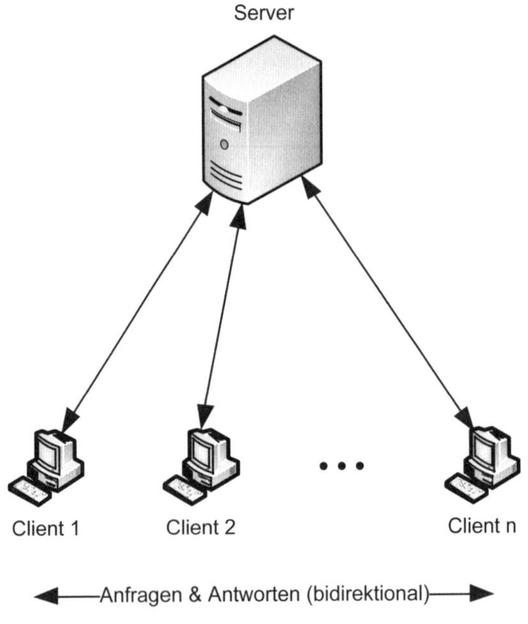

Abb. 4.2-3: Server-Based-Computing Architektur.

4.2.4.2 Client-Server (Pull & Push) *

RSS-Feedreader verwenden häufig die hier vorgestellte Spezialform der Client-Server Kommunikationsarchitektur, um Daten zwischen einem Kunden und einem Anbieter von Nachrichten auszutauschen.

Bei der Client-Server Kommunikationsarchitektur können diverse Spezialfälle unterschieden werden, von denen im Folgenden zwei diskutiert werden: Client-Server-Pull und Client-Server-Push.

Client-Server-Pull

Beim Client-Server-Pull sendet ein Client eine Anfrage an einen Server und erhält darauf eine nur für diesen Zweck generierte Antwort. Bei dieser Architektur ist der Anfrage-Fluss im Verhältnis zum Antwort-Fluss stets signifikant kleiner. Das bekannteste Anwendungsbeispiel für die **Client-Server-Pull** Kommunikationsarchitektur ist die Bereitstellung von Newsfeeds auf einem Server, die durch einen Feed-Reader auf dem Client abgerufen werden. Aber auch andere Anwendungen, wie beispielsweise Anfragen an Suchmaschinen können in diese Kategorie fallen. Die Client-Server-Pull Kommunikationsarchitektur ist beispielhaft in Abb. 4.2-4 dargestellt.

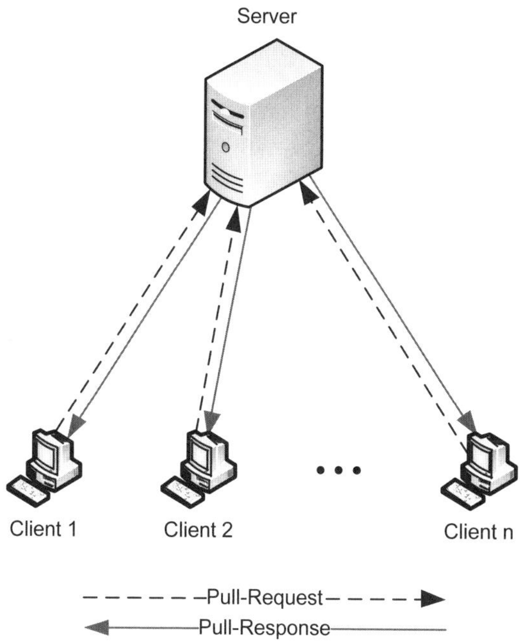

Abb. 4.2-4: Client-Server-Pull Architektur.

Client-Server-Push

Beim Client-Server-Push sendet ein Client einmalig eine Anfrage an einen Server und erhält daraufhin regelmäßig neu generierte Antworten. Auch hier ist der Anfrage-Fluss im Verhältnis zum Antwort-Fluss stets signifikant kleiner. Das bekannteste Anwendungsbeispiel für die **Client-Server-Push** Kommunikationsarchitektur ist die umgehende Bereitstellung von E-Mails auf einem Client, die sofort nach dem Eintreffen durch den Server an den Client übertragen werden. Die Client-Server-Push Kommunikationsarchitektur ist exemplarisch in Abb. 4.2-5 dargestellt.

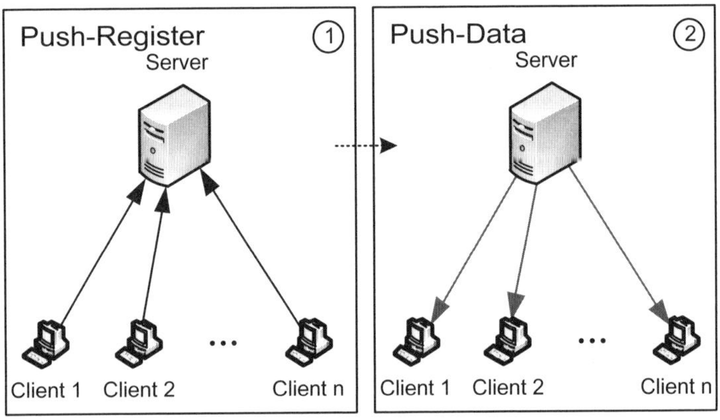

Abb. 4.2-5: Client-Server-Push Architektur.

Eine Unterscheidung der beiden zuvor beschriebenen Architekturvarianten ist notwendig, da andernfalls die eindeutige Identifikation von Client und Server nicht mehr möglich ist. Zum Beispiel ist der Client bei einer Client-Server-Push Kommunikationsarchitektur nur einmalig der Initiator aller im Zeitverlauf noch folgenden Datenflüsse. Aufgrund dieser einmaligen Initiierung leitet der Server, der weiterhin den Dienst bereitstellt, alle weiteren Kommunikationsvorgänge bzw. Datenflüsse ein.

4.2.4.3 Hierarchische Client-Server Architektur *

Sollen zur Steigerung der Performance Informationen regional bereitgestellt werden, wird häufig die hier vorgestellte Kommunikationsarchitektur verwendet.

Mehrere Server-Ebenen

Das Prinzip einer hierarchischen Client-Server Kommunikationsarchitektur veranschaulicht Abb. 4.2-6. Sie ist eine Sonderform der Client-Server Kommunikationsarchitektur und besteht aus mindestens zwei Server-Ebenen. Die Kommunikation von Clients mit der untersten Server-Ebene verhält sich analog zur klassischen Client-Server Kommunikationsarchitektur.

Auf jeder Ebene, die zwei oder mehrere Server umfassen kann, können sich die Server synchronisieren. Primäres Ziel ist es dabei, **Redundanzen** hinsichtlich Anwendungen und Datenhaltung zu erreichen, um letztendlich die Performance des Netzes zu verbessern.

Hierarchie

Die Server einer Ebene werden von dem Server oder den Servern der darüber liegenden Ebene mit den jeweils bereitzustellenden Inhalten versorgt, senden jedoch auch die von einer untergeordneten Ebene empfangenen Informationen und Inhalte an die darüber liegende Ebene weiter. Üblicherweise sind die von den Anfragen erzeugten Datenmengen auch hier signifikant geringer als die der Antworten, sodass sich asymmetrische Flüsse einstellen werden. Das Verhältnis der von den Synchronisationsflüssen erzeugten Datenmengen entspricht in den meisten Anwendungsfällen dem, dass der Synchronisationsfluss hin zu einer höheren Server-Ebene im Verhältnis zu einem Synchronisationsfluss hin zu einer niedrigeren Server-Ebene signifikant kleiner ist und die Flüsse somit ebenfalls asymmetrisch sind.

Synchronisationsflüsse auf einer Server-Ebene sind bezüglich der erzeugten Datenmengen in der Regel symmetrisch. Eine Asymmetrie von verschiedenen Datenflüssen ist häufig über die Hierarchieebenen hinweg gleich gerichtet. Ein Anwendungsbeispiel für die hierarchische Client-Server Kommunikationsarchitektur ist die Bereitstellung von Web-Anwendungen und Web-Seiten auf mehreren regional verteilten Servern.

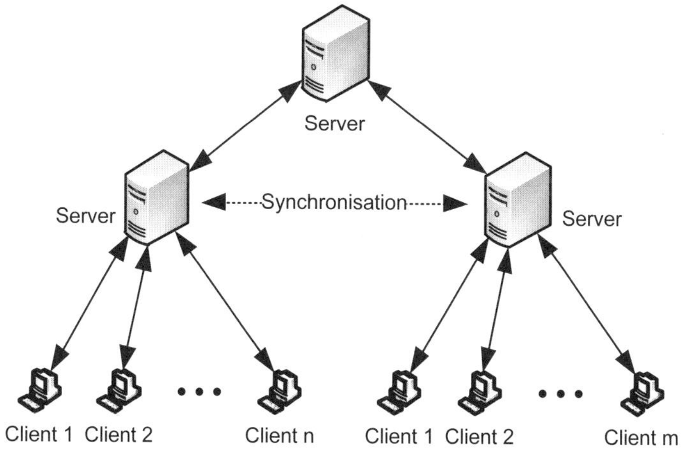

Abb. 4.2-6: Hierachische Client-Server Architektur.

4.2.4.4 Multi-Tier Client-Server *

Bei modernen Web-Anwendungen werden neben einem Web-Server zur Steigerung der Performance häufig separat arbeitende Anwendungs- und Datenbankserver eingesetzt. Die Verarbeitung einer Anfrage erfolgt rekursiv unter Verwendung einer Multi-Tier Client-Server Kommunikationsarchitektur.

Steigerung der Performance

Die Multi-Tier Client-Server Kommunikationsarchitektur wird häufig verwendet, um eine aus mehreren Komponenten bestehende Anwendung zur Steigerung der Performance auf verschiedene (Server-) Ebenen aufzuteilen. Bekanntermaßen sendet dabei ein Client eine Anfrage an einen Server und erhält daraufhin eine Antwort von diesem. Bei der Erstellung der Antwort greift der Server auf weitere Server zu, die Teile der Antwort generieren. Jeder Server wird in Abhängigkeit von der Aufteilung der Anwendungen auf verschiedene Server zugreifen. Dadurch ergeben sich je nach Anzahl der Ebenen zusätzlich zum Client-Server-Datenfluss mehrere, aufeinander aufbauende Server-Server-Datenflüsse. Auch bei dieser Kommunikationsarchitektur besteht in der Regel ein asymmetrisches Verhältnis der erzeugten Datenmengen von Anfrage- und Antwort-Flüssen. Die Asymmetrie der verschiedenen Flüsse ist im Normalfall über die Ebenen hinweg gleich gerichtet.

Beispiel

Ein Anwendungsbeispiel für die Multi-Tier Client-Server Kommunikationsarchitektur ist die Bereitstellung von komplexen Web-Anwendungen, bei denen verschiedene Anwendungen, welche zur Steigerung der Performance auf mehrere Systeme verteilt werden, in die Erstellung von Antworten involviert sind.

Ein Web-Server nimmt beispielsweise die Anfrage eines Clients entgegen und leitet einen Teil der Anfrage an einen Anwendungsserver weiter, der die dynamischen Inhalte generiert. Dieser wiederum leitet einen Teil der an ihn gerichteten Anfrage an einen Datenbankserver weiter, welcher dem Anwendungsserver angefragte Daten zukommen lässt.

Im Anschluss werden die dynamischen Inhalte vom Anwendungsserver generiert und an den Web-Server, der daraus die Antwort an den Client generiert, weitergeleitet. Das beschriebene Beispiel veranschaulicht Abb. 4.2-7.

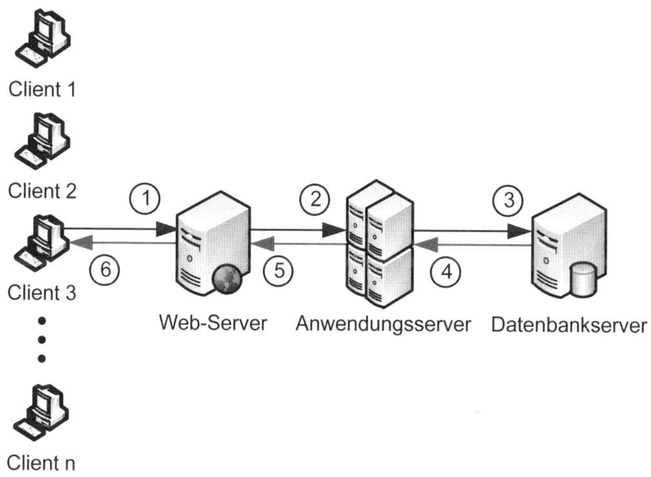

Abb. 4.2-7: Multi-Tier Client-Server Architektur.

4.2.4.5 High-Performance Client-Server/Client-Cluster *

Sollen sowohl die Performance eines Systems als auch dessen Redundanz gesteigert werden, so werden die hier beschriebenen High-Performance Kommunikationsarchitekturen eingesetzt.

High-Performance Client-Server

Damit die Antwort-Performance von komplexen oder hochfrequent angefragten Diensten gesteigert werden kann, wird eine High-Performance Client-Server bzw. Client-Cluster Kommunikationsarchitektur verwendet (Abb. 4.2-8). Dabei sendet ein Client eine Anfrage an einen Server und erhält daraufhin eine Antwort von diesem. Dieser Server übernimmt jedoch die Rolle eines Verteilers für einen Cluster, der die Anfrage an einen von mehreren Servern weiterleitet, welcher letztendlich die Antwort generiert.

Synchronität

Die verschiedenen Server sind untereinander daten- und inhaltssynchron, wodurch sich zusätzlich zu den Anfrage- und Antwort-Flüssen Synchronisationsflüsse ergeben. Ein Anfrage-Fluss ist im Verhältnis zu einem Antwort-Fluss signifikant kleiner. Somit sind die Flüsse asymmetrisch. Anwendungsbeispiele für diese Form der Kommunikationsarchitektur sind die Bereitstellung von Web-Anwendungen und Web-Seiten oder A/V-Streaming. Eine exemplarische High-Performance Client-Server bzw. Client-Cluster Kommunikationsarchitektur wird in Abb. 4.2-8 veranschaulicht.

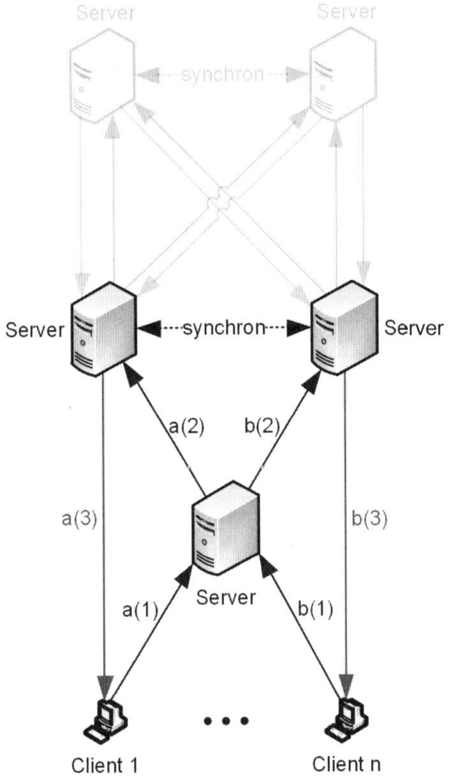

Abb. 4.2-8: High-Performance Client-Server Architektur.

High-Performance Cluster

Der Cluster selbst kann auch als High-Performance Multi-Tier Kommunikationsarchitektur gestaltet sein, bei der zum einen Synchronisationsflüsse innerhalb der Schichten, zum anderen aber auch Kreuzverbindungen zwischen den Schichten der Kommunikationsstruktur existieren. Bei rechenintensiven Anwendungen, wie beispielsweise Simulationen, werden Aufgaben häufig von einem Rechencluster, der aus einer Gruppe von Servern bestehen kann, bearbeitet. Die einzelnen Server bearbeiten Teilaufgaben, die nach Abschluss vom Verteiler zusammengeführt und als aggregierte Antwort an den anfragenden Client zurückgesendet werden. Diese abgewandelte Kommunikationsarchitektur ist exemplarisch in Abb. 4.2-9 dargestellt.

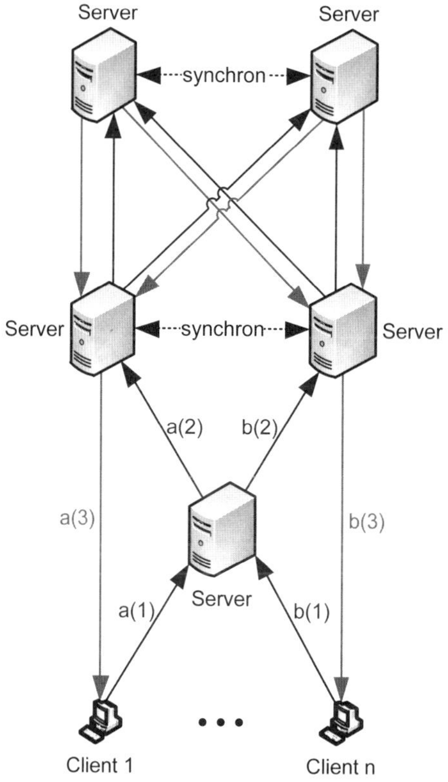

Abb. 4.2-9: High-Performance Multi-Tier Kommunikation.

4.2.4.6 Peer-to-Peer *

Die Peer-to-Peer Kommunikationsarchitektur ist bei File-Sharing-Diensten, aber auch bei Anwendungen wie beispielsweise Voice-over-IP vorzufinden.

Individuelle Flüsse

Grundprinzip bei der **Peer-to-Peer Architektur** ist, dass miteinander kommunizierende Teilnehmer bzw. Clients auf der gleichen Hierarchiestufe stehen. Dabei entstehen zwischen jeweils zwei Teilnehmern individuelle Flüsse. Es ist jedoch nicht zwingend notwendig, dass jeder Teilnehmer mit jedem kommuniziert, um die Kommunikationsarchitektur als Peer-to-Peer zu charakterisieren. Das Verhältnis der von den entstehenden Datenflüssen erzeugten Datenmengen ist je nach Anwendungsfall symmetrisch oder asymmetrisch. Bekannte Anwendungsbeispiele für die Peer-to-Peer Kommunikationsarchitektur sind die Übertragung von Daten bei Tauschbörsen, Instant Messaging sowie Voice-over-IP.

Beispiel

Eine exemplarische Peer-to-Peer Kommunikationsarchitektur ist in Abb. 4.2-10 dargestellt. Lassen sich Anwendungen nicht bezüglich ihrer Kommunikationsarchitektur in eine der anderen vorgestellten Architekturen einordnen, so kann im Zweifelsfall eine Einordnung in die Peer-to-Peer Kommunikationsarchitektur erfolgen.

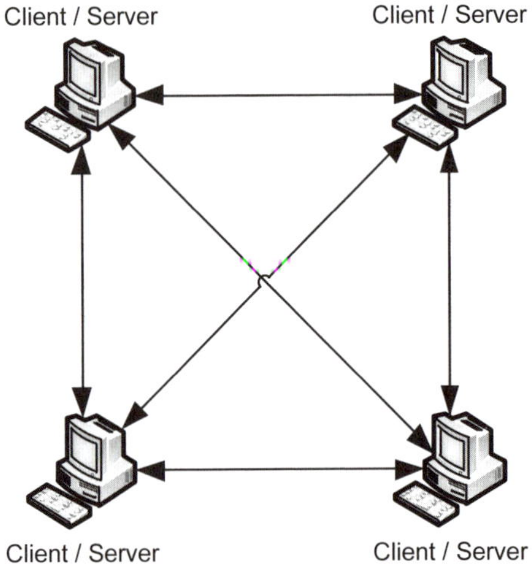

Abb. 4.2-10: Peer-to-Peer Architektur.

4.2.4.7 Hybride Client-Server/Peer-to-Peer *

Häufig werden der Aufbau von Kommunikationsverbindungen und die Kommunikation selbst unter Verwendung unterschiedlicher Kommunikationsarchitekturen durchgeführt. Eine Differenzierung bei der Analyse der verschiedenen Datenflüsse kann unter Performance-Aspekten für das Computernetz von entscheidender Bedeutung sein.

Für einige Anwendungen und die von ihnen erzeugten Datenflüsse kann es sinnvoll sein, Kommunikationsarchitekturen zu kombinieren. Am häufigsten ist eine hybride Kommunikationsarchitektur aus Client-Server und Peer-to-Peer Kommunikationsarchitektur vorzufinden (vgl Abb. 4.2-11).

Beispiel

Anwendungsbeispiele sind Instant Messaging bzw. Voice-over-IP (VoIP) Anwendungen. Beispielsweise kann bei VoIP die Signalisierung eines Anrufs zwischen zwei Teilnehmern unter Verwendung eines zentralen Servers erfolgen (Client-Server Kommunikationsarchitektur). Ist die Signalisierung abgeschlossen, erfolgt die Sprachkommunikation direkt zwischen den Clients (Peer-to-Peer Kommunikationsarchitektur).

Es ist von großer Bedeutung, diese hybriden Architekturen, wenn vorhanden, für die jeweiligen Anwendungen zu identifizieren, da andernfalls eine fehlerhafte Charakterisierung der Datenflüsse der Anwendung in der Datenflussanalyse die Folge ist.

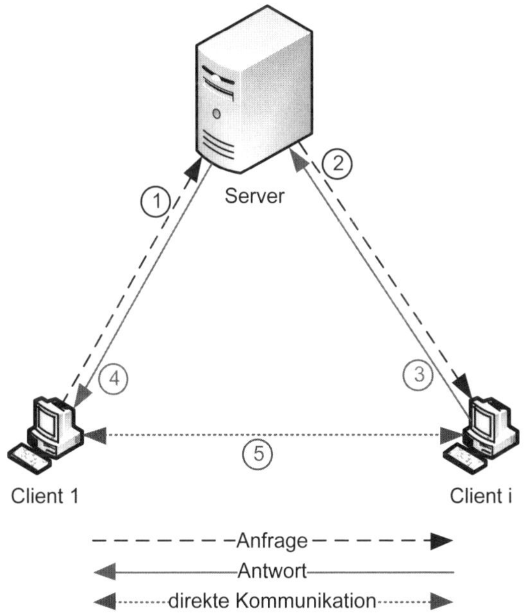

Abb. 4.2-11: Hybride Client-Server/Peer-to-Peer Architektur.

4.2.5 Vorgehensweise bei der Anforderungsanalyse *

Die Anforderungsanalyse kann in vier Teilschritte gegliedert werden (vgl. Abb. 4.2-12). Zunächst werden im ersten Teilschritt die Anwendungen und Dienste, die häufig bereits vollständig aus den Ergebnissen der Ist-Analyse bekannt sind, bestimmt. Im zweiten Teilschritt werden jeweils die entsprechenden Initiatoren des Datenverkehrs einer Anwendung bzw. eines Dienstes identifiziert. Darauf folgt im dritten Teilschritt die Erfassung, Formulierung und Bewertung der Anforderungen. Die Ergebnisse des dritten Teilschritts werden zum Abschluss der Anforderungsanalyse im vierten und letzten Teilschritt für die sich anschließende Datenflussanalyse aufbereitet. Dazu werden die gesammelten Informationen der Anforderungsanalyse genutzt, um Verhaltensprofile für die im Computernetz existierenden Benut- 4 Teilschritte zergruppen zu entwickeln. Während der Durchführung der Anforderungsanalyse sollten zudem grundlegende Prinzipien eingehalten werden, die eine erfolgreiche Durchführung des Planungsprozesses unterstützen.

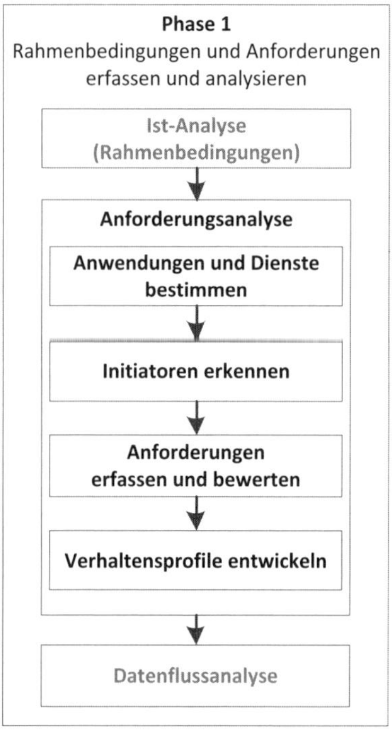

Abb. 4.2-12: Teilschritte der Anforderungsanalyse.

In diesem Abschnitt werden nachfolgende Inhalte behandelt:

Detailwissen

Damit die Anforderungsanalyse in dieser Weise durchgeführt werden kann, ist Detailwissen über Anwendungen und Dienste, die das Ergebnis der Anforderungsanalyse und somit die Grundlage der Datenflussanalyse beeinflussen, notwendig. Aus dem Detailwissen über die verschiedenen Anwendungen und Dienste werden deren Eigenschaften abgeleitet. Eine Eigenschaft in diesem Sinne kann beispielsweise Auskunft darüber geben, ob eine Anwendung oder ein Dienst kritisch für das Unternehmen ist und somit eine besondere Anforderung an die Zuverlässigkeit besitzt. Aber auch, ob besondere Anforderungen an die vom Computernetz zu garantierende, maximale Verzögerung bei der Übertragung von Daten existieren. Die aus den Eigenschaften der Anwendungen und Dienste abgeleiteten Anforderungen an das Computernetz bilden letztendlich die Grundlage für die Entwicklung der Verhaltensprofile. Diese werden jedoch auch von unternehmensspezifischen Randbedingungen, wie der Mobilität von Benutzern, beeinflusst. Inwieweit Eigenschaften und Anforderungen sowie mögliche Randbedingungen in den resultierenden Verhaltensprofilen berücksichtigt werden können, ist abhängig von deren strategischer Berücksichtigung (vgl. Abb. 4.2-13).

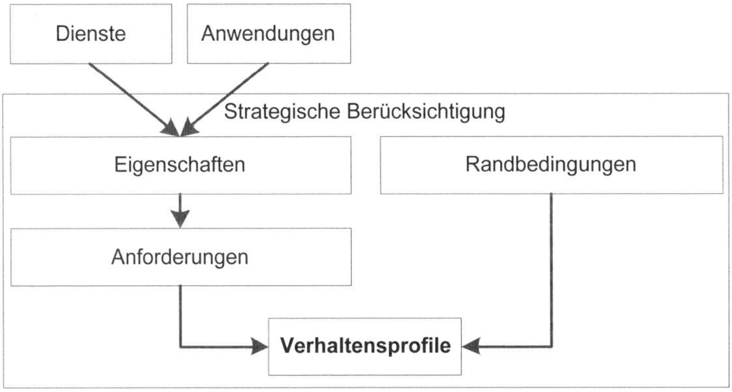

Abb. 4.2-13: Komponenten der Anforderungsanalyse.

4.2.5.1 Prinzipien für die Anforderungsanalyse **

Behält der Netzplaner die Praktikabilität sowie die Übersicht seiner Planungsergebnisse im Auge und richtet er seinen Fokus auf die Benutzer des Computernetzes, hält er grundlegende Prinzipien ein, die für eine erfolgreiche Durchführung des Planungsprozesses unabdingbar notwendig sind.

Um eine für den Auftraggeber mit seinen Benutzern aber auch für das Systemhaus als Auftragnehmer zufriedenstellende und erfolgreiche Durchführung des Planungsprozesses zu erreichen, sollten die drei nachfolgend beschriebenen Prinzipien – insbesondere bei der Durchführung der Anforderungsanalyse – berücksichtigt werden.

Praktikabilität vor Komplexität

Abläufe angemessen optimieren

Ein Netzplaner besitzt im Regelfall eine fachlich fundierte Ausbildung, die es ihm ermöglicht komplexe Aufgabenstellungen mit überschaubarem Aufwand für den Auftraggeber zufriedenstellend zu lösen. Dabei sollte jedoch kein falscher Ehrgeiz bei der Projektierung entstehen. Wird eine Lösung entwickelt, die vom Personal weder auf angemessene Weise benutzt, noch gepflegt werden kann, hat der Netzplaner zwar seine Aufgabe erfüllt und seine **fachliche Kompetenz** bewiesen, jedoch keine zielgruppengerechte Lösung geschaffen. Die Mitarbeiter eines Unternehmens mit komplexen Funktionen zu überfordern, bedeutet für das Unternehmen keinen Gewinn und führt nicht zu der erwünschten Optimierung der Arbeitsabläufe, da insbesondere komplexe Funktionen häufig aus verschiedenen Gründen nicht genutzt werden, sei es aus mangelnder Kompetenz der Benutzer oder aufgrund der Funktionsvielfalt. Der Netzplaner sollte daher ein den Bedürfnissen des Unternehmens und seiner Mitarbeiter entsprechendes Netz entwerfen.

Zuverlässigkeit durch Übersicht

Wartbarkeit beachten

Die angemessene Wartung eines Computernetzes ist nur dann möglich, wenn die Struktur und die Steuerparameter des Computernetzes angemessen und klar dokumentiert sind. Soll das Computernetz zuverlässig arbeiten, also die Mitarbeiter bezüglich der Leistung und Robustheit zufriedenstellen, müssen die Abhängigkeiten der Elemente und Dienste im Computernetz übersichtlich dokumentiert sein, sodass sich Administratoren im Fehlerfall schnell einen klaren Überblick verschaffen und entsprechend agieren können. Deshalb sollte unbedingt darauf geachtet werden, dass lediglich die relevanten Funktionen sowie deren Zusammenhänge und Parameter strukturiert dokumentiert werden.

Benutzer im Fokus

Wünsche berücksichtigen

Der Netzplaner ist Dienstleister für das Unternehmen und seine Mitarbeiter. Darum sollte er die Mitarbeiter in den Fokus seiner Bemühungen stellen. Er muss vorhandene Probleme der Mitarbeiter bei der Benutzung des Computernetzes berücksichtigen und sollte in Diskussionen für die Mitarbeiter nicht verständliches Fachvokabular vermeiden. Ebenso ist es Aufgabe des Netzplaners, unrealistische **Erwartungen** an das zu entwickelnde Computernetz seitens des Unternehmens und seiner Mitarbeiter a priori zu erkennen, zu dämpfen und einzuschränken.

4.2.5.2 Anwendungen und Dienste bestimmen *

Um die Anforderungen an das Computernetz definieren zu können, müssen zunächst alle im Computernetz betriebenen Anwendungen und Dienste vollständig berücksichtigt werden.

Bei der Bestimmung aller im Computernetz betriebenen Anwendungen und Dienste kann in der Regel auf die Ergebnisse der Ist-Analyse zurückgegriffen werden. Dadurch wird der Aufwand in diesem Teilschritt reduziert. Hinsichtlich der Anwendungen und Dienste müssen darüber hinaus etwaige Randbedingungen, beispielsweise die Mobilität von Benutzern, berücksichtigt werden. Zusätzlich erfolgt die Analyse bzw. Erfassung der notwendigen Informationen über die **Kommunikationsarchitekturen** der Anwendungen und Dienste. Die erfassten Informationen können, wie in Abb. 4.2-14 dargestellt, tabellarisch erfasst werden.

Kürzel	Name	Anwendung / Dienst	Architektur
A1	Web-Browser	Firefox	Client-Server
A2	Mail-Client	Thunderbird	Client-Server
A3	VoIP	Skype	Peer-to-Peer
A4	Enterprise Resource Planning	OpenERP	High-Performance Client-Server
	Randbedingung: Floating-Lizenzierungsverfahren		
A5	Update	Windows Update	Client-Server

Abb. 4.2-14: Kommunikationsarchitekturen verschiedener Anwendungen und Dienste.

4.2.5.3 Initiatoren erkennen *

Die Initiatoren von Verkehr im Computernetz zu identifizieren ist von entscheidender Bedeutung für die Entwicklung von Verhaltensprofilen.

Verlässlichkeit

Die Erkennung der Initiatoren des Verkehrs im Computernetz ist von zentraler Bedeutung, da in Abhängigkeit davon die Verlässlichkeit der entwickelten Verhaltensprofile variiert. Ist das System der Initiator des Verkehrs, wird also der Verkehr durch **Systemereignisse** und nur implizit durch den **Benutzer** erzeugt, so wird ein Programm als (System-) Dienst eingestuft. Ist ein Benutzer der Initiator des Verkehrs, wird also der Verkehr durch das individuelle Verhalten des Benutzers bestimmt, so wird ein Programm als Anwendung eingestuft (vgl. Abb. 4.2-15). Für die Ermittlung des Kapazitätsbedarfs müssen diese Informationen bekannt sein, um dem Netzplaner eine verlässliche Bestimmung zu ermöglichen.

Kürzel	Name	Anwendung / Dienst	Architektur	Initiator
A1	Web-Browser	Firefox	Client-Server	Benutzer
A2	Mail-Client	Thunderbird	Client-Server	Benutzer
A3	VoIP	Skype	Peer-to-Peer	Benutzer
A4	Enterprise Resource Planning	OpenERP	High-Performance Client-Server	Benutzer
	Randbedingung: Floating-Lizenzierungsverfahren			
A5	Update	Windows Update	Client-Server	System

Abb. 4.2-15: Initiatoren verschiedener Anwendungen und Dienste.

4.2.5.4 Anforderungen erfassen und bewerten *

Relevanz

Die den Anwendungen und Diensten zugeordneten Eigenschaften und die sich daraus ergebenden Anforderungen müssen für die jeweiligen Anwendungen und Dienste separat ermittelt und bezüglich ihrer jeweiligen Relevanz bewertet werden. Dabei sind die existierenden Randbedingungen zu berücksichtigen. Im Anschluss an die Ermittlung und Bewertung werden Verhaltensprofile, welche die Grundlage der Datenflussanalyse bilden, für die verschiedenen Benutzergruppen entwickelt. In den ersten beiden Teilschritten wurden die verschiedenen, für die Planung und Auslegung relevanten Anwendungen und Dienste, sowie die jeweiligen Initiatoren des Verkehrs im Computernetz ermittelt. In diesem Teilschritt werden die Anforderungen der Anwendungen und Dienste erfasst und bewertet. Dazu werden zunächst die zutreffenden Eigenschaften für alle netzrelevanten Anwendungen und Dienste bestimmt. Im Anschluss daran werden die Anforderungen der Anwendungen und Dienste aus den zuvor bestimmten Eigenschaften abgeleitet und – falls erforderlich – so genau wie möglich quantifiziert. Abschließend erfolgt eine Bewertung aller Anforderungen:

- »Bestimmung der Eigenschaften«, S. 106
- »Ableitung, Quantifizierung und Bewertung der Anforderungen«, S. 107

4.2.5.4.1 Bestimmung der Eigenschaften *

Für die zuverlässige Bestimmung der Eigenschaften ist Detailwissen hinsichtlich der verschiedenen Anwendungen und Dienste zwingend notwendig. Eine pauschale Bewertung führt in der Regel zu Fehlern im weiteren Verlauf des Planungsprozesses.

Kontext-spezifische Eigenschaften

Bei der Bestimmung der Eigenschaften der verschiedenen Anwendungen und Dienste ist zu beachten, dass nicht immer eine pauschale Aussage zu den Eigenschaften einer Anwendung oder eines Dienstes möglich ist, da diese an den jeweiligen Einsatzkontext der Anwendungen bzw. des Dienstes gekoppelt sind. Der **Einsatzkontext** kann von Projekt zu Projekt stark variieren. Eine genaue Betrachtung ist von besonderer Bedeutung, da jede identifizierte Eigenschaft zu einer oder mehreren Anforderungen an das Computernetz führt. Die Entscheidung, ob eine der Eigenschaften zutrifft, kann analog zu den in diesem Kapitel vorgestellten Beispielen für Eigenschaften und Anforderungen vorgenommen werden. Jede Anforderung ist beim Entwurf des Computernetzes zu berücksichtigen.

Fehlerhafte Bewertung

Die Auswirkungen von Fehlern, die zu diesem Zeitpunkt im Projektverlauf entstehen, können zusätzliche und wohlmöglich unnötige Kosten verursachen. Einerseits können Fehler zu unnötigen Maßnahmen bei der späteren Auslegung führen. Andererseits können vernachlässigte Anforderungen zu Problemen im späteren Betrieb führen. Für die Dokumentation wird die Tabelle aus »Initiatoren erkennen«, S. 105 um die entsprechenden Felder für die Eigenschaften erweitert (vgl. Abb. 4.2-16).

Kürzel	...	Unternehmens-kritisch	Aufgabenkritisch	Geschwindigkeits-kritisch	Verzögerungs-kritisch	Sicherheitskritisch
A1	...	Ja	Nein	Nein	Nein	Nein
A2	...	Ja	Nein	Nein	Nein	Nein
A3	...	Ja	Nein	Ja	Ja	Nein
A4	...	Ja	Nein	Nein	Nein	Nein
A5	...	Nein	Nein	Nein	Nein	Nein

Abb. 4.2-16: Eigenschaften verschiedener Anwendungen und Dienste.

4.2.5.4.2 Ableitung, Quantifizierung und Bewertung der Anforderungen *

Aus den Eigenschaften der jeweiligen Anwendungen und Dienste werden Anforderungen abgeleitet, die im Anschluss daran quantifiziert und bezüglich ihrer Relevanz bewertet werden.

Anforderungen quantifizieren

Aus den zuvor bestimmten Eigenschaften der jeweiligen Anwendungen und Dienste werden Anforderungen abgeleitet. Die Quantifizierung der mit den Anforderungen zum Teil verbundenen Performance-Parameter kann auf zwei unterschiedliche Arten erfolgen. Performance-Parameter, die für geschwindigkeits- und verzögerungskritische Anwendungen und Dienste zu bestimmen sind, sollten mindestens bezüglich der Benutzung im Rahmen einer für das **Anwendungsszenario** durchschnittlichen Sitzung bestimmt werden.

Für eine detaillierte Quantifizierung dieser Performance-Parameter sollten zudem Randbetrachtungen durchgeführt werden, in der Sitzungen sowohl mit minimalem als auch maximalem Ressourcenverbrauch erfasst werden. Aus den Performance-Parametern, die für unternehmens- und aufgabenkritische Anwendungen und Dienste zu bestimmen sind, wird im Verlauf der Planung die zu schaffende Redundanz zur Einhaltung dieser Parameter abgeleitet. Eine Fallunterscheidung bei der Ableitung von Redundanzen ist nur bedingt sinnvoll.

Bei zwei unterschiedlich harten Restriktionen ist stets die härtere der beiden Restriktion die ausschlaggebende. Dies gilt ebenfalls bei der Betrachtung von Sicherheitsanforderungen von sicherheitskritischen Anwendungen und Diensten.

Analytisches Vorgehen

Für die Quantifizierung von Performance-Parametern ist ein analytisches Vorgehen unabdingbar. Entsprechende Informationen über die Anwendungen und Dienste können zum einen recherchiert und zum anderen aus den vom Unternehmen bereitgestellten Informationen extrahiert werden.

Die Performance-Parameter Datenrate und Verzögerung lassen sich in der Regel genauer durch Messungen und Verkehrsanalysen im Computernetz quantifizieren. Dies ist jedoch nur möglich, wenn im Rahmen des Projekts ein bereits vorhandenes Netz überarbeitet wird.

Im Anschluss an die Ableitung und Quantifizierung werden die Anforderungen bezüglich ihrer Relevanz bewertet. Die Dokumentation wird dann, wie in Abb. 4.2-17 veranschaulicht, entsprechend erweitert.

Kürzel	...	Zuverlässigkeit (Klasse, Metrik, Verfügbarkeit)	Verzögerung (Klasse, Verzögerung)	Datenrate (Klasse, Datenrate)
A1	...	Predictable, Hoch, 97%	-	-
A2	...	Predictable, Hoch, 97%	-	-
A3	...	Predictable, Hoch, 97%	Guaranteed, 150ms	Predictable, MDR 0,2Mbit/s, DDR 0,35Mbit/s
A4	...	Predictable, Mittel, 90%-97%	-	-
A5	...	Best-Effort, Keine, <75%	-	-

Abb. 4.2-17: Quantifizierung und Bewertung von Performance-Parametern.

4.2.5.5 Verhaltensprofile entwickeln **

Für alle Benutzergruppen sind Verhaltensprofile zu entwickeln, die als Grundlage für die Datenflussanalyse verwendet werden. Verhaltensprofile spezifizieren unter anderem die für die Auslegung notwendigen Parameter, die in vorangegangenen Schritten ermittelt wurden.

Verhalten der Benutzer

Nachdem alle Anwendungen und Dienste erfasst, deren Anforderungen ermittelt, quantifiziert und bezüglich ihrer Relevanz bewertet wurden, sind für alle existierenden und geplanten Benutzergruppen Verhaltensprofile zu entwickeln, die die Grundlage für die sich anschließende Datenflussanalyse bilden. Verhaltensprofile spezifizieren – neben dem **Verhalten der Nutzer** – auch die für die Auslegung notwendigen Parameter, die in vorangegangenen Schritten ermittelt wurden. Dies können beispielsweise die maximal von einem Benutzer oder einer Anwendung benötigte Datenrate oder die Informationen über die Relevanz einer Anforderung sein.

Anwendungen und Dienste erfassen

Im ersten Teilschritt werden zunächst die von den jeweiligen Benutzern innerhalb einer Benutzergruppe verwendeten Anwendungen und Dienste erfasst. Diese Informationen erhält man durch Beobachtung und Analyse der Clients bzw. Benutzer oder die persönliche Dokumentation durch den Netzplaner am jeweiligen Einsatzort. Auch eine Auswertung von Verkehrsmitschnitten in einem vorhandenen Computernetz kann dabei herangezogen werden. Dies erfolgt in der Regel bereits während der Ist-Analyse. Eine weitere Informationsquelle können in diesem Zusammenhang auch die vom Unternehmen möglicherweise dokumentierten **Workflows** sein, aus denen der Einsatz von Anwendungen und Diensten für die verschiedenen Benutzergruppen und darüber hinaus weitere Informationen zu Anwendungsaufrufreihenfolgen abgelesen werden können. Sind die Anwendungen und Dienste der verschiedenen Benutzergruppen identifiziert, so können die in den vorigen Schritten erfassten und erarbeiteten Informationen den Anwendungen und Diensten in jeder Benutzergruppe separat hinzugefügt werden. Dazu wird für jede Benutzergruppe eine Tabelle, wie in Abb. 4.2-18 dargestellt, erstellt.

	A1	A2	A3	A4
Datenrate				
MDR (Mbit/s)			0,2	
DDR (Mbit/s)	0,1	0,3	0,35	0,2
SDR (Mbit/s)				
Verzögerung (ms)			150	
Verzögerungsjitter (ms)				

Abb. 4.2-18: Zusammenfassung der Performance-Parameter für eine Benutzergruppe.

Anwendungen und Dienste analysieren

Der zweite Teilschritt wird für alle Anwendungen und Dienste einer Benutzergruppe durchgeführt. Zunächst werden für alle Anwendungen und Dienste einer Benutzergruppe separat die jeweils durchschnittliche Sitzungsdauer sowie die Häufigkeit der Sitzungen einer Anwendung bzw. eines Dienstes für ein global normiertes Intervall bestimmt. Kann eine Anwendung mehrere parallele Sitzungen besitzen, so ist die Anwendung dementsprechend mehrfach zu berücksichtigen. Weiterhin werden die während einer Sitzung durchschnittlich übertragenen **Datenmengen** berücksichtigt. Anschließend erfolgt die gleichmäßige Verteilung der im festgelegten Intervall auftretenden Sitzungen für jede Anwendung und jeden Dienst, sodass für diese jeweils eine Ausführungsübersicht (vgl. Abb. 4.2-19) entsteht. Zwar wird durch die gleichmäßige Verteilung der Sitzungen auf das Intervall die Realitätsnähe reduziert, jedoch kann nur so die Analyse der Anforderungen handhabbar gemacht werden. Erfahrungsgemäß ist die dabei entstehende Ungenauigkeit vernachlässigbar. Die benötigten Informationen, insbesondere die Ausführungshäufigkeit von Anwendungen und Diensten, sollten, wenn möglich, aus den dokumentierten Arbeitsabläufen sowie aus den auf die jeweiligen Anwendungen und Dienste bezogenen Nutzungsstatistiken entnommen werden.

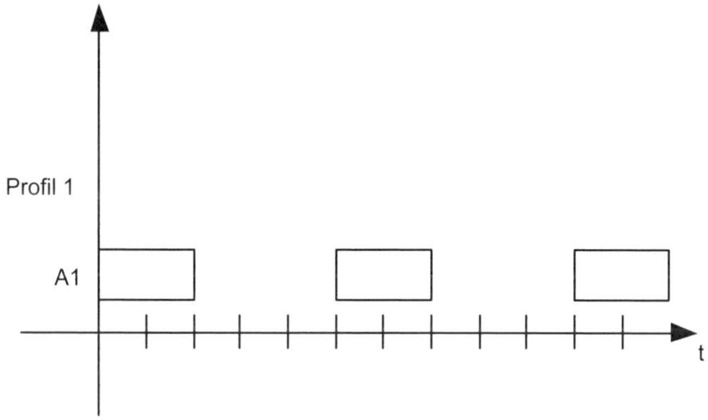

Abb. 4.2-19: Exemplarische Ausführungsübersicht einer Anwendung.

Die erstellten Ausführungsübersichten je Anwendung und Dienst werden nun, wie in Abb. 4.2-20 dargestellt, zu einer vollständigen Ausführungsübersicht für die jeweiligen Verhaltensprofile zusammengefügt.

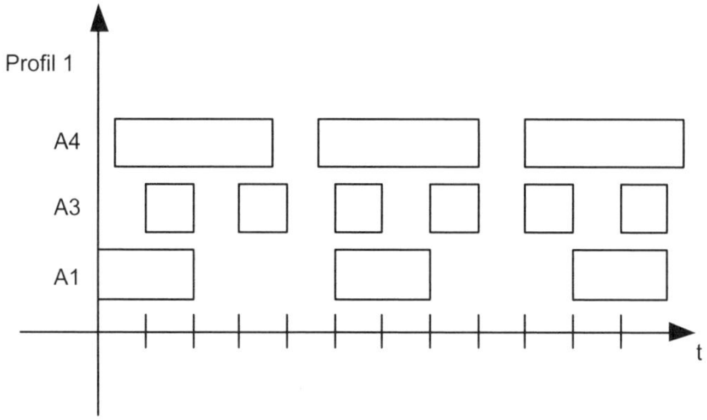

Abb. 4.2-20: Exemplarisches Verhaltensprofil.

Maximaler Datenfluss

Im nächsten Teilschritt wird der jeweils maximale Datenfluss jedes Verhaltensprofils, der aus den verschiedenen parallel aktiven Anwendungen entsteht, bestimmt. Hierbei ist jedoch nun als Randbedingung zu berücksichtigen, dass nicht alle Anwendungen und Dienste parallel aktiv sein müssen bzw. dürfen und sich unter Umständen Sitzungen von zwei oder mehr Anwendungen zeitlich bedingen. Eine zulässige Kombination zum vorherigen Beispiel wird in Abb. 4.2-21 veranschaulicht.

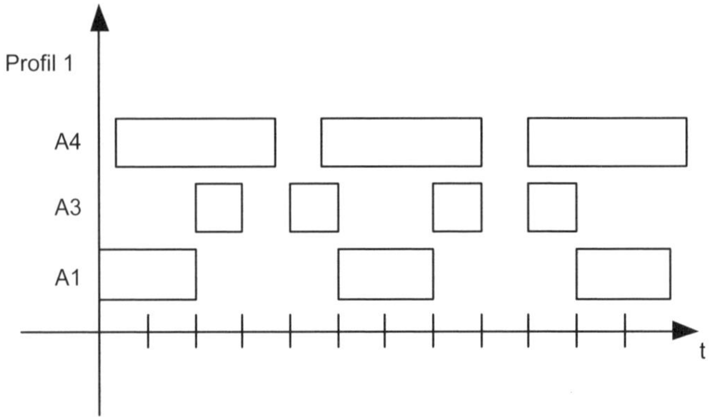

A1 bedingt A3: Anwendung 1 und Anwendung 3 dürfen nicht zeitgleich aktiv sein, daher darf Anwendung 3 nur in den Zeitschlitzen aktiv werden, in denen A1 „pausiert".

Abb. 4.2-21: Exemplarisches Verhaltensprofil mit sich bedingenden Anwendungsaufrufsfolgen.

Aus dem entwickelten Verhaltensprofil lassen sich zwei wichtige Spezifikationen für die Datenflussanalyse ablesen. Zum einen kann die **maximale Anforderung** eines Verhaltensprofils hinsichtlich der maximal benötigten Datenrate und der minimal zulässigen Verzögerung – ggf. inklusive Verzögerungsjitter – abgelesen werden. Zum anderen lässt sich die **minimale Anforderung** des Verhaltensprofils, bestehend aus der minimal benötigten Datenrate und der maximal zulässigen Verzögerung, ablesen. Die Dokumentation der Verhaltensprofile kann wie in Abb. 4.2-22 exemplarisch dargestellt erfolgen.

	A1	A3	A4	Minimale Anforderung	Maximale Anforderung
Datenrate					
MDR (Mbit/s)			0,2	0,2	
DDR (Mbit/s)	0,1	0,35	0,2	0,35	0,55
SDR (Mbit/s)					
Verzögerung (ms)		150		150	150
Verzögerungsjitter (ms)					

Abb. 4.2-22: Tabellarische Darstellung eines exemplarischen Verhaltensprofils.

Parallele Sitzungen

Sollte diese Analyse eine ungültige Kombination paralleler Sitzungen verschiedener oder gleicher Anwendungen bzw. Dienste ergeben, so ist zu prüfen, ob alle Informationen bei der Entwicklung der Verhaltensprofile berücksichtigt wurden bzw. die zugrunde gelegten Informationen korrekt sind. Die Verhaltensprofile beinhalten lediglich Informationen zu Anforderungen mit den Performance-Parametern Datenrate und Verzögerung. Alle anderen zu den Anwendungen und Diensten gehörenden Anforderungen werden nicht durch das Verhalten des Benutzers bzw. die Ausführungshäufigkeit beeinflusst, sodass diese direkt aus den vorliegenden Anwendungs- und Dienstinformationen zu entnehmen sind.

Verhaltensprofile zuweisen

Die entwickelten Verhaltensprofile werden abschließend den verschiedenen Benutzergruppen zugewiesen. Auf dieser Basis kann die Datenflussanalyse durchgeführt werden.

4.3 Datenflussanalyse *

Bei der Datenflussanalyse (vgl. Abb. 4.3-1) werden Kennzahlen bestimmt, die die Leistungsanforderungen an das zu planende Computernetz für Netzplaner spezifizieren.

Dazu werden zunächst die in der Ist-Analyse erfassten sowie in der Anforderungsanalyse erarbeiteten Informationen verwendet, um die beiden grundlegenden Teilschritte der Datenflussanalyse durchzuführen:

- »Endpunkte identifizieren«, S. 115
- »Verhaltensprofile zuweisen«, S. 118

Basierend auf den Ergebnissen dieser Teilschritte werden die individuellen Datenflüsse zwischen den Endpunkten identifiziert und ihre Darstellung für die weitere Verwendung im Planungsprozess strukturiert. Dabei sollte die Dokumentation sowohl durch Grafiken als auch durch diesen Grafiken zugeordnete Tabellen erfolgen, um den Informationsgehalt und die Verwendbarkeit der Dokumentation zu erhöhen. Aufgrund der Bedeutung der Datenflussanalyse im Kontext der Planung und Auslegung erfolgt eine detaillierte, sukzessive Beschreibung des Vorgehens anhand von Beispielen. Dadurch wird dem Einflusspotenzial der Datenflussanalyse auf die Kosten der Auslegung und des Betriebs Rechnung getragen:

- »Datenflüsse identifizieren«, S. 119
- »Datenflüsse strukturieren«, S. 123

Bevor abschließend die Kennzahlen bestimmt werden, müssen die in der Anforderungsanalyse ermittelten Randbedingungen auf die bereits strukturierten Datenflüsse angewandt werden:

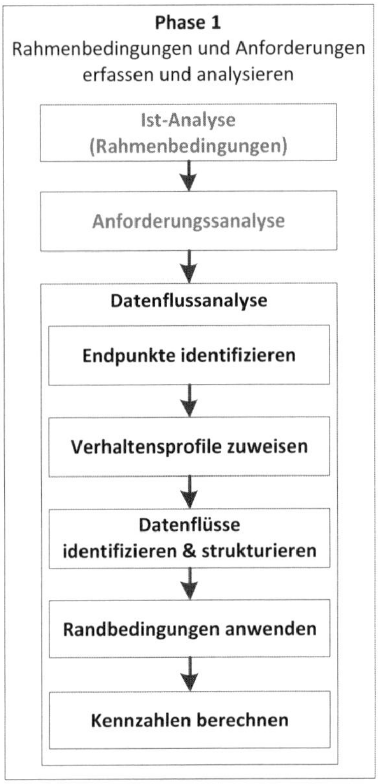

Abb. 4.3-1: Teilschritte der Datenflussanalyse.

- »Randbedingungen anwenden«, S. 146
- »Kennzahlen berechnen«, S. 148

Datenflüsse ergeben sich zwischen Kommunikationsendpunkten, von denen ein Kommunikationsendpunkt einen Dienst oder eine Anwendung anbietet **(Server Host)**, auf den der andere Kommunikationsendpunkt **(Client Host)** zugreift. Darum wird bei der Datenflussanalyse zur besseren Veranschaulichung neben der Bezeichnung Client Host alternativ die Bezeichnung Dienst anfordernder bzw. abrufender Endpunkt und neben der Bezeichnung Server Host alternativ die Bezeichnung Dienst anbietender Endpunkt verwendet.

Definitionen

Zum besseren Verständnis der Datenflussanalyse werden zunächst zwei verschiedene Datenflusstypen definiert (siehe Abb. 4.3-2). Ein individueller Datenfluss beschreibt den Datenfluss einer Anwendung, während einer einzelnen Sitzung oder über ein normiertes Zeitintervall, zwischen den beteiligten Endpunkten gemäß der bereits in der Anforderungsanalyse identifizierten Kommunikationsarchitektur. Ein **zusammengesetzter** (auch: aggregierter) **Datenfluss** beschreibt den Datenfluss zwischen verschiedenen Endpunkten oder Verbindungsabschnitten, der sich jedoch aus den Datenflüssen mindestens zweier Anwendungen zusammensetzt.

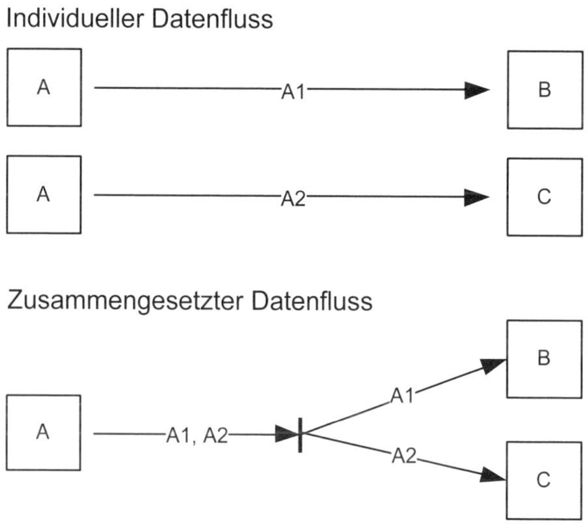

Abb. 4.3-2: Datenflusstypen.

Weiterführende Literatur

[Mcca07]

4.3.1 Endpunkte identifizieren *

Auf Basis der in der Ist-Analyse erfassten Raum-, Etagen-, Gebäude- und Standortaufteilung sowie der dabei ebenfalls dokumentierten Positionierung von Endpunkten werden im ersten Teilschritt der Datenflussanalyse die Endpunkte aller Datenflüsse identifiziert.

Positionierung von Endpunkten

Im ersten Teilschritt der Datenflussanalyse werden die Endpunkte (Client Hosts und Server Hosts) aller Datenflüsse identifiziert. Die Identifizierung erfolgt auf Basis der in der Ist-Analyse erfassten Raum-, Etagen-, Gebäude- und Standortaufteilung sowie der dabei ebenfalls dokumentierten Positionierung von Endpunkten. Aus der Dokumentation lassen sich somit die zugrunde zu legende räumliche Struktur als auch die Positionen der bereits vorhandenen bzw. der neu hinzukommenden Elemente ablesen. Elemente sind in diesem Fall die Endpunkte der verschiedenen Anwendungen (Client Hosts und Server Hosts) sowie ggf. bereits vorhandene Koppel- und Transitelemente. An dieser Stelle ist zu prüfen, ob alle Elemente, sowohl Koppelelemente als auch Endpunkte, bereits eindeutig benannt wurden. Ist eine solche Benennung in der Ist-Analyse noch nicht oder nur teilweise erfolgt, so ist das in der Dokumentation zu vervollständigen. Dies ist exemplarisch in Abb. 4.3-3 illustriert.

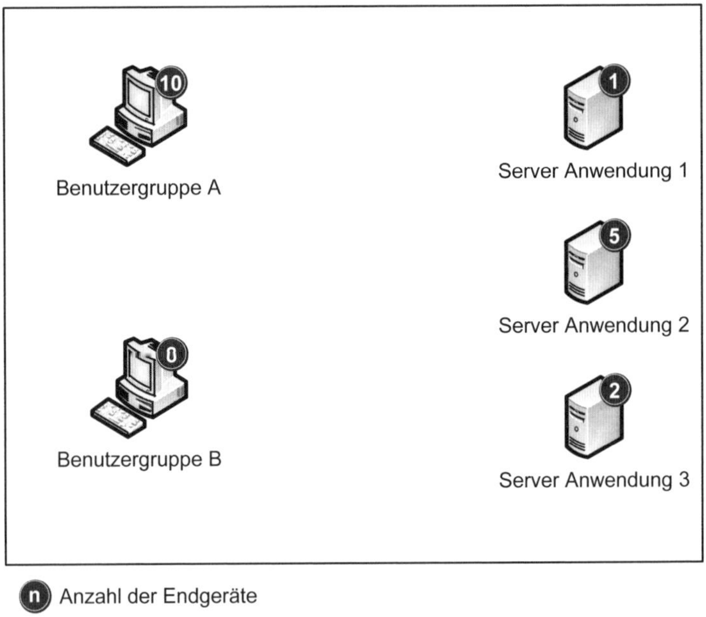

Abb. 4.3-3: Benennung von Endpunkten.

Benutzergruppen und Funktionen wurden im Rahmen der Ist- und Anforderungsanalyse identifiziert. In der Datenflussanalyse werden nun zunächst die Benutzergruppen den Endpunkten zugeordnet, sofern es sich bei diesen um einen Benutzerarbeitsplatz (Client Host) handelt. Handelt es sich bei einem Endpunkt hingegen um einen Dienstanbieter (Server Host), wie beispielsweise einen Anwendungsserver, werden diesem die entsprechenden Anwendungen und Funktionen zugeordnet.

Neben der grafischen Dokumentation der Datenflussanalyse erfolgt parallel dazu die Dokumentation in Form von Tabellen (vgl. Abb. 4.3-4). Es sollte darauf geachtet werden, dass die beiden Dokumentationsmedien stets synchron gehalten werden.

Verkehrsarten

Bei der Identifizierung der Endpunkte wird bewusst nur Netzwerkverkehr berücksichtigt, der durch die im Computernetz betriebenen Anwendungen erzeugt wird. Netzwerkverkehr, der durch die Kommunikation von Koppelelementen, wie beispielsweise Informationen zum Routing oder durch das Computernetz-Management entsteht, wird bewusst vernachlässigt. Einerseits stellt sich die Frage, ob eine derartige Berücksichtigung nicht zweckmäßig wäre. Jedoch sollte sowohl der Verkehr zwi-

		Geräte				
		R1	R2	Serverraum		
	Benutzer-anzahl	PC1 – PC10	PC11 – PC18	S1	S2 – S6	S7 – S8
Benutzergruppe A	10	X				
Benutzergruppe B	8		X			
Server Anwendung 1	-			X		
Server Anwendung 2	-				X	
Server Anwendung 3	-					X

Abb. 4.3-4: Benennung von Endpunkten.

schen den Koppelelementen als auch der Verkehr des Computernetz-Managements vernachlässigbar klein gehalten werden, da diese Art von Verkehr den operativen Netzwerkverkehr in jedem Falle nicht beeinträchtigen darf. Andererseits erscheint eine Vernachlässigung sinnvoll, da die notwendigen Informationen über die entstehenden Datenflüsse und die Kommunikation zu diesem Zeitpunkt der Planung und Auslegung für diese Anwendungstypen nicht vorliegen, weil die zur Bestimmung notwendigen Schritte erst zu einem späteren Zeitpunkt durchgeführt werden können.

Wiedereinstieg bei Iterationen

Der Planungs- und Auslegungsprozess wird häufig in mehreren Iterationen durchgeführt. In der Regel wird der erste Teilschritt der Datenflussanalyse dabei als **Wiedereinstiegspunkt** bei einem Iterationsschritt verwendet. Unabhängig vom Iterationsschritt sollte jedoch der Netzwerkverkehr zwischen den Koppelelementen als auch der Verkehr des Computernetz-Managements nicht berücksichtigt werden, da wie bereits bekannt, derartiger Verkehr keinen Einfluss auf das Computernetz haben darf.

Anders stellt es sich hingegen bei **strukturellen Änderungen** der Architektur dar, die beispielsweise durch Einführung einer Content-Delivery-Architektur in einer späteren Phase des Planungsprozesses entstehen. Dabei ergeben sich hauptsächlich Änderungen an der Struktur des Computernetzes, welche in einer weiteren Iteration im Rahmen der Datenflussanalyse jedoch sehr wohl berücksichtigt werden müssen, auch wenn sie, ähnlich dem Computernetz-Management, erst in einer späteren Planungsphase entwickelt werden.

4.3.2 Verhaltensprofile zuweisen *

Nachdem den Endpunkten im ersten Teilschritt die zugehörigen Benutzergruppen zugewiesen wurden, werden diesen nun die in der Anforderungsanalyse entwickelten Verhaltensprofile zugewiesen.

Im zweiten Teilschritt der Datenflussanalyse werden den Benutzergruppen die in der Anforderungsanalyse entwickelten Verhaltensprofile zugewiesen. Die Benutzergruppen sind im ersten Teilschritt bereits den Endpunkten, bei denen es sich um Benutzerarbeitsplätze handelt, zugewiesen worden.

Darum müssen die im ersten Schritt erstellten Dokumentationsteile (Grafik und Tabelle) lediglich um die entsprechenden Informationen ergänzt werden (vgl. Abb. 4.3-5 und Abb. 4.3-6). Endpunkte, bei denen es sich um Dienstanbieter handelt, werden zu diesem Zeitpunkt noch nicht berücksichtigt.

Diese besitzen in der Regel keine eigenen Verhaltensprofile, da ihr Verhalten durch das Verhalten der Benutzergruppen gesteuert wird.

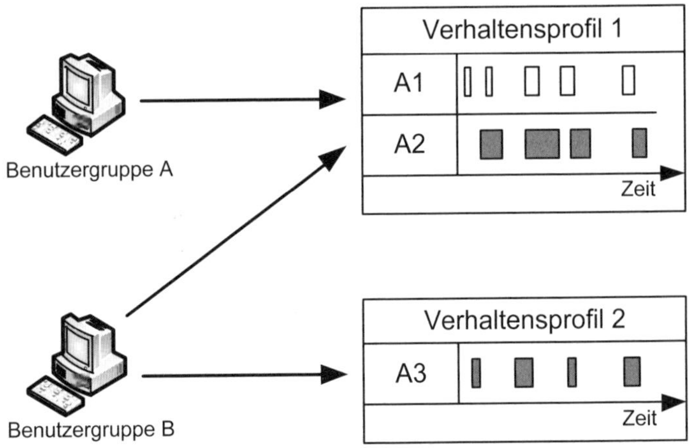

Abb. 4.3-5: Zuweisung von Verhaltensprofilen.

	Verhaltensprofil 1	Verhaltensprofil 2
Benutzergruppe A	X	
Benutzergruppe B	X	X

Abb. 4.3-6: Zuweisung von Verhaltensprofilen.

4.3.3 Datenflüsse identifizieren und strukturieren *

Im dritten Teilschritt der Datenflussanalyse werden die zwischen den Endpunkten auftretenden Datenflüsse detailliert betrachtet. Je größer das Unternehmen und somit das Computernetz ist, desto mehr Benutzer und Datenflüsse sind in der Regel zu berücksichtigen. Mit steigender Anzahl an Mitarbeitern und Anwendungen erhöht sich auch die Komplexität der Datenflussanalyse. Zunächst werden die individuellen Datenflüsse erfasst und im Anschluss daran strukturiert:

- »Datenflüsse identifizieren«, S. 119
- »Datenflüsse strukturieren«, S. 123

4.3.3.1 Datenflüsse identifizieren *

Eine effiziente und weitestgehend lückenlose Analyse der Datenflüsse ist notwendig, um unter anderem die durch das Computernetz bereitzustellenden Kapazitäten berechnen zu können. Die Datenflussanalyse wird sukzessive auf die verschiedenen Bereiche im Unternehmen angewandt, sodass letztendlich alle für das Computernetz relevanten Elemente analysiert werden.

Die nachfolgend beschriebene Vorgehensweise ermöglicht eine effiziente und weitestgehend lückenlose Analyse der Datenflüsse . Sie ist sukzessive auf die verschiedenen Räume, Etagen, Gebäude, Standorte etc. des Unternehmens sowie für alle für das Computernetz relevanten Elemente anzuwenden, bis alle individuellen Datenflüsse der Verhaltensprofile identifiziert und dokumentiert sind. Um die **Komplexität der Dokumentation** zu reduzieren, bietet es sich an, alle Mitglieder einer Benutzergruppe pro Raum oder Etage zusammenzufassen, wie in Abb. 4.3-7 dargestellt. Dabei ist sicherzustellen, dass nur Benutzer bzw. Benutzergruppen, denen die gleichen Verhaltensprofile zugewiesen wurden, zusammengefasst werden können. Gleichzeitig erfolgt eine Erweiterung der Dokumentationstabelle (siehe in Abb. 4.3-8 dargestellte Tabelle). Wie aus der Abbildung ersichtlich, werden auch Serverfarmen entsprechend dieses Vorgehens zusammengefasst.

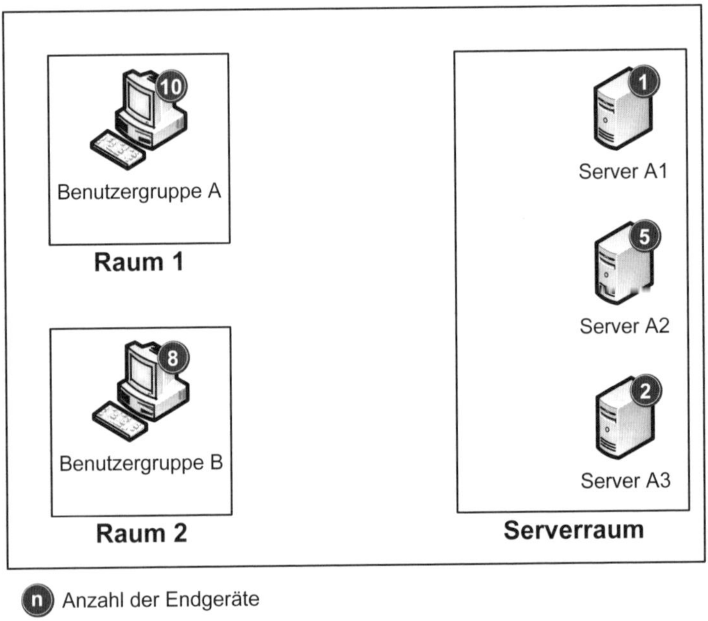

Abb. 4.3-7: Zusammenfassung von Elementen.

		Geräte					VPe	
		R1	R2	Serverraum				
	Benutzeranzahl	PC1 – PC10	PC11 – PC18	S1	S2 – S6	S7 – S8	Verhaltensprofil 1	Verhaltensprofil 2
Benutzergruppe A	10	X					X	
Benutzergruppe B	8		X				X	X
Server Anwendung 1	-			X				
Server Anwendung 2	-				X			
Server Anwendung 3	-					X		

Abb. 4.3-8: Zusammenfassung von Elementen.

Auf Basis dieser Darstellung können die individuellen Datenflüsse identifiziert werden. Dazu werden die Datenflüsse, wie in Abb. 4.3-9 exemplarisch dargestellt, für alle Anwendungen in die entsprechenden Pläne oder Teilpläne eingezeichnet. Sollte der Platz aufgrund einer hohen Anzahl von Datenflüssen nicht ausreichen, so können die Flüsse über mehrere Teilplankopien hinweg verteilt werden. Diese Vorgehensweise ist dann in den Plänen, mit einem Verweis auf die jeweils anderen Pläne oder Kopien, zu vermerken. Die dazugehörige Tabelle (vgl. Abb. 4.3-10) muss hingegen nicht aufgeteilt werden.

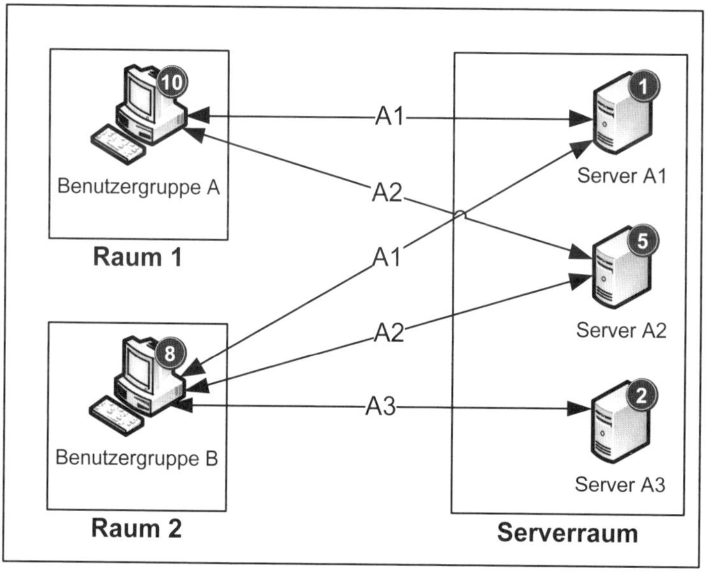

Abb. 4.3-9: Dokumentation individueller Datenflüsse.

Benutzergruppe	Anwendung	Server
Benutzergruppe A	A1	Server A1
Benutzergruppe A	A2	Server A2
Benutzergruppe B	A1	Server A1
Benutzergruppe B	A2	Server A2
Benutzergruppe B	A3	Server A3

Abb. 4.3-10: Dokumentation individueller Datenflüsse.

Sollten die Endpunkte eines Datenflusses nicht in ein und demselben Netzplan dokumentiert sein, so ist in den betroffenen Plänen jeweils ein virtuelles Stellvertreterelement einzuzeichnen, wie in Abb. 4.3-11 exemplarisch dargestellt und analog dazu eine tabellarische Dokumentation (vgl. Abb. 4.3-12) zu erstellen.

Dadurch können derartige Hilfskonstrukte im weiteren Verlauf einfach nachvollzogen werden.

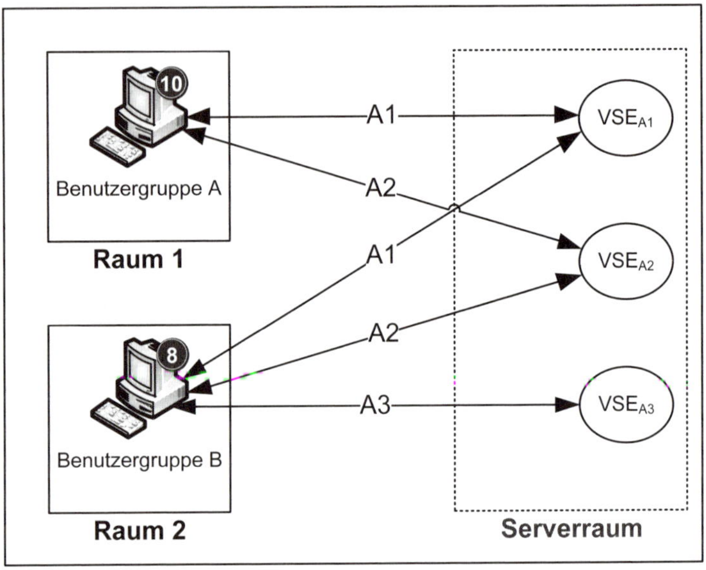

Abb. 4.3-11: Verweis auf Endpunkte außerhalb des Netzes.

Benutzergruppe	Anwendung	Virtueller Stellvertreter
Benutzergruppe A	A1	VSEA1
Benutzergruppe A	A2	VSEA2
Benutzergruppe B	A1	VSEA1
Benutzergruppe B	A2	VSEA2
Benutzergruppe B	A3	VSEA3

Abb. 4.3-12: Verweis auf Endpunkte außerhalb des Netzes.

Die Dokumentation der Datenflüsse hat gemäß der in der Anforderungsanalyse ermittelten Kommunikationsarchitektur zu erfolgen (Pfeilrichtungen). Dabei ist insbesondere die Dokumentation der Richtung des Hauptflusses von Bedeutung. Beispielsweise können asymmetrische Anforderungen eines Datenflusses (z. B. *Downstream* » *Upstream*) bei der Auswahl von Service Providern und der Bemessung von Leistungsanforderungen an die vom Service Provider bereitgestellten Verbindungen oder Dienstleistungen bestehen. Werden derartige Anforderungen durch Verwendung anforderungsgerechter Verbindungsmechanismen (z. B. ADSL) berücksichtigt, kann das zu Kosteneinsparungen führen. In der Regel ist die Betrachtung der Symmetrie der Datenflüsse nur dann notwendig, wenn Kommunikationsverbindungen zwischen zwei Endpunkten über einen externen Dienstleister bereitgestellt werden müssen. Das ist beispielsweise dann der Fall, wenn die Kommunikationsendpunkte an verschiedenen Standorten positioniert sind. Standortintern werden häufig gleiche oder zumindest ähnliche Techniken verwendet.

Die Kommunikationsflüsse zwischen Servern stellen einen **Sonderfall** dar. Derartige Datenflüsse lassen sich nur selten in Verhaltensprofilen zusammenfassen, da sie stark von der Kommunikationsarchitektur und von der Benutzung der Dienste abhängen. Erfolgt beispielsweise eine Lastverteilung zwischen zwei Servern, bei denen die Sitzungsdaten zur Erhöhung der Ausfallsicherheit ebenfalls zwischen beiden Servern synchronisiert werden, werden die dabei erzeugten Datenmengen nicht nur von der Anzahl der Benutzer, sondern u. a. auch von der konkreten Lastverteilung und dem Umfang der Sitzungsdaten bestimmt. Derartige Datenflüsse müssen dennoch durch den Netzplaner berücksichtigt werden, können jedoch nur in den seltensten Fällen während der Strukturierung der Datenflüsse berücksichtigt werden, sodass eine nachgelagerte Betrachtung erfolgen muss.

4.3.3.2 Datenflüsse strukturieren *

Die durchgehende Darstellung aller individuellen Datenflüsse sowie deren Verwendung bei der Bestimmung der für die Auslegung notwendigen Kennzahlen ist in der bisher dargestellten Form nicht praktikabel. Häufig ist die Anzahl der auf das Computernetz zugreifenden Anwendungen derart hoch, dass vor einer sinnvollen Weiterverwendung der in der Anforderungsanalyse erfassten Informationen eine Strukturierung der Daten durchzuführen ist. Nachfolgend werden zwei Vorgehensweisen beschrieben, die sich lediglich darin unterscheiden, dass bei der zweiten Variante zusätzlich virtuelle Stellvertreterelemente berücksichtigt werden:

- »Vorgehensweise zur Strukturierung (Variante I)«, S. 124
- »Vorgehensweise zur Strukturierung (Variante II)«, S. 130

Da die Benutzer diejenigen sind, die als Nutzer der Netzinfrastruktur den größten Anteil an Verkehr im Computernetz erzeugen und ihre Hosts damit diejenigen Endpunkte sind, an denen die meisten unterschiedlichen Verbindungen pro Endpunkt zusammenlaufen, wird die Strukturierung von den Benutzern hin zu den Servern durchgeführt.

4.3.3.2.1 Vorgehensweise zur Strukturierung (Variante I) *

Zunächst werden für die verschiedenen Benutzergruppen bzw. Räume, wie in Abb. 4.3-13 und Abb. 4.3-14 dargestellt, **Aggregationspunkte** gebildet. In einem Aggregationspunkt münden die individuellen Flüsse der Benutzergruppe bzw. des Raumes. Die Anzahl der Datenflüsse pro Benutzer, zusammengefasst in einem Faktor je Anwendung oder Verhaltensprofil pro Raum, wird ebenfalls dokumentiert. Der Faktor je Anwendung ergibt sich in der Regel aus der Anzahl der Benutzer in einer Benutzergruppe bzw. in einem Raum. Vom Aggregationspunkt aus werden die individuellen Datenflüsse dann weiter zu den Dienste anbietenden Endpunkten geführt. Auch an dieser Stelle ist die Bezeichnung und Charakterisierung mit dem entsprechenden Faktor notwendig. Die Richtung der Datenflüsse wird ebenfalls, beispielsweise abgeleitet aus der Kommunikationsarchitektur einer Anwendung, übernommen.

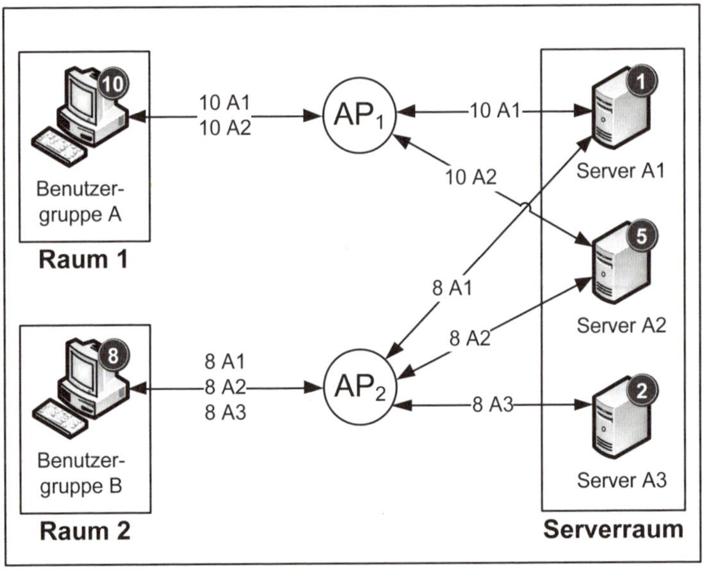

Abb. 4.3-13: Dokumentation (ein Aggregationspunkt).

Anschließend werden für die verschiedenen Benutzergruppen bzw. Räume weitere strukturierende Aggregationspunkte bis hin zu den Diensten anbietenden Endpunkten gebildet, wie in Abb. 4.3-15 und Abb. 4.3-16 dargestellt. Dabei werden die individuellen Flüsse der Benutzergruppe bzw. des Raumes analog bis zum Standort der Dienste anbietenden Hosts weitergeführt. Wichtig ist die durchgehende Berücksichtigung des Faktors, mit dem die verschiedenen Anwendungen auftreten.

Benutzer-gruppe	Anwendung	Anzahl Nutzer	Aggregations-punkt
A	A1	10	AP1
A	A2	10	AP1
B	A1	8	AP2
B	A2	8	AP2
B	A3	8	AP2

Aggregations-punkt	Anwendung	Anzahl Nutzer	Server
AP1	A1	10	Server A1
AP1	A2	10	Server A2
AP2	A1	8	Server A1
AP2	A2	8	Server A2
AP2	A3	8	Server A3

Abb. 4.3-14: Dokumentation (ein Aggregationspunkt).

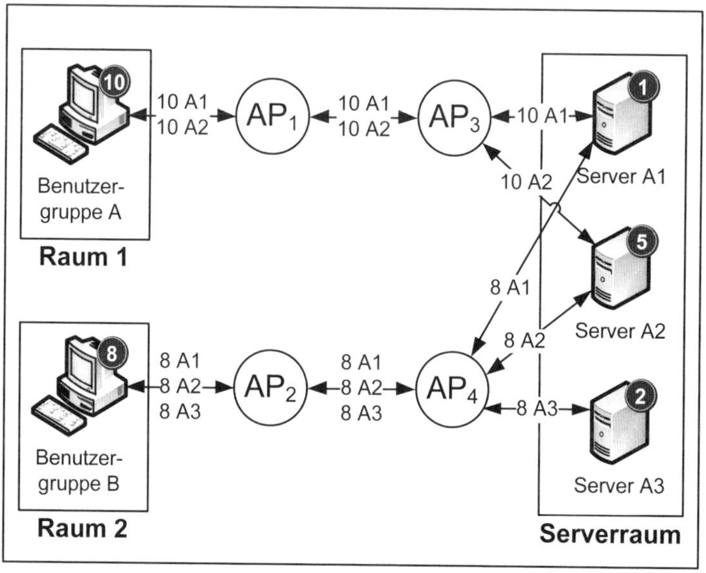

Abb. 4.3-15: Dokumentation (Mehrere Aggregationspunkte).

In einem **ersten Teilschritt** der Strukturierung wird die Anzahl der Aggregationspunkte verringert, indem die für die verschiedenen Benutzergruppen oder Räume ermittelten Aggregationspunkte sinnvoll zusammengefasst werden. So lassen sich beispielsweise die Aggregationspunkte ähnlicher Benutzergruppen oder geografisch nah beieinanderliegender Räume zusammen-

Benutzer-gruppe	Anwendung	Anzahl Nutzer	Aggregations-punkt
A	A1	10	AP1
A	A2	10	AP1

B	A1	8	AP2
B	A2	8	AP2
B	A3	8	AP2

Aggregations-punkt	Anwendung	Anzahl Nutzer	Aggregations-punkt
AP1	A1	10	AP3
AP1	A2	10	AP3

AP2	A1	8	AP4
AP2	A2	8	AP4
AP2	A3	8	AP4

Aggregations-punkt	Anwendung	Anzahl Nutzer	Server
AP3	A1	10	Server A1
AP3	A2	10	Server A2

AP4	A1	8	Server A1
AP4	A2	8	Server A2
AP4	A3	8	Server A3

Abb. 4.3-16: Dokumentation (mehrere Aggregationspunkte).

fassen, wie in Abb. 4.3-17 und Abb. 4.3-18 exemplarisch dargestellt. Voraussetzung ist jedoch, dass eine derartige Aggregation sinnvoll ist, also die Struktur und Datenflüsse vereinfacht. Beispielsweise wäre eine Zusammenführung zweier zu großer Benutzergruppen oder Räume nicht sinnvoll, wenn sich dabei die Anzahl der verschiedenen Anwendungsflüsse lediglich addiert.

Die Strukturierung wird vom Benutzer an beginnend bis hin zum Dienst anbietenden Endpunkt durchgeführt. Dadurch wird die Dokumentation der Datenflüsse spürbar übersichtlicher. Diese Art der Strukturierung wird wiederholt, bis eine aus Sicht des Netzplaners übersichtliche Darstellung bzw. Dokumentation entstanden ist. Aufgrund der Individualität eines jeden Projektes ist keine genaue Aussage über die Anzahl der Teilschritte möglich, sodass diese dem Netzplaner obliegt. Das dargestellte Beispiel vermittelt jedoch das dafür notwendige Wissen.

Im **zweiten Teilschritt** werden die individuellen Datenflüsse der verschiedenen Benutzergruppen bzw. aus den verschiedenen Räumen bis zum jeweils ersten Aggregationspunkt zusam-

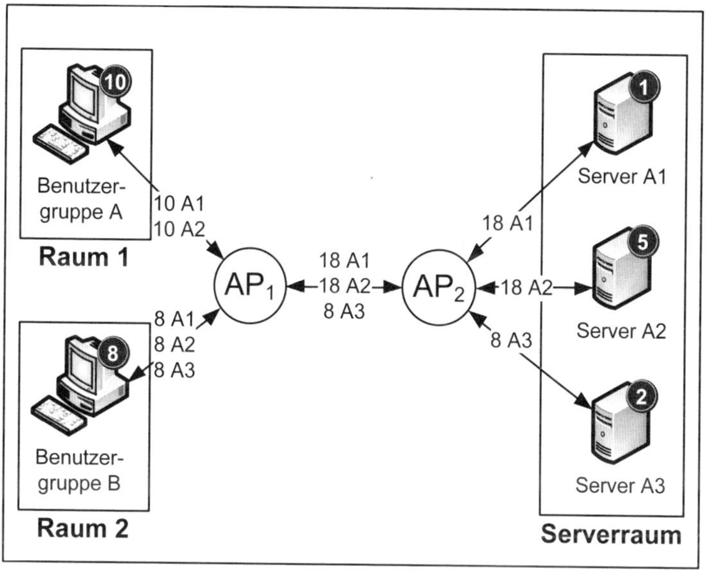

Abb. 4.3-17: Strukturierung (1. Teilschritt).

Benutzer-gruppe	Anwendung	Anzahl Nutzer	Aggregations-punkt
A	A1	10	AP1
A	A2	10	AP1

B	A1	8	AP1
B	A2	8	AP1
B	A3	8	AP1

Aggregations-punkt	Anwendung	Anzahl Nutzer	Aggregations-punkt
AP1	A1	18	AP2
AP1	A2	18	AP2
AP1	A3	8	AP2

Aggregations-punkt	Anwendung	Anzahl Nutzer	Server
AP2	A1	18	Server A1
AP2	A2	18	Server A2
AP2	A3	8	Server A3

Abb. 4.3-18: Strukturierung (1. Teilschritt).

mengefasst. Dazu werden die jeweils für eine Benutzergruppe geltenden Verhaltensprofile verwendet, aus denen die individuellen Datenflüsse abgeleitet worden sind. Dadurch werden die an die Verhaltensprofile gebundenen Informationen, beispielsweise die maximal zulässige Verzögerung, weiter im Auslegungsprozess berücksichtigt. In Abb. 4.3-19 und Abb. 4.3-20 werden die individuellen Flüsse von Raum 1 und Raum 2 zu den jeweils geltenden Verhaltensprofilen zusammengeführt. Auch hier wird der entsprechende Faktor der Benutzer mitgeführt. Die Darstellung der Datenflüsse erfolgt nach der Strukturierung in der Regel nur noch durch einen bidirektionalen Pfeil, da eine Unterscheidung bei mehreren Anwendungen weder effizient möglich, noch sinnvoll ist. Eine Ausnahme bildet, wie bereits bekannt, der Übergang zu einem Service Provider. Durch die zusammengefasste Darstellung der Verhaltensprofile lässt sich keine eindeutige bzw. aussagekräftige Richtung mehr bestimmen.

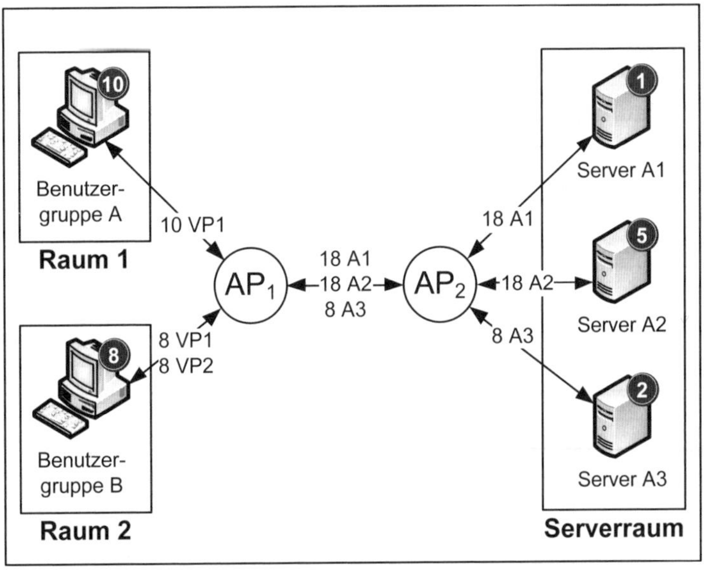

Abb. 4.3-19: Strukturierung (2. Teilschritt).

Im **abschließenden Teilschritt** werden die individuellen Datenflüsse der verschiedenen Benutzergruppen bzw. aus den verschiedenen Räumen schrittweise bis zum jeweils letzten Aggregationspunkt vor den jeweiligen Dienste anbietenden Endpunkten zusammengefasst (vgl. Abb. 4.3-21 und Abb. 4.3-22). Dazu bieten sich ebenfalls die jeweils für die Benutzergruppe geltenden Verhaltensprofile an. Bei diesem Vorgehen ist darauf zu achten, dass die identischen Verhaltensprofile bei einer Verbindung zwischen zwei Punkten nicht mehrfach, sondern lediglich um einen entsprechenden Faktor ergänzt dokumentiert werden. Eine Verwendung von Verhaltensprofilen auf dem letzten Verbindungsabschnitt ist nicht zielführend, da zu den Dienste anbietenden Endpunkten oder dem Service Provider in der Regel kei-

Benutzergruppe	Anwendung	Anzahl Nutzer	Aggregationspunkt
A	VP1	10	AP1
B	VP1	8	AP1
B	VP2	8	AP1

Aggregationspunkt	Anwendung	Anzahl Nutzer	Aggregationspunkt
AP1	A1	18	AP2
AP1	A2	18	AP2
AP1	A3	8	AP2

Aggregationspunkt	Anwendung	Anzahl Nutzer	Server
AP2	A1	18	Server A1
AP2	A2	18	Server A2
AP2	A3	8	Server A3

Abb. 4.3-20: Strukturierung (2. Teilschritt).

ne Datenflüsse aus Verhaltensprofilen, sondern lediglich Datenflüsse von einzelnen Anwendungen gerichtet sind oder nicht alle Dienste eines Verhaltensprofils von einem einzelnen Server angeboten werden.

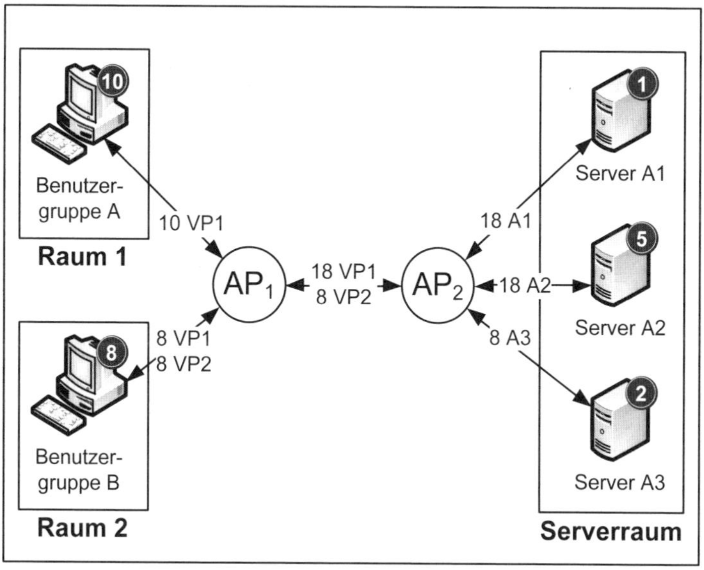

Abb. 4.3-21: Strukturierung (3. Teilschritt).

Benutzergruppe	Verhaltensprofil	Anzahl Nutzer	Aggregationspu nkt
A	VP1	10	AP1
B	VP1	8	AP1
B	VP2	8	AP1

Aggregations-punkt	Anwendung	Anzahl Nutzer	Aggregations-punkt
AP1	VP1	18	AP2
AP1	VP2	8	AP2

Aggregationspu nkt	Anwendung	Anzahl Nutzer	Server
AP2	A1	18	Server A1
AP2	A2	18	Server A2
AP2	A3	8	Server A3

Abb. 4.3-22: Strukturierung (3. Teilschritt).

Bei dieser Vorgehensweise ist somit zu beachten, dass die **Zusammenfassung** der individuellen Datenflüsse zu Verhaltensprofilen nur bis zu dem Aggregationspunkt vorgenommen werden kann, an dem eine Verteilung der Datenflüsse durchgeführt wird, spätestens jedoch am Aggregationspunkt vor den Dienste anbietenden Endpunkten. Ändern sich beispielsweise aufgrund der Einführung einer Content-Delivery-Architektur die Positionen der Dienste anbietenden Endpunkte, so sind die verschiedenen Teilschritte von der Position ausgehend, von der sich Änderungen in der Struktur ergeben haben, erneut durchzuführen.

4.3.3.2.2 Vorgehensweise zur Strukturierung (Variante II) *

Variante I der Vorgehensweise zur Datenflussstrukturierung berücksichtigt nicht die Verwendung von virtuellen Stellvertreterelementen (VSE), die verwendet werden, wenn sich Dienste anbietende Endpunkte und Benutzerendpunkte in verschiedenen Plänen befinden. Das Vorgehen wird anhand des nachfolgenden Beispiels erläutert. Dazu wird das in Abb. 4.3-23 dargestellte und in der in Abb. 4.3-24 dargestellten Tabelle dokumentierte Szenario zugrunde gelegt.

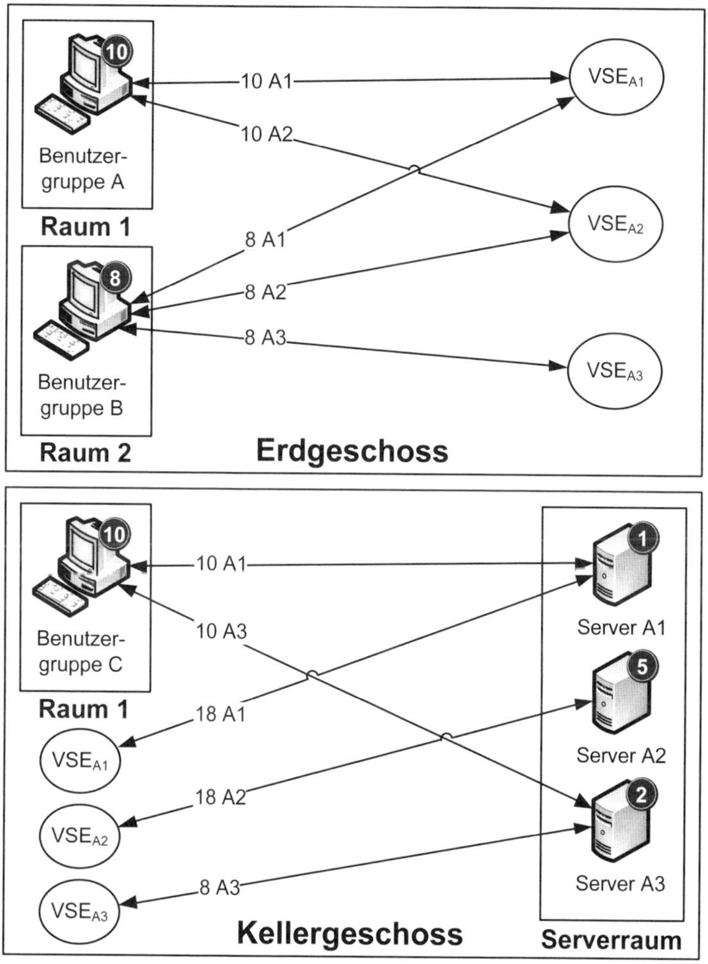

Abb. 4.3-23: Ausgangsszenario.

Im **ersten Teilschritt** werden die VSEs zusammengefasst. Dazu werden genau die VSEs zusammengefasst, die zu demselben Raumplan verweisen (vgl. Abb. 4.3-25 und Abb. 4.3-26). Die Zusammenfassung erfolgt in allen betroffenen Plänen. Auf dieser Basis erfolgen anschließend die Bildung der Aggregationspunkte und die Zusammenfassung der Datenflüsse.

Im **zweiten Teilschritt** werden für die verschiedenen Benutzergruppen bzw. Räume Aggregationspunkte, wie in Abb. 4.3-27, Abb. 4.3-28 und Abb. 4.3-29 dargestellt, gebildet. Das nachfolgend beschriebene, weitere Vorgehen ist analog zu dem in Variante I beschriebenen. Es werden lediglich zusätzlich die eingeführten VSEs bei der Strukturierung berücksichtigt. In die Ag-

Erdgeschoss			
Benutzer-gruppe	Anwendung	Anzahl Nutzer	Virtueller Stellvertreter
A	A1	10	VSEA1
A	A2	10	VSEA2
B	A1	8	VSEA1
B	A2	8	VSEA2
B	A3	8	VSEA3

Kellergeschoss			
Benutzer-gruppe	Anwendung	Anzahl Nutzer	Server
C	A1	10	Server A1
C	A3	10	Server A3
VSEA1	A1	18	Server A1
VSEA2	A2	18	Server A2
VSEA3	A3	8	Server A3

Abb. 4.3-24: Ausgangsszenario.

gregationspunkte fließen die individuellen Flüsse der Benutzergruppe bzw. des Raumes, entsprechend des Faktors, mit dem die Anwendung auftritt, zusammen. Vom Aggregationspunkt aus werden die individuellen Datenflüsse – über die VSEs – zu den Dienste anbietenden Endpunkten weitergeführt.

Im **dritten Teilschritt** werden, analog zu Variante I, Aggregationspunkte vor den Dienste anbietenden Endpunkten gebildet. Jedoch werden parallel dazu Aggregationspunkte vor bzw. nach den VSEs eingeführt (vgl. Abb. 4.3-30, Abb. 4.3-31 und Abb. 4.3-32). Dadurch erhält der Netzplaner Hinweise für die Positionierung von Etagenverteilern, was für spätere Entscheidungen in der Auslegung des Computernetzes von besonderem Interesse ist. Hierbei werden weiterhin die individuellen Flüsse der Benutzergruppe bzw. des Raumes bis zu den Dienste anbietenden Endpunkten weitergeführt.

Im **vierten Teilschritt** wird die Anzahl der zuvor erstellten Aggregationspunkte reduziert, indem diese sinnvoll, beispielsweise gemäß ihrer geografischen Lage, zusammengefasst werden. Dies ist exemplarisch in Abb. 4.3-33, Abb. 4.3-34 und Abb. 4.3-35 dargestellt. Wie auch bei Variante I wird die Strukturierung vom Benutzer an beginnend bis hin zum Dienst anbietenden Endpunkt durchgeführt. In dieser Variante werden jedoch bekanntermaßen virtuelle Stellvertreterelemente berücksichtigt, die einen Etagen- oder Standortwechsel implizieren. Darum sind

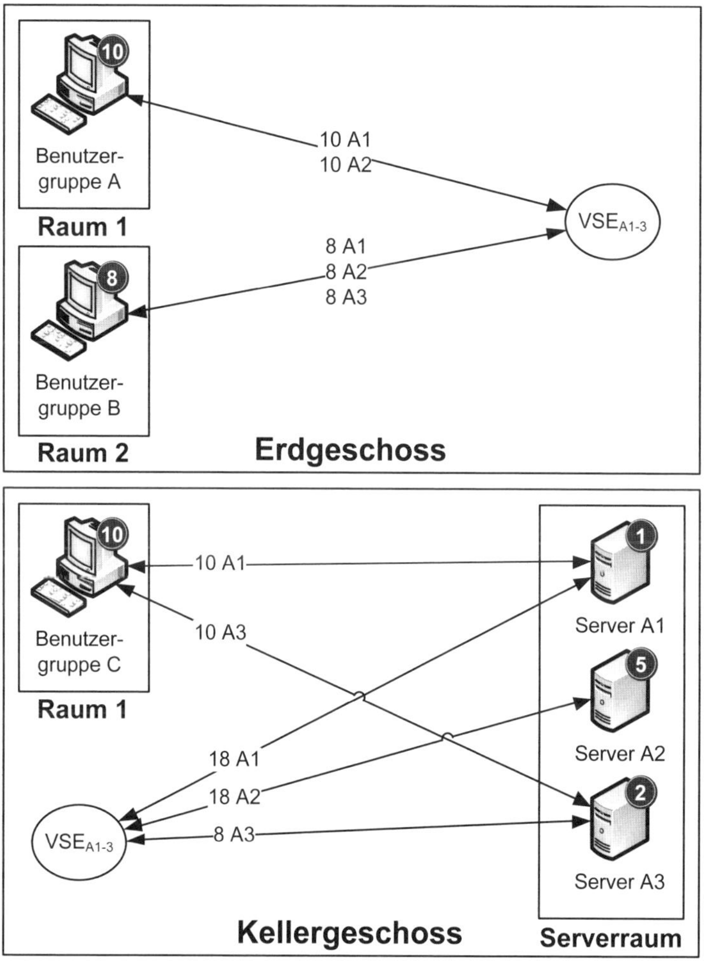

Abb. 4.3-25: Strukturierung (1. Teilschritt).

die vor oder hinter den VSEs platzierten Aggregationspunkte bei der Strukturierung zwar zu reduzieren, jedoch in jedem Fall in minimaler Anzahl zu erhalten. Hierdurch wird eine größere Dokumentationsflexibilität bei möglichen späteren Korrekturen gewährleistet. Dieser Schritt wird wiederholt, bis die Dokumentation und die Darstellung des Computernetzes aus Sicht des Netzplaners hinreichend übersichtlich sind.

Im **fünften Teilschritt** werden analog zu Variante I die individuellen Datenflüsse der verschiedenen Benutzergruppen bzw. aus den verschiedenen Räumen bis zum jeweils ersten Aggregationspunkt zusammengefasst. Es gelten die gleichen Empfehlungen wie bei Variante I. Es sind die für eine Benutzergruppe gel-

Erdgeschoss			
Benutzer-gruppe	Anwendung	Anzahl Nutzer	Virtueller Stellvertreter
A	A1	10	VSEA1-3
A	A2	10	VSEA1-3
B	A1	8	VSEA1-3
B	A2	8	VSEA1-3
B	A3	8	VSEA1-3

Kellergeschoss			
Benutzer-gruppe	Anwendung	Anzahl Nutzer	Server
C	A1	10	Server A1
C	A3	10	Server A3
VSEA1-3	A1	18	Server A1
VSEA1-3	A2	18	Server A2
VSEA1-3	A3	8	Server A3

Abb. 4.3-26: Strukturierung (1. Teilschritt).

tenden Verhaltensprofile zu verwenden. Wie in Abb. 4.3-36, Abb. 4.3-37 und Abb. 4.3-38 dargestellt, werden in diesem Teilschritt lediglich die individuellen Flüsse der Räume 1, 2 und 3 zu den jeweils geltenden Verhaltensprofilen zusammengeführt.

Im **abschließenden Teilschritt** werden die individuellen Datenflüsse schrittweise bis zum jeweils letzten Aggregationspunkt vor den jeweiligen Dienste anbietenden Endpunkten, unter Verwendung der Verhaltensprofile, zusammengefasst (vgl Abb. 4.3-39, Abb. 4.3-40 und Abb. 4.3-41). VSEs sind in diesem Fall wie Aggregationspunkte zu behandeln. Da nicht alle Dienste eines Profils von einem einzigen Server angeboten werden müssen, werden vom letzten Aggregationspunkt vor den Dienst anbietenden Endpunkten aus keine Verhaltensprofile verwendet. Anwendungsflüsse werden von dort aus wieder individuell betrachtet.

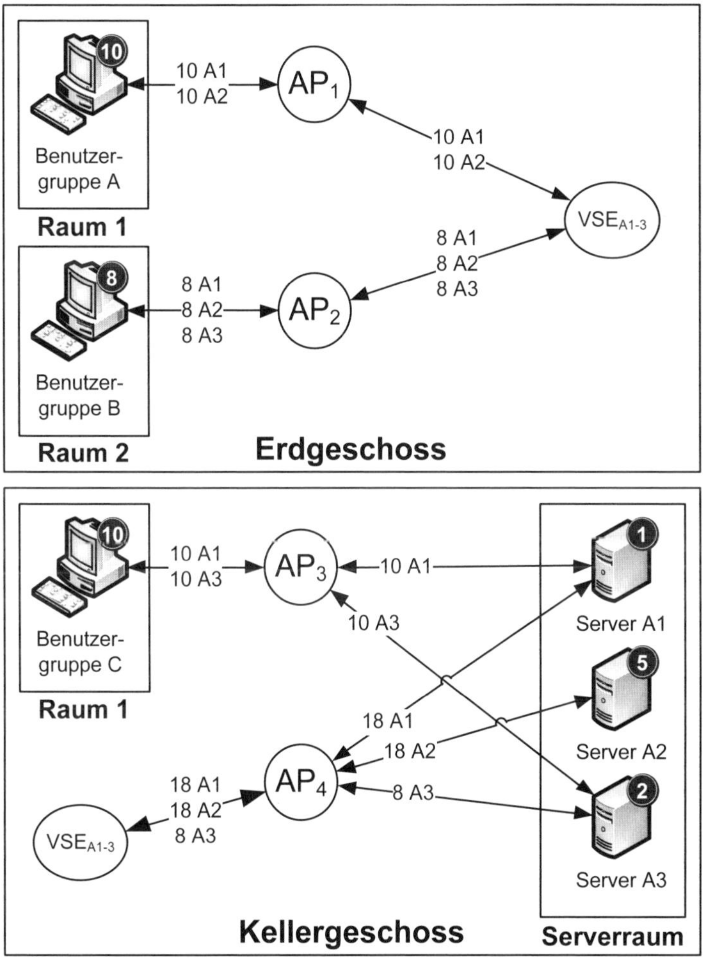

Abb. 4.3-27: Strukturierung (2. Teilschritt).

Erdgeschoss			
Benutzer-gruppe	**Anwendung**	**Anzahl Nutzer**	**Aggregations-punkt**
A	A1	10	AP1
A	A2	10	AP1
B	A1	8	AP2
B	A2	8	AP2
B	A3	8	AP2

Aggregations-punkt	**Anwendung**	**Anzahl Nutzer**	**Virtueller Stellvertreter**
AP1	A1	10	VSEA1-3
AP1	A2	10	VSEA1-3
AP2	A1	8	VSEA1-3
AP2	A2	8	VSEA1-3
AP2	A3	8	VSEA1-3

Abb. 4.3-28: Strukturierung (2. Teilschritt - Erdgeschoss).

Kellergeschoss			
Benutzer-gruppe	**Anwendung**	**Anzahl Nutzer**	**Aggregations-punkt**
C	A1	10	AP3
C	A3	10	AP3
VSEA1-3	A1	18	AP4
VSEA1-3	A2	18	AP4
VSEA1-3	A3	8	AP4

Aggregations-punkt	**Anwendung**	**Anzahl Nutzer**	**Server**
AP3	A1	10	Server A1
AP3	A2	10	Server A3
AP4	A1	18	Server A1
AP4	A2	18	Server A2
AP4	A3	8	Server A3

Abb. 4.3-29: Strukturierung (2. Teilschritt - Kellergeschoss).

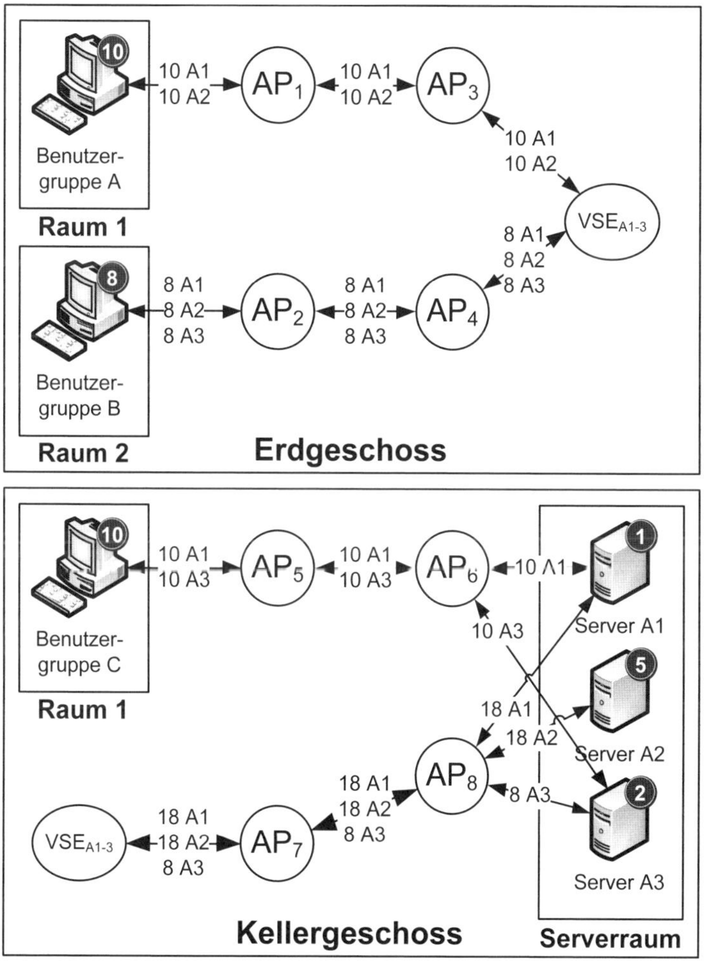

Abb. 4.3-30: Strukturierung (3. Teilschritt).

Erdgeschoss			
Benutzergruppe	**Anwendung**	**Anzahl Nutzer**	**Aggregationspunkt**
A	A1	10	AP1
A	A2	10	AP1

B	A1	8	AP2
B	A2	8	AP2
B	A3	8	AP2

Aggregationspunkt	Anwendung	Anzahl Nutzer	Aggregationspunkt
AP1	A1	10	AP3
AP1	A2	10	AP3

AP2	A1	8	AP4
AP2	A2	8	AP4
AP2	A3	8	AP4

Aggregationspunkt	Anwendung	Anzahl Nutzer	Virtueller Stellvertreter
AP3	A1	10	VSEA1-3
AP3	A2	10	VSEA1-3

AP4	A1	8	VSEA1-3
AP4	A2	8	VSEA1-3
AP4	A3	8	VSEA1-3

Abb. 4.3-31: Strukturierung (3. Teilschritt - Erdgeschoss).

Kellergeschoss			
Benutzer-gruppe	**Anwendung**	**Anzahl Nutzer**	**Aggregations-punkt**
C	A1	10	AP5
C	A3	10	AP5
VSEA1-3	A1	18	AP6
VSEA1-3	A2	18	AP6
VSEA1-3	A3	8	AP6

Aggregations-punkt	**Anwendung**	**Anzahl Nutzer**	**Aggregations-punkt**
AP5	A1	10	AP7
AP5	A2	10	AP7
AP6	A1	18	AP8
AP6	A2	18	AP8
AP6	A3	8	AP8

Aggregations-punkt	**Anwendung**	**Anzahl Nutzer**	**Server**
AP7	A1	10	Server A1
AP7	A2	10	Server A3
AP8	A1	18	Server A1
AP8	A2	18	Server A2
AP8	A3	8	Server A3

Abb. 4.3-32: Strukturierung (3. Teilschritt - Kellergeschoss).

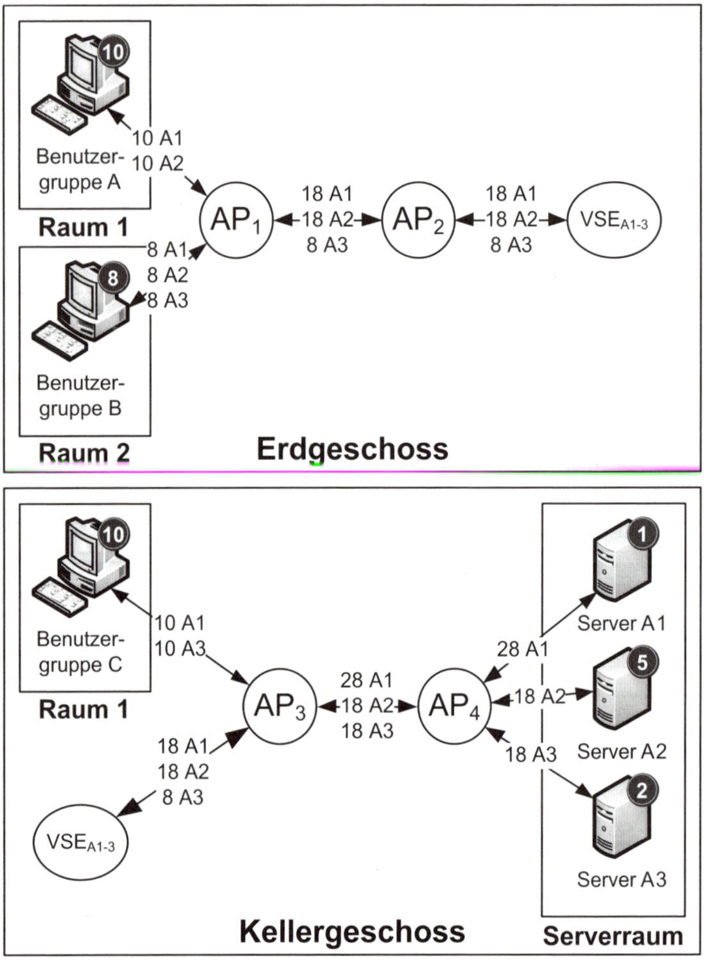

Abb. 4.3-33: Strukturierung (4. Teilschritt).

Erdgeschoss			
Benutzer-gruppe	Anwendung	Anzahl Nutzer	Aggregations-punkt
A	A1	10	AP1
A	A2	10	AP1

B	A1	8	AP1
B	A2	8	AP1
B	A3	8	AP1

Aggregations-punkt	Anwendung	Anzahl Nutzer	Aggregations-punkt
AP1	A1	18	AP2
AP1	A2	18	AP2
AP1	A3	8	AP2

Aggregations-punkt	Anwendung	Anzahl Nutzer	Virtueller Stellvertreter
AP2	A1	18	VSEA1-3
AP2	A2	18	VSEA1-3
AP2	A3	8	VSEA1-3

Abb. 4.3-34: Strukturierung (4. Teilschritt – Erdgeschoss).

Kellergeschoss			
Benutzer-gruppe	Anwendung	Anzahl Nutzer	Aggregations-punkt
C	A1	10	AP3
C	A3	10	AP3

VSEA1-3	A1	18	AP3
VSEA1-3	A4	18	AP3
VSEA1-3	A3	8	AP3

Aggregations-punkt	Anwendung	Anzahl Nutzer	Aggregations-punkt
AP3	A1	48	AP2
AP3	A4	18	AP2
AP3	A3	18	AP2

Aggregations-punkt	Anwendung	Anzahl Nutzer	Server
AP2	A1	48	Server A1
AP2	A4	18	Server A4
AP2	A3	18	Server A3

Abb. 4.3-35: Strukturierung (4. Teilschritt – Kellergeschoss).

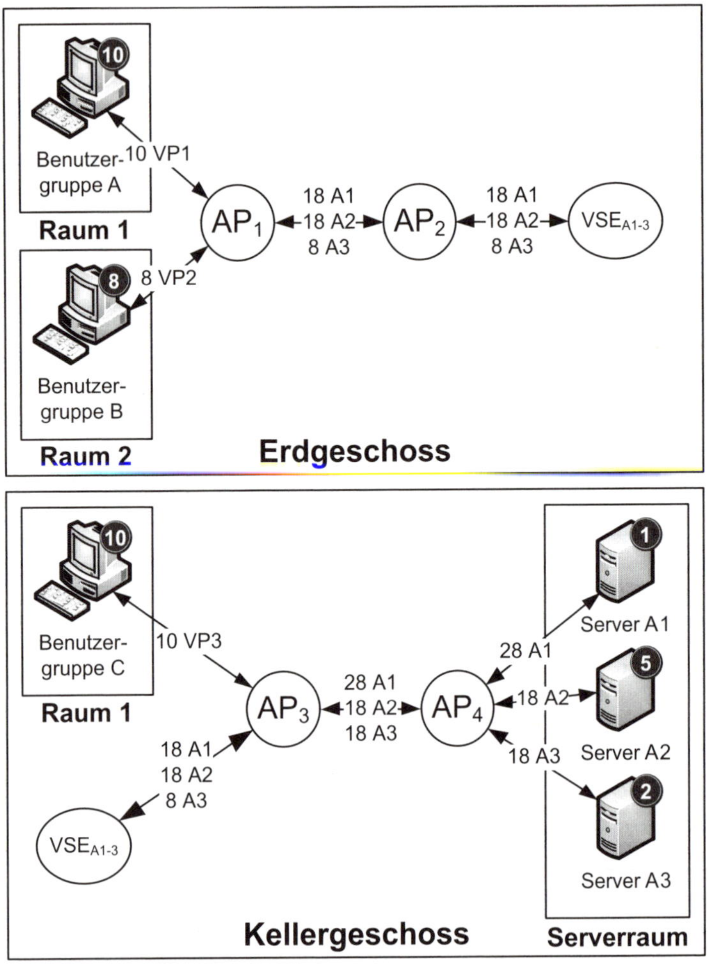

Abb. 4.3-36: Strukturierung (5. Teilschritt).

Erdgeschoss			
Benutzer-gruppe	**Anwendung**	**Anzahl Nutzer**	**Aggregations-punkt**
A	VP1	10	AP1
B	VP1	8	AP1
B	VP2	8	AP1
Aggregations-punkt	**Anwendung**	**Anzahl Nutzer**	**Aggregations-punkt**
AP1	A1	18	AP2
AP1	A2	18	AP2
AP1	A3	8	AP2
Aggregations-punkt	**Anwendung**	**Anzahl Nutzer**	**Virtueller Stellvertreter**
AP2	A1	18	VSEA1-3
AP2	A2	18	VSEA1-3
AP2	A3	8	VSEA1-3

Abb. 4.3-37: Strukturierung (5. Teilschritt - Erdgeschoss).

Kellergeschoss			
Benutzer-gruppe	**Anwendung**	**Anzahl Nutzer**	**Aggregations-punkt**
C	VP3	10	AP3
VSEA1-3	A1	18	AP3
VSEA1-3	A2	18	AP3
VSEA1-3	A3	8	AP3
Aggregations-punkt	**Anwendung**	**Anzahl Nutzer**	**Aggregations-punkt**
AP3	A1	28	AP4
AP3	A2	18	AP4
AP3	A3	18	AP4
Aggregations-punkt	**Anwendung**	**Anzahl Nutzer**	**Server**
AP4	A1	28	Server A1
AP4	A2	18	Server A2
AP4	A3	18	Server A3

Abb. 4.3-38: Strukturierung (5. Teilschritt - Kellergeschoss).

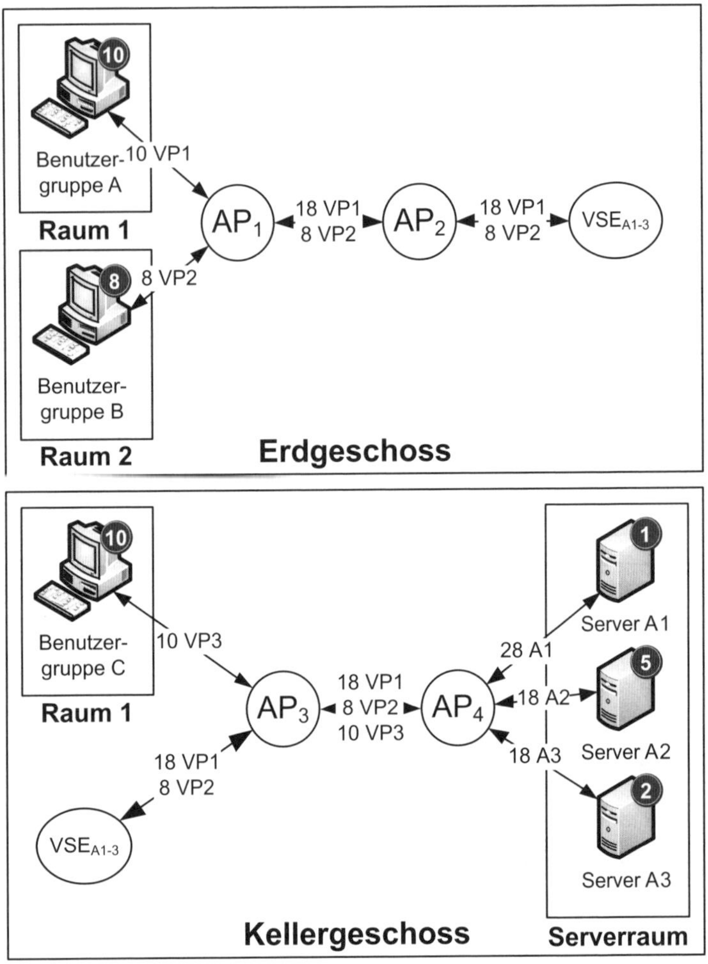

Abb. 4.3-39: Strukturierung (6. Teilschritt).

Erdgeschoss			
Benutzer-gruppe	**Anwendung**	**Anzahl Nutzer**	**Aggregations-punkt**
A	VP1	10	AP1
B	VP1	8	AP1
B	VP2	8	AP1
Aggregations-punkt	**Anwendung**	**Anzahl Nutzer**	**Aggregations-punkt**
AP1	VP1	18	AP2
AP1	VP2	8	AP2
Aggregations-punkt	**Anwendung**	**Anzahl Nutzer**	**Virtueller Stellvertreter**
AP2	VP1	18	VSEA1-3
AP2	VP2	8	VSEA1-3

Abb. 4.3-40: Strukturierung (6. Teilschritt – Erdgeschoss).

Kellergeschoss			
Benutzer-gruppe	**Anwendung**	**Anzahl Nutzer**	**Aggregations-punkt**
C	VP3	10	AP3
VSEA1-3	VP1	18	AP3
VSEA1-3	VP2	8	AP3
Aggregations-punkt	**Anwendung**	**Anzahl Nutzer**	**Aggregations-punkt**
AP3	VP1	18	AP4
AP3	VP2	8	AP4
AP3	VP3	10	AP4
Aggregations-punkt	**Anwendung**	**Anzahl Nutzer**	**Server**
AP4	A1	28	Server A1
AP4	A2	18	Server A2
AP4	A3	18	Server A3

Abb. 4.3-41: Strukturierung (6. Teilschritt – Kellergeschoss).

4.3.4 Randbedingungen anwenden ***

Unterschiedliche Randbedingungen haben Einfluss auf die Datenflüsse im Computernetz und müssen nach der Strukturierung der Datenflüsse auf diese angewandt werden.

Da die Liste der möglichen Randbedingungen nicht geschlossen ist, wird im Nachfolgenden die exemplarische Anwendung der folgenden Randbedingungen beschrieben:

- Mobilität von Endpunkten und Benutzern
- Lizenzierungsverfahren
- Unternehmenswachstum

Die Anwendung der Randbedingungen ist stark projektspezifisch. Allerdings lassen sich Grundprinzipien formulieren, die auf nahezu alle Projekte angewendet werden können.

Mobilität von Endpunkten und Benutzern

Arbeitsplatz wechseln

Die Mobilität von Endpunkten und Benutzern bedarf einer besonderen Betrachtung bei der Datenflussanalyse, da sich aufgrund der Mobilität in der Regel eine Umverteilung von Datenflüssen im Computernetz ergibt. Unter Endpunkten sind dabei jedoch lediglich die Dienste abrufenden Endpunkte zu verstehen, da diese im Gegensatz zu den Dienste anbietenden Endpunkten in der Regel weder fest positioniert werden, noch eine statisch definierte Zusammenstellung von Diensten anbieten. **Mobile Endpunkte** bedingen gleichzeitig die Existenz mobiler Benutzer. In diesem Szenario werden bei der Datenflussanalyse mobile Benutzer den Räumen, in denen sie sich aufhalten, mit ihrem jeweiligen Anwesenheitsanteil während der Arbeitszeit zugeordnet. Dadurch ergibt sich, dass sich bezogen auf die bisherigen Ergebnisse der Datenflussanalyse die Faktoren der Anwendungen bzw. der Verhaltensprofile für die jeweiligen Verbindungsabschnitte entsprechend ändern.

Lizenzierungsverfahren

Kosten reduzieren

Die üblicherweise verwendeten Lizenzierungsverfahren von Software wirken sich nicht auf den Planungs- und Auslegungsprozess aus, da sie keine Beschränkung der maximal parallel zulässigen aktiven Sitzungen einer Anwendung vorgeben. Heutzutage werden jedoch immer häufiger Lizenzierungsverfahren eingesetzt, die durch eine Beschränkung der Nutzeranzahl zu einer Reduzierung der **Betriebskosten** führen. Dies ist insbesondere bei zentral bereitgestellter Software der Fall, bei der sich Benutzer vor der Nutzung auf einem Server für eine begrenzte Zugriffsdauer anmelden. Ist dabei beispielsweise die Anzahl parallel möglicher Sitzungen der Anwendungen durch das Lizenzierungsverfahren beschränkt, so werden die Lizenzen den verschiedenen Benutzern über den zentralen Server für einen bestimmten Zeitraum zugewiesen. Dadurch haben diese Benutzer für einen definierten Zeitraum exklusiven Zugriff auf die jeweilige Anwendung, wohingegen andere Benutzer zeitweise von der Nutzung dieser Anwendung ausgeschlossen werden. Hiervon sind meistens nur wenige Anwendungen betroffen, sodass bei der Datenflussanalyse lediglich zwei zu berücksichtigende Fälle existieren.

Verhaltsprofile anpassen

Sind alle Anwendungen eines Verhaltensprofils gleichmäßig von dem Lizenzierungsverfahren betroffen, so erfolgt eine anteilige Anpassung der betroffenen Verhaltensprofile. Sollten hingegen nicht alle Anwendungen oder sogar nur eine Anwendung eines Verhaltensprofils betroffen sein, so wird dieses Verhaltensprofil derart überarbeitet, dass eine anteilige Anpassung des durch die entsprechende Anwendung erzeugten Datenverkehrs im Verhaltensprofil vorgenommen wird.

Unternehmensentwicklung

Anzahl der Mitarbeiter

Die erwartete Unternehmensentwicklung kann sich unterschiedlich auf die Datenflussanalyse auswirken. Einerseits kann sich die Anzahl der Mitarbeiter erhöhen oder verringern, wodurch sich wiederum die Anzahl der Dienste abrufenden Endpunkte ändert. In diesem Fall ist zu bestimmen, an welchem Ort im Gebäude die in **Zukunft** hinzukommenden Mitarbeiter positioniert werden sollen, bzw. welche der vorhandenen Mitarbeiterplätze entfallen werden. Dementsprechend ist auch die Anzahl des jeweils betroffenen Verhaltensprofils in der Dokumentation zu ändern. Ändert sich dabei die Anzahl der Benutzer mit identischem Verhaltensprofil, so ist lediglich die auf dem vollständigen Pfad von Dienst abrufenden Endpunkt zu Dienst anbietenden Endpunkt vorzufindende Anzahl dieser Verhaltensprofile dementsprechend anzupassen. Ändert sich auch das Auftreten unterschiedlicher Verhaltensprofile, so sind die Pfade hin zu den Zielen erneut, nach dem in der Datenflussanalyse beschriebenen Prinzip, zu untersuchen und die Datenflüsse entsprechend zu strukturieren.

Andererseits kann Unternehmensentwicklung auch eine dauerhafte Zu- oder Abnahme der **Geschäftsprozesse** bedeuten, die zu einer Änderung der Frequenz der Anwendungsaufrufe führt. Dadurch ändern sich die in den Verhaltensprofilen berücksichtigten Auftrittshäufigkeiten. Ist dies der Fall, so müssen lediglich das Verhaltensprofil angepasst und die bisher berechneten Kennzahlen neu berechnet werden.

4.3.5 Kennzahlen berechnen *

Ein wesentlicher Zweck der Datenflussanalyse besteht darin, Kennzahlen für die Auslegung des Computernetzes berechnen zu können. Diese werden zum Abschluss der Datenflussanalyse für alle Verbindungsabschnitte ermittelt.

Verbindungs-abschnitte

Die Ermittlung der Kennzahlen erfolgt für alle Verbindungsabschnitte, also sowohl für die Datenflüsse zwischen den Dienst anfordernden bzw. den Dienst anbietenden Endpunkten und Aggregationspunkten als auch für die Datenflüsse zwischen Aggregationspunkten. Da die Ermittlung für jeden Verbindungsabschnitt getrennt durchgeführt wird, ergibt sich für das weitere Vorgehen ein hoher Grad an **Planungsflexibilität**, weil durch dieses Vorgehen die erneute Analyse durch Änderungen betroffener Verbindungsabschnitte möglich wird, statt einer Analyse des vollständigen Pfades eines Datenflusses. Für jeden während der Datenflussanalyse identifizierten Verbindungsabschnitt ist das nachfolgend beschriebene Verfahren durchzuführen. Dabei werden als Ausgangspunkte, wie bereits bei der Strukturierung der Datenflüsse, die Dienst anfordernden Endpunkte verwendet, von denen aus sequenziell in Richtung der Dienste anbietenden Endpunkte das hier vorgestellte Verfahren durchgeführt wird. Um eine übersichtliche Struktur zu erhalten, werden die zwischen den Aggregationspunkten befindlichen **Verbindungsabschnitte** VA eindeutig durchnummeriert. Die Verbindungsabschnitte zwischen Dienste abrufenden Endpunkten und dem jeweils ersten Aggregationspunkt werden nicht besonders berücksichtigt, da auf diesem Verbindungsabschnitt nur selten hohe Anforderungen an die Performance bestehen und jeder Benutzer eine dedizierte Leitung erhält. Die nachfolgend ermittelten Werte dienen als Kennzahlen für die Auslegung der verschiedenen Verbindungsabschnitte. Sie bilden die Performance-Anforderungen ab, die durch das Computernetz gewährleistet werden müssen. Bei der Entwicklung der Performance Architektur erfolgt eine detaillierte Betrachtung dieser Parameter. Durch die nachfolgend ermittelten Kennzahlen werden drei Fragen beantwortet:

- Welche Kapazität wird auf einem Verbindungsabschnitt benötigt?
- Welche Anforderungen an die Garantie einer minimalen Verzögerung sind gegeben?
- Welche Zuverlässigkeit muss sichergestellt werden?

Kapazität

Die Kapazität C eines Verbindungsabschnittes VA_k berechnet sich aus der Summe der Datenraten der Verhaltensprofile und der ggf. darüber hinaus zu berücksichtigenden individuellen Datenflüsse IDF, multipliziert mit dem jeweiligen Auftrittsfaktor AF:

$$C(VA_k) = \sum_{i=1}^{n} AF_{k,i} \times C\left(VP_{k,i}\right) + \sum_{j=1}^{m} AF_{k,j} \times C\left(IDF_{k,j}\right)$$

Die Kapazität eines Verhaltensprofils $VP_{k,i}$ ergibt sich aus dem Maximum der Anforderungen der möglichen Kombinationen j parallel auftretender individueller Datenflüsse $IDF_{k,i,j,t}$ für alle Zeitpunkte t in einem Zeitintervall T :

$$C\left(VP_{k,i}\right) = \max\left(\sum_{j=1}^{l} C\left(IDF_{k,i,j,t}\right) \forall t = 1, \ldots, p\right)$$

mit

$$C\left(IDF_{k,i,j,t}\right) = \left\{\begin{array}{ll} MDR & , IDF_{k,i,j,t} Guaran. \&\& SDR = 0 || Predict. \&\& DDR = 0 \\ \frac{MDR+SDR}{2} & , IDF_{k,i,j,t} Guaranteed \&\& SDR \neq 0 \\ \frac{MDR+DDR}{2} & , IDF_{k,i,j,t} Predictable \&\& DDR \neq 0 \\ DDR & , sonst \end{array}\right\}$$

Lässt sich ein individueller Datenfluss zu keinem Verhaltensprofil zuordnen und wird somit separat betrachtet, kann kein Auftrittszeitpunkt ermittelt werden. Die Kapazität eines individuellen Flusses $IDF_{k,j}$ berechnet sich dann wie folgt:

$$C\left(IDF_{k,j}\right) = \left\{\begin{array}{ll} MDR & , IDF_{k,j} Guaran. \&\& SDR = 0 || Predict. \&\& DDR = 0 \\ \frac{MDR+SDR}{2} & , IDF_{k,j} Guaranteed \&\& SDR \neq 0 \\ \frac{MDR+DDR}{2} & , IDF_{k,j} Predictable \&\& DDR \neq 0 \\ DDR & , sonst \end{array}\right\}$$

Verzögerung

Die maximal zulässige Verzögerung $D(VA_k)$ eines Verbindungsabschnittes VA_k berechnet sich aus dem Minimum der maximal zulässigen Verzögerungen der Verhaltensprofile und der ggf. zusätzlich vorhandenen individuellen Datenflüsse:

$$D\left(VA_k\right) = \min\left(D\left(VP_{k,i}\right) \forall i = 1, \ldots, n; D\left(IDF_{k,j}\right) \forall j = 1, \ldots, m;\right)$$

Zuverlässigkeit

Die minimal erforderliche Zuverlässigkeit $R(VA_k)$ eines Verbindungsabschnittes VA_k ergibt sich aus dem Maximum der geforderten Zuverlässigkeit der jeweiligen Verhaltensprofile und der ggf. zusätzlich vorhandenen individuellen Datenflüsse:

$$R(VA_k) = \max\left(R\left(VP_{k,i}\right) \forall i = 1, \ldots, n; R\left(IDF_{k,j}\right) \forall j = 1, \ldots, m;\right)$$

5 Phase 2 – Basisarchitekturen entwickeln *

In der zweiten Phase des Planungs- und Auslegungsprozesses werden die erforderlichen, grundlegenden Architekturen (Basisarchitekturen) des Computernetzes entwickelt. Die vier beschriebenen Basisarchitekturen müssen in jedem Fall entworfen und umgesetzt werden, damit am Ende des Auslegungsprozesses ein funktionssicheres und robustes Computernetz vorliegt. Diese vier aufeinander aufbauenden Architekturen sind:

- »Switching-Architektur«, S. 151
- »Routing-Architektur«, S. 182
- »Security-Architektur«, S. 208
- »Performance-Architektur«, S. 224

5.1 Switching-Architektur *

Physikalische Struktur

Mit der Entwicklung einer Switching-Architektur eines Computernetzes wird dessen grundlegende Kommunikationsarchitektur festgelegt. Diese beschränkt sich jedoch im Vergleich zu den nachfolgenden Schritten im Rahmen der Entwicklung der Basisarchitekturen auf die Gestaltung der physikalischen Kommunikationsstruktur bis ISO/OSI-Layer-2 und überschneidenden Bereichen mit ISO/OSI-Layer-3. Eine Switching-Architektur wird basierend auf den Ergebnissen der ersten Phase und den darin erstellten Teilen der Projekt- und Planungsdokumentation entwickelt. Dazu erfolgt zunächst eine **Transformation** der Ergebnisse der Datenflussanalyse in eine für die Entwicklung einer Switching-Architektur, aber auch die der weiteren Architekturen, geeignete Form:

- »Transformation der Ergebnisse der Datenflussanalyse«, S. 152

Vorgehensweise

Nach diesem Schritt werden u. a. Koppelelemente ausgewählt, positioniert und die **physikalische Verbindungsstruktur** festgelegt. Dazu wird eine entsprechende Vorgehensweise auf Grundlage der Ergebnisse der Datenflussanalyse empfohlen und in diesem Kapitel beschrieben:

- »Vorgehensweise«, S. 157

5 Teilschritte

Des Weiteren wird der notwendige Mindestfunktionsumfang für die Koppelelemente in den verschiedenen Bereichen des Computernetzes bestimmt. Jedoch werden dabei nicht, wie vielleicht zu vermuten, Hersteller und deren konkrete Koppelelementmodelle oder Verbindungstechniken ausgewählt. Stattdessen werden lediglich verschiedene Teilarchitekturen entwickelt und die daraus resultierenden Funktionsanforderungen dokumentiert. Diese bilden wiederum eine Grundlage, auf der die weiteren Architekturen aufgebaut werden können. Eine Auswahl konkreter Koppelelementen und Verbindungstechniken erfolgt erst im Anschluss an die Entwicklung aller Architekturen. Aufgrund der sich während der weiteren Planung und Auslegung ggf. ändernden bzw. hinzukommenden Funktionsanforderungen kann durch die Verschiebung an das Ende des Prozesses der Rechercheaufwand bezüglich Koppelelementen und Verbindungstechniken deutlich reduziert werden. Die Entwicklung einer Switching-Architektur wird in fünf Teilschritte gegliedert, die in diesem Kapitel behandelt werden:

- »Netz strukturieren«, S. 158
- »VLANs bilden«, S. 162
- »Transit-Architektur entwickeln«, S. 166
- »Hochverfügbarkeitsarchitektur entwerfen«, S. 169
- »Funktionen bestimmen«, S. 174

Technische Grundlagen

Neben technischem Basiswissen im Bereich der Computernetze sind insbesondere drei Verfahren von besonderer Bedeutung bei der Entwicklung der Switching-Architektur. Diese werden deshalb unter dem Aspekt der Planung und Auslegung von Computernetzen in diesem Kapitel behandelt:

- »Basiswissen für die Switching-Architektur«, S. 175
- »Virtual Local Area Network (VLAN)«, S. 175
- »Multi-NIC Server«, S. 177

5.1.1 Transformation der Ergebnisse der Datenflussanalyse *

Die Ergebnisse der Datenflussanalyse müssen für die Entwicklung der Switching-Architektur sowie aller weiteren Architekturen in eine den Anforderungen des Teilschritts angepasste Form überführt werden.

Im Rahmen der Datenflussanalyse wurden alle für die Planung und Auslegung relevanten Datenflüsse im vorhandenen bzw. zu planenden Computernetz erfasst. Auf Basis der Datenflüsse und den diesen zugeordneten Verhaltensprofilen wurden für die identifizierten Verbindungsabschnitte, die Verbindungen zwischen Endpunkten und Aggregationspunkten sowie zwischen Aggregationspunkten, die relevanten Kennzahlen (z. B. die Kapazität) berechnet. Die notwendigen Schritte zur Transformation der Informationen aus der ersten Phase werden anhand des nachfolgenden Beispielszenarios (vgl. Abb. 5.1-1) veranschaulicht.

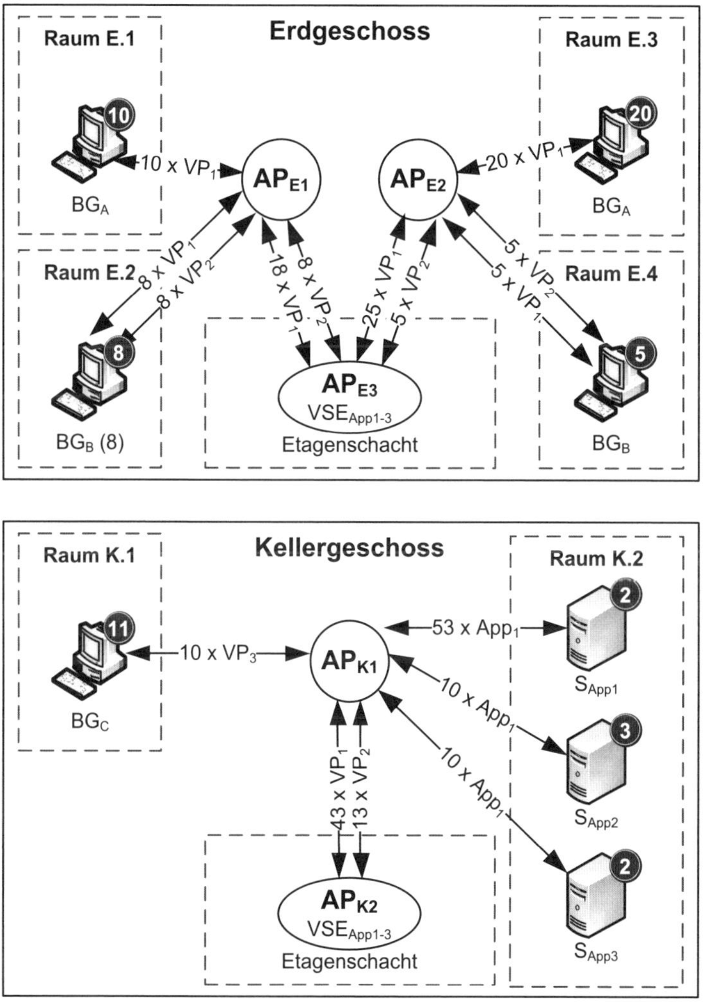

Abb. 5.1-1: Netzplan vor Transformation.

Verbindungen erstellen

Die Verwendung von Datenflüssen in der ersten Phase des Planungs- und Auslegungsprozesses ermöglicht strukturiert und transparent auf Basis der Verhaltensprofile $VP_{k,i}$ die erforderlichen Kennzahlen der verschiedenen Verbindungsabschnitte VA_k zu bestimmen. In der zweiten Prozessphase sind die unterschiedlichen Datenflüsse eines Verbindungsabschnitts zunächst nicht mehr von Bedeutung. Vielmehr werden jetzt ausschließlich Verbindungsabschnitte betrachtet, sodass die Pläne in eine andere Darstellungsform transformiert werden müssen, wie in Abb. 5.1-2 veranschaulicht. Die Verbindungen zwischen **virtuellen Stellvertreterelementen (VSE)** wurden bislang nicht dokumentiert, da diese aufgrund der Definition der VSEs implizit angenommen werden konnten. In diesem Schritt müssen jedoch auch diese Verbindungen explizit dokumentiert und benannt werden, da auch sie im weiteren Verlauf analysiert und ausgelegt werden. Die Informationen für diese Verbindungsabschnitte ergeben sich aus den auf die VSEs gerichteten Verbindungsabschnitten und deren Datenflüssen. Zur Berechnung der Kennzahlen für den neuen Verbindungsabschnitt werden die Kapazitäten der auf das VSE gerichteten Verbindungsabschnitte addiert sowie das Minimum der zulässigen Verzögerung und das Maximum der geforderten Zuverlässigkeit gebildet und entsprechend dokumentiert.

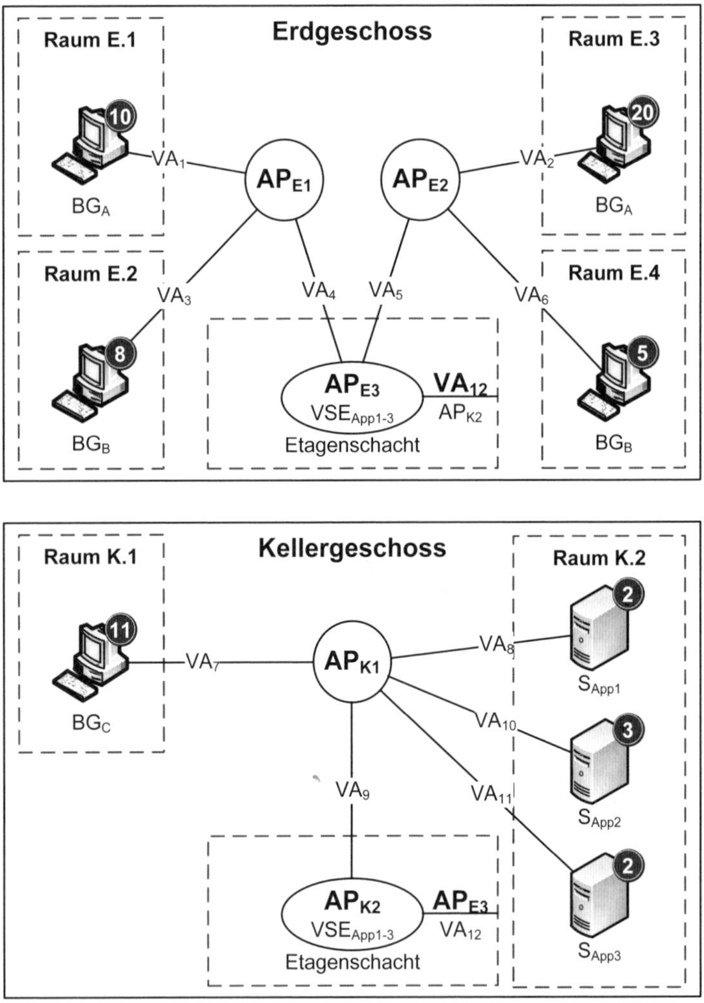

Abb. 5.1-2: Netzplan mit Verbindungsabschnitten.

Koppelelemente positionieren

Bekanntermaßen dienen die in der Datenflussanalyse identifizierten **Aggregationspunkte** als Indikatoren für den Einsatz von Koppelelementen. Darum werden alle Aggregationspunkte nachfolgend im Rahmen der Entwicklung einer Switching-Architektur zunächst zu Layer-2-Switches transformiert (vgl. Abb. 5.1-3). Layer-2-Switches sind heute üblicherweise die Standardkoppelelemente. Die einfacheren Koppelelemente Hubs und Repeater werden heutzutage lediglich noch als Signalverstärker eingesetzt, sodass ihr Einsatz erst bei der Auswahl von **Verbindungsmechanismen** in einer späteren Prozessphase von Interesse ist.

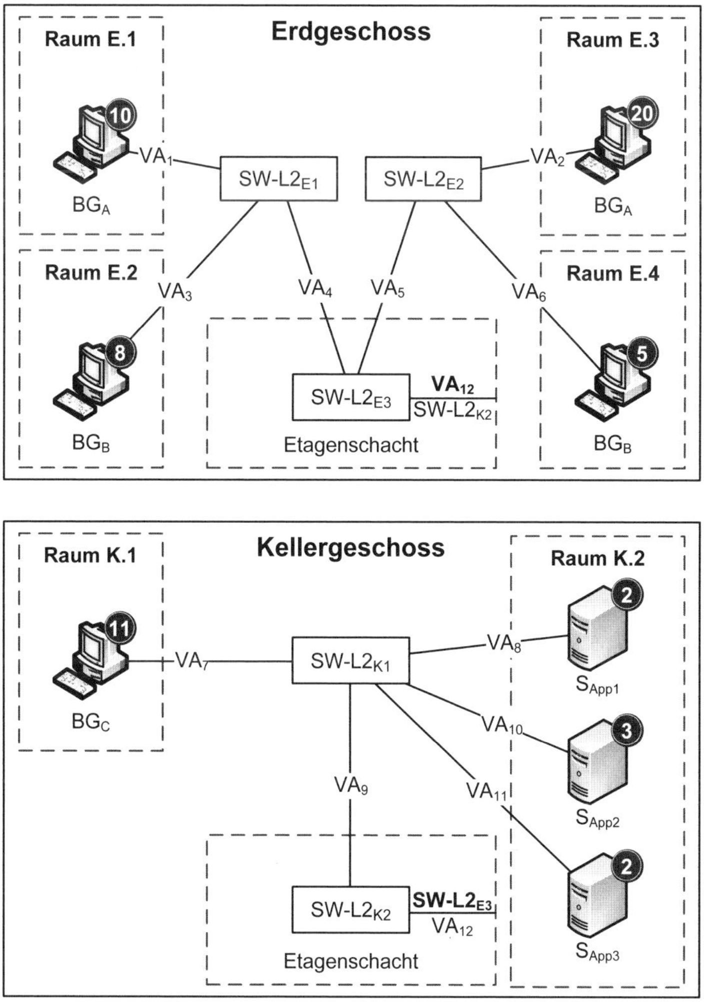

Abb. 5.1-3: Netzplan mit Switches.

Transformationsergebnisse optimieren

Zum Abschluss der Transformation kann je nach Bedarf eine Optimierung des Netzplans in Form einer Reduzierung der Anzahl an Koppelelementen durchgeführt werden, wie in Abb. 5.1-4 veranschaulicht. Zwar wurde bereits während der Datenflussanalyse eine Reduzierung der Anzahl der zugrunde zu legenden Aggregationspunkte durchgeführt, jedoch ist eine Optimierung für die weiteren Phasen des Planungs- und Auslegungsprozesses zielführend, weil jedes weitere Koppelelement zu **erhöhtem Entwicklungsaufwand** im Prozess führt, da es in den nachfolgenden Schritten individuell betrachtet werden muss.

Eine Aufteilung von bzw. Erhöhung der Anzahl an Koppelelementen zu einem späteren Zeitpunkt im Prozess durchzuführen, ist mit deutlich weniger Aufwand verbunden. Wurde beispielsweise in der Switching-Architektur ein Koppelelement analysiert und dessen Funktionsumfang bestimmt, so muss bei einer Aufteilung in mehrere Koppelelemente lediglich das Koppelelement „dupliziert" werden.

Eine Aufteilung kann beispielsweise dann sinnvoll sein, wenn es bezüglich Investitions- und Betriebskosten günstiger ist, zwei Koppelelemente mit x/2 Ports zu verwenden, statt eines Koppelelements mit x Ports. Es ist jedoch zu beachten, dass bereits vorhandene Koppelelemente nicht einfach entfernt werden sollten. Bietet sich eine Reduzierung dort an, kann diese sicherlich erfolgen.

Jedoch muss dies entsprechend dokumentiert werden und sichergestellt werden, dass das nun freigewordene Element in den Entscheidungsprozessen der vierten Phase berücksichtigt wird.

Nach Abschluss der Transformation erfolgt die Entwicklung einer Switching-Architektur gemäß der vorgeschlagenen Vorgehensweise.

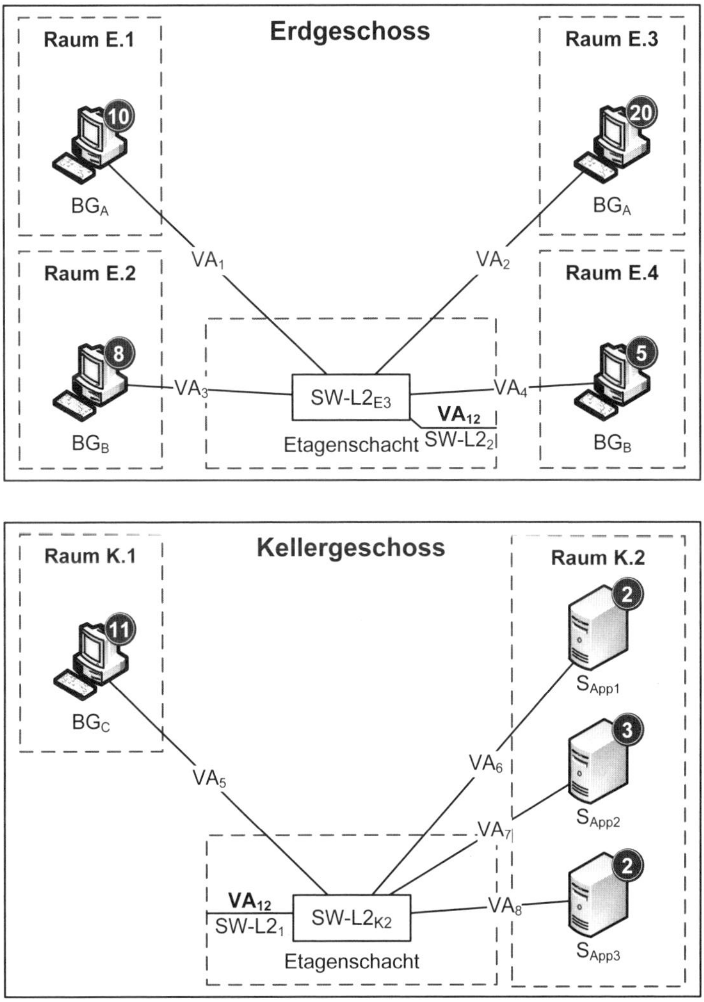

Abb. 5.1-4: Optimierter Netzplan mit Switches.

5.1.2 Vorgehensweise *

5 Teilschritte

Nachdem die Transformation der Ergebnisse vorgelagerter Prozessschritte abgeschlossen ist, kann die Entwicklung der Switching-Architektur beginnen. Die Entwicklung der Switching-Architektur lässt sich in fünf Teilschritte gliedern (vgl. Abb. 5.1-5), deren gemeinsames Ergebnis die Switching-Architektur für das Computernetz bildet. Dabei ist zu beachten, dass die Auswahl der zu entwickelnden Teilarchitekturen dem Planer obliegt. Diese Teilschritte werden nachfolgend detailliert erläutert:

- »Netz strukturieren«, S. 158
- »VLANs bilden«, S. 162
- »Transit-Architektur entwickeln«, S. 166
- »Hochverfügbarkeitsarchitektur entwerfen«, S. 169
- »Funktionen bestimmen«, S. 174

Die bisher vorhandene Dokumentation wird um die entsprechenden Änderungen und Neuerungen ergänzt.

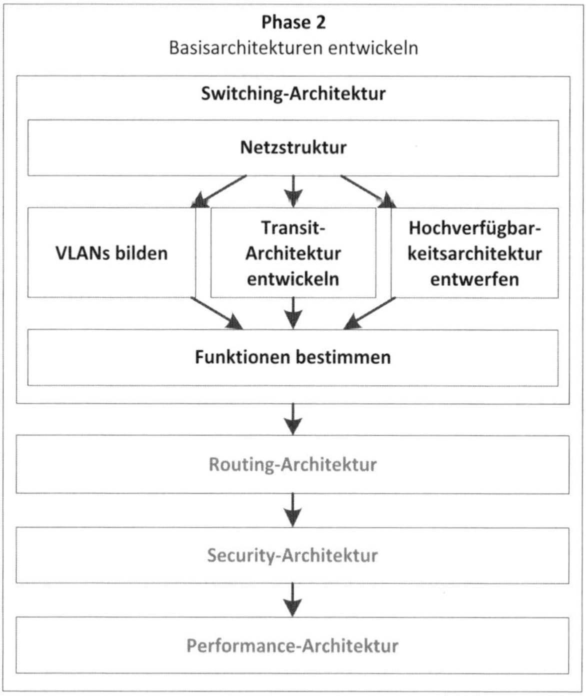

Abb. 5.1-5: Teilschritte der Switching-Architektur.

5.1.2.1 Netz strukturieren *

Die gewissenhafte, detaillierte Abbildung und Dokumentation der physikalischen Struktur eines Computernetzes ist von entscheidender Bedeutung für die erfolgreiche Umsetzung der Planungsergebnisse. Erst dadurch wird eine Sicht vom Core-Bereich eines Computernetzes bis hin zu jedem einzelnen Port in den Netzwerkdosen möglich.

Netzstruktur

Durch die Transformation der Ergebnisse der Datenflussanalyse in eine für die Switching-Architektur verwendbare Darstellung ergibt sich im zu planenden Computernetz eine **Netztopologie**, die aus den Datenflüssen des Computernetzes abgeleitet wurde, wie in Abb. 5.1-6 exemplarisch dargestellt.

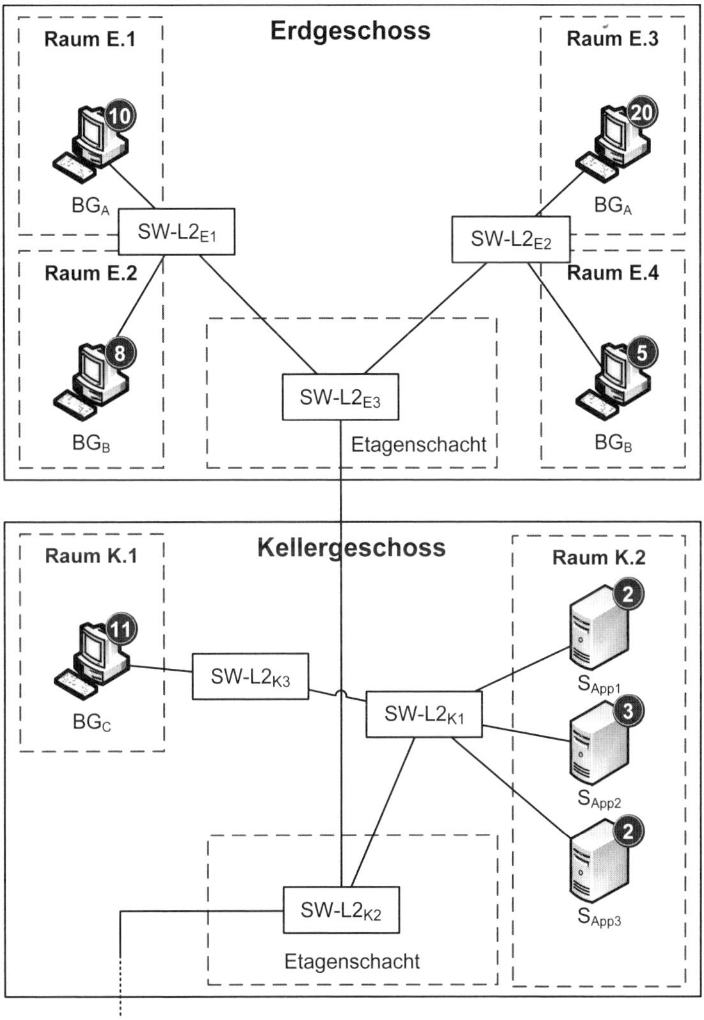

Abb. 5.1-6: Netztopologie aus Datenflüssen.

Funktionale Strukturierung

Damit die Entwicklung einer Architektur für das Computernetz und seiner Elemente effizient durchgeführt werden kann, sollte in diesem Teilschritt, sofern noch nicht in der ersten Prozessphase geschehen, eine Zuordnung von Ebenen und Modulen der funktionalen Strukturierung (siehe »Varianten der Strukturierung«, S. 38) für das Computernetz erfolgen. Dies erleichtert selbst bei kleineren Netzen, wie dem in Abb. 5.1-7 dargestellten, die Entwicklung der Switching-Architektur. Betrachtet man beispielsweise den Teilschritt **Hochverfügbarkeit**, so kann anhand der Module der funktionalen Strukturierung direkt ein Rückschluss auf die zu betrachtenden Bereiche gezogen werden. So gehört das Modul Source & Sink (User) üblicherweise nicht zu den Bereichen, in denen **Redundanzen** einzuplanen sind. Allein aus der Überlegung, dass dafür nicht nur Leitungen, sondern auch die Endpunkte (Client Hosts) redundant ausgelegt werden müssten, wird dies deutlich. Hingegen sind das Backbone (Core) Modul und die Server Hosts, auf denen Anwendungen betrieben werden, sehr häufig betroffen, sofern Anwendungen mit entsprechenden Anforderungen an das Computernetz existieren. Hier kann sehr wohl davon ausgegangen werden, dass Redundanzen einzuplanen sind. Die Aufteilung nach funktionaler Strukturierung erlaubt somit eine einfache Identifikation der für verschiedene Teilarchitekturen zu betrachtenden Bereiche.

Das Vorgehen kann auch nach einer anderen **Strukturierungsvariante** (z. B. Access/Distribution/Core-Modell) erfolgen, jedoch erlaubt die hier verwendete eine hohe Detaillierung. Sollte bereits eine Strukturierung im Rahmen der ersten Prozessphase durchgeführt worden sein, so ist diese hier lediglich entsprechend der sich durch die Transformation ergebenden Änderungen anzupassen. Konkret muss geprüft werden, ob die Zuordnung von Elementen zu Modulen noch mit den aktuellen Netzplänen etc. übereinstimmt.

Physikalische Verbindungen

Im Anschluss an die Zuordnung muss ermittelt werden, wie viele **physikalische Verbindungen** zwischen Koppelelementen sowie zwischen Koppelelementen und Endpunkten existieren. Für die Endpunkte sind zudem jeweils auch die zu verwendende Netzwerkdose und der jeweilige Port im entsprechenden Raum zu bestimmen. Patchfelder werden an dieser Stelle noch nicht berücksichtigt, da über ihren Einsatz erst in einer der späteren Phasen entschieden wird. Zudem kann dieses passive Element transparent in das Computernetz integriert werden. Hingegen ist ein Mapping von Ports der Switches auf die Ports der Netzwerkdosen in diesem Teilschritt zu erstellen, wie in Abb. 5.1-8 exemplarisch dargestellt.

Dadurch wird die Transparenz, insbesondere für den späteren Betrieb des Computernetzes, signifikant erhöht, da eine Übersicht über die Belegung der Anschlüsse entsteht und somit leicht nachvollziehbar wird, welche Leitung bzw. welcher Port zu welchem Endpunkt oder Koppelelement führt. Analog dazu müssen die Verbindungen von Endpunkten zu den Netzwerkdosen und den spezifischen Ports dokumentiert werden. Dasselbe gilt auch für Verbindungen zwischen Koppelelementen, die über Netzwerkdosen und deren spezifische Ports miteinander verbunden sind.

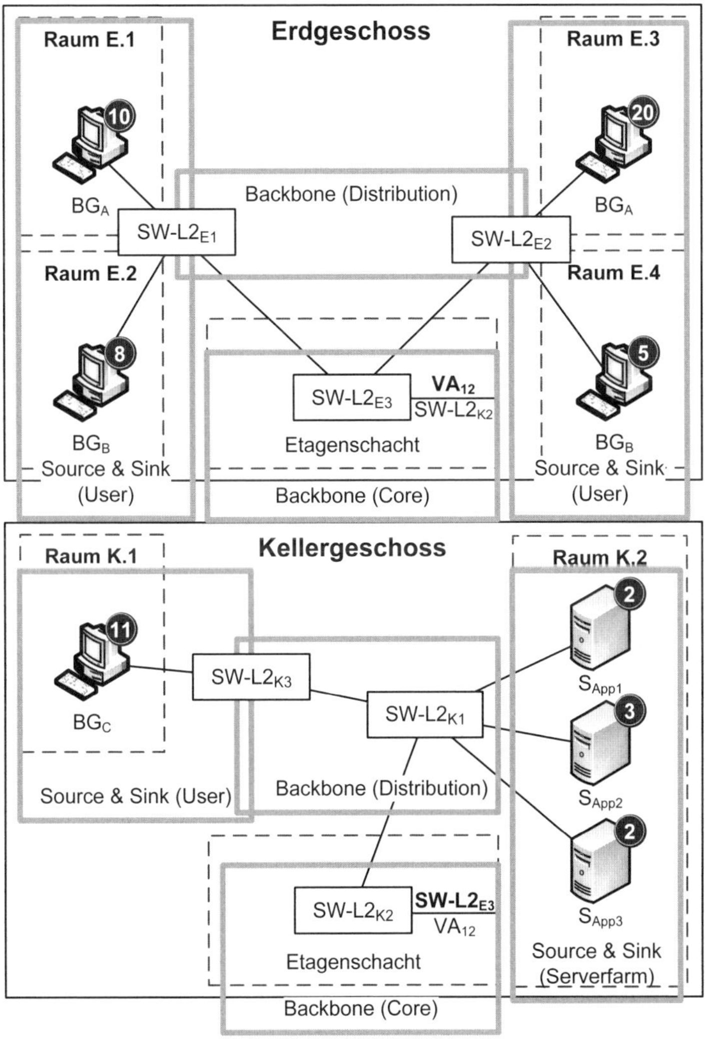

Abb. 5.1-7: Strukturiertes Computernetz.

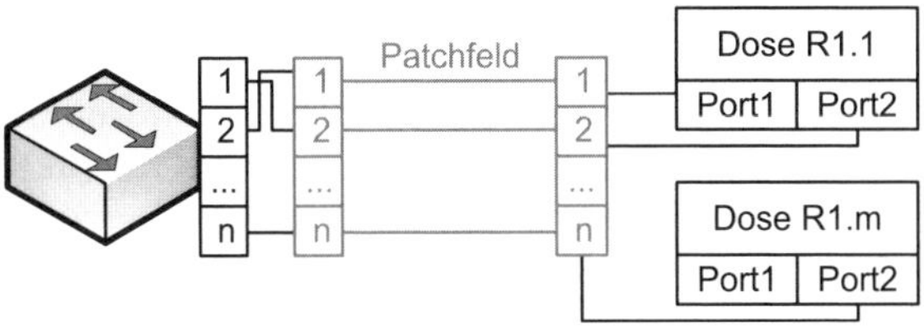

Abb. 5.1-8: Zuordnung von Netzwerkports.

Dokumentation aktuell halten

Im Verlauf der Planung und Auslegung kann der Fall eintreten, dass sich die Anzahl der physikalischen Verbindungen auf Verbindungsabschnitten oder die Zuordnung von Ports zu Endpunkten ändert. In dem Fall sind entsprechende Änderungen in der Dokumentation vorzunehmen, aber auch die Ergebnisse der nachfolgenden Teilschritte erneut im Zusammenhang mit den Änderungen zu prüfen.

5.1.2.2 VLANs bilden **

Die planerische Fragestellung, die mit der Entwicklung der VLAN-Architektur beantwortet werden soll, ist welcher Verkehr von welchem anderen Verkehr getrennt, bezogen auf die unterschiedlichen Endpunkte, behandelt werden soll, um beispielsweise einer Endgeräteklasse, die einer bestimmten Anwendung (z. B. VoIP) zugeordnet ist, eine höhere Priorität beim Switching zuzuteilen.

VLAN

Wenn im Rahmen der Switching-Architektur eine VLAN-Architektur als Teilarchitektur in Betracht gezogen wird, dann ist darunter die **virtuelle Gruppierung** physikalischer Elemente in so genannte **Virtual Local Area Networks (VLANs)** zu verstehen. Eine derartige Gruppierung wird beispielsweise vorgenommen um Arbeitsgruppen, unabhängig von der physikalischen Position der Endpunkte, in Netzsegmente aufzuteilen bzw. die dazugehörigen Endpunkte diesen Netzsegmenten zuzuordnen. In dem in Abb. 5.1-9 dargestellten Beispiel werden die Benutzergruppen A und B durch die Bildung von VLANs, mit einer jeweils eindeutigen **VLAN ID**, unterschiedlichen Netzsegmenten zugeordnet.

Netzsegmente logisch zusammenfassen

Die Einrichtung von VLANs ist nicht zwingend notwendig, bringt jedoch einige Vorteile mit sich, wie beispielsweise eine flexible und einfache Verwaltung von Netzsegmenten auch dann, wenn sich Positionen von Endpunkten ändern. Ändern sich regelmäßig die Positionen von Endpunkten im Computernetz, können diese beispielsweise auch außerhalb des physikalischen Netzsegments weiterhin in derselben Broadcast-Domäne geführt werden, da sie zu einem virtuellen LAN gehören.

Varianten

VLANs können sowohl **statisch** als auch **dynamisch** betrieben werden. Bei statischen VLANs werden einzelne Ports fest einem VLAN, zu denen angeschlossene Endpunkte gehören sollen, zugewiesen. Betrachtet man das Mapping aus »Netz strukturieren«, S. 158, so muss diese Zuordnung konsequent bis zum entsprechenden Port einer Netzwerkdose fortgesetzt werden. Dadurch ergibt sich eine Zuordnung der Ports einer Netzwerkdose zu einem VLAN.

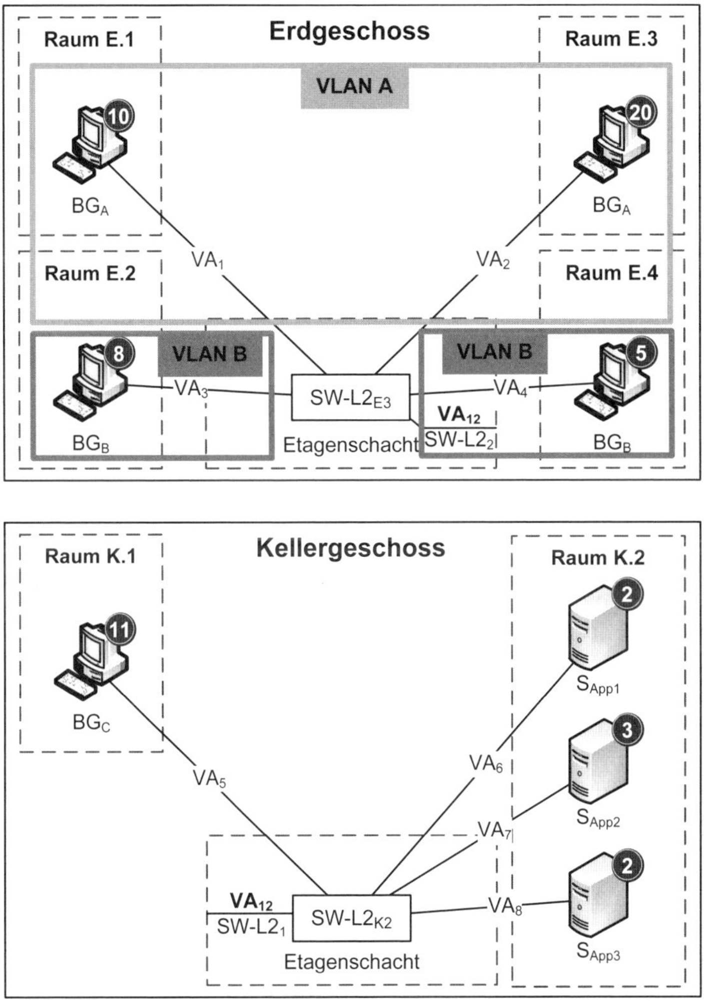

Abb. 5.1-9: Bildung von lokalen VLANs.

Ändert sich häufig die Position eines Gerätes, so führt dies zu einem erhöhten Konfigurationsaufwand, da dafür jeden Positionswechsel eine Rekonfiguration der Ports erfolgen muss. Ein fälschlicherweise an einen Port mit einer anderen VLAN ID angeschlossenes Gerät kann nicht nur ein Sicherheitsrisiko darstellen, sondern auch zu Störungen im jeweiligen Netzsegment führen, wie z. B. einem Adresskonflikt. Sollen die VLANs dynamisch den Ports zugewiesen werden, erfolgt beispielsweise die Zuordnung der MAC-Adresse eines Endpunkts zu einem VLAN bzw. einer VLAN ID.

Dadurch kann automatisch nach Anschluss an einen Port die entsprechende VLAN ID eines Endpunktes bestimmt werden. Die VLAN ID für die MAC-Adresse eines Endpunkts wird zentral gespeichert und dynamisch bei Anschluss an einen Port abgerufen und zugewiesen. Die Probleme der statischen Variante existieren bei der dynamischen Variante nicht mehr.

Auswahl von Varianten

In einem vollständig verwalteten Computernetz mit Zugriff auf die gesamte IT und somit die Endpunkte bieten sich sowohl die statische als auch die dynamische VLAN-Variante an. Ändern sich häufig die Endgeräte und deren Positionen oder gibt es Sicherheitsbedenken bezüglich der Zuordnung von VLANs über die Ports der Netzwerkdosen, sollte die dynamische Variante gewählt werden. Trifft insbesondere der erste Fakt nicht zu, sollte die statische Variante gewählt werden, da diese in dem Fall einfacher zu handhaben ist. In einem nicht vollständig verwalteten Netz, in dem Netzbetrieb und Netzmanagement keinen Einfluss auf die sich ändernde IT der Arbeitsgruppen oder die Arbeitsgruppennetze haben, sollte ausschließlich die statische Variante zum Einsatz kommen. Ein Beispiel dafür ist das Computernetz an der Ruhr-Universität Bochum. Hier werden die verschiedenen Lehrstühle in VLANs eingeteilt und die Dosen in den Räumen der jeweiligen Lehrstühle diesem VLAN statisch zugeordnet. Separiert davon werden in jedem Raum die VoIP-Telefone in einem eigenen VLAN betrieben, zu dem ausschließlich VoIP-Telefone gehören. Dadurch entsteht eine Trennung des Datenverkehrs der Lehrstühle vom VoIP-Verkehr und eine einfachere Priorisierung der Sprachdaten wird so bereits auf ISO/OSI-Layer-2 möglich.

VLANs bilden

Bei der Analyse, für welche Bereiche des Computernetzes VLANs gebildet werden sollten, kann auf die während der Strukturierung identifizierten Module zurückgegriffen werden. In der Regel muss die Analyse ausschließlich für folgende Module durchgeführt werden:

- Source & Sink (User)
- Source & Sink (Serverfarm)
- Extranet Services

Das Modul Service Provider ist in den meisten Fällen lediglich nachrangig von den VLANs betroffen. Da beispielsweise der WAN-Zugang oder die extern bereitgestellten Server, die unter diesem Modul subsumiert werden, nicht im Einflussbereich des Netzplaners liegen. Dies gilt auch für die standortübergreifende Verbindung von Computernetzen. Häufig wird deshalb die Kopplung an das WAN über einen Service Provider realisiert und das externe Netz durch Einrichtung eines virtuellen Netzsegments vom übrigen Netz separiert.

Das Modul Network Operation wird in der Regel nicht von der VLAN-Architektur tangiert, da hier die Aufgabe der übergreifenden Überwachung der Netzsegmente angesiedelt ist. Von Bedeutung ist jedoch, dass der Zugriff auf alle Netzsegmente durch eine entsprechende Kopplung (ISO/OSI-Layer-3) ermöglicht wird.

Die verschiedenen **Backbone** Module sind lediglich hinsichtlich der Einrichtung von Trunk-Verbindungen oder der Inter-VLAN-Kommunikation zu berücksichtigen und dementsprechend auszulegen. Als Grundlage für die Einrichtung von VLANs kann die Gruppierung auf Basis organisatorischer Einheiten, aber auch auf Basis bereits in der Ist-Analyse bestimmter Benutzergruppen herangezogen werden.

Die **Mitglieder einer Gruppierung** zeichnet aus, dass Sie in der Regel nicht nur gleiche oder ähnliche Anwendungen verwenden, sondern möglicherweise häufig untereinander kommunizieren. Wie in Abb. 5.1-10 dargestellt, werden verschiedene Source & Sink (User) Module, die zu einer Arbeitsgruppe gehören, trotz ihrer geografisch unterschiedlichen Positionen, zu einem VLAN A zusammengefasst. Neben den Client Hosts existieren Server Hosts, die in diesem Beispiel ausschließlich für diese Arbeitsgruppe zur Verfügung stehen, sodass auch diese dem VLAN A zugeordnet werden.

Analog wird bei VLAN B verfahren. Weiterhin wäre es auch denkbar die unterschiedlichen Endgerätetypen (PCs, Server, VoIP-Telefone etc.) in den Organisationseinheiten bzw. Arbeitsgruppen in verschiedenen VLANs zusammenzufassen.

Die Erstellung und Dokumentation der VLANs und die Zuordnung zu den Ports von Switches und Netzwerkdosen reichen alleine nicht aus. Es müssen ebenfalls die entsprechenden **Trunk-Verbindungen** zwischen den Koppelelementen festgelegt werden, damit eine von den physikalischen Segmenten unabhängige Kommunikation innerhalb der virtuellen Netzsegmente, aber auch zwischen den Netzsegmenten – sofern gewollt – möglich wird. Werden parallel Verbindungen im Rahmen der Transit-Architektur oder redundante Elemente und Verbindungen im Rahmen der Hochverfügbarkeits-Architektur hinzugefügt, so müssen diese Änderungen bzw. Erweiterungen in die VLAN-Architektur eingepflegt werden. Insbesondere die Trunk-Verbindungen zwischen Switches werden davon betroffen sein.

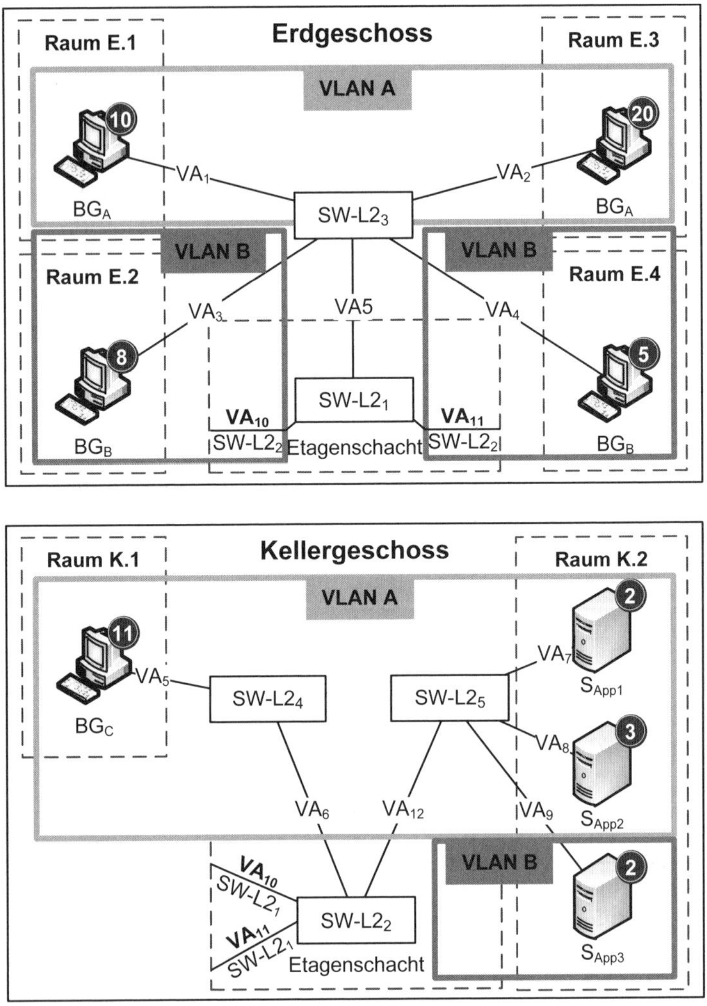

Abb. 5.1-10: Bildung von segmentübergreifenden VLANs.

5.1.2.3 Transit-Architektur entwickeln **

Unabhängig von der Entwicklung einer Performance-Architektur, kann bereits durch die Transit-Architektur der Grundstein für die performante Auslegung eines Computernetzes gelegt werden.

Performance steigern

Eine weitere Teilarchitektur der Switching-Architektur ist die Transit-Architektur. Bei der Entwicklung der Transit-Architektur sind die Backbone-Module des Computernetzes, also sowohl Distribution als auch Core, unter **Performanceaspekten** zu betrachten. Diese Module haben zentrale, insbesondere arbeitsgruppen-übergreifende Funktionen, bei denen der ausschließliche Fokus auf der schnellen Weiterleitung von Paketen liegt. Bei der Entwicklung der Transit-Architektur werden die relevanten Bereiche des Computernetzes um Koppelelemente und Verbindungen, welche die Verbindungsabschnitte optimieren und deren Performance verbessern sollen, erweitert. Dies erlaubt eine Verteilung von Lasten auf mehrere Koppelelemente. In Abb. 5.1-11 wird dieses Vorgehen exemplarisch veranschaulicht.

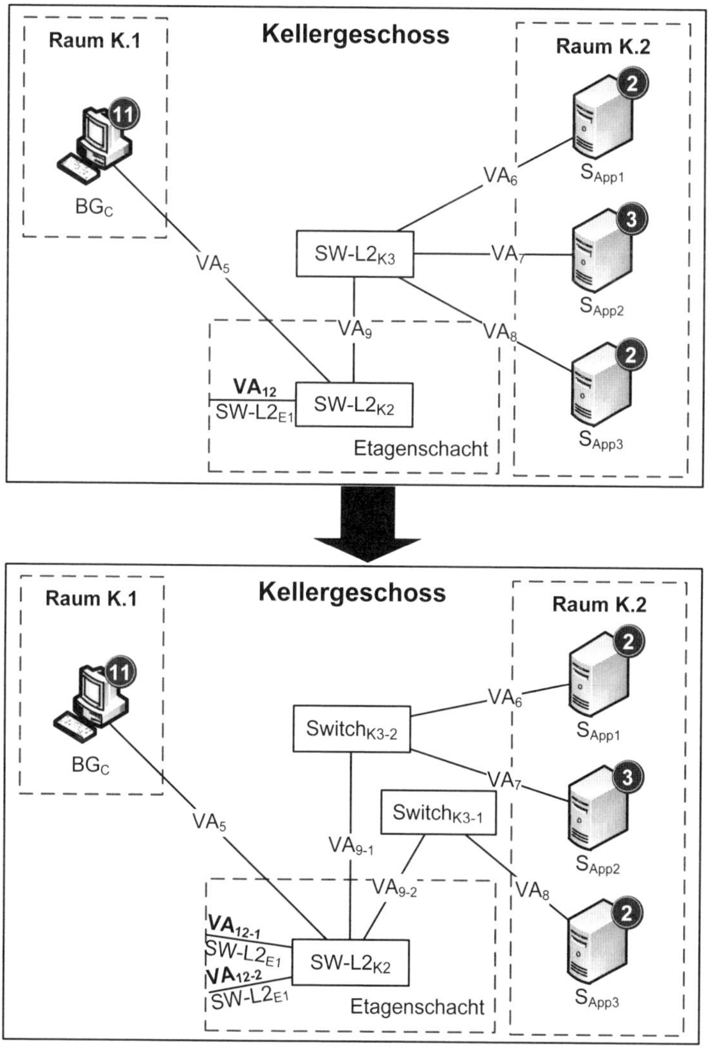

Abb. 5.1-11: Ergänzung von Koppelelementen.

Die entsprechenden Koppelelemente sind als **High-Performance-Elemente** zu kennzeichnen. Die Realisierung der High-Performance Anforderung kann durch die Einrichtung paralleler Verbindungen zwischen Koppelelementen und ergänzend dazu durch eine Erhöhung der Anzahl der Koppelelemente erfolgen. Das grundlegende Prinzip wird zum besseren Verständnis in Abb. 5.1-12 veranschaulicht.

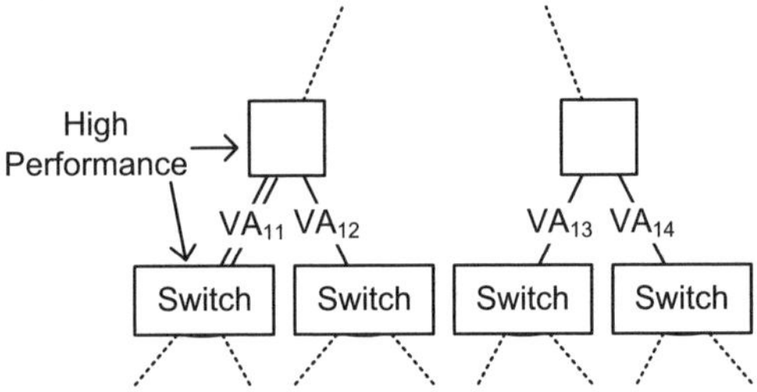

Abb. 5.1-12: High-Performance-Elemente.

Die durch die Transit-Architektur entstehende Erweiterung des Computernetzes mag zunächst wie ein Vorgriff auf die vierte Phase des Planungs- und Auslegungsprozesses wirken, in der die Koppelelemente explizit ausgewählt werden. Jedoch ist bereits an dieser Stelle des Prozesses bekannt, welche Anforderungen an die einzelnen Verbindungsabschnitte gestellt werden. Diese Anforderungen werden dahin gehend analysiert, ob sie durch **Verbindungsmechanismen** und Koppelelemente des ISO/OSI-Layer-2 nach dem heutigen Stand der Technik

- problemlos,
- mit erheblichem Aufwand,
- gar nicht eingehalten werden können.

Im ersten Fall ist keine Transit-Architektur zu entwickeln. Im zweiten Fall ist ebenfalls keine Transit-Architektur zu entwickeln, jedoch muss für die entsprechenden Koppelelemente und Verbindungen vermerkt werden, dass z. B. eine **Layer-3-Priorisierung** (siehe »Performance-Architektur«, S. 224) vom Koppelelement unterstützt werden muss. Eine Entscheidung, ob Verkehr von einem derartigen Koppelelement nur gemäß Priorität weitergeleitet oder aber markiert werden muss, erfolgt an dieser Stelle nicht. Es ist somit in beiden Fällen keine Transit-Architektur zu entwickeln. Im dritten Fall muss entsprechend der zuvor beschriebenen Vorgehensweise die Auslegung dieser Koppelelemente und deren Verbindungen erfolgen.

5.1.2.4 Hochverfügbarkeitsarchitektur entwerfen **

Die Steigerung der Verfügbarkeit von zentralen Elementen im Computernetz ist unabdingbar, will man die Zuverlässigkeit eines Computernetzes erhöhen. Dazu ist es jedoch nicht ausreichend, lediglich die Anzahl der Elemente zu erhöhen. Nur eine intelligente Architektur führt zu einer für das Computernetz zufriedenstellenden Lösung, deren Kosten im Rahmen des Projektbudgets bleiben.

Redundante Auslegung

Bei einer Hochverfügbarkeitsarchitektur steht die redundante Auslegung von Elemente im Computernetz zur Steigerung der Zuverlässigkeit und insbesondere der Verfügbarkeit des Computernetzes im Fokus. Dies betrifft Verbindungen und Verbindungsabschnitte, Koppelelemente und im weitesten Sinne auch die Dienste anbietenden Server Hosts der Core Ebene nach funktionaler Strukturierung sowie die Übergänge in die User-Ebene. Hingegen sind die Elemente der User-Ebene, insbesondere Arbeitsgruppenswitches, nicht davon betroffen. Die Durchführung dieses Teilschritts erfolgt erst nach der Entwicklung der Transit-Architektur, da auch die in der Transit-Architektur hinzugekommenen Elemente dabei berücksichtigt werden müssen. Im Rahmen der ersten Prozessphase wurden bereits vorhandene Systeme, aber auch neu zu berücksichtigende Systeme erfasst, die gesteigerte Anforderungen an die Zuverlässigkeit und insbesondere die Verfügbarkeit haben. Der letzte Schritt der Datenflussanalyse bestand darin, Kennzahlen für die verschiedenen Verbindungsabschnitte zu berechnen. Bei der Entwicklung einer Architektur zur Sicherstellung der Hochverfügbarkeit ist ausschließlich die Kennzahl zur Zuverlässigkeit eines jeden Verbindungsabschnitts von Bedeutung. Dabei müssen zwei **Kriterien** auf einen Verbindungsabschnitt VA_k zutreffen, damit dieser überhaupt analysiert wird:

- Anforderung an die Zuverlässigkeit ist hoch mit einer Verfügbarkeit >99 %
- VA_k gehört zu einem Modul der Core-Ebene oder zum Backbone (Distribution)-Modul

Die Analyse von Anforderungen bezüglich Hochverfügbarkeit in den Modulen der User-Ebene ist nicht sinnvoll und würde dazu führen, dass mit hoher Wahrscheinlichkeit keine kostengünstige Lösung entsteht. Um in dem Fall nämlich vollständige Zuverlässigkeit zu erreichen, müssten alle Elemente und Verbindungen bis hin zu den Clientrechnern vervielfacht werden.

Die Entwicklung einer Hochverfügbarkeitsarchitektur wird nun anhand des Szenarios in Abb. 5.1-13 exemplarisch beschrieben.

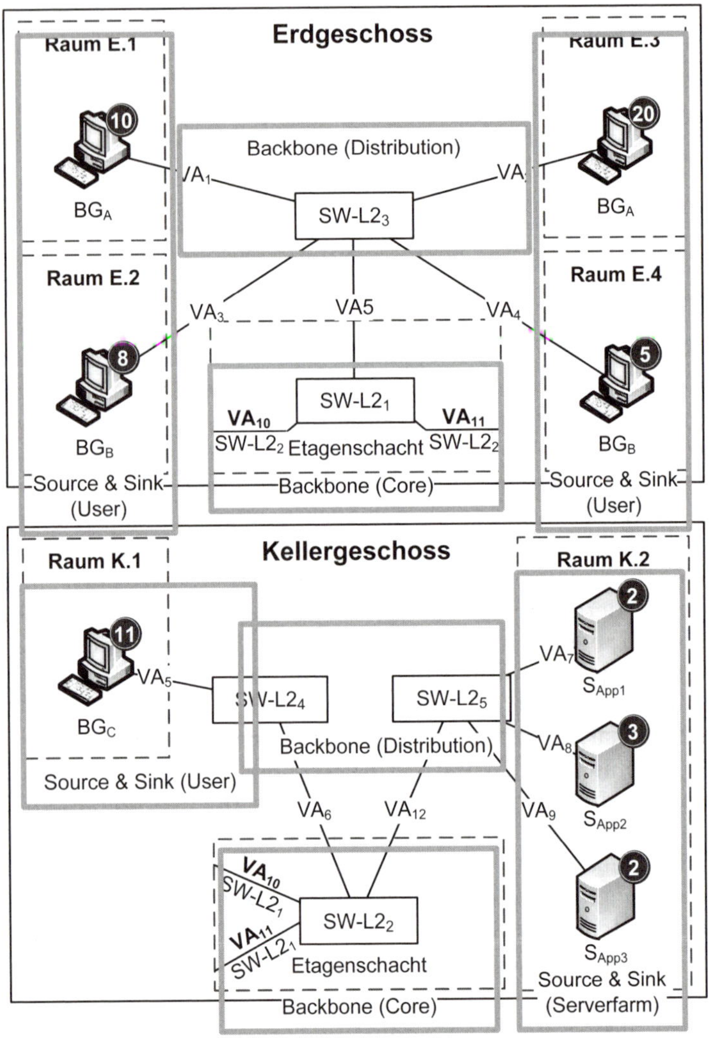

Abb. 5.1-13: Nicht-hochverfügbares Computernetz.

Module identifizieren

Im dargestellten Beispiel lassen sich gemäß den zuvor genannten Kriterien lediglich vier Module identifizieren, die zu analysieren sind. Wie aus Abb. 5.1-13 ersichtlich, existieren bereits VLANs. Auch wurden im Rahmen der Transit-Architektur im einzigen vorhandenen Backbone (Distribution) Modul parallele, aggregierte Verbindungen eingeführt, die der Steigerung der Performance auf den kritischen Pfaden dienen sollen.

Angenommen, die Verbindungsabschnitte 10, 11 seien kritisch bezüglich der Zuverlässigkeit, so kann die Hochverfügbarkeit in diesen Abschnitten durch die in Abb. 5.1-14 dargestellte Hochverfügbarkeitsarchitektur sichergestellt werden. Im dargestellten Beispiel wurde eine einfache Redundanz durch die Verdopplung betroffener Elemente und analog dazu durch Verdopplung der relevanten Verbindungen erzeugt. Die Konfigurationen und Merkmale wurden für duplizierte Koppelelemente übernommen. Im Backbone (Distribution) Modul sind noch weitergehende Optimierungen möglich. Die parallelen Verbindungen in diesem Modul können unter Umständen entfallen, wenn die zusätzlichen Koppelelemente aktiv ins Netz eingebunden und für **Load-Balancing** (siehe »Content-Delivery-Architektur«, S. 276) konfiguriert werden. Die Last würde sich dann über die beiden neuen Koppelelemente verteilen.

Varianten der Hochverfügbarkeit

Die zuvor beschriebene Form der Hochverfügbarkeit wird als **netzseitige Hochverfügbarkeit** bezeichnet. Jedoch muss noch ein Schritt weiter gegangen werden und der Bereich hinter dem letzten betroffenen Verbindungsabschnitt der Core-Ebene, also die Dienst anbietenden Endpunkte und die darauf angebotenen Anwendungen und Dienste, bezüglich der Anforderungen an die Zuverlässigkeit analysiert werden, damit auch auf dieser Systemebene die Hochverfügbarkeit sichergestellt werden kann. Die Notwendigkeit ist leicht einzusehen, betrachtet man das Beispiel in Abb. 5.1-15.

Das Computernetz bzw. die beteiligten Verbindungsabschnitte und die dazugehörenden Koppelelemente wurden bereits bezüglich der Anforderung nach Hochverfügbarkeit überprüft und entsprechend wurde die Netzstruktur erweitert. Die in dem Beispiel dargestellten Server, auf denen die Anwendung betrieben werden, die die Hochverfügbarkeit bedingen, müssen auch redundant angebunden werden, indem der nächste Switch redundant ausgelegt wird und die Server mit Multi-NICs ausgestattet und mit den beiden Switches verbunden werden. Kritisch ist jedoch, dass die Redundanz nicht die Server selbst betrifft.

Fällt ein Server aus, so waren auch die Bemühungen durch die redundante Auslegung des Netzes nicht zielführend. Deshalb muss auch eine redundante Bereitstellung von Anwendungen und Diensten durch mehrere Server erfolgen, damit die **systemseitige Hochverfügbarkeit** sichergestellt werden kann. Im aktiven Parallelbetrieb und durch geschicktes Load-Balancing (siehe »Content-Delivery-Architektur«, S. 276) kann zusätzlich zur Verfügbarkeit bzw. Zuverlässigkeit auch die Performance der Systeme gesteigert werden.

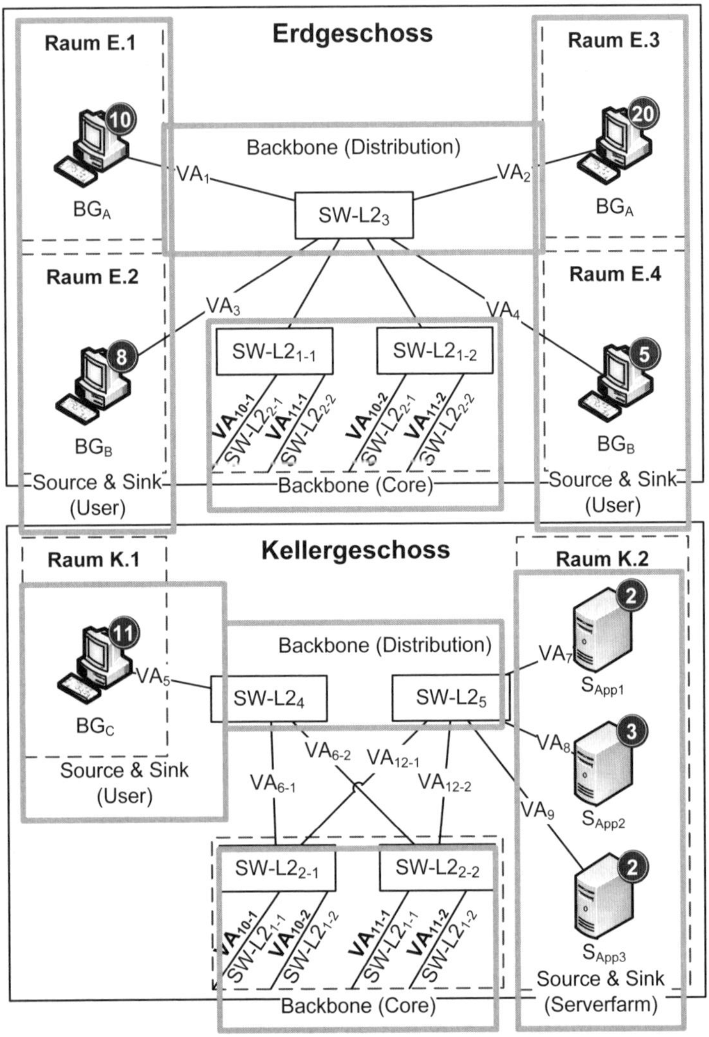

Abb. 5.1-14: Hochverfügbares Computernetz.

Betriebs-varianten

Neben dem aktiven parallelen Betrieb, wie in den vorherigen Beispielen beschrieben, existieren die Varianten Hot-Standby und Cold-Standby. Im Hot-Standby ist ein Gerät bereits mit dem Netz verbunden, nimmt jedoch nur passiv am Netzbetrieb teil, derart, dass es keinen Verkehr behandelt. Fällt ein Element aus, für das ein **Ersatzgerät** im Hot-Standby existiert, kann eine Umschaltung in kurzer Zeit erfolgen (einige Sekunden bis hin zu wenigen Minuten). Im Cold-Standby existiert lediglich ein Ersatzgerät, das quasi als Austauschgerät eingesetzt wird und im Fall dass ein Element ausfällt, dieses ersetzt.

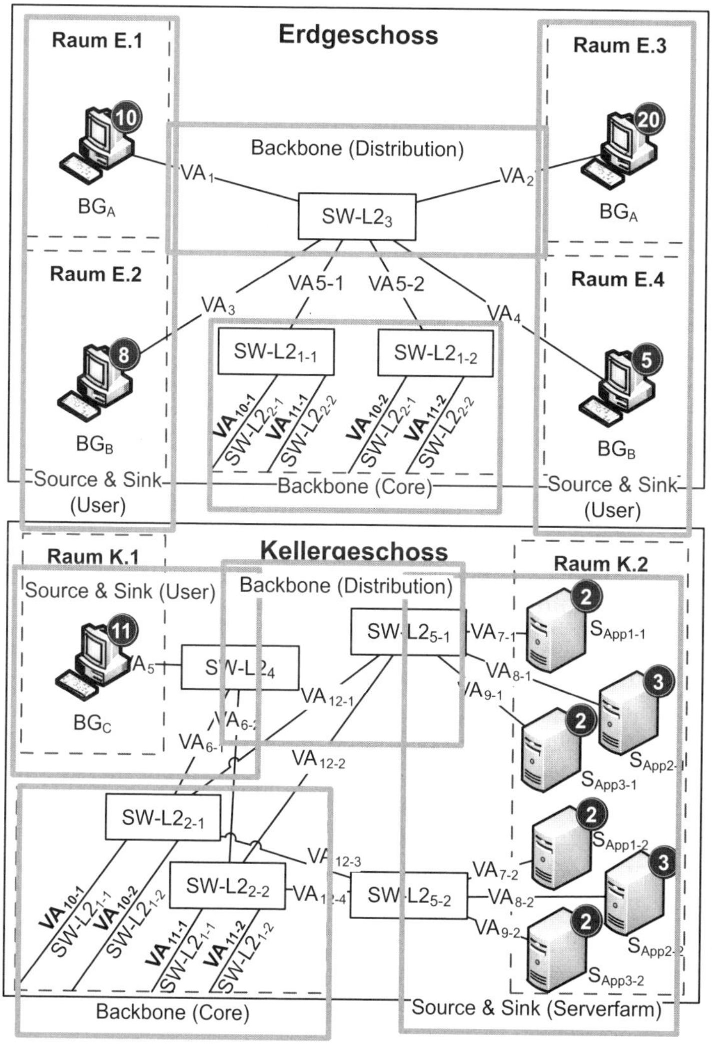

Abb. 5.1-15: Netz mit hochverfügbaren Endpunkten.

Welche Variante zu wählen ist, hängt davon ab, wie hoch die zulässige Ausfallzeit eines Elements sein darf. Der aktive Parallelbetrieb erlaubt die kürzesten Reaktionszeiten, gefolgt von Hot-Standby und Cold-Standby mit der höchsten Reaktionszeit. Unter Kostengesichtspunkten werden die Unterschiede gering sein, da in jedem Fall entsprechende Elemente vorgehalten werden müssen. Es ergibt sich jedoch ein eindeutig höherer Konfigurationsaufwand bei parallel aktiven Elementen. Objektiv betrachtet spielen letztendlich auch Gegebenheiten wie beispielsweise die Stromversorgung eine wichtige Rolle, auf deren besondere Anforderungen der Netzplaner in Bezug auf die Hochverfügbarkeit des Computernetzes hinweisen muss.

Service Provider

Die Hochverfügbarkeit von Anwendungen und Diensten, die über externe Service Provider zur Verfügung gestellt werden, kann nur in begrenztem Maße sichergestellt werden, da kein vollständiger Zugriff auf den gesamten Kommunikationspfad möglich ist. Lediglich *Service Level Agreements* (SLAs) mit den Providern der WAN-Verbindung als auch der Dienstanbieter erlauben eine Absicherung oder zumindest die Verlagerung der Haftungsverantwortung bei einem Ausfall. Soll der Internetzugang redundant ausgelegt werden, so macht es – zumindest theoretisch – Sinn, verschiedene Internetprovider für einen Zugang auszuwählen. Realistisch betrachtet muss man jedoch erkennen, dass diese wahrscheinlich eine gemeinsame Leitung hin zum nächsten Verteiler verwenden, welche wiederum ein Problem darstellen kann, da diese Leitung nicht redundant ausgelegt ist. Sollten jedoch derartig hohe Anforderungen bestehen, muss in jedem Fall über spezielle Lösungen seitens der Telekommunikationsunternehmen nachgedacht werden.

IEEE 802.1D

Die von der Hochverfügbarkeitsarchitektur betroffenen Koppelelemente müssen bei Einrichtung einer Hochverfügbarkeitsarchitektur das *Spanning Tree Protokoll* nach IEEE 802.1D unterstützen. Die betroffenen Endpunkte (Server Hosts) müssen ebenfalls beispielsweise in der Lage sein, Sitzungen parallel auf mehreren Systemen zu verwalten. Letzteres ist jedoch stark abhängig vom angebotenen Dienst bzw. der entsprechenden Anwendung. Der Grad an Zuverlässigkeit kann natürlich durch den Einsatz mehrerer parallel arbeitender Komponenten erhöht werden.

Weiterführende Literatur

[Herh08], [HaSz04]

5.1.2.5 Funktionen bestimmen *

Stammdatenblätter müssen für alle im Rahmen der Architektur eingeführten Koppelelemente erstellt werden. Darin werden die durch den jeweiligen Schritt hinzukommenden Funktionen dokumentiert, die sich als Anforderung an ein Element aus der jeweiligen Architektur ergeben.

Funktionen zuweisen

Die in den verschiedenen Teilschritten der Switching-Architektur hinzugekommenen Funktionen der Koppelelemente müssen nicht nur in der Planung dokumentiert, sondern auch als Anforderungen formuliert den entsprechenden Koppelelementen zugeordnet werden. Es reicht beispielsweise nicht aus die Einrichtung von VLANs zu dokumentieren, da bei der Umsetzung insbesondere die Unterstützung seitens der Koppelelemente gegeben sein muss. Dementsprechend ist im abschließenden Teilschritt der Entwicklung einer Switching-Architektur der Funktionsumfang der verschiedenen Koppelelemente zu prüfen und in einem Stammblatt zu dokumentieren. Dazu kann als Grundlage die nachfolgende, offene Liste an möglichen Anforderungen, die sich aus der entwickelten Switching-Architektur ergeben, verwendet werden:

- Layer-2-Switching
- Layer-3-Switching (für Inter-VLAN-Konnektivität)
- Unterstützung von VLANs (802.1q)
- Unterstützung von STP (802.1d)
- Layer-2-Priorisierung (802.1p)
- Layer-3-Priorisierung
- High-Performance Eigenschaften

5.1.3 Basiswissen für die Switching-Architektur *

In diesem Abschnitt wird technisches Basiswissen vermittelt, das der Netzplaner als Grundlage für die Entwicklung einer Switching-Architektur besitzen muss. Dabei werden die nachfolgend genannten Techniken und Protokolle betrachtet:

- »Virtual Local Area Network (VLAN)«, S. 175
- »Multi-NIC Server«, S. 177
- »Spanning Tree Protocol«, S. 179

5.1.3.1 Virtual Local Area Network (VLAN) **

Physikalische Netzsegmente auf ISO/OSI-Layer-2 bilden durch ISO/OSI-Layer-3 eingeschränkte Broadcast-Domänen. Sollen diese Broadcast-Domänen weiter strukturiert werden, so wird heutzutage die VLAN-Technik (IEEE 802.1Q) verwendet. Diese erlaubt zum einen ein physikalisches Netzsegment in mehrere, logisch voneinander getrennte Teilsegmente zu separieren, aber auch, über mehrere physikalische Netzsegmente hinweg logische Teilsegmente zu bilden.

Broadcast-Domänen aufteilen

Ein VLAN bildet eine Broadcast-Domäne. Das Beispiel in Abb. 5.1-16 veranschaulicht die Bildung eines **VLANs**.

Sind, wie im oberen Teil der Abb. 5.1-16 dargestellt, unterschiedliche Benutzergruppen physikalisch über zwei Layer-2-Switches, die wiederum mit einem Layer-3-Switch verbunden sind, voneinander getrennt, so kann durch den Einsatz der VLAN-Technik die Anzahl der Koppelelemente reduziert werden, wie im unteren Teil der Abb. veranschaulicht. Die Aufteilung der Benutzergruppen erfolgt in zwei VLANs, die weiterhin nur über den Layer-3-Switch miteinander kommunizieren können. Ein derar-

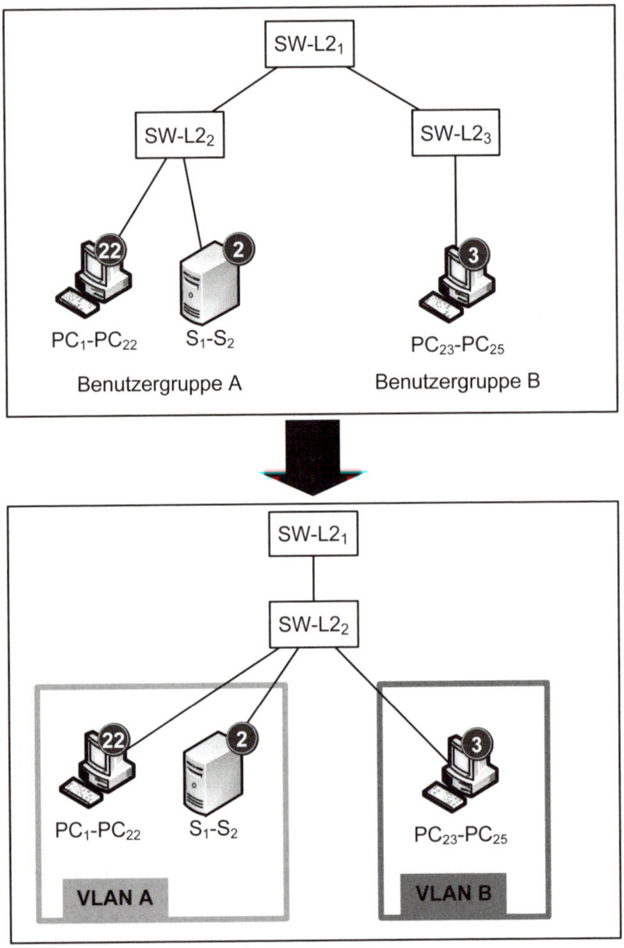

Abb. 5.1-16: Bildung von VLANs.

tiger Layer-3-Switch besitzt dann zur Verbindung mit den verschiedenen VLANs entweder jeweils einen separaten Port, auf den das jeweilige VLAN geschaltet ist, oder einen Port, der als sogenannter Trunk fungiert und mehrere VLANs abbildet. Einem Trunk-Port bzw. einer Trunk-Verbindung können ein oder mehrere VLANs zugeordnet sein. Diese **Trunk-Technik** wird auch dann eingesetzt, wenn sich VLANs über mehrere physikalische Netzsegmente erstrecken, wie in Abb. 5.1-17 veranschaulicht. In diesem Beispiel existieren zwei VLANs A und B. Es ist zu erkennen, dass auf der Clientseite zwei Arbeitsgruppen existieren, die in verschiedene VLANs aufgeteilt wurden. Die Arbeitsgruppen besitzen jeweils in einem anderen Netzsegment Server, die auch nur für die jeweiligen VLANs zur Verfügung stehen. Die

Verbindung der Netzsegmente erfolgt über einen Trunk-Port, der auf beiden Seiten, also in beiden Layer-2-Switches entsprechend konfiguriert sein muss.

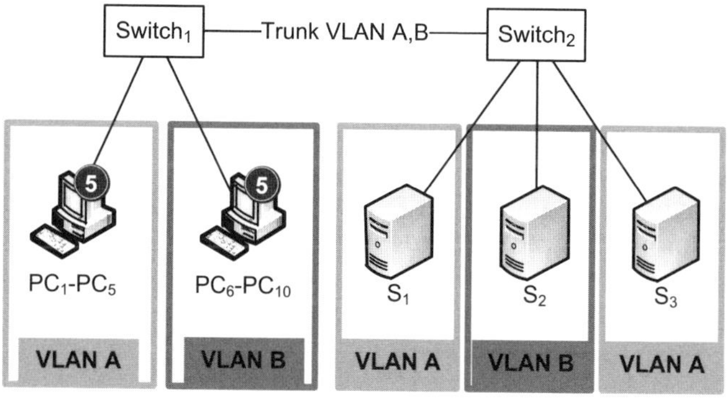

Abb. 5.1-17: VLAN-Trunk.

Varianten

Es gibt drei mögliche Varianten der Zuordnung von VLANs zu Endgeräten: Die älteste Variante ist die statische Zuordnung von Ports eines Layer-2-Switches zu einem VLAN. Werden die Ports eines Switch mit den Ports von Netzwerkdosen verbunden, so kann man annehmen, dass die VLANs auf die Netzwerkdosen in den entsprechenden Räumen gepatcht wurden. Bei der dynamischen Zuordnung erfolgt in der Regel ein Mapping der MAC-Adresse eines Endpunkts zu einem VLAN, sodass der entsprechende Port am Switch dynamisch umgeschaltet werden kann und das VLAN je nach verbundenem Gerät zugewiesen wird. Bei dieser Variante ist jedoch eine dritte Instanz notwendig, die die Informationen über das **Mapping** bereitstellt. VLANs werden anhand eines **Tags** identifiziert, das in der Regel von den entsprechenden Koppelelementen gesetzt wird. Jedoch ist es auch möglich, als dritte Variante, dass diese Tags von Endpunkten gesetzt werden. Der genaue Ablauf der Behandlung von Paketen sei an dieser Stelle nicht von Interesse und kann in der entsprechenden Fachliteratur nachgelesen werden.

Literatur

[TePa05], [Herh08]

5.1.3.2 Multi-NIC Server **

Üblicherweise sind Hosts mit nur einem Netzwerkinterface ausgestattet. Aus verschiedenen Gründen kann es jedoch notwendig sein, die Anzahl der Netzwerkinterfaces zu erhöhen.

Erreichbarkeit erhöhen

In der Regel ist es üblich, dass Endpunkte lediglich mit einem **Network Interface (NIC)** ausgestattet sind, da dieses die Verwaltbarkeit im Computernetz vereinfacht. Aufgrund verschiedener Ziele kann es jedoch von Vorteil sein, insbesondere Server Hosts mit mehreren NICs auszustatten. Zum einen kann ein Server Host mit beispielsweise zwei NICs ausgestattet sein, wie in Abb. 5.1-18 veranschaulicht, um in ein **Hochverfügbarkeitskonzept** integriert zu werden, bei dem die Redundanz durch die Einführung parallel aktiver Koppelelemente erhöht wurde. Der Server ist dann über verschiedene Netzsegmente erreichbar. Zu beachten ist jedoch, dass in diesem Fall der Server den Single-Point-of-Failure darstellt, was hier nicht von Interesse ist, sondern erst im Rahmen der Entwicklung einer hochverfügbaren Switching-Architektur an Bedeutung gewinnt.

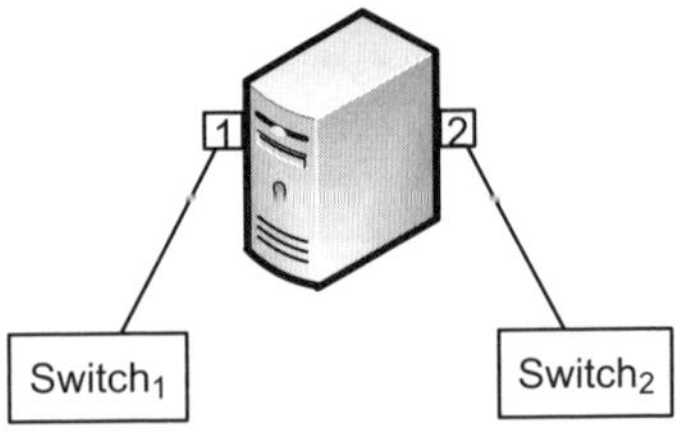

Abb. 5.1-18: Hochverfügbarkeit durch Multi-NIC.

Performance steigern

Zum anderen kann ein Server Host mit beispielsweise zwei oder mehreren NICs ausgestattet sein, wie in Abb. 5.1-19 veranschaulicht, um die **Zugriffsperformance** zu steigern. Bei dieser Variante werden zwei oder mehrere NICs bzw. Verbindungen (Links) aggregiert, weshalb dies auch als Link-Aggregation bezeichnet wird. Die verschiedenen Techniken sind stark herstellerspezifisch, sodass hier auf die Umsetzung nicht weiter eingegangen wird. Es ist jedoch festzuhalten, dass diese Technik idealerweise vom Server Host als auch vom damit verbundenen Koppelelement unterstützt werden muss.

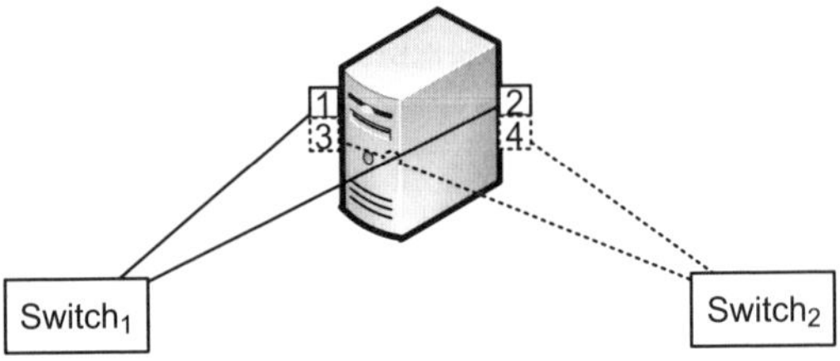

Abb. 5.1-19: Performance durch Multi-NIC.

Auch eine Kombination der beiden Zielsetzungen ist möglich, wie im punktiert dargestellten Teil der Abb. 5.1-19 angedeutet.

5.1.3.3 Spanning Tree Protocol **

Soll die Hochverfügbarkeit von Computernetzen und Systemen sichergestellt werden, werden u. a. Koppelelemente und Verbindungen redundant ausgelegt. Dies kann jedoch zu großen Problemen bei der Kommunikation zwischen den Netzsegmenten führen, die durch Einsatz eines speziellen Protokolls zur Pfadauswahl verhindert werden können.

Schleifen

Soll die Hochverfügbarkeit von Computernetzen und Systemen sichergestellt werden, werden u. a. Koppelelemente und Verbindungen redundant ausgelegt. Dies kann jedoch zu großen Problemen bei der Kommunikation zwischen den Netzsegmenten führen, insbesondere dann, wenn Broadcast-Nachrichten innerhalb eines Netzsegments verschickt werden, wie im folgenden Beispiel veranschaulicht. Angenommen PC21 in Abb. 5.1-20 versucht per ARP-Broadcast die MAC-Adresse von PC20 in Erfahrung zu bringen und die Adresse sei bisher noch nirgendwo bekannt. Dann würde der Broadcast wie dargestellt von den Layer-2-Switches auf jedem Port eines Switches, außer dem Port über den die Anfrage empfangen wurde, weitergeleitet werden. PC 20 würde auf die Anfrage reagieren und diese entsprechend beantworten. Dieser Vorgang ist unproblematisch.

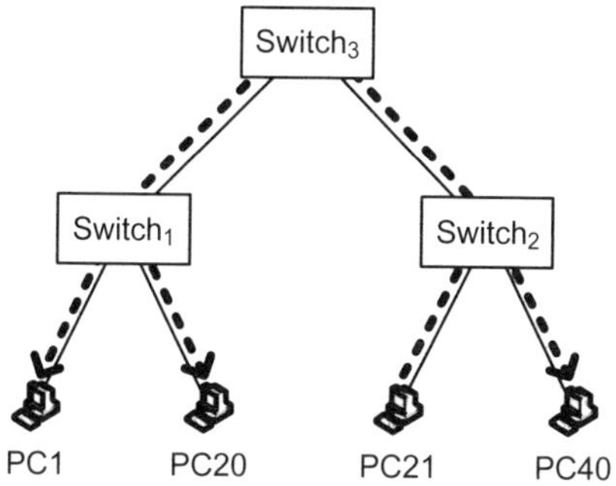

Abb. 5.1-20: Versand und Weg eines ARP-Broadcasts.

Wurden die Koppelelemente und Verbindungen jedoch redundant ausgelegt, so ergibt sich durch das Verhalten bei der Weiterleitung von Broadcasts innerhalb des Netzsegmentes bzw. der Broadcast-Domäne ein Problem. Da ein Layer-2-Switch bei der Weiterleitung den Broadcast an alle Ports eines Switch, bis auf den Anfrageport weiterleiten würde, werden **Anfrageschleifen** zwischen den Switches entstehen, wie in Abb. 5.1-21 dargestellt. Dies kann zu einigen Problemen führen, wie beispielsweise der schnellen Füllung der MAC-Tabellen mit falschen Einträgen bzw. sich kontinuierlich ändernden Einträgen. Dies kann die Performance des Computernetzes signifikant beeinflussen. Eine Verbindung mit Routern bzw. Layer-3-Switches wäre auch keine Lösung, da hierdurch lediglich die Broadcast-Domänen verkleinert werden, dafür aber teurere Layer-3-Koppelelemente zum Einsatz kommen müssten.

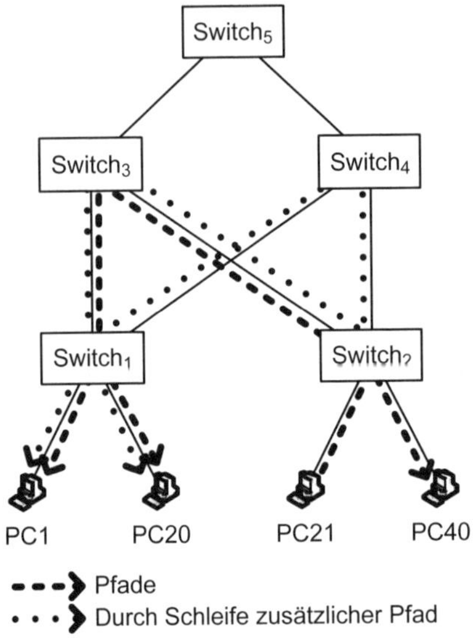

Abb. 5.1-21: Schleifenbildung in Netzen.

Spannbaum

Um für dieses Problem Abhilfe zu schaffen, wurde das ***Spanning Tree Protocol*** (STP), definiert in IEEE 802.1 d, entwickelt, das in redundant ausgelegten Netzen eine Kommunikationshierarchie in Form eines Spannbaums berechnet und dementsprechend den Verkehr innerhalb von Broadcast-Domänen weiterleitet. Dem Protokoll liegt das Prinzip zugrunde, dass unter allen Layer-2-Switches ein Switch ausgehandelt wird, der als Wurzel für den Spannbaum fungiert. Von diesem aus werden dann jeweils die besten Pfade zu allen Elementen berechnet und dementsprechend gewählt. Redundante Pfade bleiben zwar physikalisch erhalten und werden auch aktiv von den Layer-2-Switches behandelt, werden jedoch für den normalen Verkehr im Computernetz gesperrt, sodass sich eindeutige Pfade in Form eines Spannbaums ergeben, wie in Abb. 5.1-22 exemplarisch dargestellt. Im Fall, dass ein Element oder eine Verbindung ausfällt, werden diese gesperrten Pfade wieder für den normalen Verkehr zur Verfügung gestellt. Um Fehler festzustellen, prüfen Timer regelmäßig die Verfügbarkeit von Verbindungen. Der genaue Ablauf kann im entsprechenden Standard nachgelesen werden. Es ist jedoch festzuhalten, dass der Spannbaum im Fehlerfall stets vollständig neu berechnet werden muss.

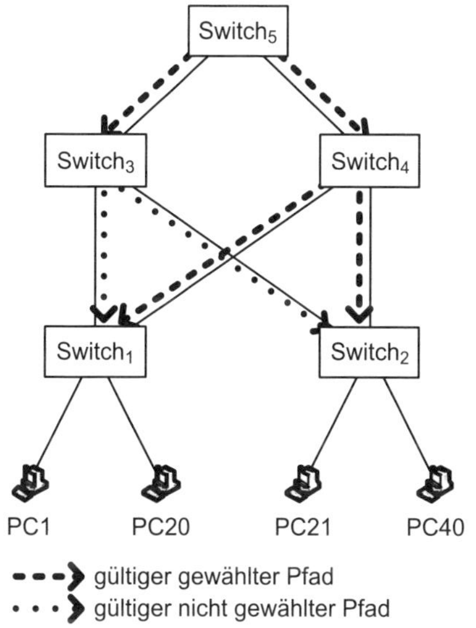

Abb. 5.1-22: Vermeidung von Schleifen durch STP.

Durchgehender Einsatz

Eine wichtige Voraussetzung dafür, dass das Netz durch den Einsatz von STP schleifenfrei betrieben werden kann, ist, dass alle Switches, die von den Schleifen betroffen sind, dieses Protokoll unterstützen. In der Regel betrifft dies ausschließlich die Koppelelemente in Backbone-Bereichen des Computernetzes, nicht in den anderen Bereichen.

Ein wichtiger Punkt, der unbedingt berücksichtigt werden sollte ist, dass STP vom Administrator zu konfigurieren ist und nicht mit Standardeinstellungen betrieben werden darf, sofern bereits vorhandene, vielleicht schon ältere Koppelelemente eingesetzt werden.

Wie zuvor beschrieben wird beispielsweise ein Koppelelement als Wurzel für den Spannbaum ausgewählt. Dies erfolgt anhand einer Bridge Priority sowie der MAC der Koppelelemente, wobei das Element mit der niedrigsten ***Bridge Priority*** gewählt wird. In der Standardkonfiguration ist die Bridge Priority bei allen Elementen gleich, sodass die MAC als weiteres Kriterium herangezogen wird.

Da der kleinste Wert gesucht wird, wird die kleinste und damit die MAC-Adresse des ältesten Geräts ausgewählt, was in der Regel zu einer nicht idealen Konfiguration des Spannbaums führt. Darum sollte STP in jedem Fall vor einer Verwendung aktiv und gemäß der Netzstruktur konfiguriert werden.

Es existieren mehrere Weiterentwicklungen von STP: Zum einen Rapid STP, das nicht mehr nur timerbasiert den Status des Netzes prüft (Polling), sondern auf Basis von aktiver Informationsverteilung den Status des Netzes überwacht (Pushing). Zum anderen Multiple STP, das insbesondere für VLANs geeignet ist, bei denen es zur gleichen Schleifenproblematik kommen kann.

Weitere Literatur

[TePa05], [Herh08], [KuRo09]

5.2 Routing-Architektur *

In die Entwicklung einer Routing-Architektur fließen alle erarbeiteten und dokumentierten Ergebnisse der vorangegangenen Phasen des Planungsprozesses ein. Von besonderer Bedeutung für die Routing-Architektur sind dabei die aus der Datenflussanalyse und dem Entwurf der Switching-Architektur resultierenden Planungsergebnisse.

Es sei an dieser Stelle in Erinnerung gerufen, dass die mit der Datenflussanalyse identifizierten Aggregationspunkte Indikatoren für den Einsatz von Koppelelementen darstellen, wobei im Zuge der Switching-Architektur die Aggregationspunkte zunächst zu Layer-2-Switches transformiert wurden.

Im nächsten Planungs- und Auslegungsschritt – nämlich der Konzipierung einer Routing-Architektur – ist die Fragestellung zu untersuchen und zu beantworten, wo Layer-2-Switches aufgrund der bisherigen Planungsergebnisse und weiterer Kriterien durch Router bzw. Layer-3-Switches ersetzt werden sollten bzw. inwieweit das Netz durch Einführung zusätzlicher Router hierarchisch strukturiert werden sollte.

In diesem Abschnitt wird eine Vorgehensweise zur Entwicklung einer Routing-Architektur vermittelt:

- »Vorgehensweise«, S. 182

Zudem wird technisches Basiswissen für die Entwicklung einer Routing-Architektur zusammengefasst dokumentiert:

- »Basiswissen«, S. 194

5.2.1 Vorgehensweise *

5 Teilschritte

Analog zur Switching-Architektur ist es auch hier sinnvoll, die Entwicklung der Routing-Architektur in aufeinander aufbauenden Teilschritten durchzuführen.

In einem ersten Teilschritt sollten die Kriterien, gemäß derer die Routing-Architektur zu konzipieren ist, aufgrund der projektspezifischen Gegebenheiten ausgewählt werden.

Im Teilschritt zwei gilt es ein bzw. mehrere autonome Systeme zu definieren und Funktionsbereiche innerhalb des bzw. der autonomen Systeme festzulegen.

Im dritten Teilschritt sind die Merkmale der IP-Adressen hinsichtlich ihrer Sichtbarkeit festzulegen.

Logischerweise folgt im vierten Teilschritt die Festlegung der Subnetze.

Wie welche Adressen zu routen sind, sollte im fünften Teilschritt anhand von Routing-Regeln fixiert werden (Abb. 5.2-1). In diesem Abschnitt werden diese fünf Schritte beschrieben:

- »Architektur-Kriterien festlegen«, S. 184
- »Autonome Systeme und Funktionsbereiche bilden«, S. 186
- »Adresstypen festlegen«, S. 188
- »Subnetze bilden«, S. 189
- »Routing-Regeln aufstellen«, S. 193

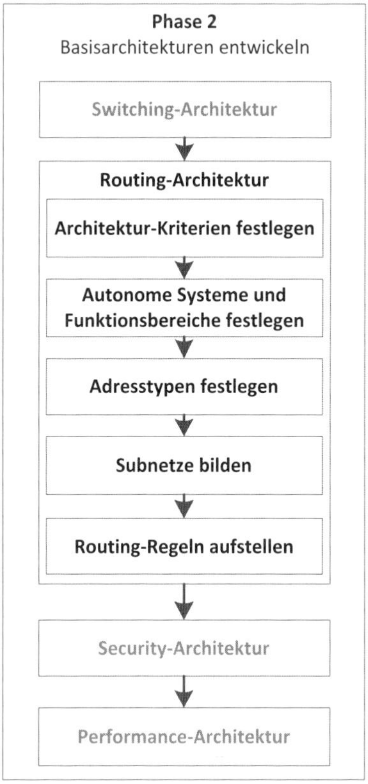

Abb. 5.2-1: Teilschritte zum Entwurf der Routing-Architektur.

5.2.1.1 Architektur-Kriterien festlegen *

Die Ergebnisse der Datenflussanalyse mit der Festlegung der Aggregationspunkte und die daraus entwickelte Switching-Architektur sind zwar Basis für den Entwurf der Routing-Architektur. Es sind jedoch weitere Kriterien im Hinblick auf die Routing-Architektur zu berücksichtigen. Dies sind neben lokalen Gegebenheiten und Unternehmensstruktur, Performance-Parameter und Merkmale von Anwendungen und Diensten.

Räumliche Randbedingungen

Als erstes Kriterium sind lokale Gegebenheiten und Randbedingungen, wie beispielsweise mehrere **Unternehmensstandorte**, die über ein eigenes Unternehmensnetz verbunden sind, mehrere Gebäude an einem Standort oder auch die interne Gebäudestruktur für den Entwurf der Routing-Architektur zu berücksichtigen. Hier ist zu klären und festzulegen, ob diese **räumlichen Gegebenheiten**, wie exemplarisch in Abb. 5.2-2 gezeigt in der Routing-Architektur abgebildet werden sollten. Für unterschiedliche Unternehmensstandorte ist es auch im Fall eines Intranet sinnvoll, je Standort zumindest einen Standortrouter vorzusehen, um auf diese Weise ein gut strukturiertes hierarchisches Netz zu erhalten. Erfolgt der Datenverkehr über das Internet, ist die Anbindung über Router ohnehin obligatorisch.

Unternehmensstruktur

Ein zweites Kriterium kann die Struktur eines Unternehmens entsprechend seiner Aufbauorganisation sein, d. h. die Routing-Architektur an Bereichen, Abteilungen oder Gruppen zu orientieren. Dies kann sinnvoll und zielführend sein, wenn die jeweiligen Organisationseinheiten gleiche bzw. ähnliche Anforderungen hinsichtlich der Performance-Parameter haben. Abb. 5.2-3 veranschaulicht dies am Beispiel eines produzierenden Unternehmens.

Performance-Anforderungen

Ähnliche Anforderungen hinsichtlich der Performance-Parameter Datenrate und Verzögerung resultierend aus den jeweiligen Anwendungen und Diensten, z. B. Bilddateien, Videodateien oder Sprachübertragung sowie aufgrund der Benutzer und des Benutzerverhaltens, z. B. Anzahl der Benutzer gleicher Anwendungen/Dienste und deren Zugriffshäufigkeiten sind ein drittes Kriterium für den Entwurf der Routing-Architektur.

Anwendungen & Dienste

Als viertes Kriterium können die Merkmale der Anwendungen und Dienste die Architektur mit bestimmen. Es ist daher beim Entwurf ggf. zu berücksichtigen, ob Anwendungen und Dienste als aufgabenkritisch, unternehmenskritisch oder sicherheitskritisch eingestuft wurden. So kann es beispielsweise erforderlich werden, bereits an dieser Stelle Sicherheitsanforderungen hinsichtlich bestimmter Server Hosts oder auch Client Hosts eines Forschungsbereiches zu berücksichtigen.

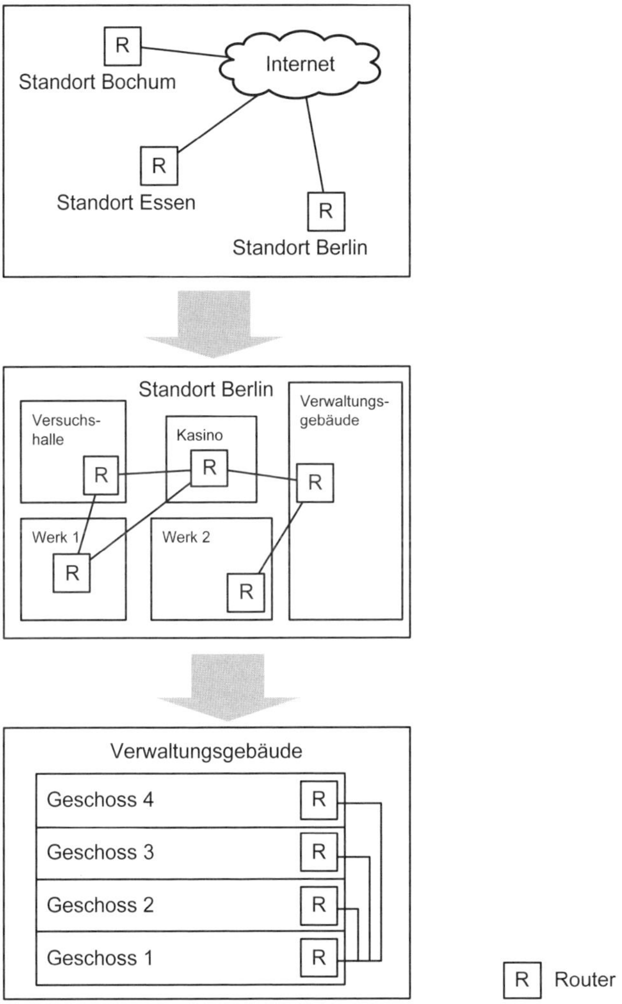

Abb. 5.2-2: Routing-Architektur ausschließlich basierend auf den räumlichen Gegebenheiten.

Relevanz der Kriterien

Projektspezifisch sind diese Kriterien hinsichtlich ihrer Relevanz für die Routing-Architektur zu analysieren, um eine Entscheidung treffen zu können, welche der Kriterien die Positionierung der Router im zu planenden Netz bestimmt. In der Regel werden mehrere der Kriterien dem Entwurf zugrunde gelegt werden können, sodass eine individuelle Wichtung der Kriterien vorgenommen werden muss.

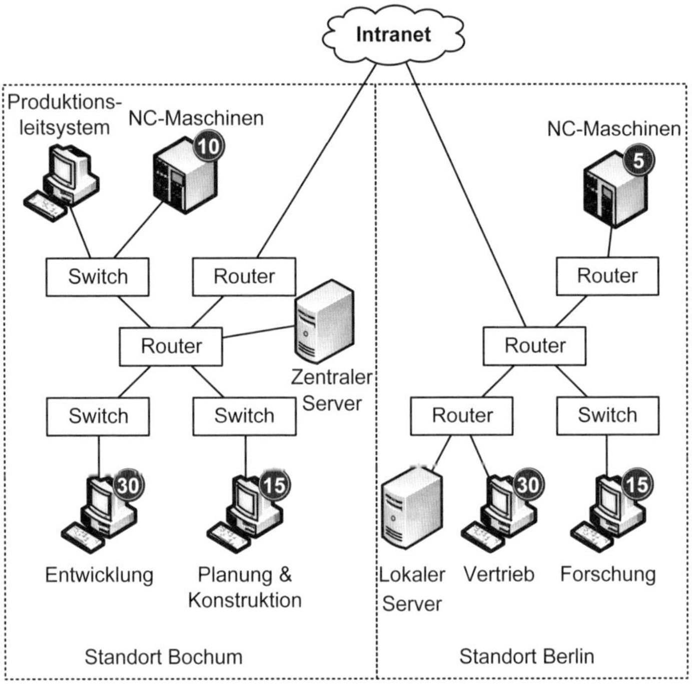

Abb. 5.2-3: Routing-Architektur auf der Basis von Unternehmensstandorten, Bereichen bzw. Abteilungen.

5.2.1.2 Autonome Systeme und Funktionsbereiche bilden **

Durch Bildung von Autonomen Systemen (AS) lassen sich organisationsbezogene und funktionsorientierte Strukturierungsprobleme großer Unternehmensnetze lösen. Darüber hinaus wird damit Skalierbarkeit erreicht.

Vergabe der AS-Nummer

In der Regel wird die Bildung von **Autonomen System (AS)** für den Planer von Unternehmensnetzen nicht unbedingt von primärer Bedeutung sein, da ein AS – per Definition eine Menge von IP-Netzen, die gemeinsam verwaltet werden – eine international eindeutige, zentral vergebene **AS-Nummer** zugewiesen bekommt.

Derartige AS-Nummern erhalten Internet Service Provider, international operierende Unternehmen sowie Universitäten. Diese AS sind untereinander verbunden und bilden damit das Internet.

Autonome Systeme

Da insbesondere große Unternehmen und Institutionen den Wunsch oder den Bedarf haben, aufgrund einer hohen Zahl von Teilnetzen einhergehend mit einer ebenfalls hohen Router-Anzahl, interne AS zu bilden, wurde ein Teil der insgesamt verfügbaren AS-Nummern als private AS-Nummern definiert, die lediglich innerhalb einer Organisation verwendet werden dürfen. Ob ein Netzplaner sich mit der Bildung von AS befassen muss, hängt also davon ab, ob in einem Unternehmen oder in einer Institution eine eigenständige Administration sachlich oder auch strategisch gewünscht bzw. erforderlich ist.

In diesem Fall ist festzulegen, aufgrund welcher Kriterien die AS gebildet werden. Da durch AS **organisationsbezogene** und **funktionsorientierte Strukturierungsprobleme** sowie das Problem der Skalierbarkeit gelöst werden sollen (vgl. »Autonome Systeme und Funktionsbereiche«, S. 197), können standortübergreifende Bereiche eines Unternehmens wie z. B. die Materialwirtschaft, das Personalwesen oder der Vertrieb bzw. die Anzahl der Router an den jeweiligen Standorten ausschlaggebend für die Festlegung der AS sein.

Funktionsbereiche

Welche Kriterien für die Festlegung von Funktionsbereichen signifikant sind, ist wiederum auf der Basis der bisherigen Planungsergebnisse zu prüfen und zu bewerten. Im einfachsten Fall können sich die Funktionsbereiche entsprechend der **Aufbauorganisation** eines Unternehmens festgelegt werden.

Dies kann jedoch nur dann zielführend sein, wenn die einzelnen Unternehmensbereiche und Abteilungen mit ihren Benutzern bzw. Benutzergruppen hinsichtlich anderer Auslegungsparameter gleiche oder zumindest sehr ähnliche Anforderungen stellen.

Unterscheiden sich diese insbesondere hinsichtlich ihrer Performance- und Sicherheitsanforderungen, so sind diese Kriterien für die Bildung der Funktionsbereiche ausschlaggebend.

Abb. 5.2-4 veranschaulicht exemplarisch die Strukturierung eines Autonomen Systems in drei Funktionsbereiche, die über einen Backbone miteinander kommunizieren. Die internen Router befinden sich nicht im Backbone-Bereich und führen damit ausschließlich **Intra-AS-Routing** durch, also das Routing innerhalb des AS.

Die sogenannten Area-Border-Router sind Bestandteil eines Bereiches als auch des Backbone und damit entsprechend der funktionalen Strukturierung dem Backbone (Distribution) zuzuordnen.

Routing-Informationen

Die Backbone-Router führen das Routing ausschließlich innerhalb des Backbone durch. Der Gateway-Router tauscht Routing-Informationen mit Routern aus, die sich in anderen autonomen Systemen befinden. Sie gehören somit zum Backbone (Core).

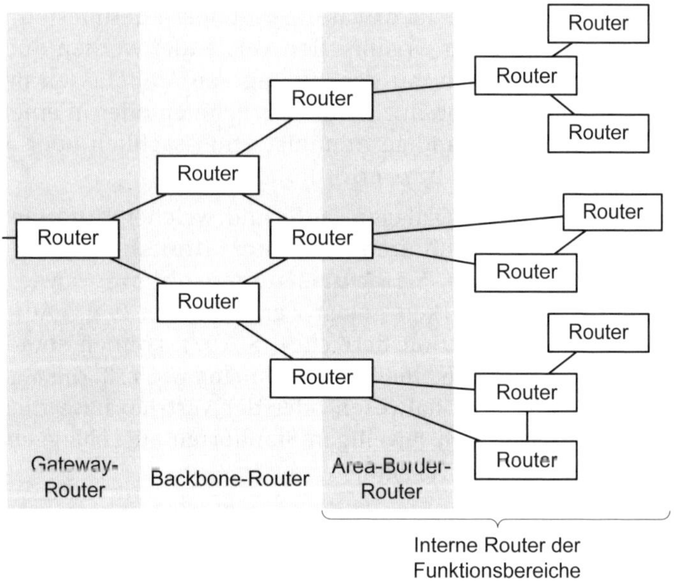

Abb. 5.2-4: Hierarchisch strukturiertes Autonomes System.

5.2.1.3 Adresstypen festlegen *

Unabhängig von der konkreten Zuweisung der IP-Adressen bzw. IP-Adressbereiche an Endpunkte bzw. Subnetze ist es sinnvoll zuvor festzulegen, ob Adressen öffentlich sichtbar sein dürfen oder privat bleiben sollen, ob sie lediglich temporär oder permanent zugewiesen werden sollen.

global vs. privat

Zweckmäßigerweise sollten hier folgende Adressarten betrachtet werden. Globale Adressen werden weltweit erkannt und weitergeleitet, sie sind also öffentlich. In Abhängigkeit von der Routing-Architektur sind sie damit von extern erreichbar. Die Zuweisung einer globalen Adresse bzw. eines globalen Adressbereichs ist in der Regel mit zusätzlichen Kosten verbunden, insbesondere bei einer permanenten Zuweisung. Private Adressen werden weder in weitere Teilnetze eines Intranet noch in das öffentliche Netz Internet geroutet und sind zudem nicht mit weiteren Kosten verbunden.

Hierbei handelt es sich um intern fest zugewiesene IP-Adressen aus gesonderten Adressbereichen. Das Routing in ein Intranet bzw. das Internet erfolgt dann per **Network Address Translation** (NAT). Durch diese Maßnahme kann erreicht werden, dass bestimmte Client- oder Server-Hosts nicht über die Grenzen ihres Subnetzes hinaus sichtbar werden.

temporär vs. permanent

Werden einem **Host Adressen** nur für eine bestimmte Zeitdauer dynamisch zugewiesen, handelt es sich um temporäre Adressen. Permanente Adressen werden einem Host eine lange Zeitdauer oder dauerhaft zugeordnet. Typischerweise erhalten Server Hosts, unabhängig davon ob auch extern oder nur intern erreichbar, permanente Adressen. Für die Verwaltung eines Computernetzes und seiner Benutzer ist es jedoch auch ratsam, die IP-Adressen permanent zuzuordnen. Die Konfiguration der permanenten Adressen kann beispielsweise über eine Abbildung von MAC-Adressen auf IP-Adressen erfolgen.

5.2.1.4 Subnetze bilden *

Mit der Bildung von Subnetzen werden primär folgende Zwecke verfolgt: Verringerung der Größe von Broadcastdomänen und damit eine lastgerechte Verkehrslenkung sowie die Berücksichtigung von QoS- und Sicherheitsanforderungen für dedizierte Funktionsbereiche.

Broadcast-Domänen verkleinern

Zum einen gelingt es nur durch **Subnetzbildung** Broadcast-Domänen zu verkleinern, so die Belastung des Netzes insgesamt auf einzelne Segmente zu verteilen und damit den Durchsatz im Netz zu erhöhen. Abb. 5.2-5 verdeutlicht dies.

Hierarchiebildung

Eine derartige Hierarchiebildung ist sinnvoll oder sogar erforderlich, um die **Benutzerzahl** in Broadcast-Domänen zu reduzieren und so die Menge der Host, die über eine Broadcast-Message zu erreichen sind, zu verringern. Durch Router sollten große Broadcast-Domänen in mehrere kleine Broadcast-Domänen gesplittet werden. So wird es möglich Verkehrsflüsse gezielt zu lenken und im gesamten Netz eine sinnvolle, den Performance-Anforderungen gerecht werdende Lastverteilung zu erreichen. Dies ist zwar für kleinere Netze nicht relevant, in größeren Unternehmensnetzen jedoch von erheblicher Bedeutung.

Vorteile

Weiterhin kann die **Sicherheit** für jedes Subnetz entsprechend den Sicherheitsanforderungen bestimmter Funktionsbereiche und innerhalb eines Funktionsbereiches einzelner Benutzer bzw. Benutzergruppen individuell konfiguriert werden, da Router die Möglichkeit bieten über Routing-Regeln und Paketfilter Sicherheitsmechanismen zu implementieren. Gleiches gilt auch hinsichtlich ggf. umzusetzender QoS-Funktionalität, sofern DiffServ-fähige Router eingesetzt werden. Darüber hinaus lassen sich umfangreiche Netze erst aufgrund dieser weiteren Strukturierung mit vertretbarem Aufwand administrieren.

Kriterien

Anhand des unter »Architektur-Kriterien festlegen«, S. 184, aufgestellten Kriterienkatalogs kann ermittelt werden, wie die Subnetzbildung innerhalb eines Funktionsbereiches umgesetzt wer-

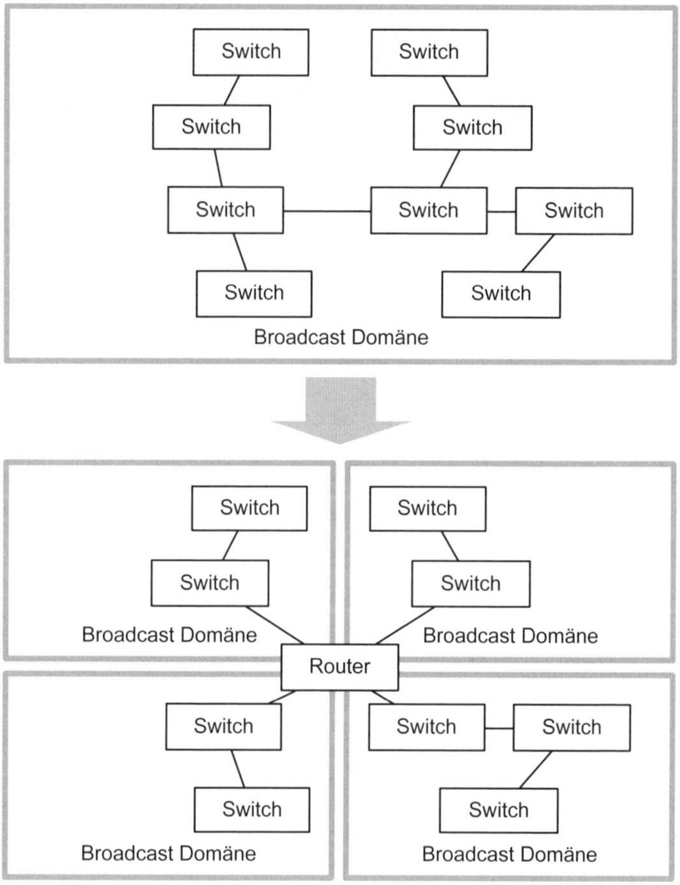

Abb. 5.2-5: Strukturierung durch Subnetzbildung.

den sollte. Abhängig von den durch das jeweilige Projekt bestimmten Kriterien kann eine auf der Switching-Architektur aufsetzende Routing-Architektur für ein und dieselbe Switching-Architektur unterschiedliche Ausprägungen haben. Zwei beispielhafte Routing-Architekturen basierend auf der Switching-Architektur der Abb. 5.1-6 verdeutlichen dies (Abb. 5.2-6 und Abb. 5.2-7). An diesem einfachen Beispiel wird in Abb. 5.2-7 bereits offensichtlich, dass der Entwurf der Routing-Architektur wesentliche Veränderungen der Switching-Architektur zur Folge haben kann.

VLANs verbinden

Sollten im Entwurf der Switching-Architektur VLANs vorgesehen sein und sollen diese miteinander kommunizieren, was üblicherweise der Fall ist, so sind diese VLANs als Subnetze über einen Router zu verbinden.

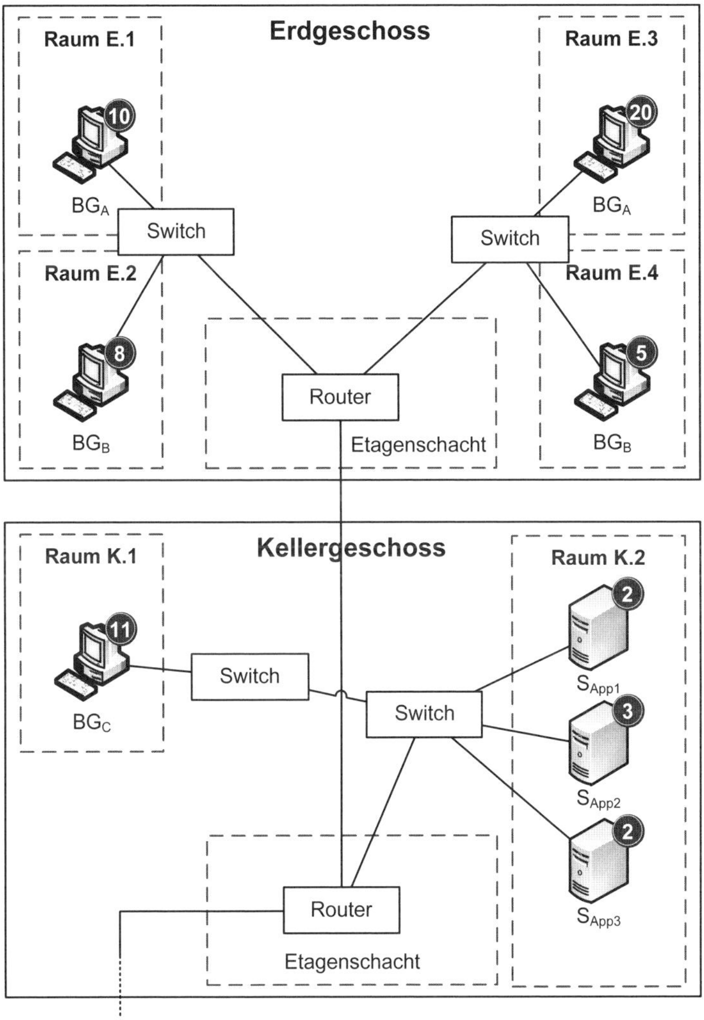

Abb. 5.2-6: Routing-Architektur Variante A.

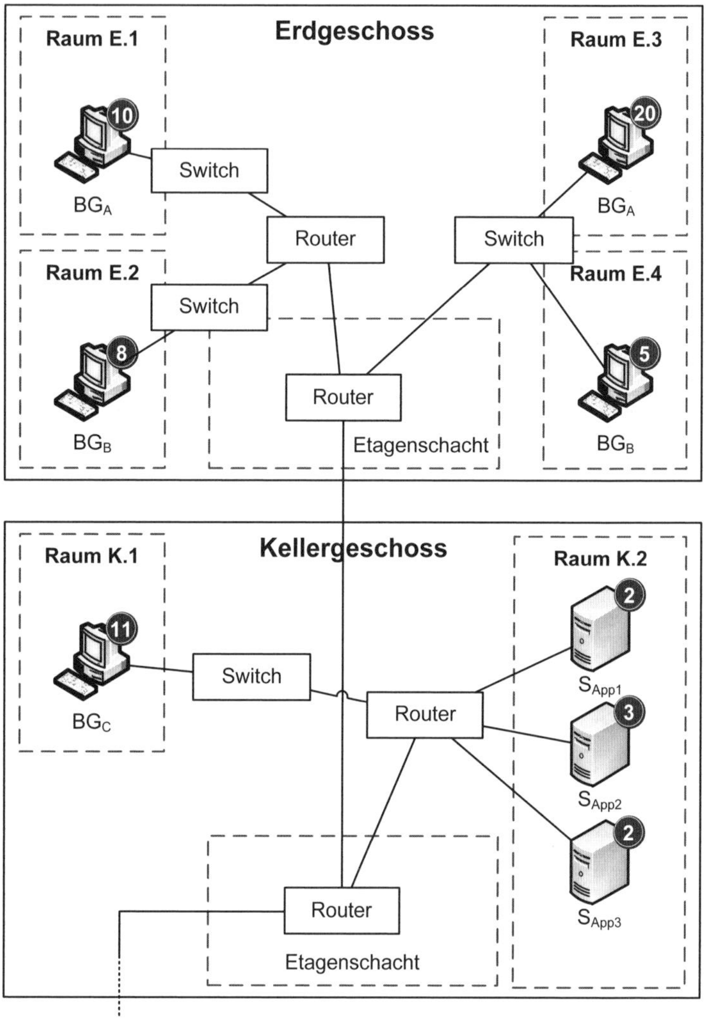

Abb. 5.2-7: Routing-Architektur Variante B.

5.2.1.5 Routing-Regeln aufstellen **

Für das Routing ist abschließend festzulegen, in welchen Bereichen des Computernetzes Pakete statisch und in welchen Bereichen Pakete dynamisch geroutet werden sollen.

statisch vs. dynamisch

Statisches Routing ist immer dann sinnvoll, wenn zum einen das Netzwerk relativ überschaubar ist, also beispielsweise in lokalen Netzen mit einer nicht zu hohen Benutzerzahl, und zum Zweiten keine redundanten Pfade vorzusehen sind. Umfasst ein Netzwerk, beispielsweise in einem unternehmensweiten Intranet, eine Vielzahl an Routern und darüber hinaus redundante Wege wird der Administrationsaufwand zu hoch. In derartigen Fällen sollte sinnvollerweise dynamisches Routing verwendet werden. Der Nachteil des dynamischen Routing gegenüber dem statischen Routing besteht aufgrund der online Routenfindung in einem wesentlich höheren Overhead. Eine Mischung aus statischem und dynamischem Routing kann sinnvoll sein, wenn bestimmte Pfade im Netz redundant ausgelegt werden sollten, für andere Pfade jedoch eine einfache Lösung ausreicht.

Dynamische Regeln

Für die Backbone-Bereiche im Computernetz, insbesondere für das Modul Backbone (Core), kann also dynamisches Routing vorgesehen werden. Sollte es sinnvoll sein, die Datenflüsse ausgewählter Anwendungen gezielt über einen, möglicherweise **dedizierten Pfad** im Computernetz zu leiten, um diese Anwendung beispielsweise von den konkurrierenden Datenflüssen anderer Anwendungen zu isolieren (z. B. bei VoIP), so sind dafür statische Routen festzulegen. Jedoch kann auch das dynamische Routing unter Einbeziehung von Performance-Parametern in die Routing-Entscheidung einen optimalen Pfad für die Anwendung auswählen. Hierbei sollten sowohl der Konfigurationsaufwand als auch der Administrationsaufwand mit in die Entscheidung einbezogen werden. Gleiches gilt für das Modul Backbone (Distribution).

Statische Regeln

Statisches Routing ist zur gezielten Festlegung der **Kommunikationsrechte** zwischen verschiedenen Subnetzen sinnvoll, sofern dies laut Anwendungsbeschreibung notwendig ist. Das ist insbesondere dann der Fall, wenn Benutzer eines Subnetzes auf einen Server Host in einem anderen Subnetz zugreifen sollen. Dies kann durch die Einrichtung einer entsprechenden Routing-Regel erreicht werden. Mittels statischer Routen kann generell die **Erreichbarkeit** einzelner Hosts ermöglicht werden.

Standorte verbinden

Auch bei der Verbindung von Unternehmensstandorten und dem Austausch von Daten zwischen diesen Standorten können statische Routing-Regeln verwendet werden, um den Verkehr gezielt zu ausgewählten Standorten bzw. über ausgewählte Standorte zu leiten.

5.2.2 Basiswissen *

In diesem Abschnitt wird technisches Basiswissen für die Entwicklung einer Routing-Architektur vermittelt. Dabei werden die nachfolgend genannten Themen behandelt:

5.2.2.1 Switch vs. Router *

Bis auf die Basis-Funktion Datenpakete weiterzuleiten, unterscheiden sich Switches und Router in ihrer Funktionalität erheblich. Der Netzplaner hat nun unter Berücksichtigung der spezifischen Funktionsmerkmale dieser Koppelelemente zu entscheiden, wo im Netz Router einzusetzen sind bzw. Switches durch Router zu ersetzen sind.

Grundfunktionen

Mit der Routing-Architektur wird ebenso wie durch die Switching-Architektur die Kommunikationsarchitektur des Netzes festgelegt. L2-Switch und Router[1] besitzen zwar die gleiche Grundfunktionalität, nämlich die Weiterleitung von Paketen, unterscheiden sich jedoch grundsätzlich voneinander: Ein Switch leitet die Pakete auf Basis der physikalischen MAC-Adressen des ISO/OSI-Layer-2 weiter, ein Router überträgt die Pakete unter Verwendung der logischen IP-Adressen auf ISO/OSI-Layer-3.

Für den Netzplaner stellt sich somit die grundsätzliche Frage, ob er an dedizierten Aggregationspunkten Switches oder Router einsetzt. Vor dem Entwurf der Routing-Architektur sollte sich der Planer deshalb die wesentlichen technischen Merkmale beider Koppelelemente bewusst machen, obwohl der Entwurf der Switching-Architektur bereits abgeschlossen ist.

Beide Architekturen sind nicht unabhängig voneinander, sondern unterliegen starken **Wechselwirkungen**, sodass durchaus mehrere Iterationsschritte für den Entwurf der Routing-Architektur erforderlich sein können.

L2-Switch

Merkmale L2-Switch

L2-Switches sind hinsichtlich ihrer Grundfunktionalität konzipiert, Endgeräte bzw. Zweige eines Netzes physikalisch zu verbinden. Besonderes Merkmal des L2-Switches im Vergleich zum Router ist, dass er im Hinblick auf die Administration eines

[1] Hier sind gleichermaßen L3-Switches gemeint, die vorwiegend im **Backbone-Bereich** zum Einsatz kommen.

Netzes weniger Aufwand verursacht. Da L2-Switches lediglich bis zum ISO/OSI-Layer-2 arbeiten und in Hardware implementiert sind, ist ihre Filter- und Weiterleitungsgeschwindigkeit höher, als die vergleichbarer Router, die diese Pakete bis zum ISO/OSI-Layer-3 verarbeiten müssen. L2-Switches bieten nur bedingt Schutzmechanismen vor ***Broadcast-Flooding***. Sendet ein Host z. B. dauerhaft Broadcast-Pakete, werden diese durch die L2-Switches zu allen Teilnehmern übertragen, was zu einer Überlastung des Computernetzes und somit zur Verschlechterung der Performance führen kann.

Router

Merkmale Router

Aufgrund der auf ISO/OSI-Layer-3 per IP-Adressen üblicherweise hierarchischen Adressierung in Computernetzen können Broadcast-Domänen durch den Einsatz von Routern beschränkt werden. Darüber hinaus wird das Zirkulieren von Broadcast-Paketen im Netz durch die maximale Anzahl von Hops im TTL-Feld des IP-Headers begrenzt. Damit ist die aktive Topologie des Netzes nicht auf einen Spannbaum beschränkt, was komplexe logische Netzstrukturen (z. B. das Internet oder große Intranets) ermöglicht. Da Router auf ISO/OSI-Layer-3 arbeiten, sind Router von Broadcast-Flooding auf ISO/OSI-Layer-2 nicht betroffen und die mit dem Router verbundenen, übrigen Subnetze bzw. **Broadcast-Domänen** damit ebenso nicht. In der Regel benötigen sowohl Router als auch L3-Switches eine längere Verarbeitungszeit als L2-Switches, da hier die Header der Pakete bis zum ISO/OSI-Layer-3 verarbeitet werden müssen.

5.2.2.2 Statisches und dynamisches Routing **

Beim statischen Routing werden die Routen zwischen den Hosts fest zugeordnet. Mit dem dynamischen Routing werden unter Berücksichtigung der aktuellen Netzzustände optimierte Routen bestimmt. Welches der Verfahren in einem Netz oder in bestimmten Netzsegmenten verwendet wird, hängt von unterschiedlichen Randbedingungen ab.

Bewertungsparameter

Das Routing von Paketen kann über einen vom Administrator festgelegten Pfad (statisches Routing) oder unter Einbeziehung von sich im Zeitverlauf ändernden **Netzzuständen** über unterschiedliche Pfade (dynamisches Routing) erfolgen. In beiden Fällen können unterschiedliche Metriken als Bewertungsparameter hinsichtlich der Wahl einer **optimalen Route** zugrunde gelegt werden.

Beispiele

Bewertungsparameter sind z. B.:

- Entfernung
- Datenrate
- Minimierung der durchschnittlichen Paketverzögerung
- Maximierung der Netzauslastung
- Monetäre Kosten
- Verfügbarkeit
- ...

Im Folgenden werden diese Parameter der Einfachheit halber mit dem Begriff Kosten bezeichnet.

Statisches Routing

Feste Pfade

Beim statischen Routing erfolgt unter Einbeziehung der zuvor genannten Kriterien eine **feste Zuordnung** der Routen zwischen verschiedenen Hosts. Dabei ist es möglich, mehrere unterschiedliche Routen festzulegen, um so z. B. bei Ausfall eines Pfades einen alternativen Pfad wählen zu können. Die Hosts sind jeweils einem Router zugeordnet, über den sie erreichbar sind und andere Hosts erreichen können. Die Konfiguration des Computernetzes sowie Anzahl und Position der Router im Netz, aber auch die Kapazität der Verbindungen zwischen den Routern müssen vor der Festlegung der statischen Routen bekannt sein. Dieses einfache Verfahren wird insbesondere in LANs häufig eingesetzt. Fallen jedoch z. B. einzelne Netzsegmente aus oder erhöht sich die entstehende Last auf einem Pfad, ist keine dynamische und somit schnelle Anpassung der Routen möglich, sodass sich die **Performance** des Computernetzes signifikant verschlechtern kann.

Dynamisches Routing

Variierende Pfade

Im Vergleich zum statischen Routing bezieht das dynamische Routing **Netzzustände** in die Berechnung der optimalen Routen mit ein. Es wird daher auch als adaptives Routing bezeichnet, da die Wahl der Route adaptiv an die aktuelle Netzsituation angepasst werden kann. Die optimale Route wird auf Basis der genannten Kriterien durch das eingesetzte Routing-Protokoll ermittelt und erfolgt somit transparent für den Benutzer. Beim dynamischen Routing sind zwei Verfahren zu unterscheiden: zentrales und dezentrales Routing.

zentral vs. dezentral

Beim zentralen Routing berechnet der vom Routing-Protokoll verwendete Algorithmus den günstigsten Pfad zwischen Quelle und Ziel und hat dabei **globale Kenntnis** hinsichtlich Struktur und Zustand des Computernetzes. Der Algorithmus benötigt also Informationen über alle Knoten und Verbindungsleitungen.

Im Gegensatz dazu erfolgt beim dezentralen Routing eine verteilte Berechnung des günstigsten Pfades auf **iterative Weise**. Dabei verfügt kein Knoten weder über vollständige Informationen hinsichtlich aller Knoten, noch über alle Verbindungsleitungen. Zunächst besitzt jeder Knoten lediglich Informationen über die Kosten seiner eigenen, direkt mit ihm verbundenen Leitungen zu anderen Knoten. Während des iterativen Prozesses tauscht der Knoten Informationen mit seinen direkt benachbarten Knoten aus und berechnet jeweils basierend auf diesen Informationen, iterativ den günstigsten Pfad zum Ziel.

5.2.2.3 Autonome Systeme und Funktionsbereiche **

Autonome Systeme werden gebildet, um Netze zu strukturieren, sie skalierbar auszulegen und sie autonom verwalten zu können.

Strukturierung

Umfasst ein Computernetz eine hohe Anzahl von Routern, wird der Aufwand für die Berechnung, die Speicherung und die Kommunikation der Routinginformationen unvertretbar ansteigen. Unmittelbar nachvollziehbar ist dies für das Internet mit seinen Millionen Hosts und den zur Kommunikation erforderlichen Routern. Gleichermaßen kann dies auch für große Unternehmensnetze zutreffen. Konsequenz daraus ist, dass Netze **skalierbar** sein müssen. Darüber hinaus möchten die meisten Netzteilnehmer – gemeint sind hier Firmen, Verwaltungen, Universitäten, Krankenhäuser etc. – ihr Netz **autonom** betreiben und verwalten. Beiden Anforderungen wird Rechnung getragen, indem Router in sogenannten **Autonomen Systemen (AS)** organisiert werden. Router eines AS werden auf die gleiche Art verwaltet. Sowohl die organisationsbezogenen und funktionsorientierten Strukturierungsprobleme als auch das Problem der Skalierbarkeit lassen sich durch eine Organisation der Router in AS lösen, wie exemplarisch in Abb. 5.2-8 veranschaulicht.

Protokolle

Jedes AS besteht aus einer Menge von Routern, die beispielsweise durch einen ISP verwaltet werden und intern dasselbe Routing-Protokoll verwenden. Ein Router, der unterschiedliche AS verbindet, wird als Gateway-Router bezeichnet. Ein Routing-Protokoll, das für die Kommunikation innerhalb eines AS zuständig ist, wird als **Intra-AS-Routing-Protokoll** bezeichnet; ein Routing-Protokoll, welches verschiedene AS miteinander verbindet, dementsprechend als **Inter-AS-Routing-Protokoll**. Unterschiedliche AS können unterschiedliche Intra-AS-Routing-Protokolle verwenden. Routen innerhalb eines AS werden somit durch Intra-AS-Routing-Algorithmen bzw. -Protokolle be-

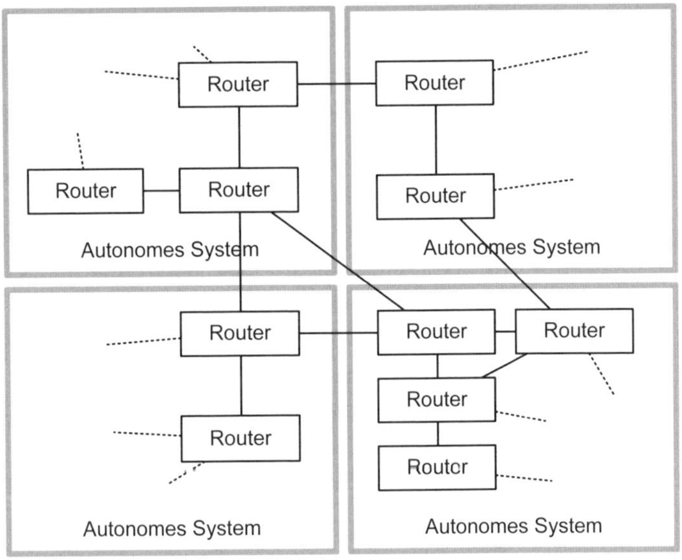

Abb. 5.2-8: Miteinander verbundene Autonome Systeme.

stimmt. Bei Routen zu externen Zielen bestimmen Intra-AS-Routing-Algorithmen bzw. -Protokolle den Pfad zum Gateway-Router und Inter-AS-Routing-Algorithmen bzw. -Protokolle den Weg zum Gateway-Router des Ziel-AS. Im Internet wird für den Inter-AS-Verkehr in allen AS das Inter-AS-Routing-Protokoll BGPv4 verwendet.

Literatur [KuRo09], [Mcca07], [TePa05]

5.2.2.4 Routing-Protokolle *

Die heute verwendeten Routing-Protokolle unterscheiden sich hinsichtlich ihrer Eigenschaften erheblich, was bei der Auswahl eines Protokolls zu berücksichtigen ist.

Protokolle Die wesentlichen heute eingesetzten Routing-Protokolle zum Routing innerhalb von AS sind das Routing Information Protocol (RIP) mit den Versionen RIPv1 und RIPv2 sowie das Open Shortest Path First Protokoll (OSPF). Zu den Routing-Protokollen zwischen AS gehören das External Gateway Protocol (EGP), das Inter-Domain-Routing-Protocol (IDRP) sowie das Border Gateway Protocol (BGP), wobei heute ausschließlich das Protokoll BGP4 verwendet wird. Für die Auswahl eines Routing-Protokolls im Rahmen des Entwurfs einer Routing-Architektur sind verschiedene Charakteristika des Protokolls von Bedeutung:

Charakteristika

Die **Konvergenzzeit** gibt an, wie lange ein Protokoll bzw. der darin implementierte Algorithmus benötigt, um allen Routern im Computernetz dessen aktuelle Struktur vollständig bekannt zu machen, sodass alle Routing-Tabellen aktualisiert wurden. Existiert bei einem Routing-Protokoll eine **Hop-Beschränkung** und somit eine Beschränkung der durch das Routing-Protokoll erreichbaren Knoten, kann ein derartiges Routing-Protokoll nur in Netzen verwendet werden, die diese Beschränkung einhalten, also eine maximale, protokollabhängige Größe einhalten. Allein die Anzahl der Hops von Quelle zum Ziel sagt jedoch nichts über deren Performance aus, sodass eine **Berücksichtigung von weiteren Entscheidungskriterien** (vgl. Abschnitt 5.2.3.2 Routing) erfolgen sollte, um eine optimale Pfadauswahl zu ermöglichen. Um mehrere optimale Pfade verwalten und nutzen und somit die Auslastung der Pfade optimieren zu können, muss ein Routing-Protokoll explizit eine **Multi-Pfad-Unterstützung** besitzen. Inwiefern ein Routing-Protokoll für ein Computernetz geeignet ist, hängt zudem davon ab, ob die Routing-Entscheidung die Form der Adressierung unterstützt und somit heutzutage, ob das Protokoll eine **CIDR** unterstützt. Je mehr Funktionen und Dienste ein Protokoll bietet, desto höher ist die **Komplexität** und damit der **Konfigurationsaufwand** für einen Administrator. Dieses Kriterium wird oft vernachlässigt, beeinflusst jedoch signifikant die Wartbarkeit und somit auch langfristig die Wartungskosten.

Vergleich

In Tab. 5.2-1 werden drei **Intra-AS-Routing-Protokolle** in Bezug auf die zuvor dokumentierten Charakteristika qualitativ bewertet, sodass anhand dessen eine Auswahl beim Entwurf der Routing-Architektur erfolgen kann.

Kriterium / Protokoll	RIPv1 [RFC 1058]	RIPv2 [RFC 1388]	OSPFv2 [RFC 2328]
Konvergenzzeit	hoch	hoch	niedrig
Hop-Beschränkung	15 Hops	15 Hops	nein
Berücksichtigung von weiteren Entscheidungskriterien	nein	nein	ja
Multi-Pfad-Unterstützung	nein	nein	ja
CIDR	nein	ja	ja
Komplexität und Konfigurationsaufwand	gering	gering	hoch

Tab. 5.2-1: Routing-Protokolle.

5.2.2.5 Grundlagen der Adressierung *

Langfristig wird die IPv4-Adressierung durch die IPv-6-Adressierung ersetzt werden, die sowohl einen zukunftssicheren Adressraum als auch im Vergleich zu IPv4 erheblich erweiterte Funktionen bietet. Im Hinblick auf die Routing-Architektur ist es wichtig, dass sich Netzplaner bei Bedarf mittels einschlägiger Literatur insbesondere auf Basis der neuesten RFC's auf den technischen Stand bringen.

IPv4

CIDR

Die IPv4-Adressierung erfolgt heute gemäß **Classless Interdomain Routing (CIDR)** und nicht mehr entsprechend der früher üblichen Classful Adressierung. Somit existieren keine Adressklassen. Stattdessen wird eine **exakte Netzwerkmaske** zugeordnet, die die Anzahl der Bits der Maske angibt, wie in Abb. 5.2-9 veranschaulicht.

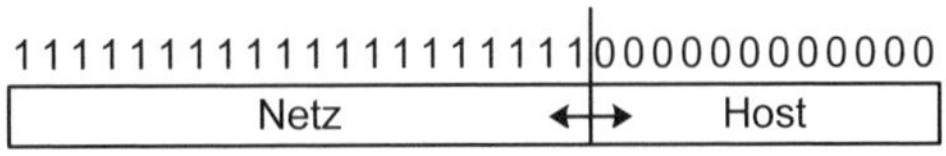

Abb. 5.2-9: IPv4 – Adressierung Classless Interdomain Routing (CIDR).

Notation

Die Notation 192.92.240.0/20 beschreibt dabei beispielsweise die Adresse 192.92.240.0 und die Netzwerkmaske 255.255.240.0 (20 = 8+8+4 11111111 11111111 11110000 00000000).

Beispiel: Subnetze

Die Aufteilung von Subnetzen gemäß CIDR wird in Abb. 5.2-10 veranschaulicht. Drei Router sind Punkt-zu-Punkt miteinander verbunden. Jeder Router besitzt für jede Punkt-zu-Punkt-Verbindung eine Schnittstelle. Ferner ist jeder Router mit dem Teilnetz verbunden, das ihn mit den jeweiligen Hosts verbindet (Subnetze 134.147.1.0/24, 134.147.2.0/24 bzw. 134.147.3.0/24). Für die Verbindung zwischen den Routern A und B ist das Subnetz 134.147.4.0/24 definiert, für die Verbindung zwischen den Routern B und C das Subnetz 134.147.5.0/24 und für die Verbindung zwischen den Routern C und A das Subnetz 134.147.6.0/24.

Sowohl die **Dimensionierung** von Subnetzen (CIDR-Blöcken) als auch die damit verbundene IP-Adressierung hängt, sofern keine festen Adressbereiche aufgrund von Randbedingungen vorgegeben sind, von der individuellen Ausgangssituation eines Netzplanungsprojekts ab. Das prinzipielle Vorgehen lässt sich jedoch am Beispiel der in Abb. 5.2-11 dargestellten IT-Infrastruktur veranschaulichen.

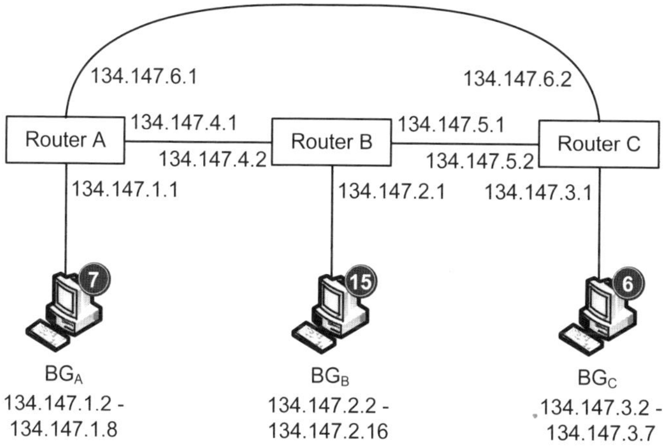

Abb. 5.2-10: Sechs Subnetze und drei Router.

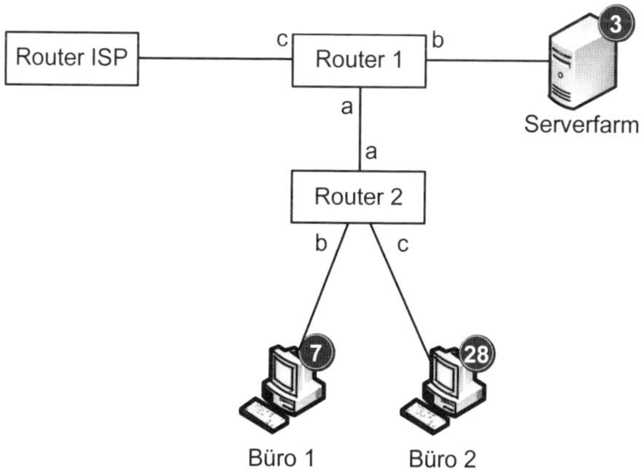

Abb. 5.2-11: Beispielszenario zur IP-Adressvergabe.

Beispiel: Dimensionierung

Für ein kleines Unternehmen soll die Dimensionierung von Subnetzen sowie eine IP-Adresszuweisung erfolgen. Der vorgegebene IP-Adressbereich sei hier 192.168.0.x/26. Für die Adresszuweisung sei weiterhin bekannt, dass die Serverfarm aus drei Servern besteht, Büro 1 mit sieben Mitarbeitern und Büro 2 mit 28 Mitarbeitern besetzt ist. Das Interface c des Router 1 und das Interface des ISP-Router werden in diesem Szenario nicht betrachtet.

Um das zugrunde liegende Konzept einfacher zu verstehen, wird die Adressierung auf Basis eines binären Adressierungsbaums durchgeführt. Der in Abb. 5.2-12 dargestellte Binärbaum zeigt die hierarchische Struktur der IP-Adressebereiche für ein Netz mit der CIDR-Blockgröße /26. Die IP-Adressen sind dabei Stellvertreter für die Netzadresse des jeweiligen Subnetzes. Prinzipiell wäre es möglich, den Baum noch zwei Stufen tiefer zu hierarchisieren. Dies ist allerdings im Hinblick auf die nachfolgende Adressierung nicht relevant.

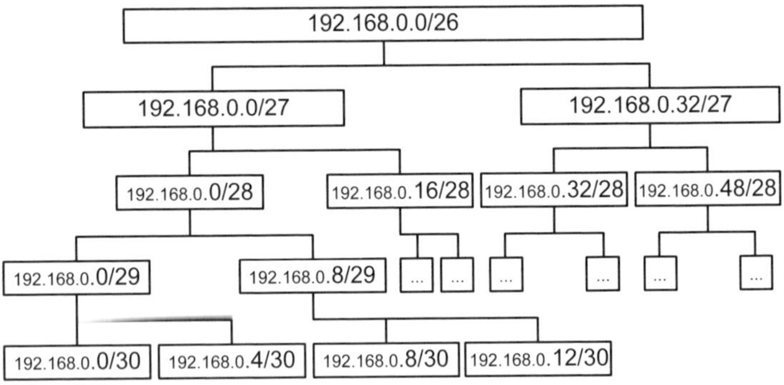

Abb. 5.2-12: IP-Adressierung auf Basis eines Binärbaums.

Beispiel: Addressvergabe

Wie bereits bekannt ist, können mit einem /26-Block maximal 26–2 (= 62) NICs adressiert werden. Anhand der Hierarchien kann auf einfache Weise eine mögliche Adressierung für die einzelnen Subnetze des eingeführten Szenarios erfolgen. Es existiert allerdings keine eindeutige Reihenfolge für die Adressierung, sodass es immer mehrere Lösungen geben kann.

Entsprechend dem Beispielszenario gilt es, für Büro 1 sieben, für Büro 2 28 und für die Serverfarm drei IP-Adressen zu vergeben. Es ist allerdings zu beachten, dass für jedes der drei Subnetze auch das Router-Interface eine IP-Adresse benötigt, Verbindungen zwischen Routern (hier: zwischen Router 1 und Router 2) eigene Subnetze bilden und weiterhin jedes Subnetz eine Netz- und eine Broadcast-Adresse besitzt.

Da bisher noch keine Adressbereiche vergeben wurden, kann mit dem kleinsten Subnetz, der Verbindung zwischen den Router-Interfaces 1a und 2a, begonnen werden. Es werden lediglich zwei IP-Adressen und zusätzlich die Netz- sowie die Broadcast-Adresse benötigt. In diesem Fall wird der erste kleinstmögliche freie Block – 192.168.0.0/30 (1) gewählt (vgl. Abb. 5.2-13). Das Subnetz der Serverfarm besteht aus drei Servern + Router-Interface. Es müssen allerdings noch Netz- und Broadcast-Adresse berücksichtigt werden, sodass der Block 192.168.0.4/30 nicht ausreicht. Daher wird ein Subnetz mit CIDR 29 benötigt. Hier bietet sich an, den ersten freien Block 192.168.0.8/29 (2) zu verwenden. Für Büro 1 werden dementsprechend 10 Adressen benötigt. Der kleinstmögliche CIDR-Block zur Adressierung ist demnach /28. Der Block 192.168.0.16/28 (3) ist noch frei und kann dafür verwendet werden. Dem Subnetz für Büro 2 kann letztendlich der IP-Adressbereich 192.168.0.32/27 (4) zugeteilt werden und wäre damit auch komplett belegt. Sollte in naher Zukunft ein neuer Mitarbeiter in Büro 2 einziehen, gäbe es keine Möglichkeit mehr seinen PC in diesem Subnetz zu adressieren. Aufgrund der vorgegebenen Struktur wäre selbst das gesamte Netz (*/26) zu klein.

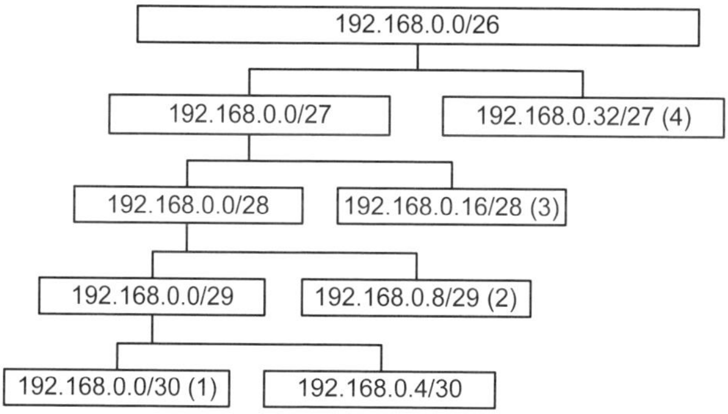

Abb. 5.2-13: Mögliche Adressierung der Subnetze.

IPv6

Vorteile

Über den erweiterten Adressraum hinaus bietet IPv6 gegenüber IPv4 verbesserte **Sicherheitsfunktionen** und **QoS-Funktionalität** hinsichtlich Multimedia- und Echtzeitanwendungen. Zusätzlich zu dem erweiterten Adressraum steht mit IPv6 ein Protokoll zur Verfügung, das die Konfiguration und Verwaltung von Local Area Networks (LAN) und Wide Area Networks (WAN) vereinfacht und an aktuelle und absehbare zukünftige Gegebenheiten anpasst. Die Erweiterungen beinhalten neben eingebauten Sicherheitsfunktionen mehr Flexibilität bis hin zu Plug-and-play-Funktionalität sowie der Unterstützung von Multimedia-und Echtzeitanwendungen. IPv6 wurde im Verlauf der letzten Jahre im Detail immer wieder aufgrund neuer Anforderungen verbessert, angepasst und erweitert, was auch zukünftig zu erwarten ist. Daher sollen hier lediglich die grundlegenden Merkmale und Funktionen von IPv6 behandelt werden.

Adressstruktur

IPv6 ist in der allgemeinen Form unstrukturiert, wird jedoch durch definierte Präfixe strukturiert. Mittels dieser Präfixe werden bestimmte Adresstypen definiert, sodass jedes Präfix einen Adresstyp identifiziert.

Die grundsätzliche IPv6 Adressstruktur zeigt Abb. 5.2-14.

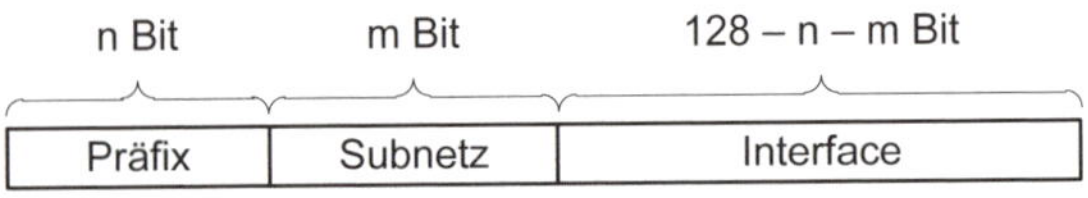

Abb. 5.2-14: IPv6 – Adressstruktur.

Notation

Die Darstellung der IPv6-Adressen unterscheidet sich von der Darstellung der IPv4-Adressen. Aufgrund der IPv6 Adressbreite von 128 Bit wäre die dezimale IPv4 Adressdarstellung zu unübersichtlich. Daher wird eine IPv6-Adresse üblicherweise in **hexadezimaler Darstellung** mit folgendem Format notiert:

x:x:x:x:x:x:x:x

Ein x-Abschnitt symbolisiert ein 16-Bit-Wort in hexadezimaler Darstellung. Ein Abschnitt wird durch vier hexadezimale Ziffern (0..9, A..F) beschrieben, wodurch der Wertebereich von x also 0000 – FFFF umfasst. Insgesamt hat eine IPv6-Adresse acht dieser Abschnitte, sodass eine 128 Bit breite Adresse entsteht.

Die Abschnitte der Adresse werden durch das Trennzeichen : getrennt. Die Buchstaben können als Groß- oder Kleinbuchstaben geschrieben werden. Aufgrund unterschiedlicher Adresstypen kann es vorkommen, dass einige Bestandteile der IPv6-Adresse aus langen 0-Werte-Sequenzen bestehen. Diese können durch die spezielle Syntax :: komprimiert dargestellt werden. Diese Syntax darf jedoch lediglich einmal in einer Adresse vorkommen.

Gemischte Adressen

In gemischten IPv4/IPv6 Umgebungen wird das in Abb. 5.2-15 dargestellte Adressformat verwendet. Die sechs x-Abschnitte stehen für die IPv6-Darstellung und decken die oberen 96 Bit der Adresse ab. Die d-Abschnitte entsprechen der alten IPv4-Darstellung, wodurch ein d-Abschnitt ein 8 Bit breites Wort in dezimaler Darstellung abbildet. Die d-Abschnitte decken damit die unteren 32 Bit der IPv6-Adresse ab.

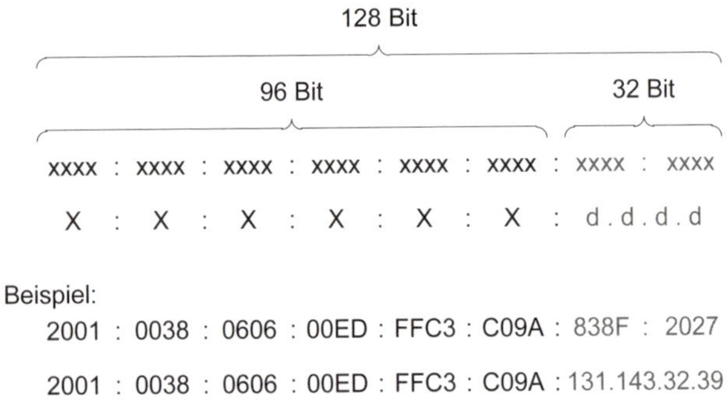

Abb. 5.2-15: IPv4 / IPv6-Adressformate gemischt.

Adressbereiche

In IPv6 werden 3 Basis-Adressbereichsarten unterschieden:

- Node-Local
  Adressen dieses Bereiches gelten lediglich für einen Knoten im Netz z. B. als Loopback-Adresse.
- Link-Local
  Dieser Adressbereich ist auf ein (Sub-)Netz beschränkt, sodass diese Adressen ausschließlich innerhalb des jeweiligen (Sub-)Netzes geroutet werden.
- Global
  Gültigkeitsbereich dieser Adressen ist das gesamte IPv6 Internet.

Die Internet Engineering Task Force (IETF) hat wie bei IPv4 so auch bei IPv6 bestimmte Adressbereiche für besondere Zwecke definiert.

Diese speziellen Adressbereiche werden hier nicht weiter behandelt. Es sei dazu auf die einschlägigen RFCs [RFC 3849], [RFC 4380], [RFC 4843] und [RFC 3056] verwiesen.

IPv4/IPv6 Migration

Weder im Internet noch in großen Unternehmensnetzen ist es möglich, das gesamte Netz an einem bestimmten Stichtag von IPv4 auf IPv6 umzustellen.

Es ist somit erforderlich, IPv6-Hosts und Router schrittweise in ein IPv4-Netz zu integrieren. In [RFC 4213] werden dazu die Ansätze Dual-Stack und Tunneling beschrieben.

Dual-Stack-Ansatz

Beim Dual-Stack-Ansatz wird in einem IPv6-Netzknoten zusätzlich IPv4 implementiert. Ein derartiger Knoten, bezeichnet als IPv4/IPv6-Knoten, kann sowohl IPv4- als auch IPv6-Pakete empfangen, verarbeiten und senden. Abb. 5.2-16 veranschaulicht ein solches Mischszenario.

Header

Auf dem Übertragungspfad von Quelle S zu Ziel T muss sowohl eine Umsetzung von IPv6 auf IPv4 als auch von IPv4 auf IPv6 erfolgen. Dabei werden schließlich die Daten in das jeweilige Datenfeld kopiert sowie Quell- und Zieladresse entsprechend umgesetzt.

Da sich die Header beider Protokolle unterscheiden (vgl. Abb. 5.2-17) gehen Informationen, wie beispielsweise das Flow Label, verloren (vgl. Abb. 5.2-16).

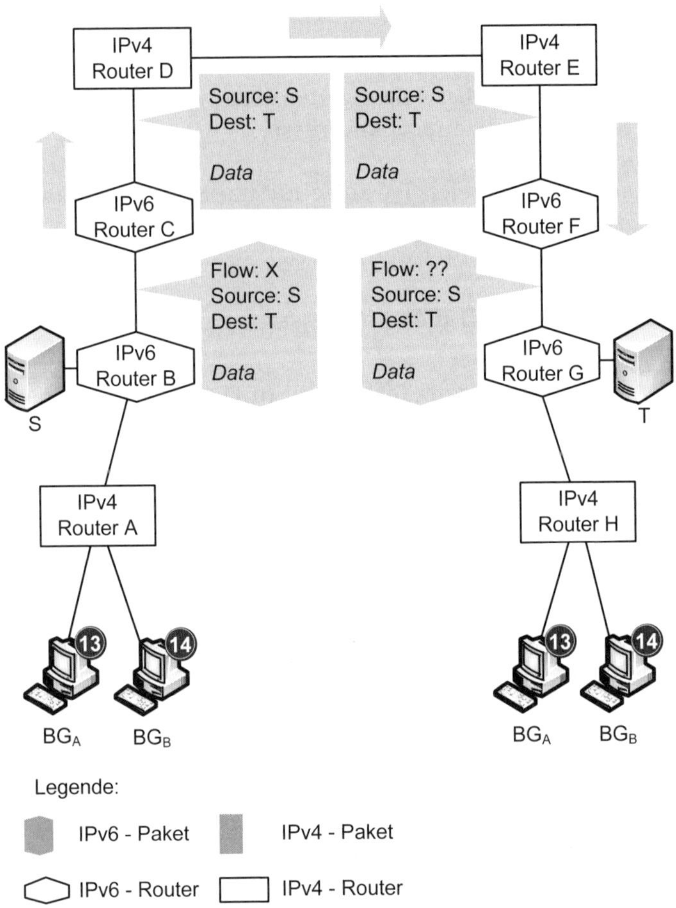

Abb. 5.2-16: Dual-Stack-Ansatz für den Übergang von IPv4 auf IPv6 und umgekehrt.

Tunneling

Dieses Problem besteht beim Tunneling nicht (vgl. Abb. 5.2-18). Beim Übergang von IPv6 zu IPv4 wird das IPv6-Paket vollständig in das Datenfeld des IPv4-Pakets gekapselt und auf der Empfangsseite des Tunnels entkapselt und erneut mit der Adresse des IPv6-Knotens versehen.

Network Address Translation (NAT)

Die Idee von NAT ist es, die Möglichkeit zur Vergabe von lokalen, privaten, weltweit nicht eindeutigen Adressen an die Hosts im eigenen Netzwerk zu ermöglichen. Im Rahmen von NAT übernimmt hier ein NAT-fähiger Router die Übersetzung interner Adressen in eine gültige, weltweit eindeutige IP-Adresse.

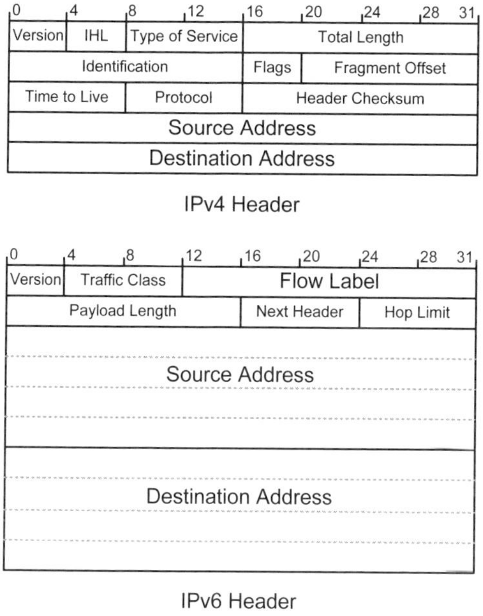

Abb. 5.2-17: IPv4 und IPv6 Header.

Motivation für NAT

Die Gründe für die Verwendung von NAT sind unterschiedlich: Häufig erhält man für mehrere Hosts lediglich eine öffentliche IP-Adresse, die zudem meist nur temporär zugewiesen wird, und muss diese für die Abbildung mehrerer Hosts verwenden, die **extern kommunizieren** wollen.

Auch sollen oft interne IP-Adressen aus Sicherheitsgründen nicht vom Internet aus sichtbar sein und bei einer Änderung der internen IP-Adressen die restlichen Teilnehmer des Internets darüber nicht informiert werden. Ein anderer Grund kann sein, dass bei einem Provider-Wechsel nicht die IP-Adressen der Hosts verändert werden sollen.

Literatur

[KuRo09], [Mcca07], [TePa05], [Herh08], [MSS11]

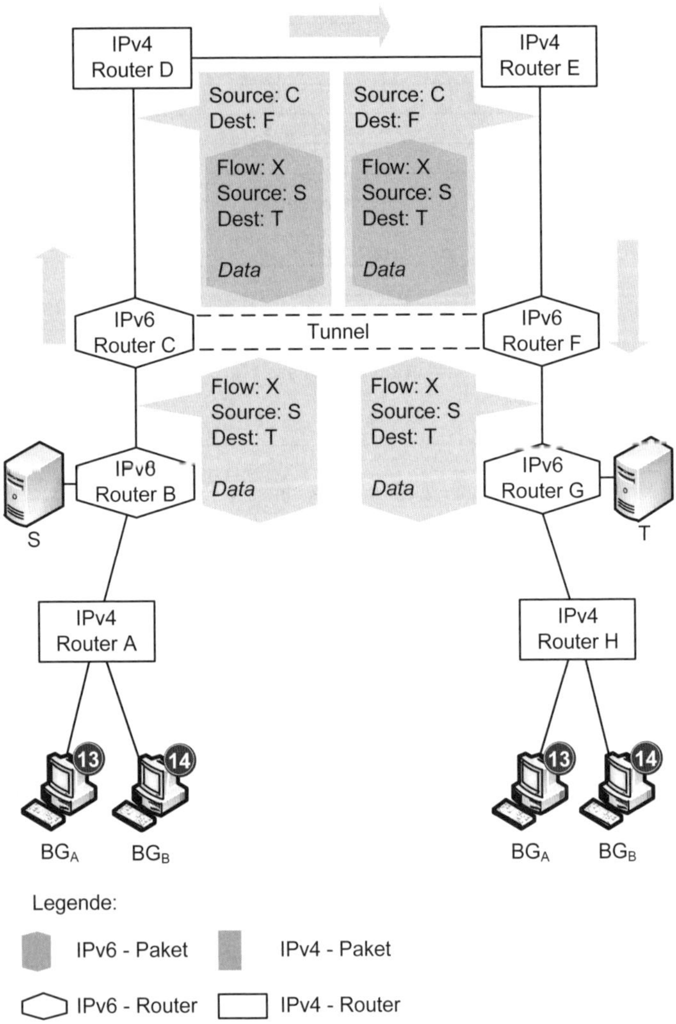

Abb. 5.2-18: Tunneling.

5.3 Security-Architektur *

Die Einführung von Security-Architekturen in Computernetzen gewinnt ständig an Bedeutung. Da die über Computernetze übertragenen Informationen heute ein wesentlicher Produktionsfaktor sind, die den Erfolg eines Unternehmens mitbestimmen, ist der Schutz der Ressource Computernetz essenziell. Dies umso mehr, wenn unternehmenskritische Daten über das Netz übertragen werden. Da die Security-Architektur Einfluss auf die Struktur des Computernetzes hat, können sich als Konsequenz daraus sowohl hinsichtlich der Routing-Architektur als auch für die noch zu entwerfende Performance-Architektur strukturelle Randbedingungen ändern. Daher ist es sinnvoll, die Security-Architektur unmittelbar im Anschluss an die Routing-Architektur zu entwickeln.

In diesem Schritt der zweiten Phase gilt es, ein Konzept für den Schutz von Internet Access Links und für das gesamte unternehmensinterne Computernetz zu entwickeln. Dabei ist insbesondere auch die sichere Verbindung von Unternehmensstandorten einzubeziehen.

An dieser Stelle sei noch einmal darauf hingewiesen, dass die Intention dieses Buches ist, eine Systematik zur strukturierten und methodischen Planung und Auslegung von Computernetzen zu vermitteln, nicht jedoch die technische Spezifikation. Hierzu sei auf weiterführende und insbesondere auch auf die herstellerspezifische Literatur verwiesen.

Basierend auf den Planungsergebnissen zur Switching-Architektur und Routing-Architektur wird zunächst eine generelle Vorgehensweise für die Konzipierung der Security-Architektur aufgezeigt:

- »Vorgehensweise«, S. 209

Neben technischem Basiswissen in den Bereichen Computernetze und IT-Sicherheit sind insbesondere vier Techniken bei der Planung der Security-Architektur von besonderer Bedeutung, die in diesem Buch zusammenfassend erläutert werden:

- »Basiswissen«, S. 217

5.3.1 Vorgehensweise *

5 Teilschritte

Planung und Entwurf der Security-Architektur lassen sich in fünf Teilschritte gliedern (vgl. Abb. 5.3-1), deren Einzelergebnisse die Security-Architektur für das Computernetz bilden. Dabei ergänzen die verschiedenen Teilschritte einander entsprechend ihrer Reihenfolge und lassen so Aussagen über den insgesamt erreichbaren Schutz zu. Die fünf Teilschritte werden nachfolgend detailliert erläutert:

- »Externe Verbindungen schützen«, S. 211
- »Backbone-Bereiche schützen«, S. 214
- »Hosts schützen«, S. 215
- »Standorte sicher verbinden«, S. 216
- »Übergreifende Aspekte berücksichtigen«, S. 217

Die Dokumentation ist um die entsprechenden Änderungen und Erweiterungen, die aus der Planung der Security-Architektur resultieren zu ergänzen.

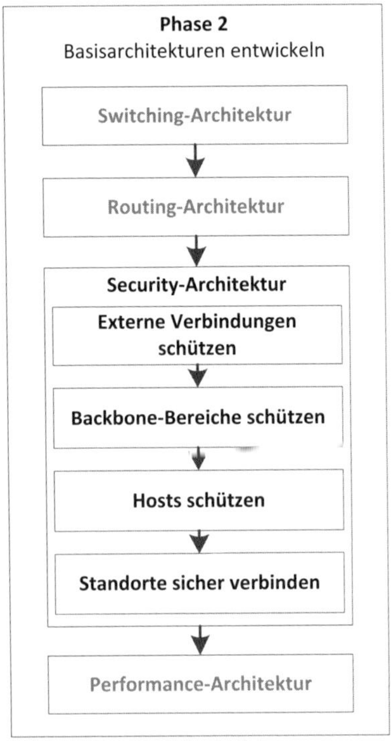

Abb. 5.3-1: Übersicht Security-Architektur.

Im Zuge der Implementierung sind die erarbeiteten Ergebnisse auf die jeweils herstellerspezifischen Komponenten und Systeme zu transformieren.

Für die Planung der Security-Architektur wird auch hier die Aufteilung gemäß funktionaler Strukturierung angewendet, da auf diese Weise kritische Bereiche und somit die betroffenen Elemente identifiziert werden können.

Gefahrenpotenziale erkennen

Generell sollte für die gesamte IT im Unternehmen eine Analyse der Gefahrenpotenziale und der daraus resultierenden **Risikopotenziale** erfolgen. Diese Analyse sollte nicht nur unter dem Aspekt erfolgen, die Gefahren für das Computernetz zu erkennen, sondern auch, um auf Basis von Risikoabschätzungen Investitionsmittel hinsichtlich der Security-Architektur entsprechend kalkulieren zu können.

Das Risikopotenzial wird dabei durch sicherheitskritische Anwendungen und Dienste im Computernetz bestimmt, soweit diese unternehmenskritisch sind. In diesem Fall ist für das Computernetz als wichtigem Wertschöpfungsfaktor eine angemessene Security-Architektur zu entwickeln.

Die Gefahr, dass sich Angreifer einen illegalen Zugang zum Unternehmensnetz beschaffen, um beispielsweise Schaden anzurichten und unternehmenskritische, vertrauliche Daten zu sammeln, ist allgegenwärtig. Neben der illegalen Beschaffung solcher Daten ist die gezielte Störung des Betriebs von Unternehmensnetzen oder der von Unternehmen angebotenen Dienste durch **Denial-of-Service** Attacken ein verbreitetes Problem, dem entgegenzuwirken ist.

Hierbei ist besonderes Augenmerk darauf zu richten, dass Angriffe bekanntermaßen nicht nur von extern erfolgen, sondern in erheblichem Maße ebenso von internen Nutzern verursacht werden. Durch **Phishing** und **Social Engineering** werden Mitarbeiter und ihre Hosts häufig unbewusst zu potenziellen Angreifern der eigenen IT-Infrastruktur. Derartige Gefahren und die damit verbundenen Risiken, die häufig wirtschaftliche Auswirkungen haben, können durch eine entsprechende Security-Architektur gemindert werden.

5.3.1.1 Externe Verbindungen schützen *

Die Verbindungen zum Internet oder zu Partnern und Kunden stellen bekanntermaßen einen schutzwürdigen Bereich des Computernetzes dar. Durch Schutz dieser externen Verbindungen können die bestehenden Sicherheitsrisiken eines Unternehmensnetzwerks signifikant reduziert werden.

Im ersten Teilschritt stehen die externen Verbindungen im Fokus der Security-Architektur, sodass gemäß funktionaler Strukturierung zunächst das Service Provider Modul analysiert werden muss. An dieser Stelle sollte wiederum auf die Ergebnisse von Anforderungs- und Datenflussanalyse zurückgegriffen werden, geht es um die Entscheidung, ob Verbindungsabschnitte sicherheitskritische Datenflüsse beinhalten. Diese Informationen sind für die Ausgestaltung bzw. konkrete Umsetzung in Form von Regelwerken relevant.

Firewall

Zum Schutz vor Angriffen über externe Verbindungen werden in der Regel **Paket-Filter** in Kombination mit entsprechenden Routern als Firewall eingesetzt. Dazu wird ein Router mit dem Internet Access Link verbunden, der bereits auf der Basis von Routing-Regeln eine Vorentscheidung bezüglich des Routings von Paketen zum Paket-Filter treffen kann.

Der Paket-Filter übernimmt dann die Aufgabe der Filterung des eingehenden und ausgehenden Verkehrs auf Basis definierter Regeln. Er wird üblicherweise im äußeren Router implementiert.

Ein innerer Router entscheidet, welcher Verkehr vom Grenznetz in das interne Computernetz gelangen darf und für ausgehende Datentransfers zudem, welcher interne Verkehr in das Grenznetz weitergeleitet werden darf (vgl. Abb. 5.3-2).

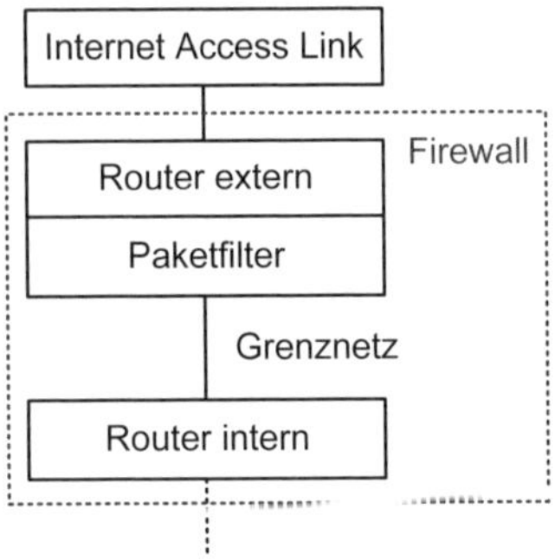

Abb. 5.3-2: Firewall mit Paketfilter.

Internet Access Links

Existieren mehrere, ggf. redundante Verbindungen zu Service Providern oder direkte Verbindungen zu anderen Unternehmen, so kann der Aufbau, wie in Abb. 5.3-3 dargestellt, erfolgen. Auf diese Weise ist auch eine Trennung des Verkehrs verschiedener Benutzergruppen möglich, die über verschiedene Internet Access Links mit dem Internet verbunden sein sollen.

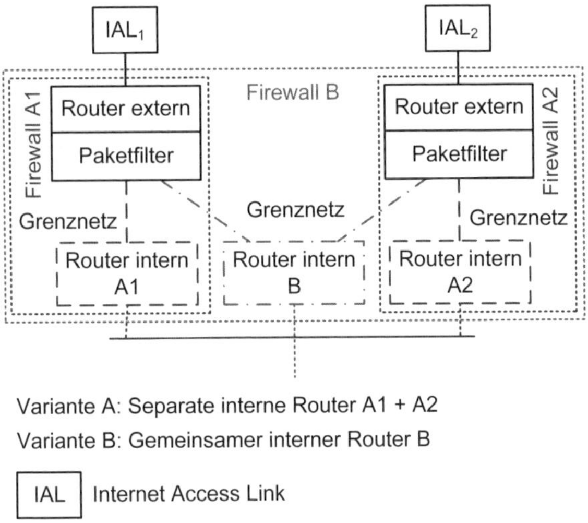

Abb. 5.3-3: Separate / gemeinsame interne Router.

Externe Dienstangebote

Neben der Analyse des Service Provider Moduls muss zudem das Modul Extranet Services in diesem Teilschritt betrachtet werden. Existieren externe Dienst-Angebote, wie beispielsweise Web-

Server oder E-Mail-Server, so müssen diese ebenfalls in die Security-Architektur einbezogen werden.

Eine mögliche Auslegungsvariante wird in Abb. 5.3-4 veranschaulicht.

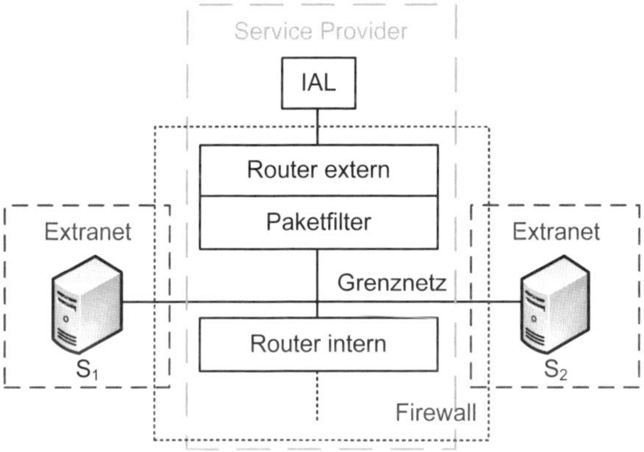

Abb. 5.3-4: Integration von Extranet Services.

Statt einen einfachen Paket-Filter zu verwenden, ist zu prüfen, ob zusätzlich Proxy-Server in Form von **Content-Filtern** eingesetzt werden sollten, um beispielsweise basierend auf URLs Entscheidungen zu treffen.

Regeln definieren

Für jede dieser Varianten sind die entsprechenden Regeln für die Filterelemente festzulegen und zu dokumentieren. Je Anwendung und Dienst sollten folgende Informationen geführt werden:

- Verbotenes/Zulässiges Anwendungsprotokoll
- Verbotene/Zulässige Quell-/Ziel-Ports (TCP/UDP)
- Verbotene/Zulässige Benutzer/Benutzergruppen (Quell-IP-Adressen)
- Verbotene/Zulässige Ziele (Ziel-IP-Adressen)

Routing anpassen

Die prinzipielle Erreichbarkeit von Systemen wurde bereits durch die Routing-Regeln festgelegt. Diese Festlegungen müssen bei der Erstellung der Filterregeln berücksichtigt und ggf. modifiziert werden.

Trennung von Bereichen

Statt einzelner Systeme und Benutzer können auch ganze Bereiche durch Regeln berücksichtigt werden. Auch können Unternehmensbereiche mit separaten Firewalls ausgestattet werden und Unternehmensbereiche und ihre Benutzer somit voneinander getrennt und voreinander geschützt werden. Die verfügbaren Informationen dienen bei der Implementierung als Basis für die Konfigurierung der Firewall-Komponenten.

Die Implementierung ist in der Regel vom Hersteller der Komponenten abhängig, sodass die hier dokumentierten Regeln in einem einfachen, nicht näher definierten Format abgelegt werden können.

5.3.1.2 Backbone-Bereiche schützen **

Da unabhängig des Schutzes von externen Verbindungen ein erhebliches Risiko infolge interner Angriffe besteht, sind Maßnahmen zum Schutz der Backbone-Bereiche unabdingbar.

Anomalien erkennen

Im zweiten Teilschritt stehen die Verbindungen und Koppelelemente im Backbone-Bereich – sowohl Core als auch Distribution – im Fokus der Security-Architektur. Im Backbone-Bereich des Computernetzes können **Verkehrs-Anomalien** und **Protokoll-Anomalien** durch **Intrusion Detection Systeme** (IDS) bzw. **Intrusion Prevention Systeme** (IPS) erkannt und verbundene Angriffe möglichst frühzeitig beendet oder ggf. sogar unterbunden werden. Die architektonische Entscheidung liegt dabei in der Umsetzung: In-Band oder Out-of-Band.

Aufgrund der hohen Performance-Anforderungen im Bereich Backbone (Core) sollte dort in jedem Fall die Out-of-Band (vgl. Abb. 5.3-5) Variante verwendet werden. Im Bereich Backbone (Distribution) kann hingegen, je nach Auslastung, auch eine In-Band Variante infrage kommen, wie in Abb. 5.3-6 exemplarisch dargestellt.

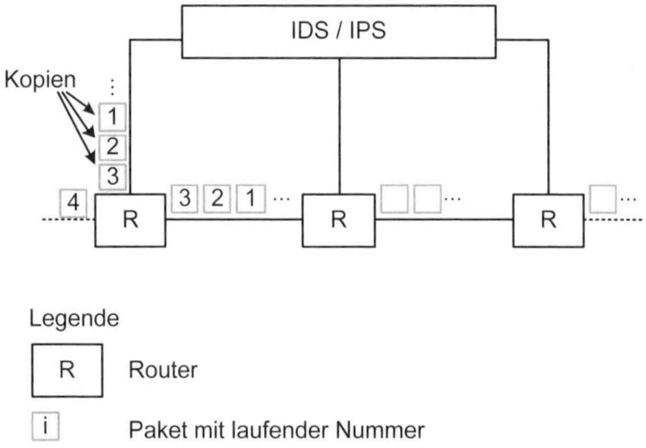

Abb. 5.3-5: Out-of-Band IDS/IPS.

Die Übergänge zwischen Funktionsbereichen bzw. zwischen autonomen Systemen können dabei als **Lokalisierungspunkte** für die Überwachungselemente dienen. Die Zugriffsrechte der Benutzer bzw. Client Hosts sowie der Server Hosts auf und über mehrere verschiedene Netzsegmente hinweg wurden entweder

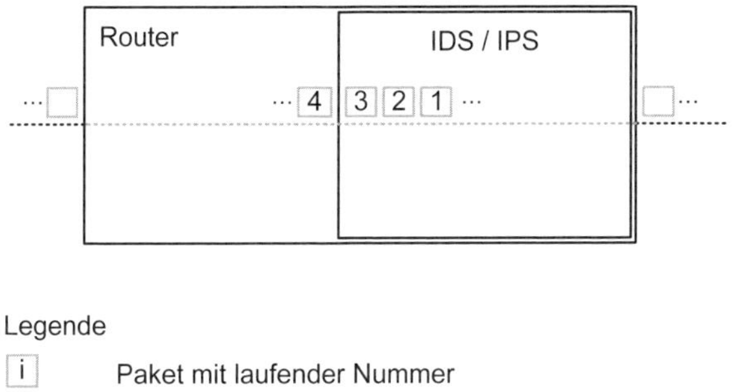

Abb. 5.3-6: In-Band IDS/IPS.

bereits im Rahmen der Switching-Architektur über VLANs definiert oder bei der Erstellung der Routing-Regeln im Rahmen der Routing-Architektur festgelegt und können als Informationsbasis verwendet werden.

5.3.1.3 Hosts schützen *

Hosts können einerseits Ziele von Angriffen sein, andererseits aber auch Ausgangspunkte für Angriffe. Deshalb ist sowohl der Schutz der Client Hosts als auch der Server Hosts in der Security-Architektur zu berücksichtigen.

Zusätzlich zum Schutz der Backbone-Bereiche und der externen Verbindungen, wird in diesem vorletzten Teilschritt ein lokales Schutzkonzept für die einzelnen Hosts entwickelt.

Schutz der Clients

Für Client Hosts ist es in jedem Fall notwendig, einen Schutz vor Viren und Malware vorzusehen und zudem eine lokale Firewall, d.h. einen lokalen Paket-Filter einzurichten. Die Erstellung von Filterregeln etc. erfolgt analog zu »Externe Verbindungen schützen«, S. 211. Der Einsatz eines lokalen Intrusion Detection Systems (IDS) bzw. Intrusion Prevention Systems (IPS) kann in Abhängigkeit von der Anzahl der sicherheits- und unternehmenskritischen Anwendungen und Dienste auf einem Client Host sinnvoll sein. Aufgrund der damit verbundenen **Kosten** ist eine Abwägung im Einzelfall notwendig.

Schutz der Server

Die bei Client Hosts verwendeten Schutzmaßnahmen sind gleichermaßen auf Server Hosts anzuwenden. Ergänzend sollten dort jedoch vermehrt auch lokale Intrusion Detection Systeme bzw. Intrusion Prevention Systeme eingesetzt werden, da Server Hosts zentrale Funktionen übernehmen und deren lokale **Überwachung** hinsichtlich Anomalien somit sinnvoll ist.

5.3.1.4 Standorte sicher verbinden **

Da für die Netzwerkverbindung zwischen Unternehmensstandorten in der Regel unsichere Kommunikationswege gewählt werden müssen, sind zusätzlich Mechanismen vorzusehen, die eine sichere Kommunikation ermöglichen.

Transparente Verbindung

Sollen verschiedene Unternehmensbereiche an einem Standort oder verschiedene Standorte eines Unternehmens über eine unsichere Verbindung wie das Internet, sicher miteinander verbunden werden, bietet sich die Verwendung von verschlüsselten Verbindungen in Form von **Virtual Private Networks** an (vgl. Abb. 5.3-7). Dafür wird in der Regel das IPSec-Protokoll zum Aufbau eines VPN-Tunnels zwischen den Standorten bzw. Bereichen verwendet. Um diesen Tunnel transparent verwenden zu können, müssen verwendete Routing- und Filterregeln entsprechend modifiziert werden.

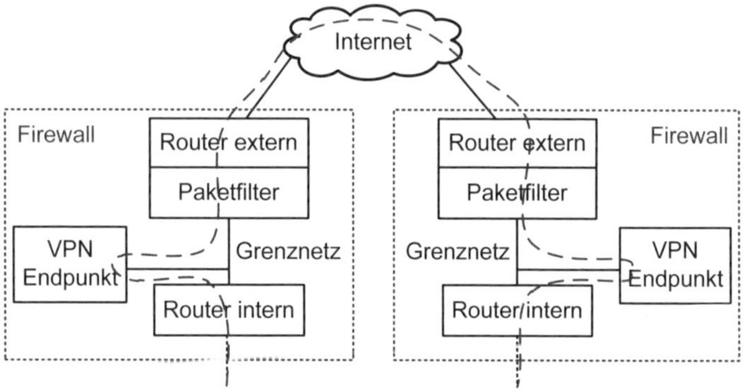

Abb. 5.3-7: Virtual Private Networks zur sicheren Verbindung mehrerer Standorte.

Schutz vor Angriffen

Die Einführung von **VPN-Tunneln** ist immer dann notwendig, wenn zwischen den Standorten Informationen ausgetauscht werden, die nicht über die Extranet Services abgedeckt und dort bereits anwendungsseitig verschlüsselt werden. Selbst wenn dies bereits gegeben ist, wird durch die Verwendung eines VPN-Tunnels zwischen den Standorten der Schutz vor Angriffen erhöht.

Remote-Zugang

Heute ist es gängige Praxis, externen Mitarbeitern Zugang zum Unternehmensnetz und damit zu netzinternen Anwendungen und Diensten zu gewähren. Damit wird unter Umständen neben der Anpassung der Regeln der Paket-Filter und Content-Filter im Einzelfall zudem die Anpassung der Routing-Architektur, insbesondere der **IP-Adressvergabe**, notwendig, damit diese Teilnehmer transparent über den VPN-Tunnel in das interne Netzwerk eingebunden werden können.

5.3.1.5 Übergreifende Aspekte berücksichtigen *

Eine Security-Architektur hat ausschließlich dann eine nachhaltige Wirkung, wenn verschiedene Regeln bei der Gestaltung der Security-Architektur eingehalten werden.

Logs verwenden

Paket-Filter, Content-Filter, Intrusion Detection Systeme und Intrusion Prevention Systeme erfassen unter anderem Daten und schreiben diese in entsprechende Logs. Nur durch eine Auswertung dieser Logs können Probleme, Gefahren und Sicherheitslücken frühzeitig identifiziert werden. Erfolgt keine Analyse der Logs, sind diese nutzlos. Für die Auswertung sollte ein zentrales **Sicherheitsmanagementsystem** im Computernetz eingerichtet werden, das im Rahmen der Computernetz-Management-Architektur zu planen ist. Ein derartiges System unterstützt auch die regelmäßige Analyse von Schwachstellen.

System up-to-date halten

Koppelelemente und Hosts sollten bezüglich der **Sicherheitsupdates** immer auf dem aktuellsten Stand sein. Sind Sicherheitslücken bekannt, können aber nicht behoben werden, ist zu evaluieren, ob das System weiterhin betrieben werden sollte, ob eine Überwachung der Sicherheitslücke bzw. des Systems ausreicht oder ob der Dienst außer Betrieb gestellt werden muss. Dasselbe gilt für Virendefinitionen, die als Teil der Sicherheitsupdates zu verstehen sind.

Kommunikation verschlüssen

Unterstützen Anwendungen und Dienste ihrerseits **verschlüsselte Verbindungen**, z. B. via SSL/TLS, so sind diese Verfahren standardmäßig zu verwenden. Unterstützen sie ferner eine **Verschlüsselung auf Dateiebene**, sollte in Abhängigkeit davon, wie unternehmenskritisch die Informationen sind, dieses Verfahren ebenfalls angewandt werden.

Manipulationsrisiko reduzieren

Für jeden Host ist zudem festzulegen, welcher Benutzer, welche Anwendungen und Dienste wann und in welchem Maße ausführen darf. Hierbei steht insbesondere das **Rechtemanagement** auf den Client Hosts im Fokus, das dem Benutzer bei falscher Konfiguration einfache Manipulationsmöglichkeiten bieten kann. Ein Rechtemanagement ist für die sichere Anwendung und Überwachung von Regeln der hinzugekommenen Elemente in der Security-Architektur notwendig und zu definieren.

5.3.2 Basiswissen *

In diesem Abschnitt wird technisches Basiswissen vermittelt, das der Netzplaner als Grundlage für den Entwurf einer Security-Architektur besitzen muss. Dabei werden die folgende Techniken behandelt:

- »Firewall«, S. 218
- »Proxy-Server«, S. 220
- »Intrusion Detection Systeme und Intrusion Prevention Systeme«, S. 221
- »Virtual Private Network«, S. 222

5.3.2.1 Firewall *

Firewall-Systeme erlauben mit Hilfe von Filterregeln festzulegen, welcher eingehende bzw. ausgehende Verkehr zulässig ist oder nicht. Dazu werden entsprechende Paket-Filter in das Firewall-System integriert. Um eine detaillierte Kontrolle hinsichtlich des dann zulässigen Verkehrs zu ermöglichen, kann der Paket-Filter auch um eine Stateful Packet Inspection ergänzt werden, die eine Überwachung der Zustände und der zeitlichen Abläufe auf Verbindungen mit den Regeln des Paket-Filters verknüpft.

Minimaler Schutz

Hosts verfügen in der Regel über sogenannte Desktop-Firewalls. Sie stellen eine Minimalform zum Schutz gegen Angriffe dar. Hosts können dadurch vor unternehmensexternen als auch unternehmensinternen Angriffen geschützt werden. Jedoch bietet die ausschließliche Verwendung von Desktop-Firewalls keinen ausreichenden Schutz, da das Computernetz und somit relevante Infrastrukturkomponenten ungeschützt bleiben. Dazu werden Firewall-Systeme eingesetzt, die üblicherweise aus mehreren Komponenten bestehen und unabhängig von den Desktop-Firewalls zu betrachten sind. Diese Komponenten ermöglichen durch ihre **Kombination**, das Computernetz vor externen, aber auch vor internen Angriffen zu schützen. In Abb. 5.3-8 wird der Schutz eines Computernetzes durch ein komplexes Firewall-System, bestehend aus äußerem und innerem Router zur Separierung des Grenznetzes, exemplarisch veranschaulicht.

Pakete analysieren

Zusätzlich werden ein oder mehrere **Filter** mit unterschiedlichen Techniken eingesetzt, um einen Schutz gegen Angriffe und ungewollte Zugriffe zu gewährleisten. Häufig werden Filter in den äußeren Router integriert. Wie nachfolgend beschrieben, können Filter auf unterschiedliche Weise arbeiten. In diesem Abschnitt werden ausschließlich für Hosts transparente Filterverfahren betrachtet.

Paket-Filter

Einfache Filterung

Ein Paket-Filter verwendet definierte Regeln zur Behandlung des eingehenden und ausgehenden Verkehrs. Auf Basis dieser Regeln werden eingehende und ausgehende **Pakete** analysiert. Vom Paket-Filter wird entschieden, ob ein Paket weitergeleitet werden

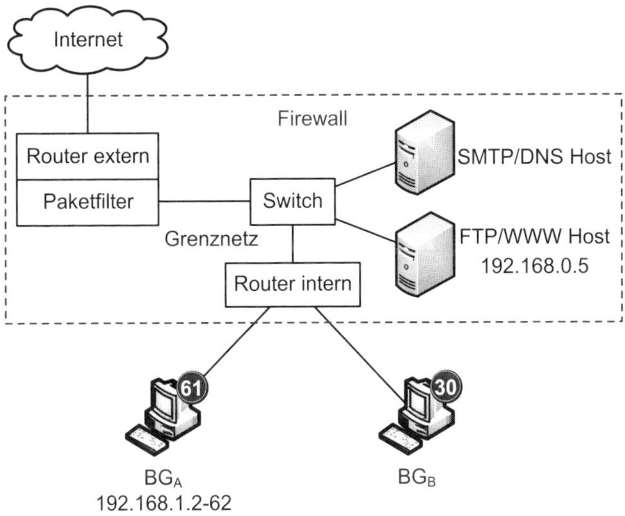

Abb. 5.3-8: Beispielhaftes komplexes Firewall-System.

darf oder verworfen werden muss. Werden beispielsweise im Paket-Filter eines äußeren Routers Regeln konfiguriert, die jegliche auf dem Protokoll UDP basierenden, eingehenden Verbindungen unterbinden sollen, führt dies dazu, dass alle eingehenden Pakete die das Protokoll UDP verwenden, verworfen werden und somit nicht in das Grenznetz oder das interne Computernetz gelangen.

Regeln für diese Filter erlauben auch das **Blockieren** einzelner oder mehrerer IP-Adressen, sodass auch Zugriffe von einer oder auf eine bestimmte Benutzergruppe unterbunden werden können, während der gleiche Zugriff für eine andere Benutzergruppe weiterhin möglich ist. Auch ist es möglich, dass anhand von TCP/UDP-Ports Entscheidungen über die Zulässigkeit von Zugriffen getroffen werden können.

Filterregeln

Üblicherweise bestehen Regeln für die Filter aus einer **Kombination** der genannten Merkmale. In Tab. 5.3-1 werden exemplarisch die unterschiedlichen Rechte einer Benutzergruppe bezogen auf eine einzelne Anwendung dokumentiert. Hosts der Benutzergruppe dürfen in diesem Beispiel zwar auf interne, jedoch nicht auf externe HTTP-Server zugreifen.

Stateful Packet Inspection

Komplexe Filterung

Im Beispiel der Tab. 5.3-1 wird einer Benutzergruppe der Zugriff auf den internen HTTP-Server erlaubt. Ebenso kann der HTTP-Server umgekehrt in Richtung der Client Hosts innerhalb der Benutzergruppe Nachrichten verschicken.

Quell-IP	Ziel-IP	Quell-Port	Ziel-Port	Protokoll	Aktion
192.168.1.0 /26	192.168.0.5	≥1024	80	TCP	erlauben
192.168.0.5	192.168.1.0 /26	80	≥1024	TCP	erlauben
192.168.1.0 /26	extern	≥1024	80	TCP	verbieten
extern	192.168.1.0 /26	80	≥1024	TCP	verbieten

Tab. 5.3-1: Exemplarische Firewallregeln.

Derartige Regeln sind notwendig, damit der HTTP-Server auf Anfragen der Client Hosts antworten kann. Allerdings erlaubt diese Regel auch, dass der HTTP-Server jederzeit Pakete an die Client Hosts schicken darf und somit nicht nur als Antwort bzw. Reaktion auf eine Anfrage.

Zustand einer Verbindung

Um diese sicherheitskritische Sendemöglichkeit des HTTP-Servers zu unterbinden, wird eine erweitere Form der Paket-Filterung eingesetzt: Stateful Packet Inspection. Hierbei wird zustandsorientiert überprüft, ob der Versand von Paketen erlaubt oder verboten werden soll. Ein HTTP-Server, der ohne das Vorliegen einer Anfrage eines Client Hosts über TCP-Port 80 Pakete an den Client versendet, kann dadurch vom Paket-Filter blockiert werden. Der Paketversand wird nur erlaubt, wenn zuvor eine Anfrage des Client Hosts an den Server gesendet wurde und die entsprechenden Vergleichsparameter der Regeln übereinstimmen.

Weiterführende Literatur

[Mcca07], [KuRo09]

5.3.2.2 Proxy-Server *

Neben transparenten Filterverfahren existieren zudem nicht transparente Verfahren, die eine Filterung von Inhalten unter Verwendung von Proxy-Servern ermöglichen.

Kommunikationsablauf kontrollieren

Ein Proxy ist ein **Zwischenelement** bei einer Verbindung zwischen einem Client Host und einem Server Host. Aufgrund der Verwendung eines Zwischenelements stehen Client Host und Server Host nicht mehr in direktem Kontakt zueinander und kontrollieren zudem nicht mehr autonom den vollständigen Kommunikationsablauf. Ein Proxy nimmt aus Sicht des Server Hosts die Rolle eines Client Hosts ein und aus Sicht des Client Hosts die Rolle eines Server Hosts. Sowohl Client Host als auch Server Host kommunizieren ausschließlich über den Proxy miteinander. Dadurch bleiben die eigentlichen Endpunkte der Kommunikation voreinander verborgen. Vom Prinzip her ist dieses Verfahren ähnlich zu NAT, wobei dort der ursprüngliche Client Host weiterhin die Kontrolle über die Kommunikation behält. Dies ist bei Verwendung eines Proxy nicht mehr der Fall.

Grundsätzlich werden zwei Proxy-Typen unterschieden:

- **Dedizierter Proxy** (auch als Server-Proxy bezeichnet)
- **Generischer Proxy** (auch als Circuit-Level-Proxy bezeichnet)

Zugriffe kontrollieren

Ein dedizierter Proxy kann die **Kommunikationskontrolle** des Clients vollständig übernehmen und somit Verbindungen selbstständig aufbauen, abbauen und verwalten, wenn der Client Host eine Anfrage sendet. Dies wird z. B. häufig bei HTTP- oder HTTPS-Verbindungen verwendet. Insbesondere in Firmennetzen kommen dedizierte Proxys zum Einsatz, da es dadurch der Systemadministration leicht möglich ist, **unternehmensweite Regeln** durchzusetzen, wie beispielsweise bezüglich des Zugriffs auf Web-Dienste wie ICQ. Zusätzlich erlauben dedizierte Proxys in der Regel auch die Filterung von Inhalten und werden deshalb auch als Content-Filter bezeichnet. Content-Filter erlauben durch Analyse der passierenden Pakete beispielsweise Werbung, bekannte Viren, Würmer, Trojaner oder sonstige unerwünschte Inhalte zu erkennen und herauszufiltern. Sind diese zusätzlichen Funktionen in einem Proxy nicht vorhanden, wird dieser als generischer Proxy bezeichnet. Dieser entspricht dann, abgesehen vom Ablauf beim Verbindungsaufbau und Verbindungsabbau, dem Paket-Filter einer Firewall.

5.3.2.3 Intrusion Detection Systeme und Intrusion Prevention Systeme **

Damit ein Systemadministrator auf Angriffe reagieren kann, müssen diese zunächst durch ein Intrusion Detection System (IDS) erkannt und gemeldet werden. Intrusion Prevention Systeme (IPS) ermöglichen die Abwehr von internen und externen Angriffen.

IDS

Ein **Intrusion Detection System (IDS)** ist ein passives System, das Angriffe auf ein Computernetz bzw. innerhalb eines Computernetzes erkennen kann und entsprechende **Warnmeldungen** an meist zentrale Sicherheits-Management-Systeme leitet. Überwindet ein Angreifer eine Firewall und führt dann einen Angriff auf einen Host im internen Computernetz aus, ist es die Aufgabe des IDS, diesen zu erkennen und entsprechende Meldungen zu erzeugen. Im Idealfall wird ein Angriff so schnell erkannt, dass noch rechtzeitig die Einleitung von Gegenmaßnahmen erfolgen und der Angriff somit frühzeitig unterbunden werden kann. Anomalien im Computernetz müssen nicht zwangsweise zu einer Reaktion eines IDS führen. Ein IDS beobachtet das **Systemver-**

halten über einen längeren Zeitraum und reagiert erst, wenn die beobachteten Ereignisse zusammen betrachtet als Angriff klassifiziert werden können. Somit kann auch eine Kombination mehrerer, als unbedenklich eingestufter Einzelereignisse, als Angriff erkannt werden. Dadurch lassen sich auch Angriffe erkennen, die über mehrere Schritte und einem längeren Zeitraum hinweg vorbereitet werden.

IPS

Im Unterschied zu einem IDS ist ein **Intrusion Prevention System (IPS)** ein aktives System, das jeweils einem zu schützenden Element des Computernetzes, also beispielsweise einem Client Host, zugeordnet wird. Die Aufgabe eines IPS ist es, Angriffe von außen und innen zu unterbinden, weshalb die physikalische Nähe zum zu schützenden System von Bedeutung ist. Eine Firewall auf einem äußeren Router hilft unerlaubte Zugriffe von außen zu unterbinden, schützt jedoch die Systeme nicht vor internen Angreifern, beispielsweise aus demselben Subnetzbereich. Die Filter der inneren und äußeren Router haben in der Regel keine Möglichkeit der Einflussnahme auf die Kommunikation innerhalb dieses Subnetzes. Ein IPS arbeitet ähnlich einer Firewall und ist als zusätzliches System meist zwischen das zu schützende System und den Rest des Netzwerkes geschaltet.

IRS

Sowohl IDS als auch IPS sind Teilsysteme der hier nicht näher behandelten **Intrusion Response Systeme** (IRS), die unter anderem automatisierte Reaktionen auf Angriffe erlauben.

5.3.2.4 Virtual Private Network **

Virtual Private Networks ermöglichen eine transparente und sichere Kommunikation zwischen verschiedenen Unternehmensstandorten und ermöglichen ferner die transparente Einbindung externer Mitarbeiter in das Unternehmensnetz.

Räumliche Distanzen

Ein **Virtual Private Network (VPN)** ist im Vergleich zu herkömmlichen Netzen nicht an eine bestimmte Hardwarestruktur gebunden, sondern wird transparent als eine Art **Overlay-Netzwerk** betrieben. Während bei einem herkömmlichen Computernetz stets von einer dedizierten, physikalischen Struktur ausgegangen wird, bildet ein VPN eine rein virtuelle Struktur. Ein VPN wird häufig zur Verbindung mehrerer Unternehmensstandorte verwendet und ermöglicht es, über räumliche Distanzen hinweg, Abteilungsnetze miteinander zu verbinden und zu einem virtuellen Netzwerk zusammenzufassen, wie exemplarisch in Abb. 5.3-9 dargestellt.

Sichere Verbindung

Die in der Abb. 5.3-9 dargestellten Forschungsabteilungen in Deutschland, den USA und Japan sollen auf gemeinsame Ressourcen zugreifen können. Zudem sollen die Computernetze

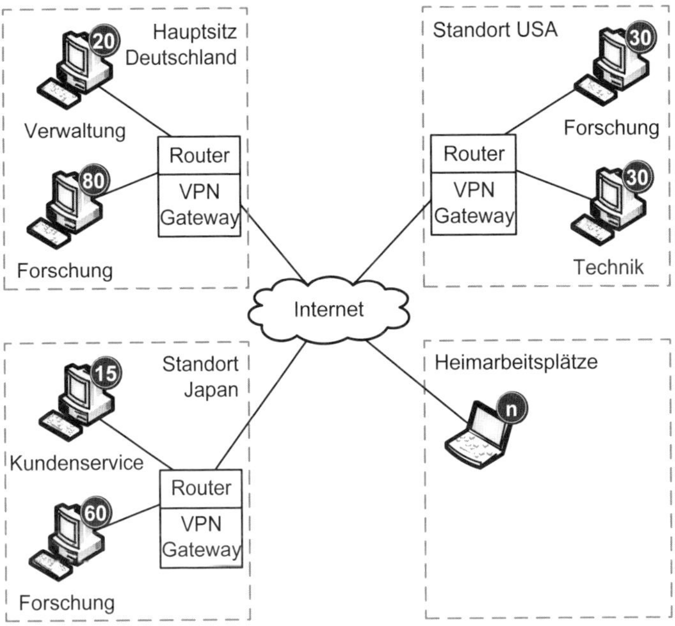

Abb. 5.3-9: Beispielhafter Einsatz eines VPN.

der verschiedenen Forschungsbereiche zu einem Forschungsnetz zusammengefasst werden. Diese Form der Verbindung von Computernetzen via VPNs wird auch als **Site-to-Site-Verbindung** bezeichnet, bei der mehrere Standorte virtuell miteinander verbunden werden. An jedem Standort wird dazu ein VPN-Gateway eingerichtet. Die VPN-Gateways an jedem Standort werden so konfiguriert, dass zwischen ihnen sogenannte VPN-Tunnel aufgebaut werden, die eine virtuelle Zusammenfassung der Computernetze ermöglichen. Da diese VPN-Tunnel in der Regel über unsichere Netze, wie z. B. das Internet, aufgebaut werden, wird die Kommunikation zwischen den VPN-Gateways verschlüsselt, sodass die Gefahr des Abhörens für unternehmenskritische Informationen reduziert wird.

Externe Benutzer

Auch einzelne, externe Client Hosts können in das virtuelle Netz eingebunden werden. Hierzu ist eine entsprechende, meist auf den Anbieter des VPN-Gateways abgestimmte, Software notwendig, die dem Client Host den Aufbau einer Verbindung ermöglicht. Zudem müssen häufig **AAA-Dienste** eingeführt werden, um den Zugriff via VPN-Gateway zu kontrollieren.

Weiterführende Literatur

[Mcca07], [KuRo09], [TePa05]

5.4 Performance-Architektur **

Aufgrund der teilweise sehr unterschiedlichen oder sogar divergenten Performance-Anforderungen der Anwendungen an das Computernetz in einem Unternehmen ist es notwendig eine Performance-Architektur zu entwickeln, die das Computernetz diesen Anforderungen anpasst. Sie wird bewusst als letzte der Basisarchitekturen entwickelt, da sich durch die übrigen Basisarchitekturen etliche Randbedingungen, welche die Ausgestaltung der Performance-Architektur beeinflussen, ändern. In diesem Kapitel wird eine **herstellerunabhängige Vorgehensweise** beschrieben, die es erlaubt eine abstrakte Performance-Architektur für ein Computernetz zu entwickeln, die die relevanten Informationen für die Festlegung und Konfiguration der später im Planungs- und Auslegungsprozess auszuwählenden Hardware enthält. Darüber hinaus wird das für die Entwicklung einer Performance-Architektur grundlegende technische Basiswissen vermittelt. Dieser Abschnitt ist jedoch nur relevant, falls kein Wissen zum Thema Dienstgütearchitekturen und Dienstgütemechanismen vorhanden ist:

- »Vorgehensweise«, S. 224
- »Basiswissen«, S. 240

Das technische Basiswissen umfasst eine herstellerunabhängige Zusammenfassung der grundlegenden Definitionen und Techniken im Bereich der Dienstgüte (QoS). Dazu zählen auch die unterschiedlichen Architekturansätze und Mechanismen, die eine Einhaltung der Anforderungen gewährleisten sollen:

- »Quality-of-Service«, S. 240
- »Architekturmodelle«, S. 245
- »Mechanismen«, S. 246
- »Proprietäre Systeme«, S. 254

5.4.1 Vorgehensweise **

Performance-Probleme vermeiden

Die im nachfolgenden beschriebene Vorgehensweise (vgl. Abb. 5.4-1) führt zu einer abstrakten und somit herstellerunabhängigen Performance-Architektur. Auch wenn auf den ersten Blick die Entwicklung einer Performance-Architektur nicht notwendig erscheint, sollte dieser Schritt in jedem Fall durchgeführt werden, da Anwendungen und Dienste das Computernetz ansonsten unkontrolliert und in schadhafter Weise nutzen können. Dies kann zu erheblichen, vorher nicht absehbaren Problemen im Produktivbetrieb führen, da wohlmöglich Verkehr mit einer niedrigen Priorität, Verkehr mit einer hohen Priorität verlangsamen bzw. verdrängen könnte. Aufgrund der Tatsache, dass das **DiffServ-Architekturmodell** weiter verbreitet ist als das **IntServ-Archi-**

tekturmodell und letzteres quasi daran »krankt«, dass die Konfiguration sehr komplex ist und nur in besonderen Fällen, die mit dem hier vorgestellten Vorgehen für den Planungs- und Auslegungsprozess nicht abgedeckt werden sollen, den Aufwand rechtfertigt, wird bei der vorgestellten Vorgehensweise lediglich Bezug auf das DiffServ-Architekturmodell genommen. Die Teilschritte der Vorgehensweise lassen sich jedoch analog darauf anwenden. Lediglich die Auswahl der Mechanismen und Zuweisung selbiger zu den verschiedenen Koppelelementen unterscheidet sich bzw. ist deutlich strenger, wie aus dem Basiswissen (siehe »Basiswissen«, S. 240) ersichtlich.

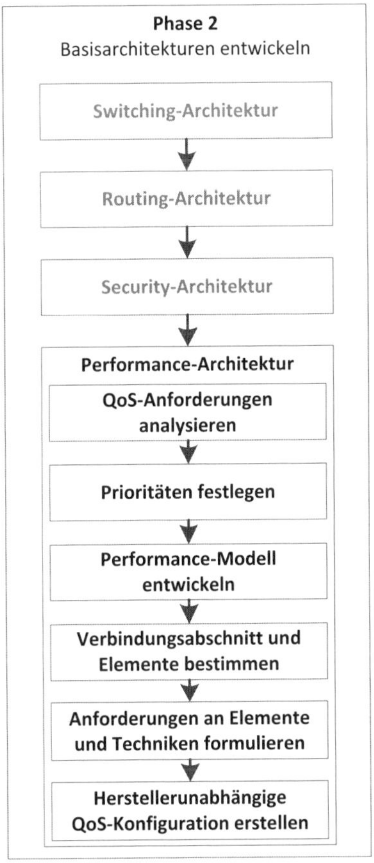

Abb. 5.4-1: Teilschritte der Performance-Architektur.

Die Auswahl der notwendigen Funktionen für ein Computernetz, die Kontrolle über die Ressourcen sowie die effiziente, am Unternehmensbedarf orientierte Aufteilung von Ressourcen im Computernetz während des Produktivbetriebs kann nur durch ein maßgeschneidertes Performance-Modell ermöglicht werden. Es

6 Teilschritte

ist festzuhalten, dass die Konvergenz von Computernetzen erst durch eine Performance-Architektur möglich wird. Beispielsweise wird es erst dadurch möglich, Sprache und Daten über ein einziges Netz – ohne den Verlust der Qualität der Sprachinformationen – zu versenden. Die Vorgehensweise gliedert sich in die nachfolgenden Teilschritte:

- »QoS-Anforderungen analysieren«, S. 226
- »Prioritäten festlegen«, S. 228
- »Performance-Modell entwickeln«, S. 229
- »Verbindungsabschnitte und Elemente bestimmen«, S. 236
- »Anforderungen an Elemente und Techniken formulieren«, S. 237
- »Herstellerunabhängige QoS-Konfiguration erstellen«, S. 238

Literatur [TePa05], [Mcca07], [HaSz04]

5.4.1.1 QoS-Anforderungen analysieren **

Anwendungen und Dienste stellen aufgrund unterschiedlicher Anforderungen an die Performance die Grundlage für eine Performance-Architektur dar. Da nicht alle Anwendungen und Dienste separat betrachtet werden können, müssen Anwendungen und Dienste mit ähnlichen Anforderungen bezüglich der Performance gruppiert werden.

Grundlagen

In der Phase 1 wurden alle Anwendungen und Dienste in Form von Verhaltensprofilen für die unterschiedlichen Benutzergruppen zusammengefasst, um anhand des gruppenspezifischen Verhaltens die für einen Datenfluss notwendigen Kapazitäten eines Verbindungsabschnitts zu bestimmen. Die Verbindungsabschnitte wurden zum Abschluss der Datenflussanalyse benannt und deren erforderliche Kapazitäten berechnet sowie die unterschiedlichen Performance-Parameter auf Basis der Verhaltensprofile dokumentiert und ihre Relevanz bewertet. Eine Reduzierung der Verbindungsabschnitte und die Einführung von Koppelelementen wurden im Rahmen der Switching-Architektur umgesetzt.

Zuordnung von Anwendungen

In diesem Teilschritt sollten zunächst alle Anwendungen nach dem in Abb. 5.4-2 dargestellten oder einem ähnlichen Schema gruppiert werden. Das dargestellte Schema berücksichtigt insbesondere die Realisierung **konvergenter Computernetze**. Die Zuordnung von Anwendungen und Diensten in die Anwendungsklassen **Sprachkommunikation** und **Videokommunikation** sowie **Multimedia-Streaming** und **Computernetzbetrieb** ergeben sich bereits aus den Funktionen der Anwendungen und Dienste, sodass diese einfach zugeordnet werden können.

Hingegen sind die beiden anderen Anwendungsklassen genauer zu betrachten. Darum sollte eine Zuordnung nach dem nachfolgend vorgestellten Prinzip erfolgen:

Zuordnung kritischer Anwendungen & Dienste

Anwendungen gehören zur Klasse **kritischer Anwendungen und Dienste**, wenn diese in der Anforderungsanalyse als unternehmenskritisch oder aufgabenkritisch bewertet wurden und zudem eine Anforderung bezüglich Übertragungsgeschwindigkeit und/oder Verzögerung mit einer Relevanz besitzen, die mindestens der Predictable Class zugewiesen wurde. Die Unterscheidung der Verkehrstypen dieser Klasse erfolgt auf Grundlage der zulässigen Verzögerung, wie im Rahmen der Anforderungsanalyse dokumentiert. Wurden die entsprechenden Anwendungen und Dienste bereits einer anderen Anwendungsklasse, beispielsweise der **Sprachkommunikation**, zugewiesen, so sind diese selbstverständlich nicht mehr an dieser Stelle zu berücksichtigen. Nicht unternehmenskritische oder aufgabenkritische Anwendungen und Dienste, die eine entsprechende Anforderung bez. Übertragungsgeschwindigkeit und/oder Verzögerung mit einer Relevanz besitzen, die mindestens der Best-Effort Class zugewiesen wurde, werden der Anwendungsklasse der **sonstigen Anwendungen und Dienste** zugewiesen.

Dabei werden Anwendungen und Dienste, bei denen lediglich eine durchschnittliche Datenrate (DDR) bestimmt wurde, die keine besondere Relevanz hat, dem Verkehrstyp **ohne jegliche Anforderung** zugewiesen. Alle anderen Anwendungen können dem Verkehrstyp **mit geringen Anforderungen** zugewiesen werden. Für Anwendungen, die Anforderungen bez. Übertragungsgeschwindigkeit und Verzögerung mit hoher Relevanz haben, jedoch weder unternehmenskritisch, noch anwendungskritisch sind, muss im Einzelfall geprüft werden, ob eine Zuordnung zu einer höheren Anwendungsklasse erforderlich bzw. sinnvoll ist.

Fehlerhaftes Vorgehen

Insbesondere bei der Einordnung von Anwendungen und Diensten in die Gruppe der kritischen Anwendungen und Dienste ist zu beachten, dass diese Zuordnung mit Bedacht passiert und nicht jede aus Sicht des Unternehmens wichtige Anwendung dort per se eingruppiert wird. Beinhaltet eine Gruppe unnötig viele Anwendungen, die dort aufgrund ihrer geringen und flexiblen Anforderungen nicht hineingehören, so kann es im Produktivbetrieb zu Problemen kommen. Ein derartiges Vorgehen, bei dem willkürlich Anwendungen und Dienste eine hohe Priorität zugewiesen bekommen, kann im weiteren Verlauf derart ad absurdum geführt werden, dass letztendlich jede Anwendung eine hohe Priorität zugewiesen bekommt.

Anwendungsklasse	Verkehrstyp	Anwendungen und Protokolle
Sprachkommunikation	Kontrollverkehr	Signalisierung via SIP,...
	Nutzdatenverkehr	Sprachdaten via RTP,...
Videokommunikation	Kontrollverkehr	Steuerung via RTCP, Signalisierung via SIP,...
	Nutzdatenverkehr	Videodaten via RTP,...
Multimedia Streaming	Kontrollverkehr	Steuerung via RTCP,...
	Nutzdatenverkehr	Multimediadaten via RTP,...
Computernetzbetrieb	Verkehrssteuerung	IP Routing, RSVP,...
	Struktur	DHCP, DNS,...
	Management	Network Management Verkehr,...
Kritische Anwendungen/Dienste	Interaktiv	Web-Anwendungen im CallCenter,...
	Asynchron	E-Mail im externen Kundensupport,...
Sonstige Anwendungen/Dienste	Mit geringer Anforderung	E-Mail im internen Verkehr,...
	Ohne jegliche Anforderung	Instant Messaging (intern) ,...

Abb. 5.4-2: Zuordnung von Anwendungen und Diensten.

5.4.1.2 Prioritäten festlegen **

Im Computernetz ist eine faire und hochperformante Weiterleitung jeglicher Pakete – unabhängig von Anwendung oder Dienst – wünschenswert. Diese wird jedoch durch die begrenzte Kapazität des Übertragungsmediums beschränkt, sodass eine Gewichtung der unterschiedlichen Verkehrstypen notwendig wird.

Prioritäten 5, 6, 7

Um für die abschließend zu erstellende QoS-Konfiguration alle notwendigen Informationen bereitstellen zu können, muss im Anschluss an die Gruppierung der Anwendungen und Dienste eine zweistufige Priorisierung bzw. Gewichtung der Anwendungsklassen erfolgen. Abb. 5.4-3 zeigt eine mögliche Priorisierung, einerseits mit einer globalen Priorisierung der Anwendungsklassen, andererseits aber auch eine Bewertung der Verkehrstypen. Die niedrigste Priorität ist dabei 0, die höchste 7. Die höchste globale **Priorität 7** wird Anwendungen und Diensten zugewiesen, die für die Funktion des Computernetzes verantwortlich sind. Diese müssen in jedem Fall, auch in Überlastsituationen verlustfrei funktionieren. Durch die Schaffung konvergenter Netze, den Betrieb von Telefonie- und Datenverbindungen über ein gemeinsames Computernetz, haben auch Anwendungen wie die Sprachkommunikation, aber auch die Videokommunikation, eine hohe Relevanz im Computernetz und müssen durch ihren immer noch vorhandenen Neuheitscharakter mit der klassischen Telefonie bez. der Sprachqualität, Zuverlässigkeit etc. konkurrieren. Den beiden genannten Anwendungsklassen werden die nächstniedrigeren globalen **Prioritäten 6** (Sprachkommunikation) und **5** (Videokommunikation) zugewiesen.

Priorität 4

Die Multimedia Streaming Anwendungen bekommen die nächstniedrigere **Priorität 4** zugewiesen. Im Vergleich zu den zuvor besprochenen Kommunikationsanwendungen weisen sie eine höhere Toleranz auf, weil hier nicht Sprache interaktiv, also ohne große Verzögerung, zu übertragen ist, sondern i. d. R. eine Pufferung möglich und Schwankungen zulässig sind.

Prioritäten 0, 1, 2, 3

Kritischen Anwendungen und Diensten werden die **Prioritäten 2** und **3** zugewiesen. Asynchrone Anwendungen und Dienste können die Priorität 2 erhalten, wohingegen die interaktiven Anwendungen dieser Anwendungsklasse die Priorität 3 erhalten sollten. Alle sonstigen Anwendungen erhalten, je nach Anforderungen, eine globale **Priorität von 0** oder **1**.

Priorität global	Anwendungsklasse	Verkehrstyp	Anwendungen und Protokolle	Priorität klassenintern
6	Sprachkommunikation	Kontrollverkehr	Signalisierung via SIP,...	5
		Nutzdatenverkehr	Sprachdaten via RTP,...	7
5	Videokommunikation	Kontrollverkehr	Steuerung via RTCP, Signalisierung via SIP,...	5
		Nutzdatenverkehr	Videodaten via RTP,...	7
4	Multimedia Streaming	Kontrollverkehr	Steuerung via RTCP,...	5
		Nutzdatenverkehr	Multimediadaten via RTP,...	7
7	Computernetzbetrieb	Verkehrssteuerung	IP Routing, RSVP,...	7
		Struktur	DHCP, DNS,...	6
		Management	Network Management Verkehr,...	3
3	Kritische Anwendungen/Dienste	Interaktiv	Web-Anwendungen im CallCenter,...	6
2		Asynchron	E-Mail im externen Kundensupport,...	3
1	Sonstige Anwendungen/Dienste	Mit geringer Anforderung	E-Mail im internen Verkehr,...	3-4
0		Ohne jegliche Anforderung	Instant Messaging (intern) ,...	0-1

Abb. 5.4-3: Gewichtung von Anwendungen und Diensten.

5.4.1.3 Performance-Modell entwickeln **

Ein Performance-Modell besteht aus einer strukturellen und einer inhaltlichen Beschreibung. Die Beschreibung muss Informationen über die einzusetzenden QoS-Mechanismen und Elemente, auf denen diese Mechanismen verwendet werden sollen, beinhalten. Ebenfalls muss festgelegt werden, welche PHB-Klassen den verschiedenen Anwendungsklassen und Verkehrstypen zuzuweisen sind.

2-schichtiges Modell

Aufbauend auf den Vorarbeiten der vorangegangenen Schritte der Phase 2 sowie den bisherigen Ergebnissen dieses Schrittes, wird ein 2-schichtiges Performance-Modell für das Computernetz entwickelt. Die erste Schicht beinhaltet die **strukturelle Beschreibung** des Performance-Modells. Hierbei wird unter anderem definiert, an welcher Position im Netz die verschiedenen Mechanismen greifen sollen und dementsprechend konfiguriert werden müssen. Die zweite Schicht stellt eine **konkrete Beschreibung** des Performance-Modells dar. In dieser Beschreibung wird beispielsweise festgelegt, welche Anforderungen einzuhalten sind, welche Prioritäten den verschiedenen Anwendungen und Diensten zugewiesen wurden und wie im Überlastfall mit den Paketen der verschiedenen Anwendungen und Dienste und somit der Datenflüsse umgegangen werden soll.

Zunächst wird die Struktur des Performance-Modells entwickelt und beschrieben, da diese die konkrete Beschreibung des Performance-Modells signifikant beeinflussen kann.

Struktur des Performance-Modells

Position im Computernetz

Grundlegend für die Struktur ist die Entscheidung, an welcher Position im Computernetz die verschiedenen Mechanismen aktiviert werden sollen. Die Klassifizierung und Markierung von Verkehr sollte möglichst nah an den Hosts durchgeführt werden, da die Nähe zu den Hosts gleichzeitig ausdrückt, dass man sich nicht im Core-Bereich und damit im **High-Speed-Switching-Bereich** befindet. Die Entscheidung, die dann lediglich noch zu treffen ist, ist ob die Klassifizierung und insbesondere die sich anschließende Markierung von Paketen auf einem der **Edge-Router** im Backbone (Distribution) Modul oder auf den Hosts selbst im Sink & Source Modul gemäß funktionaler Strukturierung erfolgen soll (vgl. Abb. 5.4-4).

Umgang mit verschlüsseltem Verkehr

Häufig wird aufgrund der Gefahr, dass ein bösartiger Benutzer möglicherweise jeglichen Verkehr mit der für die Performance besten Markierung versieht, von der letzteren Variante abgeraten. Bedenken sollte man dabei, dass wenn ein IT-Administrator jedem Benutzer im Computernetz den Zugriff auf die entsprechenden Einstellungen gewährt, selbst derartigen Missbrauch verantworten muss. Eine entsprechende Sicherheitsstrategie und ihre Implementierung sollten die genannten **Manipulationsmöglichkeiten** unterbinden. Verschiebt man die Funktionen Klassifizierung und Markierung, ohne vorherige Prüfung, naiv auf die Edge-Router, läuft man heutzutage immer mehr Gefahr, Identifikationsproblemen bei Anwendungen und Dienste begegnen zu müssen, die ihre Informationen verschlüsselt übertragen und sich somit nicht mehr identifizieren lassen.

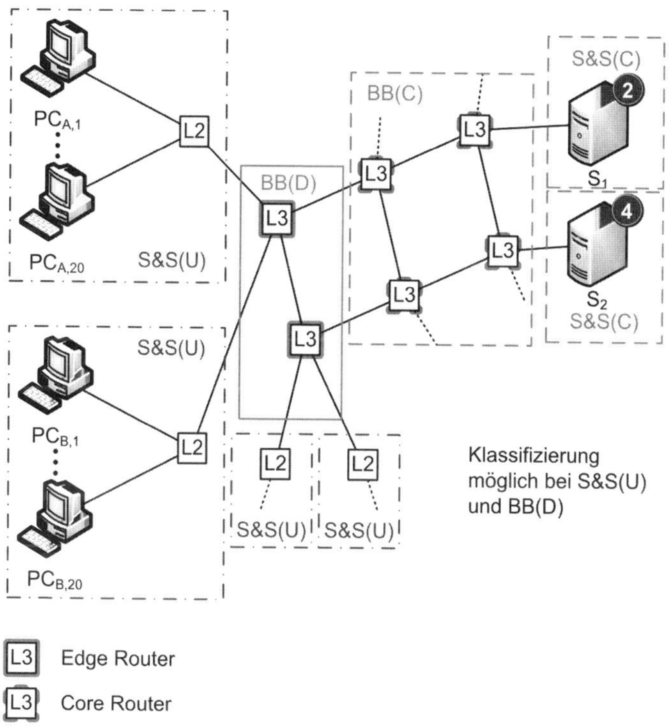

Abb. 5.4-4: Wahl der Klassifizierungselemente.

In einem solchen Fall kann die Klassifizierung nur noch anhand weniger Informationen (z. B. TCP/UDP-Ports) erfolgen. Erfolgt die Kommunikation einer derartigen Anwendung mit einer sich stets ändernden Destination und werden beispielsweise die TCP/UDP-Ports nicht gemäß dem Standard verwendet, so kann dies zu einer Fehlklassifikation von Paketen führen. Die Folge kann dann ein unter Umständen bezüglich der Performance völlig unzureichender Netzbetrieb sein. Deshalb ist vor einer Strukturentscheidung zu prüfen, ob nachfolgend aufgeführte **Anforderungen** für alle Anwendungen und Dienste erfüllt werden:

- Verwendung Standard-konformer und sich nicht kontinuierlich ändernder TCP/UDP-Zielports
- Verwendung sich kontinuierlich ändernder Ziele
- Verschlüsselung der Anwendungsdaten

Sofern die erste Randbedingung, bezogen auf jede einzelne Anwendung bzw. jeden Dienst, eingehalten wird, müssen die anderen Randbedingungen häufig nicht mehr abgeprüft werden.

Wenn jedoch in Abhängigkeit von den Verbindungszielen eine unterschiedliche Klassifizierung erfolgen soll, müssen auch die anderen Randbedingungen überprüft werden.

Verteilung von Funktionen

Werden die Randbedingungen nicht eingehalten, so ist zu überlegen, ob statt einer Klassifizierung und Markierung von Paketen auf einem Edge-Router, diese Funktionen auf die Client Hosts verlagert werden sollten. Ob diese Möglichkeit besteht, hängt – wie auch bereits bei der VLAN-Architektur – davon ab, ob das betrachtete Computernetz vollständig administriert wird oder aber beispielsweise Arbeitsgruppen selbst ihre Hosts verwalten. Dann ist eine Verlagerung auf die Hosts in keinem Fall möglich und sinnvoll, da hier das zuvor beschriebene Sicherheitsproblem, das zu großem Schaden für das Computernetz und dessen Performance führen kann, zum Tragen kommen könnte. Ist das Netz hingegen vollständig administriert, kann die Verlagerung der Klassifizierung und Markierung auch auf die Hosts erfolgen. Der Netzplaner hat dann die Möglichkeit Datenflüsse, auf welche die drei zuvor dokumentierten Randbedingungen nicht zutreffen, auf den Hosts markieren und klassifizieren zu lassen. Alle anderen Datenflüsse können weiterhin durch die Edge-Router klassifiziert und markiert werden. In Abb. 5.4-5 ist exemplarisch die Struktur eines Performance-Modells veranschaulicht. Eine entsprechende tabellarische Dokumentation sollte in jedem Fall zusätzlich erfolgen.

Mechanismen

Die Aktivierung und Konfiguration der verkehrsbehandelnden Mechanismen (Policing, Shaping etc.) sollte idealerweise auf allen weiteren Koppelelementen nach Abschluss der Markierung entlang des Datenflusses erfolgen (vgl. Abb. 5.4-6), sofern die entsprechenden **Anforderungen** an die Funktionalität erfüllt werden. Dies kann beispielsweise die Bereitstellung von Layer-3-(QoS)-Funktionalität sein. Wird diese nicht bereitgestellt, wäre zu prüfen, ob eine streckenweise Abbildung der QoS-Funktionalität auf Layer-2 möglich ist. Bei einer Neuplanung oder Umstrukturierung eines Computernetzes kann die Bereitstellung von Layer-3-(QoS)-Funktionalität durch die Auswahl entsprechender, meistens neuer Koppelelemente sichergestellt werden.

Konkrete Ausgestaltung des Performance-Modells

Policing vs. Shaping

Im Anschluss an die abstrakte strukturelle Beschreibung des Performance Modells, erfolgt die konkrete Ausgestaltung des Performance-Modells. Dabei ist zunächst die Frage nach dem Umgang mit Verkehr und der Zuteilung von Ressourcen zu beantworten. Hier existieren zwei verschiedene Verfahren: das Policing, also die Beschränkung von Datenflüssen, und das Shaping, die dyna-

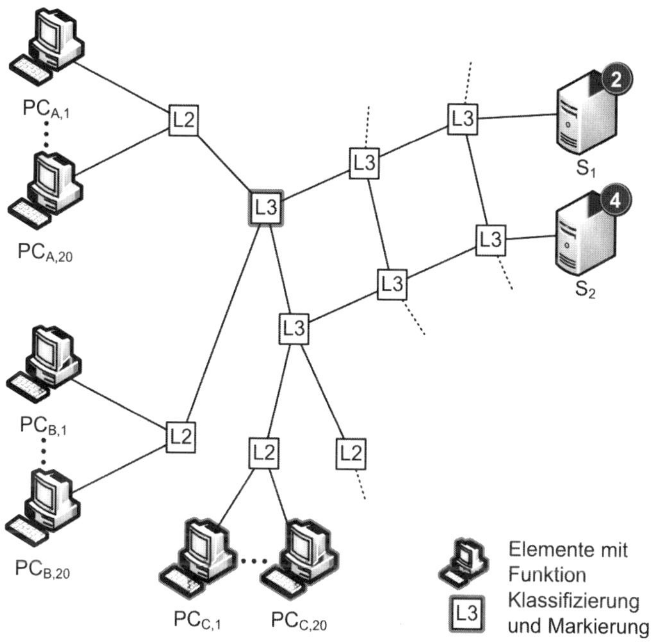

Abb. 5.4-5: Partielle Funktionsverlagerung.

mische Zuteilung von Ressourcen (vgl. »Mechanismen«, S. 246). In der Regel sollte das Shaping von Datenflüssen gewählt werden, da eine restriktive Beschränkung eher zum Ausfall bzw. zur zeitweisen Nicht-Verfügbarkeit von Anwendungen und Diensten führt, als die dynamische Aufteilung von Ressourcen und die damit verbundene temporäre Zwischenspeicherung von Paketen in Warteschlangen vorzusehen.

PHB-Klassen auswählen

Unabhängig davon sind den verschiedenen Anwendungsklassen und Verkehrstypen ihren Prioritäten entsprechende, **DiffServ-konforme Werte** bzw. **Per-Hop-Behavior-Klassen** zuzuweisen. Dabei sei darauf hingewiesen, dass die **PHB-Klasse** AF4y eine höhere Priorität hat als AF3y, jedoch innerhalb dieser Klassen die Wahrscheinlichkeit, dass ein Paket verworfen wird, mit höherem Wert steigt und ein höherer Wert für y nicht bedeutet, dass die Subklasse eine höhere Priorität hat als eine mit niedrigerem Wert für y. Eine höhere Priorität bedeutet nicht, dass entsprechend viele Pakete automatisch verworfen werden, sondern bestimmt zunächst lediglich den Anteil, mit der die entsprechende Klasse vom Scheduler in Abhängigkeit vom Scheduling-Algorithmus bedient wird. Welche Parameter konfigurierbar sind, hängt von der herstellerspezifischen Implementierung ab.

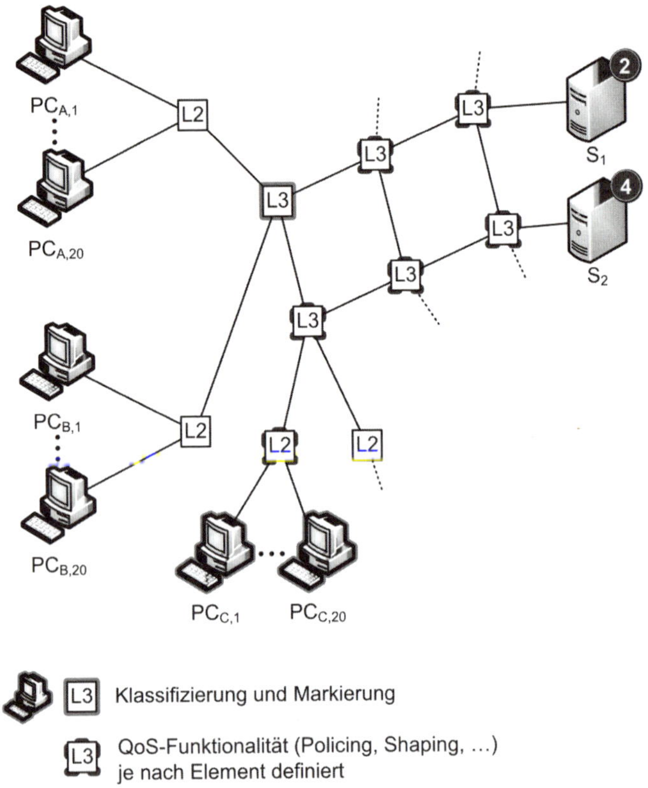

Abb. 5.4-6: Modell im Core-Bereich.

Darum wird im abschließenden Schritt eine herstellerunabhängige Dokumentation erstellt, die im Regelfall eine gute Datenbasis für die spätere Implementierung darstellt.

Die in Abb. 5.4-7 dargestellten Zuordnungen basieren zum Teil auf Empfehlungen der entsprechenden RFCs, zum Teil aber auch lediglich aus den sich logisch aus den Prioritäten ergebenden Zuordnungen.

Kompatibilität

Werden ältere Geräte im Computernetz eingesetzt, die entgegen dem heutigen Standard lediglich die Markierung gemäß **IP Precedence** unterstützen, sollte diese bei der Zuordnung von PHB Klassen berücksichtigt werden, damit auch diese Elemente entsprechend eingebunden werden können.

Layer-2 QoS

Abschließend sei an dieser Stelle darauf hingewiesen, dass auch die Verwendung von QoS-Markierungen auf Layer-2 durchaus sinnvoll sein kann, sofern Netzelemente bzw. Netzabschnitte existieren, in denen es nicht zum Routing von Paketen, sondern zu einem reinen Layer-2-Switching kommt.

Priorität global	Anwendungsklasse	Verkehrstyp	Anwendungen und Protokolle	Priorität klassenintern	PHB
6	Sprachkommunikation	Kontrollverkehr	Signalisierung via SIP,...	5	CS3, AF31
		Nutzdatenverkehr	Sprachdaten via RTP,...	7	EF
5	Videokommunikation	Kontrollverkehr	Steuerung via RTCP, Signalisierung via SIP,...	5	CS3, AF31
		Nutzdatenverkehr	Videodaten via RTP,...	7	AF41
4	Multimedia Streaming	Kontrollverkehr	Steuerung via RTCP,...	5	CS3, AF31
		Nutzdatenverkehr	Multimediadaten via RTP,...	7	AF43
7	Computernetzbetrieb	Verkehrssteuerung	IP Routing, RSVP,...	7	CS6
		Struktur	DHCP, DNS,...	6	CS6
		Management	Network Management Verkehr,...	3	CS2
3	Kritische Anwendungen/Dienste	Interaktiv	Web-Anwendungen im CallCenter,...	6	AF31 AF32
2		Asynchron	E-Mail im externen Kundensupport,...	3	AF22 AF21
1	Sonstige Anwendungen/Dienste	Mit geringer Anforderung	E-Mail im internen Verkehr,...	3-4	AF11 AF12 CS1
0		Ohne jegliche Anforderung	Instant Messaging (intern) ,...	0-1	CS0

Abb. 5.4-7: Exemplarische Zuweisung von PHB-Klassen.

In diesem Fall können die bisherigen Ergebnisse wieder verwendet werden. Weiterhin kann überlegt werden, ob nicht nur eine Entscheidung in Abhängigkeit von der **Class-of-Service** erfolgen soll, sondern ob eine Unterscheidung basierend auf VLANs oder auf den Ports der Koppelelemente und somit der angeschlossenen Geräte (z. B. bei VoIP-Telefonen) erfolgen soll. Ob entsprechende Bereiche vorhanden sind, kann nach Abschluss der Entwicklung der Routing-Architektur ermittelt werden.

Literatur

[TePa05], [HaSz04], [ADE08]

5.4.1.4 Verbindungsabschnitte und Elemente bestimmen **

Nicht alle in einem Computernetz vorhandenen Verbindungsabschnitte und Elemente sind von der Einführung eines Performance-Modells betroffen. Darum muss differenziert werden zwischen Elementen, die unabdingbar QoS-Funktionen benötigen, und denen, die nicht unbedingt entsprechende QoS-Funktionen aufweisen müssen. Schon allein aus Kostengründen ist eine derartige Analyse sinnvoll.

Entscheidungsgrundlagen

In einem weiteren Teilschritt sind die durch das Performance-Modell entstehenden Randbedingungen für das Computernetz zu betrachten und die betroffenen Verbindungsabschnitte und Elemente zu identifizieren, deren besondere Anforderungen im nächsten Teilschritt zu dokumentieren sind. Hierzu werden die Informationen der Verbindungsabschnitte, welche alle Informationen über die dazugehörigen Datenflüsse beinhalten, darauf geprüft, ob sie Datenflüsse von Anwendungen und Diensten beinhalten, die mindestens eine Priorität von 2 aufweisen.

Hierbei sind jedoch die für den Computernetzbetrieb notwendigen Anwendungen und Dienste zu vernachlässigen. Diese wurden einerseits nicht in den Datenflüssen berücksichtigt und müssen andererseits in den meisten Fällen nur im **Core-Bereich** des Computernetzes besonders bevorzugt werden. Dort besteht häufig die Gefahr der Überlast und somit der Konkurrenz, die für die Aufrechterhaltung der Struktur schädlich sein kann.

Exemplarisch ist ein entsprechendes Ergebnis des Vorgehens in Abb. 5.4-8 veranschaulicht, wobei darauf hingewiesen sei, dass die Analyse unter Hinzunahme der entsprechenden Tabellen aus der Dokumentation, aus denen sich die Informationen über Verbindungsabschnitte und Datenflüsse ablesen lassen (vgl. »Datenflussanalyse«, S. 113 und »Transformation der Ergebnisse der Datenflussanalyse«, S. 152), erfolgen sollte.

Betroffene Bereiche & Elemente

Ausgehend von den Elementen, denen die Funktionen der Klassifizierung und Markierung von Verkehr zugewiesen wurden, werden die betroffenen Verbindungsabschnitte, über welche die entsprechenden Datenflüsse übertragen werden, identifiziert. Ein betroffener Verbindungsabschnitt zeichnet sich, wie zuvor bereits dokumentiert, dadurch aus, dass mindestens eine Anwendung eine Priorität größer gleich 2 aufweist.

Somit existieren auf einem solchen Verbindungsabschnitt Anwendungsflüsse, die bezüglich Verzögerung oder Übertragungsgeschwindigkeit mindestens in die Predictable Class eingeordnet wurden. Aus den vom Performance-Modell betroffenen Verbindungsabschnitten lassen sich die betroffenen Elemente, insbe-

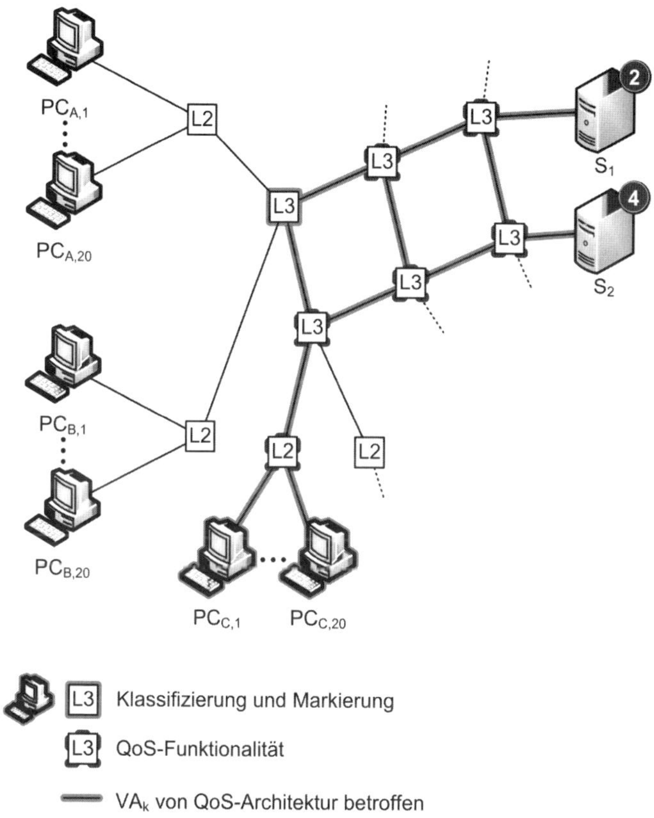

Abb. 5.4-8: Betroffene VAs in QoS-Architektur.

sondere Koppelelemente bestimmen, die aufgrund der Einführung einer QoS-Architektur besondere Funktionen besitzen müssen, die bei der späteren Auswahl von Elementen berücksichtigt werden müssen.

5.4.1.5 Anforderungen an Elemente und Techniken formulieren **

Die Dokumentation der Ergebnisse und somit der Anforderungen an die Elemente ist obligatorisch. Dabei sind hier insbesondere die aus dem Performance-Modell motivierten Anforderungen an die QoS-Funktionen der Koppelelemente von Bedeutung.

Funktionsumfang

Die infolge der Performance-Architektur erforderlichen Funktionen der Koppelelemente müssen nicht nur in der Planung dokumentiert, sondern auch als Anforderungen formuliert den entsprechenden Koppelelementen zugeordnet werden, da bei der

Umsetzung insbesondere die Unterstützung seitens der Koppelelemente gegeben sein muss. Dementsprechend ist in diesem Teilschritt der notwendige Funktionsumfang der zuvor identifizierten Koppelelemente auf Basis der inhaltlichen Beschreibung des Performance-Modells zu prüfen und in dem entsprechenden Stammblatt zu dokumentieren. Dazu kann als Grundlage die nachfolgende, offene Liste an möglichen Anforderungen, die sich aus der entwickelten Performance-Architektur ergeben, verwendet werden:

- Integrated Services (IntServ)
- Differentiated Services (DiffServ)
- Application Identification
- Traffic Policing
- Traffic Shaping
- Warteschlangenkonfiguration
- Scheduling-Algorithmen
- Auslegung für den Betrieb von x Warteschlangen in einem Puffer der Größe y Byte

SLAs

Sollten Verbindungen über die Unternehmensstandorte hinweg von der QoS-Architektur betroffen sein, beispielsweise bei Verbindungen zwischen Unternehmensstandorten, bei deren Kommunikationsstruktur ebenfalls besondere Anforderungen an die Performance bestehen, so ist für die Verbindungen über den Service Provider eine Anforderungsdefinition an ein **Service Level Agreement** zu dokumentieren, das bei der späteren Umsetzung als Grundlage für die Vertragserstellung und Leistungsdefinition dient.

5.4.1.6 Herstellerunabhängige QoS-Konfiguration erstellen **

Die Konfiguration der QoS-Einstellungen von Hosts und Koppelelementen variiert abhängig vom Hersteller. Darum wird eine herstellerunabhängige Konfiguration erstellt, die alle notwendigen Basisinformationen enthält.

QoS-Konfiguration

Für die identifizierten, Performance-relevanten Koppelelemente und Hosts (vgl. Abb. 5.4-9) sind die notwendigen Informationen zur Implementierung des Performance-Modells zu dokumentieren. Neben den in diesem Schritt erarbeiteten Teilen der QoS-Konfiguration, sind zusätzlich die quantitativen Anforderungen aller Anwendungen im Performance-Modell zu erfassen und im Zusammenhang mit dem Performance-Modell zu dokumentieren, wie exemplarisch in Abb. 5.4-10 dargestellt.

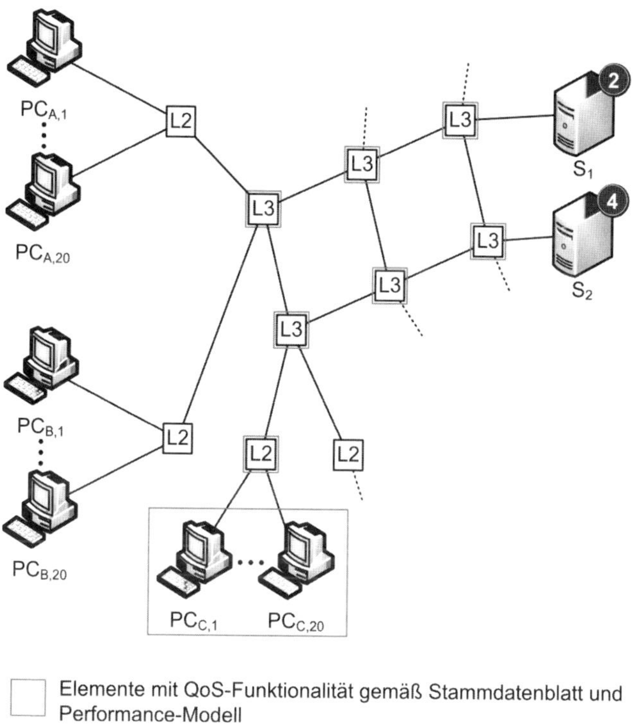

Abb. 5.4-9: Übersicht Performance-Modell.

Quantitative Anforderungen

Die quantitativen Anforderungen sind für jede Anwendung bzw. jeden Dienst separat zu erfassen. Falls von den Benutzergruppen abhängige Unterschiede hinsichtlich der quantitativen Anforderungen bestehen, so sind diese ebenfalls getrennt voneinander zu dokumentieren. Zu berücksichtigen ist weiterhin, dass nicht zwangsweise die vollständige QoS-Konfiguration auf allen Elementen vorhanden sein muss. Beispielsweise reicht es bei einem QoS-aktiviertem Host aus, dass die QoS-Parameter zu den dort verwendeten Anwendungen und Diensten vorhanden sind. Dies ist analog auf Koppelelemente übertragbar.

Priorität global	...	Verkehrstyp	Anwendungen und Protokolle	PHB	Quantitative Anforderungen
6	...	Kontrollverkehr	Anwendung A (SIP)	CS3	DDR 20kbit/s
		Nutzdatenverkehr	Anwendung A (RTP)	EF	MDR 160kbit/s Max. Verz. 150ms
5	...	Kontrollverkehr	Anwendung B (SIP) Anwendung B (RTCP)	CS3	DDR 10kbit/s DDR 30kbit/s
		Nutzdatenverkehr	Anwendung B (RTP)	AF41	MDR 512 kbit/s Max. Verz. 200ms
4	...	Kontrollverkehr	Anwendung C (RTCP)	CS3	DDR 30kbit/s
		Nutzdatenverkehr	Anwendung C (RTP)	AF43	DDR 500kbit/s
7	...	...	...	...	...
		...	...	...	...
		...	...	...	...
3	...	Interaktiv	Anwendung D (HTTP)	AF31	MDR 50kbit/s Max. Verz. 350ms
2		...	...	...	...
1	...	...	...	...	...
0		Ohne jegliche Anforderung	Anwendung E (Oscar)	CS0	...

Abb. 5.4-10: Herstellerunabhängige Konfiguration.

5.4.2 Basiswissen **

In diesem Abschnitt wird folgendes Basiswissen zusammenfassend vermittelt:

- »Quality-of-Service«, S. 240
- »Architekturmodelle«, S. 245
- »Mechanismen«, S. 246
- »Proprietäre Systeme«, S. 254

Für eine detaillierte Ausführung der nachfolgenden Inhalte sei auf die entsprechende, auch herstellerspezifische Fachliteratur verwiesen.

5.4.2.1 Quality-of-Service **

Die Dienstgüte (QoS) wird durch verschiedene Parameter des Computernetzes beeinflusst. Ob die Anforderungen an die Dienstgüte eingehalten werden, hängt von verschiedenen Performance-Parametern ab, die im Zusammenhang mit der QoS-Architektur eine besondere Rolle spielen.

Definition

Für den Terminus **Quality-of-Service** existieren sowohl im englischsprachigen als auch im deutschsprachigen Raum viele verschiedene, nicht unbedingt klare Definitionen. Übersetzt wird der Ausdruck QoS dabei häufig als Dienstgüte, was zur nachfolgenden Definition führt:

Die Dienstgüte (QoS) beschreibt eine Anforderung an die netzseitig zu erbringende Performance. Die Anforderung bezieht sich stets auf den einzelnen Datenfluss einer Anwendung oder eines Dienstes und wird anhand eines oder mehrerer Performance-Parameter beschrieben. Dazu zählen primär:

- die (maximal) zulässige Verzögerung,
- der (maximal) zulässige Verzögerungsjitter,
- die (maximal) zulässige Paketverlustrate,
- die minimal zur Verfügung stehende Übertragungsrate sowie
- die durchschnittlich zur Verfügung stehende Übertragungsrate mit zulässiger Abweichung.

Existieren – bezogen auf unterschiedliche Anwendungen und Dienste – verschiedene **QoS-Anforderungen**, so wird dabei von verschiedenen »QoS-Level« gesprochen. QoS-Anforderungen unterschiedlicher Art stehen in einer hierarchischen Relation zueinander und werden unterschiedlichen Verkehrsklassen zugeordnet und damit implizit, je nach Mechanismus zur Einhaltung der Anforderungen, priorisiert und dementsprechend behandelt.

Wirkungskreislauf

Die jeweilige Dienstgüte wird durch das Verhalten des Computernetzes, das sich wiederum auf das Verhalten jedes einzelnen Pakets auswirkt, bestimmt. Hier ergibt sich ein **Wirkungskreislauf**, da sich auch jedes weitere Paket auf das Verhalten des Computernetzes und somit ggf. auf sich selbst auswirkt. Vier signifikante Parameter erlauben es die QoS-Anforderung, bezogen auf ein Paket, einen Datenfluss oder eine Anwendung bzw. einen Dienst, zu quantifizieren und somit die Dienstgüte zu steuern:

Verzögerung

Verzögerung

Die entstehende Zeitdifferenz bei der Informationsübertragung zwischen einem Sender- und einem Empfängerknoten im Computernetz wird als **Verzögerung** bezeichnet. Die Verzögerung wird sowohl durch die vom Computernetz (Latenz der Koppelelemente, Ausbreitungsgeschwindigkeit des Signals auf dem Medium) als auch von weiteren Systemkomponenten (z. B. Verarbeitung durch die Anwendung, Betriebssystem, Netzwerkkarte) induzierten Verzögerungen bestimmt. Je nach Anwendungsfall sind verschiedene Arten der Verzögerung, die jeweils Auskunft über verschiedene Abschnitte einer Kommunikationsstrecke geben, von Interesse (vgl. »Performance-Parameter«, S. 19). Betrachtet man die Dienstgüte, wird in der Regel die **Ende-zu-Ende-Verzögerung** zugrunde gelegt. Bei einer Analyse des Computernetzes, bei der zur Verbesserung der Dienstgüte vorhandene

Flaschenhälse identifiziert werden müssen, wird die sich auf einem Pfad zwischen den Endpunkten ergebende Verzögerung für jedes Koppelelement auf dem Pfad und somit für jeden Verbindungsabschnitt VA_k erfasst und bewertet, wie in Abb. 5.4-11 dargestellt.

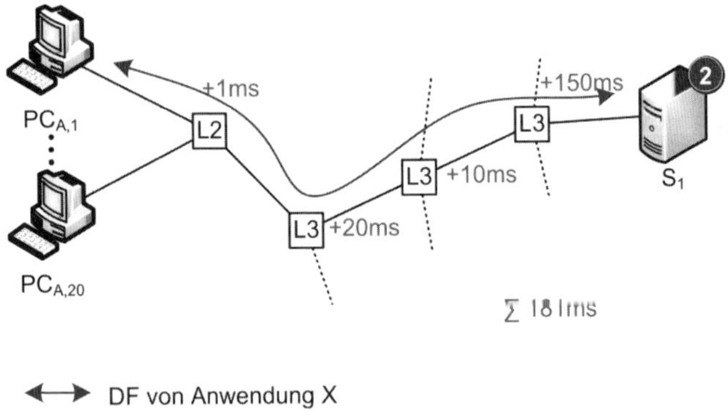

Abb. 5.4-11: Verzögerungen im Computernetz.

Gleichzeitig entspricht die Verzögerung einem **Regelparameter**, der unter Einsatz geeigneter Mechanismen (vgl. »Mechanismen«, S. 246) erlaubt, Pakete eines Datenflusses A zum Vorteil eines Datenflusses B gezielt zu verzögern.

Verzögerungsjitter

Jitter

Die verschiedenen Varianten der Verzögerung erlauben lediglich eine starre Quantifizierung der Verzögerung. Daher wird häufig auch die Abweichung von der mittleren Verzögerungszeit, die sich beispielsweise aufgrund des zeitlichen, von der Auslastung abhängigen Verhaltens der Warteschlangen in den Koppelelementen ergibt, berücksichtigt. Diese wird als Jitter bezeichnet. Häufig wird zeitlich beschränkt zulässiger Jitter für die Beschreibung maximal zulässiger **Abweichungen** verwendet (vgl. Abb. 5.4-12, Abschnitt 1). Wird der definierte Wert in einer negativen Weise (eine zu hohe Verzögerung pro Paket) über einen längeren Zeitraum überschritten, gilt eine diesbezügliche QoS-Anforderung als nicht mehr eingehalten (vgl. Abb. 5.4-12, Abschnitt 2). Für eine Übertragung von Sprachdaten kann dies bedeuten, dass die Verbindung sich derart verschlechtert, dass ein Gespräch nicht mehr möglich ist und unter Umständen die Verbindung terminiert werden muss. Wird auch der zulässige Jitter überschritten, wird die QoS-Anforderung keinesfalls mehr eingehalten (vgl. Abb. 5.4-12, Abschnitt 3).

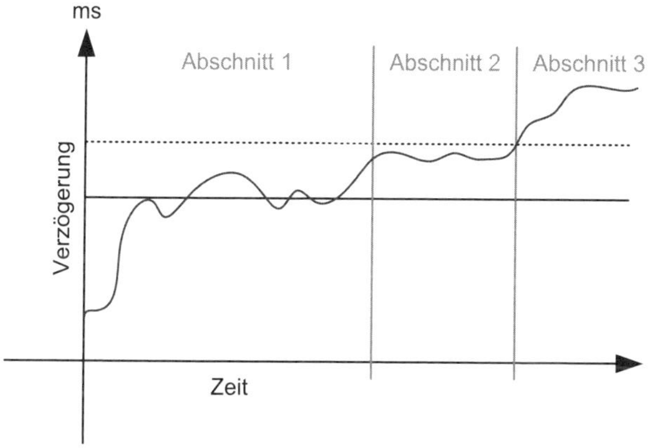

Abb. 5.4-12: Beispiel variierender Verzögerung.

Datenrate

Die **Datenrate** (Bit/s) gibt an, inwieweit ein System dazu in der Lage ist, eine bestimmte Anzahl Datenbits in einem Zeitintervall zwischen zwei Punkten zu übertragen. Es werden drei verschiedene Formen der Datenrate unterschieden. Die **Spitzendatenrate (SDR)** beschreibt die kurzzeitig, höchstmögliche Datenrate, die durchschnittliche Datenrate (DDR) die im Mittel entstehende Datenrate und die **minimale Datenrate (MDR)** in der Regel die durch eine Anwendung verursachte Mindestbelastung des Übertragungsmediums. Für die Performance-Architektur von Bedeutung sind die minimale Datenrate (MDR), die in den meisten Fällen eine untere, häufig feste Schranke definiert, sowie die **durchschnittliche Datenrate (DDR)**, die in Kombination mit einer zulässigen Abweichung über einen Zeitraum ΔT im Vergleich zur MDR eine weichere Anforderung definiert, bei der keine feste **Schranke** vorhanden ist. In Abb. 5.4-13 ist dies exemplarisch dargestellt. Wurde als QoS-Anforderung eine DDR mit einer entsprechend zulässigen Abweichung definiert, so würde die Anforderung über alle drei Abschnitte hinweg eingehalten werden. Ist aber eine MDR als Teil der QoS-Anforderung definiert, so wird zumindest in Abschnitt 2 diese Anforderung nicht eingehalten.

Datenrate

Zuverlässigkeit

Die **Zuverlässigkeit** eines Systems gibt an, inwieweit ein System deterministisch und korrekt arbeitet. Sie gibt zudem Auskunft darüber, wie schnell sich ein System nach einem Ausfall wieder in den normalen Zustand versetzen lässt. Verschiedene Metriken erlauben Aussagen über die Zuverlässigkeit des Systems. Für die Performance-Architektur und die Definition

Zuverlässigkeit

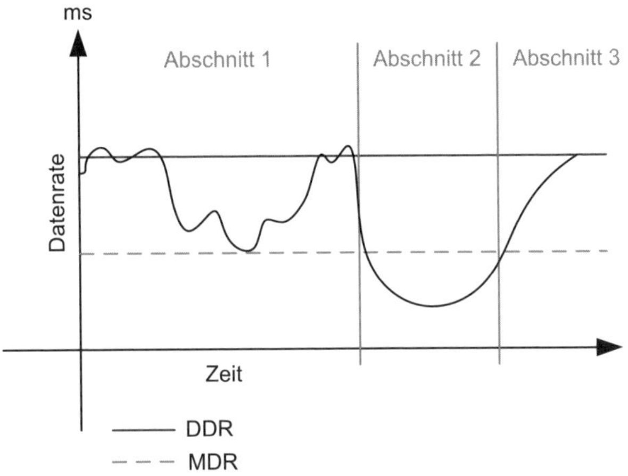

Abb. 5.4-13: Beispiel variierender Datenrate.

von Anforderungen bezüglich der Dienstgüte besonders relevant sind dabei sowohl die Cell-Loss-Rate (CLR) als auch Bit-Error-Rate (BER). Der Netzplaner mag sich fragen, wie es bei den heutzutage verwendeten Techniken noch zu einem Verlust von Rahmen oder Paketen kommen kann: In Überlastszenarien, bei denen **Warteschlangen** überlaufen, kommt es dazu, dass Pakete gezielt verworfen werden (vgl. »Mechanismen«, S. 246).

Kritik an Verfügbarkeit

Häufig stellt die Verfügbarkeit als Teilaspekt der Zuverlässigkeit bei der Betrachtung der Dienstgüte auch ein Merkmal dar, das jedoch losgelöst davon betrachtet werden sollte. Die zuvor genannten Performance-Parameter beschreiben die Anforderungen der Anwendungen und Dienste an das Computernetz, sofern dieses oder die Anwendung bzw. der Dienst selbst zur Verfügung stehen. Sollte das Computernetz bzw. eine Anwendung oder ein Dienst durch einen Ausfall o. ä. nicht zur Verfügung stehen, so sind die übrigen Parameter für diesen Zeitraum nicht von Interesse. Dem entgegen steht, dass Verfügbarkeit auch bedeuten kann, dass das Computernetz dafür sorgen muss, z. B. einen Dienst in jedem Fall zur Verfügung zu stellen. Dann müssten die von diesem Dienst gesendeten Pakete im Computernetz weitergeleitet werden. Damit sie jedoch weitergeleitet können, reicht es nicht aus die **Verfügbarkeit des Computernetzes** zu betrachten, da diese nicht nur durch das Computernetz sicherzustellen ist. Es muss eher die minimale Anforderung an die Übertragungsgeschwindigkeit betrachtet werden. Diese muss in einem solchen Szenario für einen derartigen Dienst definiert sein. Sonst kann der Fall auftreten, dass dem Dienst zwar eine Datenrate von 1 Bit/s zugesichert wird, diese jedoch für den Betrieb nicht ausreichend und der Dienst damit nicht verfügbar ist.

5.4.2.2 Architekturmodelle **

Einem Netzplaner stehen in einem IP-Netz drei Architekturmodelle (BestServ, DiffServ und IntServ) zur Verfügung, die je nach Anforderungen an die Dienstgüte und Budget eine Basis für das Performance-Modell darstellen. Bekanntermaßen wird bevorzugt das DiffServ-Architekturmodell eingesetzt, da es im Vergleich zum IntServ-Architekturmodell deutlich einfacher zu konfigurieren und zu warten ist.

3 Architekturmodelle

Im Bereich der QoS-Architekturmodelle werden drei Varianten unterschieden:

- Best-Effort Services (**BestServ**)
- Differentiated Services (**DiffServ**) [RFC 2638][RFC 2474][RFC 2475]
- Integrated Services (**IntServ**) [RFC 1633]

BestServ

Werden keine Mechanismen zur Einhaltung oder Durchsetzung von QoS-Anforderungen eingesetzt, so wird diese Architektur als **BestServ** bezeichnet. Hierbei bedarf es keinerlei Konfiguration der Koppelelemente oder Endpunkte im Computernetz. Existieren im Computernetz lediglich Datenflüsse mit Best-Effort-Anforderungen, so kann dieses Architekturmodell verwendet werden. Lediglich die Auslegung der zur Verfügung stehenden Übertragungsgeschwindigkeit muss bei der Auswahl der Koppelelemente und Verbindungstechniken berücksichtigt werden. Haben die Anwendungen jedoch mehr als nur geringe (Best-Effort Class) und somit unterschiedlich relevante, weiche Anforderungen (Predictable Class), ist die Verwendung dieses Modells nicht mehr zielführend. In diesem Fall stehen das DiffServ- und das IntServ-Architekturmodell zur Auswahl. Beide Modelle erlauben die Unterscheidung von unterschiedlich relevanten Paketen mit unterschiedlichen Anforderungen.

DiffServ

Das **DiffServ-Architekturmodell** erlaubt die Markierung und differenzierte Behandlung von Verkehr auf Basis einer entsprechenden Markierung. Grundlage hierfür ist das Verhalten zwischen Koppelelementen, das **Per-Hop Behavior (PHB)**. Dieses wird innerhalb eines Computernetzes entsprechend einem Standard definiert und erlaubt somit eine einheitliche Behandlung von Verkehrsklassen pro Koppelelement. Zwar kann auf Grundlage dieses Modells auch die Einhaltung harter Anforderungen (Guaranteed Class) durchgesetzt werden. Jedoch wird dabei lediglich die Einhaltung von minimalen Datenraten zwischen zwei Hops im Computernetz sicher ermöglicht, da keine Reservierung von Anteilen an der zur Verfügung stehenden Übertragungskapazität auf dem vollständigen Pfad zwischen zwei Endpunkten, sondern lediglich die Einordnung in die am höchsten zu priorisierende Verkehrsklasse erfolgt.

IntServ

Diesen Nachteil hat das **IntServ-Architekturmodell** nicht, da es die verbindliche Reservierung von Ressourcen erlaubt. Diese Reservierung erfolgt auf dem vollständigen Pfad zwischen Sender und Empfänger unter Verwendung des **Resource Reservation Protocols (RSVP)**. Damit das möglich wird, müssen alle Koppelelemente auf dem Pfad zwischen Sender und Empfänger dieses Protokoll unterstützen und dementsprechend für den Betrieb des IntServ-Modells ausgelegt sein. Beim DiffServ-Modell besteht diese Anforderung nicht: Unterstützt ein Koppelelement auf dem Pfad von Sender zu Empfänger das DiffServ-Modell nicht, erfolgt die Behandlung von Paketen in der Regel nach dem FIFO-Algorithmus.

Best-Practice

In der Praxis wird am häufigsten das DiffServ-Architekturmodell eingesetzt, da es deutlich einfacher zu implementieren und flexibler bei Änderungen ist. Betrachtet man beispielsweise die Verbindung zwischen Unternehmensstandorten über ein WAN bzw. das Internet – ob über eine einfache WAN-Verbindung, eine Standleitung oder einen **MPLS-Backbone** – wird deutlich, dass spätestens hier eine Grenze erreicht wird, wo die einfache Kontrolle des Verkehrs nicht mehr möglich ist. Das IntServ-Modell gelangt dabei an seine Grenzen. Das DiffServ-Modell ist lediglich abhängig vom Provider und davon, ob mit diesem Verträge bez. der Dienstgüte (**Service Level Agreements**, sog. SLAs) existieren. Existieren keine derartigen Verträge, wird die Markierung der Pakete beim Eintritt in das Netz des Providers häufig auf den Standardwert zurückgesetzt.

5.4.2.3 Mechanismen **

Die Mechanismen zur Einhaltung und Durchsetzung von QoS-Anforderungen unterscheiden sich in Abhängigkeit vom QoS-Architekturmodell. Die Klassifizierung und Markierung von Verkehr im Computernetz sowie die dabei auftretenden Probleme sind jedoch über die Modelle hinweg sehr ähnlich. Neben diesen Mechanismen ist auch der Umgang mit Verkehr in Überlastsituationen von besonderer Bedeutung, da in diesen Situation entschieden werden muss, ob Pakete entsprechend definierter Regeln direkt verworfen (Traffic Policing) oder zumindest kurzfristig zwischengespeichert und die zur Verfügung stehenden Ressourcen dynamisch aufgeteilt werden (Traffic Shaping).

Die Einhaltung bzw. Durchsetzung von QoS-Anforderungen im Computernetz erfolgt in mehreren Schritten. Nachfolgend soll der Fokus auf das am weitesten verbreitete **DiffServ-Modell** gesetzt werden. Die Mechanismen zur Einhaltung von QoS-Anforderungen bei Verwendung des IntServ-Modells können in der entsprechenden Fachliteratur nachgelesen werden.

Klassifizierung

Der erste und gleichzeitig wichtigste Schritt ist die richtige Klassifizierung von Datenflüssen und deren Paketen. Diese ist notwendig, um eine anwendungsspezifische und den QoS-Anforderungen der Anwendung entsprechende Behandlung von Verkehr im Computernetz durchführen zu können. Die **Erkennung** kann auf verschiedenen Ebenen ablaufen: auf dem Network Layer anhand der Ziel-IP-Adresse; auf dem Transport Layer anhand des TCP/UDP-Zielports; auf dem Application Layer anhand des Anwendungsprotokolls oder anhand von **Anwendungssignaturen** (vgl. Abb. 5.4-14).

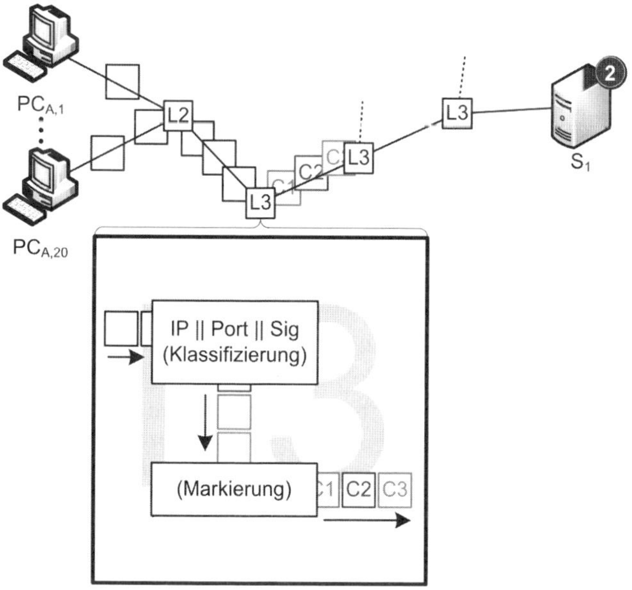

Abb. 5.4-14: Klassifizierung und Markierung (Edge).

Probleme

Die Klassifizierung erfolgt in der Regel an einem der Edge-Router, der anhand der identifizierten Klasse – in Abhängigkeit von der gewählten QoS-Architektur – den Verkehr markiert bzw. die notwendigen Reservierungen auf dem Pfad zwischen den Endpunkten durchführt. Da die Ziel-IP-Adressen häufig, insbesondere bei externen Zielen, nicht bekannt sind und die TCP/UDP-Zielports teilweise nicht globalen oder lokalen Standards entsprechend verwendet und des Weiteren Anwendungsprotokolle als Trägerprotokolle zweckentfremdet werden, versuchen Hersteller heutzutage durch den Einsatz von **Anwendungssignaturen** die Erkennung von Anwendungen und Diensten und damit deren korrekte Klassifizierung sicherzustellen. Die Erstellung von Anwendungssignaturen und die dynamische Echtzeiterkennung von Anwendungen anhand ihrer Signaturen stehen im Fokus vieler Forschungsbemühungen. Maschinelles Lernen, die Gewinnung von Trainingsdatensätzen etc. spielen dabei eine wichtige Rolle, stoßen jedoch spätestens dann an ihre Grenzen, wenn Anwendungsdaten verschlüsselt übertragen werden. Hier wird zwar versucht anhand von Flusssignaturen die Anwendungen und Dienste zu identifizieren, zuverlässige Ergebnisse können jedoch nicht geliefert werden, ganz unabhängig davon, dass ein solches Verfahren angreifbar ist und dadurch oft große **Sicherheitsrisiken** birgt. Werden Anwendungen und Dienste falsch klassifiziert, ist die entwickelte und implementierte QoS-Architektur nutzlos und führt in der Regel sogar zu einem nicht erwünschten Verhalten des Computernetzes.

Lösungsansätze

Eine Verlagerung der Funktion der Klassifizierung hin zu den Hosts stellt dabei eine interessante Lösung dar (vgl. Abb. 5.4-15). Auf einem Host kann ein Datenfluss direkt einem Prozess im Betriebssystem und somit einer Anwendung oder einem Dienst zugeordnet werden und dementsprechend markiert werden. Dass die Markierung in einem Computernetz nach einem einheitlichen Schema durchgeführt werden muss, ist selbstverständlich. Durch diesen frühen Zeitpunkt der Markierung kann der Verkehr und somit jedes einzelne Paket am Edge-Router korrekt identifiziert und der entsprechenden Verkehrsklasse zugeordnet werden.

Markierung

Eine Markierung von Paketen kann sowohl auf dem Data Link Layer als auch auf dem Network Layer des ISO/OSI-Schichtenmodells erfolgen. An dieser Stelle wird jedoch der Fokus auf die Markierung auf dem Network Layer gelegt, da dieser ein Computernetz unabhängig von der verwendeten Technik des Data Link Layer (z. B. Ethernet) vollständig abdeckt und somit die Einhaltung von QoS-Anforderungen auf dem vollständigen Pfad zwischen zwei Kommunikationsendpunkten im Computernetz ermöglicht.

QoS in IPv4

Bei Verwendung des Internet Protokolls IPv4 kann innerhalb eines IP-Header-Feldes, dem Type-of-Service-Feld (ToS-Feld), eine Markierung gesetzt werden. Innerhalb dieses Feldes werden die obersten 6 Bit zur Markierung der Pakete verwendet. Dieser Bereich wird als ***Differentiated Service Code Point (DSCP)*** bezeichnet. Durch die verschiedenen Bitmuster lässt sich eine Unterscheidung von 64 Verkehrsklassen realisieren. Verkehrsklassen definieren ein Weiterleitungsverhalten für Pakete, das pro **Hop** gesteuert werden kann (**PHB = Per-Hop Behavior**).

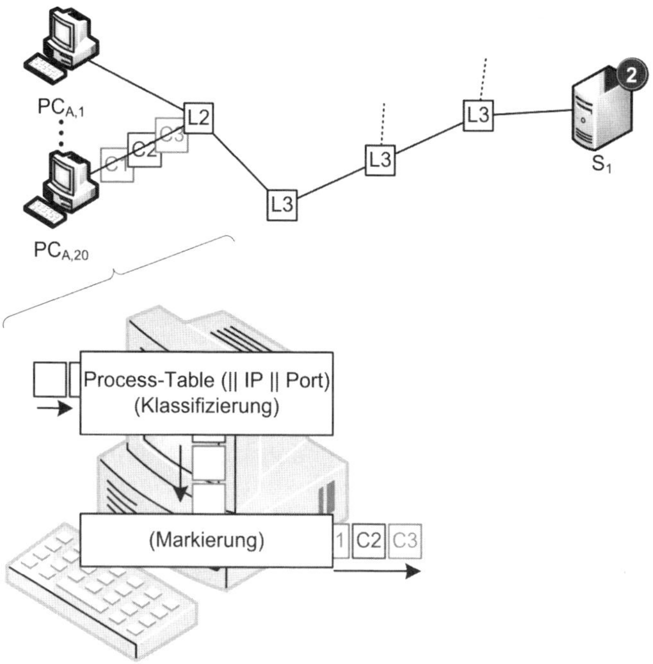

Abb. 5.4-15: Klassifizierung und Markierung (Host).

In verschiedenen RFCs werden die nachfolgend vorgestellten PHB-Klassen definiert.

Class Selector (CSx)

PHB: Class Selector

Die Klasse **Class Selector** belegt die drei höchstwertigen Bit des DSCP-Wertes und erlaubt somit eine Gliederung in acht Teilklassen. Die drei niederwertigen Bit sind bei dieser Klasse durchgehend mit dem Wert Null belegt. Diese nicht vollständige Ausnutzung der sechs zur Verfügung stehenden Bit ist historisch bedingt. Vor der Einführung von DiffServ und den Differentiated Service Code Points wurde für die Markierung von Verkehr ein Bereich mit der Bezeichnung **IP Precedence** (IPP) verwendet, der die drei höchstwertigen Bit im ToS-Feld belegt (vgl. Abb. 5.4-17). Koppelelemente haben bei der Zuordnung von Paketen zu Verkehrsklassen lediglich die drei höchstwertigen Bit ausgewertet. Diese Form wurde auch bei der Einführung von DSCP berücksichtigt, sodass die CS-Klassen kompatibel zu den entsprechenden IPP-Klassen/-Werten sind. Dadurch können auch ältere Koppelelemente bei Verwendung von DSCP zumindest eine grobe Zuordnung der Verkehrsklassen vornehmen. Die drei nieder wertigsten Bit werden von diesen Elementen nicht ausgewertet. Um eine weitere Detaillierung und die Abbildung weiterer Verkehrsklassen bzw. PHB-Klassen zu ermöglichen und diese von der Grobstruktur her zu vereinheitlichen, wurden die drei nachfolgend vorgestellten Klassen definiert [RFC 791], [RFC 2873].

Best-Effort (BE)

PHB: Best-Effort

Die Klasse **Best-Effort** entspricht der Standardverkehrsklasse, bei der keine besondere Behandlung des Verkehrs erfolgt. Sie bildet somit die niedrigste Klasse ohne jegliche Anforderungen und Garantien. Das Bitmuster zeigt, dass diese Klasse gleich der Klasse CS0 ist (vgl. Abb. 5.4-17).

Expedited Forwarding (EF)

PHB: Expedited Forwarding

Der Klasse **Expedited Forwarding** zugeordnete Datenflüsse werden unter Einhaltung einer minimalen Datenrate weitergeleitet, während sowohl Paketverlustrate, Verzögerung und Verzögerungsjitter vernachlässigbar klein bleiben. Diese Klasse ist somit für Anwendungen und Dienste geeignet, die eine minimale Datenrate benötigen, jedoch gleichzeitig eine gewisse Verlusttoleranz aufweisen (z. B. Voice-over-IP). Betrachtet man das Bitmuster (vgl. Abb. 5.4-17), zeigt sich, dass dies eine weitere Detaillierung der Klasse CS5 darstellt [RFC 2598].

Assured Forwarding (AF)

PHB: Assured Forwarding

Bei der Klasse **Assured Forwarding** existieren vier unterschiedliche Klassen, welche jeweils aufgeteilt werden in Subklassen, die sich im hinsichtlich des Verwerfens von Pakten in Überlastsituationen unterscheiden. Die drei höchstwertigen Bits definieren die Nummer der Klasse AF1 bis AF4. Die drei niederwertigen Bit definieren die jeweiligen Vorgaben bzw. Wahrscheinlichkeiten für das Verwerfen von Paketen (010 = low; 100 = medium; 110 = high), wie in Abb. 5.4-16 dargestellt. Dabei ist zu beachten, dass das letzte Bit stets den Wert Null hat und somit der Dezimalwert der Subklassenbezeichnung aus dem Wert der beiden vorletzten Bits abgeleitet wird. Wie aus Abb. 5.4-17 ersichtlich wird, stellt jedoch jede AF-Klasse quasi eine genauere Spezifikation der im Bitmuster der drei höchst wertigsten Bit gleichen CS-Klasse dar. Den vier unterschiedlichen Klassen wird jeweils ein Minimum der zur Verfügung stehenden Ressourcen zugewiesen [RFC 2597].

Eine Übersicht über die Zusammenhänge der verschiedenen Klassen dokumentiert Abb. 5.4-17.

Zuweisung von Datenflüssen

Die Zuweisung der Klassen zu Datenflüssen sollte in Abhängigkeit von der Anzahl der Anwendungen und Dienste und deren unterschiedlichen Anforderungen erfolgen. So muss es nicht unbedingt sinnvoll sein, eine detaillierte **Klassifizierung** gemäß

Drop Precedence/AF Klasse	AF1	AF2	AF3	AF4
Low (1)	001010 (10)	010010 (18)	011010 (26)	100010 (34)
Medium (2)	001100 (12)	010100 (20)	011100 (28)	100100 (36)
High (3)	001110 (14)	010110 (22)	011110 (30)	100110 (38)

Abb. 5.4-16: Assured Forwarding Klassen.

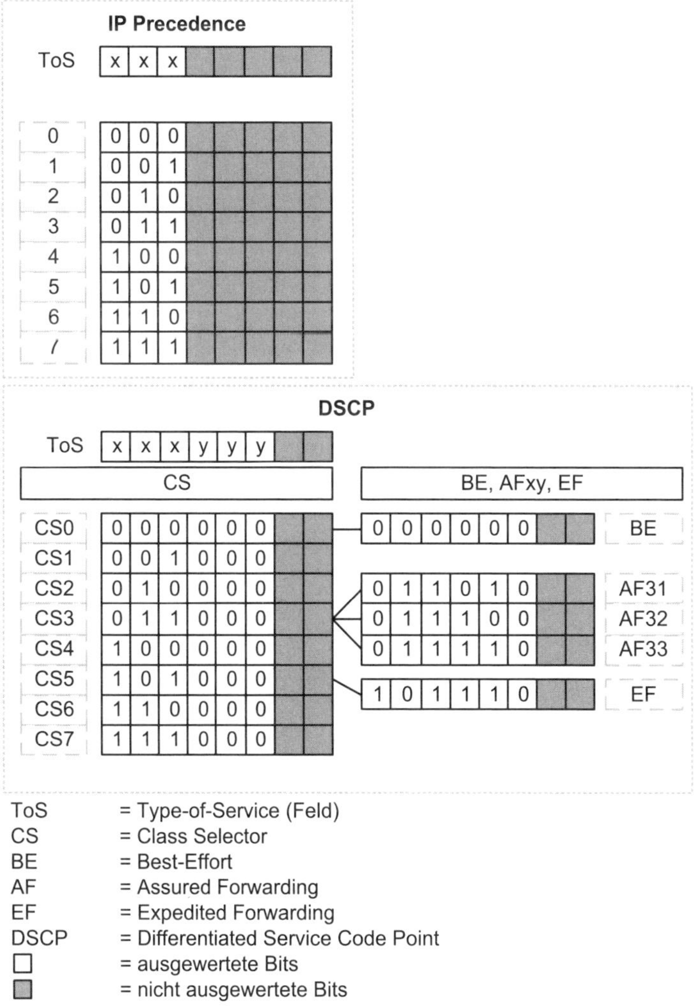

Abb. 5.4-17: Zusammenhang zwischen Verkehrsklassen.

AF Klassen vorzunehmen. Häufig kann bereits eine einfache Zuordnung zu CS Klassen ausreichend sein. Um jedoch eine genaue Abbildung, beispielsweise von unterschiedlich zu priorisierenden Datenflüssen mit Sprachdaten, vornehmen zu können, sollten auch die Klassen BE, EF und AF verwendet werden und nicht ausschließlich die CS Klassen. Allgemein kann angenommen werden, dass eine Klasse A, die einen höheren Wert als eine Klasse B hat, auch eine höhere Priorität, als diese hat. Dies lässt jedoch nicht immer Rückschlüsse auf die herstellerabhängige Implementierung zu.

Die hier vorgenommene Markierung erfolgt in der Regel auf Edge-Routern, manchmal jedoch auch auf den Endpunkten. **Core-Router** markieren Pakete nicht, sondern leiten diese lediglich anhand des durch den Wert im DSCP-Bereich des ToS-Feldes eines IP-Headers festgelegten Per-Hop Behavior entsprechend weiter.

Umgang mit Paketen

Der Umgang mit zunächst klassifizierten und anschließend markierten Paketen stellt den steuernden Teil der Mechanismen zur Einhaltung der Anforderungen dar. Ob in Überlastsituationen oder zur Einhaltung von Service Level Agreements, in beiden Fällen stehen zwei Methoden zur Verfügung: die gezielte Verzögerung von Paketen eines Datenflusses (Shaping) oder das gezielte Verwerfen von Paketen eines Datenflusses (Policing), wie in Abb. 5.4-18 dargestellt.

Shaping

Beim Shaping (vgl. Abb. 5.4-19) erfolgt zunächst die Einordnung der eingehenden Pakete in **verkehrsklassenabhängige Warteschlangen**. Die Abarbeitung der Warteschlangen erfolgt dann in einem Schedulingprozess, bei dem gemäß eines **Scheduling-Algorithmus** die Warteschlangen bedient bzw. abgearbeitet werden und somit Pakete entnommen und verschickt werden. Durch die Konfiguration des Scheduling lassen sich Pakete eines Datenflusses A zum Vorteil eines Datenfluss B gezielt verzögern. Existieren keine Warteschlangen bzw. sind diese bereits voll belegt, werden neu ankommende Pakete verworfen. In diesem Fall ist keine aktive Überwachung der Auslastung des Mediums vorhanden, sodass der Fall der Überlast eintritt und Pakete verworfen werden müssen. Mechanismen wie die TCP-Überlastkontrolle versuchen durch eine aktive Überwachung der Paketverlustraten Überlastsituationen zu erkennen und umgehend, durch Drosselung des Datenstroms, zu reagieren.

Policing

Beim Policing wird hingegen der Durchfluss eines Datenflusses gemessen und Pakete gezielt verworfen, damit die vorgegebene **Leistungsobergrenze** beschränkt wird.

Notwendigkeit von QoS

Die Verwendung dieser Mechanismen ist nicht nur in Überlastsituationen sinnvoll. Die Regulierung von Datenflüssen ist bereits dann notwendig, wenn ein Computernetz nicht ausgelastet ist. Man nehme an, eine Anwendung mit Bulk-Datenübertragung nutzt, da nicht reguliert, die gesamte Datenrate aus und verdrängt so anderen Verkehr. Konkurrieren plötzlich mehrere

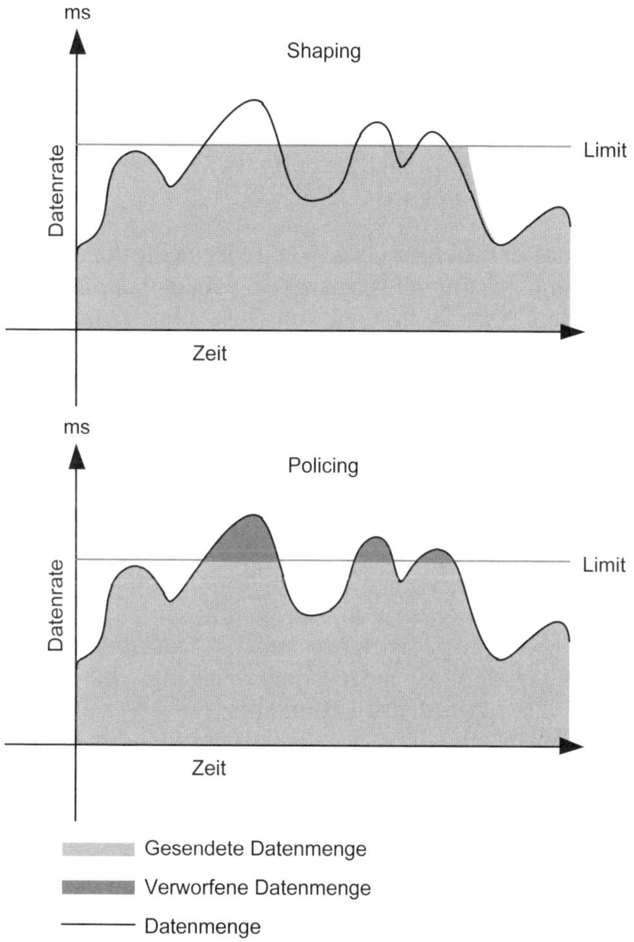

Abb. 5.4-18: Policing und Shaping.

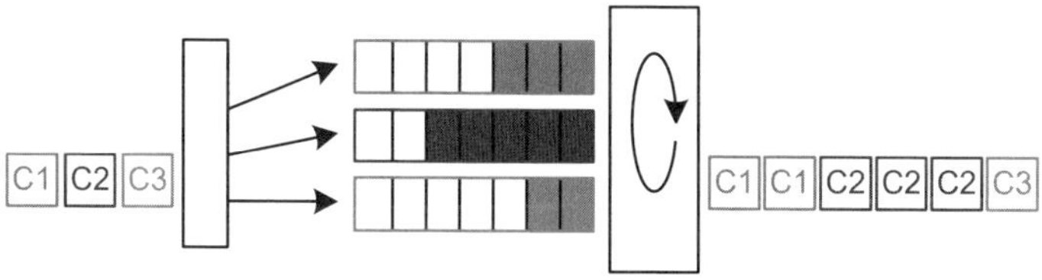

Abb. 5.4-19: Verkehrsklassenbedingte Warteschlangen.

Datenflüsse mit verschiedenen Anforderungen (Real-Time und nicht Real-Time), führt dies zu einer Überlastung und ggf. zum Ausfall bzw. der nicht korrekten Funktion der Real-Time-Anwendung.

Literatur

[TePa05], [Mcca07], [HaSz04], [ADE08]

5.4.2.4 Proprietäre Systeme ***

Die am Markt aktiven und konkurrierenden Hersteller von IT-Equipment für Computernetze bieten neben der jeweils spezifischen, meist hoch-konfigurierbaren Implementierung bekannter Mechanismen zusätzlich proprietäre Systeme zur Einhaltung von QoS-Anforderungen an.

Erfahrungen

Aufgrund der **Erfahrung** vieler Hersteller in diesem Bereich nutzen diese ihr gesammeltes Wissen, um beispielsweise automatische Systeme zur Einhaltung von QoS-Anforderungen, die anhand bekannter Parameter (z. B. TCP/UDP-Ports) die Performance der verschiedenen Datenflüsse und somit des Computernetzes auf Basis des vorhandenen Wissens selbstständig und teilweise autonom kontrollieren. Die Qualität eines solchen Systems hängt jedoch stark von der Vorgehensweise bei der Klassifizierung von Datenflüssen ab, welche wiederum von den Datenflüssen selbst abhängt, wie bereits in »Mechanismen«, S. 246, beschrieben.

Mehrwert

Darum ist, so vielversprechend die Beschreibung eines solchen Systems sein mag, zu prüfen, ob es mit dem Verkehr im Computernetz problemlos betrieben werden kann oder ob zusätzliche Konfigurationen, wie beispielsweise die QoS-Aktivierung von Endpunkten zur Identifikation von verschlüsseltem Verkehr und damit die Verlagerung der Klassifizierung vom Edge-Router zum Endpunkt, notwendig sind. Diese Analyse kann dazu führen, dass die Entscheidung gegen das proprietäre System fällt, da es Mehrkosten verursacht und aufgrund des vorliegenden Szenarios objektiv betrachtet nicht zu einem **Mehrwert** führt und damit nur eine teure, nicht nutzbare Funktion darstellt, auf die verzichtet werden kann.

6 Phase 3 – Erweiterungsarchitekturen entwickeln **

Im Anschluss an die Entwicklung der Basisarchitekturen kann es sinnvoll sein, die Basisarchitekturen durch Architekturen, die besondere Bereiche, Anwendungen oder Dienste betreffen, zu erweitern. In diesem Abschnitt werden zwei wesentliche **Erweiterungsarchitekturen** behandelt:

- »Computernetz-Management-Architektur«, S. 255
- »Content-Delivery-Architektur«, S. 276

Die in Abschnitt »Prozess der Planung und Auslegung«, S. 28, benannten Erweiterungsarchitekturen Voice-Transport-Architektur und Multimedia-Architektur werden hier bewusst nicht behandelt. Datenflüsse von Anwendungen und Diensten, die durch derartige Architekturen optimiert werden sollen, sind in der Regel hinsichtlich der konkreten Umsetzung dieser Architekturen in einem nicht geringen Maß herstellerabhängig. Deshalb wird an dieser Stelle auf entsprechende Literatur der Hersteller von Computernetz-Equipment verwiesen.

6.1 Computernetz-Management-Architektur **

Die dauerhafte Durchsetzung der Ergebnisse der Security-Architektur oder die Prüfung der Einhaltung von QoS-Richtlinien, die im Rahmen der Performance Architektur entwickelt wurden, ist notwendig, um langfristig den zuverlässigen und zufriedenstellenden Betrieb eines Computernetzes sicherzustellen. Dafür ist es erforderlich, auf Basis der bisherigen Ergebnisse des Planungs- und Auslegungsprozesses eine Computernetz-Management-Architektur zu entwickeln. Die verschiedenen, unter dem Begriff des Computernetz-Managements zusammengefassten Funktionen Network Measurement, Monitoring, Management und Control werden häufig willkürlich verwendet. Eine saubere Definition, wie im Abschnitt zum technischen Basiswissen dokumentiert, ist notwendig, um sich über die verschiedenen Funktionen und ihre Zielsetzung bewusst zu werden. Eine Computernetz-Management-Architektur besitzt viele Facetten, die durch das von der ISO standardisierte **FCAPS-Modell** abgebildet werden können [ISO 10400], [ITU-T M.3400]. Auf Grundlage dieses Modells wird eine abstrahierte Vorgehensweise beschrieben, die elementare Prinzipien bei der Auslegung der Computernetz-Management-Architektur beinhaltet. In diesem Kapitel werden folgende Inhalte behandelt:

- »Vorgehensweise«, S. 256
- »Technisches Basiswissen«, S. 270

Weiterführende Literatur

[Mcca07], [KuRo09], [TePa05]

6.1.1 Vorgehensweise **

Eine Computernetz-Management-Architektur basiert auf den Ergebnissen der Basisarchitekturen sowie den bereits in der ersten Prozessphase erfassten Informationen und den erarbeiteten Anforderungen. Sie hängt jedoch nicht ausschließlich von diesen Ergebnissen ab, sondern kann auch durch Resultate nachfolgender Phasen, wie die Auswahl konkreter Koppelelemente, beeinflusst werden. Deshalb wird an dieser Stelle eine abstrahierte Vorgehensweise beschrieben, bei der Zieldefinitionen sowie die Funktionsauswahl und Funktionszuweisung im Vordergrund stehen. Die konkrete hardware- und softwaretechnische Umsetzung ist an dieser Stelle nicht von Interesse. Zweckmäßigerweise wird dabei in folgenden Teilschritten vorgegangen:

- »Ziele definieren«, S. 256
- »Bereiche und Elemente bestimmen«, S. 261
- »Funktionen und Charakteristika festlegen«, S. 262
- »Management Elemente bestimmen«, S. 266

6.1.1.1 Ziele definieren **

Ziele für die Computernetz-Management-Architektur können auf Basis des FCAPS-Modells definiert werden. Anhand der Ziele können die Funktionen und Charakteristika des Computernetz-Managements festgelegt werden. Die Definition von Zielen ist weiterhin notwendig, um nicht planlos Investitionen in ein möglicherweise überfrachtetes Computernetz-Management tätigen zu müssen.

ISO FCAPS-Modell

Mit der Einführung einer Computernetz-Management-Architektur können unterschiedliche Ziele verfolgt werden, die wiederum durch die Berücksichtigung entsprechender Funktionen erreicht werden können. Die verschiedenen Funktionen sind jedoch nicht pauschal auf alle Elemente eines Computernetzes anzuwenden, sondern beziehen sich stets auf konkrete Elemente, Elementeklassen oder -gruppen sowie Bereiche im Computernetz. Einerseits ist diese Einschränkung durch die entstehenden Kosten bedingt, die durch die Realisierung von Funktionen, beispielsweise in einer Elementeklasse, bestimmt werden. Andererseits muss die Verfügbarkeit von Personal und deren Fähigkeit berücksichtigt werden, das Computernetz zu warten und dementsprechend die Informationen, die beispielsweise beim Network Monitoring entstehen, auszuwerten. Die zentrale Fragestellung bei der Auslegung einer Computernetz-Management-Architektur ist also, an welchen Elementen welche Daten überwacht, kontrolliert und gesteuert werden müssen.

Bei der Definition der Ziele und Funktionen wird häufig das ISO FCAPS-Modell [ISO 10400], [ITU-T M.3400] zugrunde gelegt, das als Rahmenwerk für das Computernetz-Management gesehen werden kann. FCAPS ist ein Akronym für

- **Fault** Management
- **Configuration** Management
- **Accounting** Management
- **Performance** Management
- **Security** Management

Fault Management

Der Teilbereich Fault Management hat zum Ziel, Fehler zu erkennen, diese zu dokumentieren und zu behandeln – durch Benachrichtigung eines Administrators oder autonom. Die Notwendigkeit des Fault Managements für ein Computernetz ist offensichtlich, denn das übergeordnete Ziel beim Computernetz-Management ist die **Sicherstellung eines fehlerfreien Betriebs**.

Configuration Management

Konfigurationen verwalten

Der Teilbereich Configuration Management hat zum Ziel, die Konfiguration von Koppelelementen und Hosts möglichst zentral zu verwalten, einheitlich zu steuern und damit insgesamt die Wartung zu vereinfachen. Hierbei geht es einerseits um das Verwalten und Einspielen von Konfigurationen auf Geräten, andererseits jedoch auch darum, Konfigurationen kurzfristig zu ändern, beispielsweise als Reaktion auf Ergebnisse des Fault Managements. Das umfasst sowohl einfache Konfigurationen als auch ganze **Systemabbilder**, die bei Bedarf neu auf die verschiedenen Elemente gespielt werden. Beispielsweise kann bei Ausfall eines Gerätes ein Ersatzgerät ohne großen Aufwand mit der entsprechenden Konfiguration bespielt werden, sodass keine länger andauernde Konfigurationsphase benötigt und somit die Ausfallzeit reduziert wird.

Sicherungen verwalten

Ein weitergehender Gedanke als FCAPS berücksichtigt nicht nur die Konfiguration und Steuerung der Elemente, sondern zudem auch die Erstellung und Verwaltung von **Sicherungskopien** der Elemente. Insbesondere der Transfer und die Speicherung solcher Sicherungskopien können für das Computernetz eine zusätzliche, nicht mehr zu vernachlässigende Belastung darstellen, die Einfluss auf die Performance-Architektur haben kann.

Die dadurch entstehenden Datenflüsse sind dementsprechend zu berücksichtigen.

Accounting Management

Teilnehmer kontrollieren

Der Teilbereich Accounting Management beschäftigt sich mit dem Netzzugang der Teilnehmer sowie der Überwachung und Steuerung von Nutzungskontingenten. Ziel ist es somit einerseits, bezogen auf ein unternehmensspezifisches Zuteilungsschema, die Kapazitäten des Computernetzes zuzuteilen und die Inanspruchnahme durch einzelne Benutzer oder Benutzergruppen zu überwachen bzw. zu regulieren. Andererseits kann es jedoch auch Ziel sein, entsprechend eines **Rechtemanagements**, die Zugriffsrechte auf durch das Computernetz bereitgestellte Dienste zu steuern. Ein derartiges Ziel kann sich mit den Zielen des Security Managements überschneiden.

Performance Management

Performance überwachen

Der Teilbereich Performance Management hat zum Ziel die Einhaltung von im Rahmen der Performance-Architektur zu berücksichtigenden Anforderungen und Kenngrößen zu überwachen. Anhand der Ergebnisse der Überwachung dieser Leistungsdaten können, automatisch oder manuell durch einen Administrator, bei Nicht-Einhaltung Aktionen ausgelöst werden, die den durch die Performance-Architektur spezifizierten Betriebszustand wiederherstellen. Der Grad der **Automatisierung** des Performance Managements hat zentrale Bedeutung für den effizienten Betrieb eines Computernetzes, da dieser von der Reaktionsgeschwindigkeit bei Fehlern, insbesondere Performance-Problemen abhängt. Das Performance Management umfasst damit auch die dynamische Steuerung von QoS-Parametern. Existieren Accounting Management und Configuration Management, so ergeben sich in der Regel **Synergien** zwischen diesen in Bezug auf die Zielsetzung. Zusätzlich zu den aus der Performance-Architektur motivierten Zielen des Performance Managements kann es ebenfalls Ziel sein, die erfassten Informationen und Leistungsdaten für Trend- und Planungsanalysen weiterzuverwenden.

Security Management

Sicherheit prüfen

Der Teilbereich Security Management hat zum Ziel die im Rahmen der Security-Architektur definierten Sicherheitsmechanismen und festgelegten**Sicherheitsziele** auf Einhaltung zu überwachen. Anhand der Ergebnisse der Überwachung können, autonom oder manuell, bei Nicht-Einhaltung **Aktionen** ausgelöst werden, die den durch die Security-Architektur spezifizierten **Sicherheits-Level** wiederherstellen. Da das Computernetz und die darüber übertragenen Informationen als Wertschöpfungsfaktor zu betrachten sind, ist die Einführung des Security Managements obligatorisch. Zusätzlich zu den durch die Security-Architektur motivierten Zielen des Security Managements kann es ebenfalls sinnvoll sein, auf Basis der erfassten Informationen bzw. der aufgetretenen Ereignisse, Sicherheits- und insbesondere Risikoanalysen zu erstellen. Die in den verschiedenen Teilbereichen von FCAPS formulierten möglichen Ziele stellen keine geschlossene Auflistung dar, sondern sind als **Leitfaden** zu verstehen, um übergeordnete und konkrete Ziele der verschiedenen Teilbereiche berücksichtigen zu können.

Aus FCAPS auswählen

Die Einführung eines Fault Managements sowie eines Security Managements ist obligatorisch, da beide zusammen maßgeblich Auskunft über den Zustand des Computernetzes geben können und auch für die aktive Sicherstellung des gewünschten Zustands Sorge tragen können. Das Performance Management muss lediglich berücksichtigt werden, wenn divergierende Anforderungen bezüglich der Performance der verschiedenen Anwendungen und Dienste existieren, ergo eine entsprechende Performance-Architektur in der vorangegangenen Phase entwickelt wurde. Ein Configuration Management lässt sich vom Aufwand her nur dann begründen, wenn das Computernetz eine entsprechende Größe hat und die Anzahl gleicher Elemente in kritischen Bereichen hoch ist. Konkrete Größenordnungen lassen sich an dieser Stelle nur schwer abschätzen, da diese stets in Relation zum zusätzlichen Nutzen zu betrachten sind. Das Accounting Management ist nur dann sinnvoll, wenn eine Differenzierung der Mitarbeiter hinsichtlich der zur Verfügung gestellten Ressourcen erfolgen soll.

Ziele

Ziele definieren

Unabhängig von dem zur Verfügung stehenden Budget sind zunächst die Ziele zu definieren, die mit dem Computernetz-Management verfolgt werden sollen. Die Ergebnisse der Schritte der zweiten Phase des Planungs- und Auslegungsprozesses sind die Basis für das Computernetz-Management, bilden die zu überwachenden Bereiche und definieren die Inhalte und Funktionen. Die unterschiedlichen Basisarchitekturen beeinflussen jedoch die verschiedenen Funktionen des Computernetz-Managements unterschiedlich stark und beeinflussen somit in unterschiedlicher Ausprägung die Ableitung von Zielen, wie in Abb. 6.1-1 beispielhaft illustriert. Da die Ziele auf den konkreten Ergebnissen der Basisarchitekturen basieren und nur schwer allgemeingültige Aussagen getroffen werden können, sind nachfolgend exemplarisch abgeleitete Ziele aufgelistet:

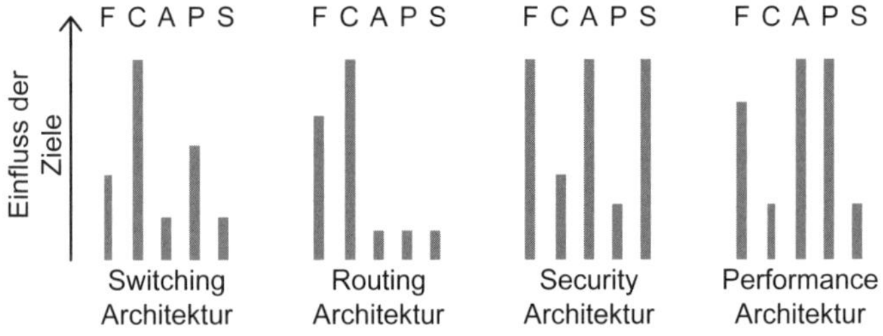

Abb. 6.1-1: Einfluss der Ziele auf die Basisarchitekturen.

Beispiel

- Erfassung von und Reaktion auf Fehler in kritischen Netzsegmenten (Fault Management)
- Ausfälle von Routen minimieren (Fault, Configuration bzw. Performance Management)
- Kontrolle der Internetnutzung der Mitarbeiter (Accounting Management)
- Zugangsbeschränkung für kritische Netzbereiche (Accounting bzw. Security Management)
- Überwachung des Schutzes der Hosts vor Viren (Security Management)
- Schnelle Austauschbarkeit von Elementen ermöglichen (Configuration Management)
- Datenverlust durch Ausfälle minimieren (Configuration Management)
- Überwachung und Steuerung der Performance von Anwendungen (Performance Management)
- Überwachung und Steuerung der Performance von zentralen Netzsegmenten (Performance Management)
- Überwachung der Einhaltung von SLAs durch den Service Provider (Performance Management)

Die konkreten Ziele hängen nicht nur vom Unternehmen, dessen Geschäftsfeld und somit dem Anteil, den das Computernetz als Wertschöpfungsfaktor für das Unternehmen hat, sondern maßgeblich auch von dem zur Verfügung stehenden Budget ab. Dies führt üblicherweise dazu, dass nicht alle Ziele weiter verfolgt und technisch umgesetzt werden. Sinnvoll ist eine differenzierte Priorisierung der Teilziele, um in Abhängigkeit von der Verfügbarkeit der verschiedenen Ressourcen eine Auswahl zu treffen. Dabei sollten dem Fault Management sowie dem Security Management und so erforderlich dem Performance Management eine hohe Bedeutung beigemessen werden.

6.1.1.2 Bereiche und Elemente bestimmen **

Das Computernetz-Management umfasst generell das komplette Computernetz mit allen Geräten. Jedoch beziehen sich die einzelnen Ziele in der Regel auf einen ausgewählten Bereich oder einzelne Elemente. Berücksichtigt man dies, können Investitionskosten wie auch Betriebskosten und Wartungskosten reduziert werden, da die Anzahl der zu implementierenden Komponenten geringer ist.

Bereiche bestimmen

Die im vorangegangenen Teilschritt definierten Ziele beeinflussen nicht zwangsweise das gesamte Computernetz, sondern zielabhängig ausgewählte Bereiche und Elemente. Deshalb werden die Bereiche und Elemente bestimmt, die für das Computernetz-Management und die definierten Ziele von besonderem Interesse sind. Grundlage für die Analyse kann dabei erneut die funktionale Strukturierung des Computernetzes sein. Aus den verschiedenen Modulen dieser Strukturierungsform ergeben sich bereits besondere Netzsegmente bzw. Verbindungsabschnitte:

- Anbindung an Internet Service Provider/Internet Access Links
- Ausgelagerte Netzsegmente bei Service Providern
- Backbone-Bereiche
- Serverfarmen
- Besondere Abteilungen (z. B. die Geschäftsführung, Entwicklung)
- Logische Ende-zu-Ende-Verbindungen
- ...

Elemente bestimmen

In diesen Bereichen befinden sich dann jeweils Elemente, die von den Zielen des Computernetz-Management tangiert werden. Jedoch müssen nicht automatisch alle Elemente eines Bereichs betroffen sein, da sich ein Ziel beispielsweise nur auf bestimmte Elemente beziehen kann. Derartige Elemente sind z. B.:

- Client Hosts
- Server Hosts
- Koppelelemente
- Spezielle Links (Internet Access Link)
- ..

Besonders zu berücksichtigen sind dabei die Koppelelemente und Hosts, die für den Netzbetrieb von zentraler Bedeutung sind. Dazu zählen unter anderem die Edge-Router und Core-Router, ebenso wie zentrale Funktionsserver (z. B. DHCP, DNS). In der Regel sollten auch alle Computernetz-Management-Elemente (NME) hierbei berücksichtigt werden. In Abb. 6.1-2 ist die Zuordnung von Zielen zu Elementen und Bereichen exemplarisch veranschaulicht.

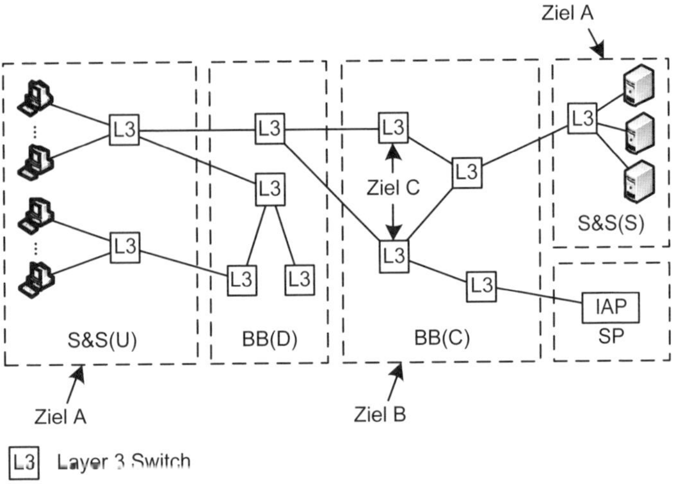

Abb. 6.1-2: Zuordnung von Zielen zu Elementen und Bereichen.

Entscheidungs-kriterien

Allein aus den Zielen lassen sich nicht immer die Bereiche und Elemente ableiten. Darum können die beiden folgenden Kriterien zur weiteren Entscheidungsfindung herangezogen werden, bei deren Zutreffen die Zuordnung eines Ziels sinnvoll sein kann:

- Zugehörigkeit zu Core-Modulen, bes. Backbone-Modulen
- Existenz aufgaben-/unternehmenskritischer, vom Ziel tangierter Anwendungen und Dienste

Nur für wenige Ziele wird es sinnvoll sein, die User-Ebene mit zu berücksichtigen, da hierdurch die Anzahl der zu betrachtenden Elemente, auf die ein Ziel angewendet wird, signifikant steigt. Eines dieser Ziele wäre im Rahmen des Security Managements die Überwachung des Schutzes der Hosts vor Viren zu berücksichtigen. Bei einer derartigen Zielsetzung sind die Hosts in jedem Fall zu berücksichtigen.

6.1.1.3 Funktionen und Charakteristika festlegen **

Für jedes Ziel sind die notwendigen Funktionen zur Erreichung des Ziels sowie die zu überprüfenden Charakteristika festzulegen. Dazu zählt auch das Intervall, in dem die Charakteristika erfasst werden sollen.

3 Fragen

In Bezug auf die von den unterschiedlichen Zielen tangierten Bereiche und Elemente müssen die notwendigen Funktionen und Charakteristika jeweils spezifisch festgelegt werden. Zudem müssen auch die Aktionen definiert werden, die bei Ereignissen ausgelöst werden sollen.

Es gibt somit drei Fragestellungen für diesen Teilschritt:

- Welche Funktionen werden benötigt, um ein Ziel umzusetzen?
- Welche Charakteristika müssen erfasst werden?
- Welche Aktionen müssen ggf. ausgelöst werden, wenn Charakteristika nicht den festgelegten Referenzwerten entsprechen?

Funktionen sind in diesem Kontext Mechanismen, die die Erfassung und Auswertung der Charakteristika durchführen. Charakteristika sind Parameter eines Ziels, die eine Aussage darüber erlauben, ob ein Ziel erreicht bzw. eine dem Ziel zugeordnete Regel eingehalten wird. Aktionen sind definierte Reaktionen auf die Auswertung der Charakteristika. Im Nachfolgenden werden für verschiedene Ziele exemplarisch Funktionen, Charakteristika und Aktionen definiert. Dabei werden beispielhaft Erfassungsintervalle angegeben.

Fault Management

Ziel: Erfassung von und Reaktion auf Fehler in kritischen Netzsegmenten (Fault Management)
Funktionen:

- Erfassung der Charakteristika (Intervall: 1s)
- Prüfung auf Einhaltung der Referenzwerte für die Charakteristika
- Prüfung der Pfadverfügbarkeit

Charakteristika:

- Bit-Error-Rate
- Cell-Loss-Rate
- Pfadverfügbarkeit

Aktionen:

- Benachrichtigung des Administrators
- Auswahl eines alternativen Pfads

Accounting Management

Ziel: Kontrolle der Internetnutzung der Mitarbeiter (Accounting Management)
Funktionen:

- Erfassung der Charakteristika (Intervall: 60s)
- Prüfung auf Einhaltung der Referenzwerte für die Charakteristika
- Dynamische Anpassung der Datenrate pro Mitarbeiter
- Überprüfung von Zugangsberechtigungen

Charakteristika:

- Datenrate (Intervall: Sekunde)
- Übertragungsvolumen
- Rechteübersicht

Aktionen:

- Benachrichtigung des Administrators
- Anpassung der Datenrate
- Zugang freigeben/sperren

Security Management

Ziel: Überwachung des Schutzes der Hosts vor Viren (Security Management)
Funktionen:

- Erfassung der Charakteristika (Intervall: 720s)
- Prüfung auf Einhaltung der Referenzwerte für die Charakteristika

Charakteristika:

- Status der Anti-Viren-Software
- Aktualität der Virendefinition
- Anzahl an Viren

Aktionen:

- Benachrichtigung des Administrators
- Virensignaturen aktualisieren
- Viren entfernen

Configuration Management

Ziel: Datenverlust durch Ausfälle minimieren (Configuration Management)
Funktionen:

- Erfassung der Charakteristika (Intervall: 2880s)
- Prüfung auf Einhaltung der Referenzwerte für die Charakteristika
- Durchführung von Sicherungen

Charakteristika:

- Aktualität der Sicherung
- Volumen der Sicherung
- Erstellungsintervall von Sicherungen

Aktionen:

- Sicherung erstellen
- Sicherung validieren
- Sicherung auf Aktualität prüfen

Performance Management

Ziel: Überwachung der Performance von Anwendungen (Performance Management)
Funktionen:

- Erfassung der Charakteristika (Intervall: 30s)
- Prüfung auf Einhaltung der Referenzwerte für die Charakteristika

Charakteristika:

- Anzahl paralleler Verbindungen
- Speicherauslastung
- Ende-zu-Ende-Verzögerung
- Round-Trip-Verzögerung
- Antwortverzögerung

Aktionen:

- Benachrichtigung des Administrators

zyklisch vs. ereignisbasiert

Weiterhin ist die Unterscheidung notwendig, ob die Erfassung bzw. Auswertung der Daten **zyklisch** per Polling eines Network Management Elements passiert oder **ereignisbasiert** durch das betroffene Gerät ausgelöst wird. Beispielsweise ist es bei der Überwachung des Schutzes der Hosts vor Viren sinnvoll bei einem Virenfund ereignisbasiert eine Aktion auszulösen. Eine regelmäßige Abfrage könnte einerseits kurz vor einem Virenfund passieren und diesen knapp verpassen. Andererseits führt eine regelmäßige Abfrage zu einem erhöhten und in diesem Fall unnützen Datenaufkommen im Computernetz. Anders wäre der Sachverhalt beispielsweise bei der Überwachung der Performance von Routern. Dabei sollte regelmäßig z. B. ein gemittelter Wert abgefragt werden.

Bezug nehmend auf die im vorangegangenen Schritt bestimmten Bereiche und Elemente, denen die unterschiedlichen Ziele zugeordnet wurden, muss abschließend überlegt werden, welche Mechanismen auf Seiten der Hosts sowie der Koppelelemente und welche Mechanismen auf den **Network Management Elementen (NME)** vorzusehen sind. Die Bereitstellung der Charakteristika kann fast ausschließlich durch die Hosts und Koppelelemente selbst erfolgen. Anders sieht es hingegen bei der Art der Bereitstellung aus. Das Polling der Charakteristika muss von einem NME durchgeführt werden, wohingegen die ereignisbasierte Benachrichtigung von den Hosts und Koppelelementen selbst durchgeführt werden muss. Zum Polling zählen in der Regel auch die Leistungstests bei der Prüfung der Einhaltung von **SLAs**.

Konkrete Aktionen hängen vom ausgewählten Computernetz-Management-System, der eingesetzten Software und somit auch den verwendeten Protokollen ab und sind daher entsprechend der in späteren Phasen stattfindenden Auswahl dieser Komponenten detailliert festzulegen. Die in der zweiten Phase bereits erstellten Stammdatenblätter der Hosts und Koppelelemente müssen mit den hier erarbeiteten Informationen ergänzt werden. Ebenso müssen diese Informationen als Anforderungen an eine Computernetz-Management-Software sowie die Network Management Elemente dokumentiert werden, um als Grundlage für die spätere Auswahl verwendet werden zu können.

6.1.1.4 Management Elemente bestimmen **

Die Positionen der Computernetz-Management-Elemente, ihre Anzahl und die logische Verknüpfung dieser Elemente wird maßgeblich von der Unternehmensstruktur und insbesondere von der Größe und räumlichen Ausdehnung des Computernetzes bestimmt. Auch die verwendete Computernetz-Management-Software spielt dabei eine Rolle. Dadurch ergeben sich verschiedene Möglichkeiten, ein Computernetz-Management zu realisieren.

Struktur schaffen

Im abschließenden Teilschritt ist zu bestimmen, an welchen Positionen im **Computernetz-Management-Elemente** eingesetzt werden sollen, in welcher Anzahl diese zur Verfügung stehen müssen und wie diese logisch miteinander verbunden sind. Die Struktur hängt in besonderem Maße von der ausgewählten Computernetz-Management-Software ab, die in Abhängigkeit von den konkreten Koppelelementen gewählt werden sollte. Die notwendigen Funktionen der jeweiligen Management Elemente bestimmen sich jedoch bereits durch die im vorangegangenen Teilschritt für jedes Ziel festgelegten Mechanismen. Es existieren verschiedene Möglichkeiten, ein Computernetz-Management zu realisieren. Einher geht die Einführung stets mit der Erweiterung um Network Management Elemente (NME). Die Art der Umsetzung hängt dann jedoch einerseits von der eingesetzten Management Software, der **Unternehmensstruktur** und insbesondere von der Größe und **räumlichen Ausdehnung** des Computernetzes ab. Bei einem kleinen Standort bietet sich ein zentrales, einfaches Management an, das mit einer möglichst geringen Anzahl zusätzlicher Elemente auskommt (vgl. Abb. 6.1-3).

Bei verschiedenen, voneinander unabhängigen Standorten kann es zielführend sein, ein verteiltes Computernetz-Management einzuführen. Inwieweit die NMEs autonom arbeiten, hängt von der Unabhängigkeit der Standorte zueinander ab (vgl. Abb. 6.1-4).

Hierarchie

Insbesondere bei großen Computernetzen ist, meistens unabhängig von der Anzahl der Standorte, ein hierarchisches Computernetz-Management sinnvoll, sofern eine funktionale Hierarchie in der Struktur des Computernetzes existiert bzw. dieses zentral verwaltet werden soll. Ein hierarchischer Aufbau erlaubt einerseits die autonome Kontrolle der einzelnen Standorte, auch bei nicht Verfügbarkeit einer übergeordneten Ebene in der Hierar-

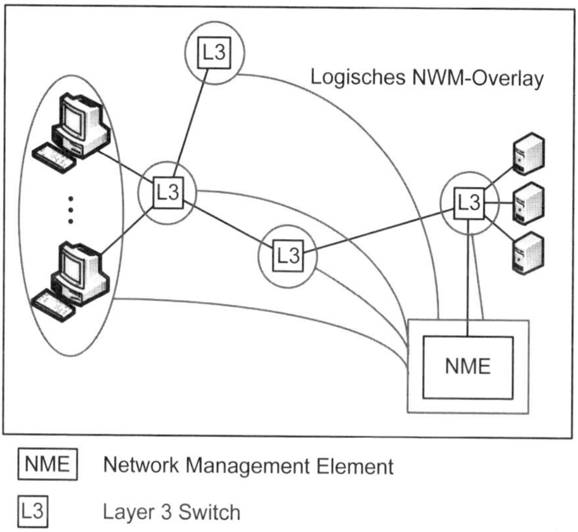

Abb. 6.1-3: Einfaches Computernetz-Management.

chie. Andererseits erlaubt es aber auch eine **Optimierung** der Datenflüsse des Computernetz-Managements, da beispielsweise erfasste Daten lokal an Standorten zwischengespeichert werden können und lediglich Zusammenfassungen über eine WAN-Leitung zwischen den Standorten zu übertragen sind. (vgl. Abb. 6.1-5).

Rückwirkung auf Basisarchitekturen

In Abhängigkeit von den im Rahmen des FCAPS-Modells vorgesehenen Funktionen ergeben sich unter Umständen Rückwirkungen auf die Basisarchitekturen. Beispielsweise entstehen bei der Einführung eines Configuration Managements, bei dem auch Systembackups zu verwalten sind, Datenflüsse, die aufgrund ihrer Größe nicht mehr zu vernachlässigen sind. Hier ist dann unter Umständen die Performance-Architektur zu überarbeiten. Andererseits kann auch eine Überlegung sein, verteilte Speicherpunkte einzuführen oder die Übertragung von Backups auf die Stunden am Tag zu verlegen, in denen das Computernetz quasi keine Beanspruchung durch Benutzer erfährt. Die **Positionierung** hat somit offensichtlich einen hohen Einfluss auf die Basisarchitekturen. Eine Alternative zu diesem In-Band-Mechanismus ist die Out-of-Band-Variante. Wird Letztere verwendet, ergeben sich weniger Auswirkungen auf die Basisarchitekturen und dementsprechend ein geringerer Aufwand bei der Überarbeitung. Technisch gesehen ist diese Variante jedoch deutlich aufwendiger und zudem, aufgrund der zusätzlichen Management Kommunikationsinfrastruktur, deutlich teurer.

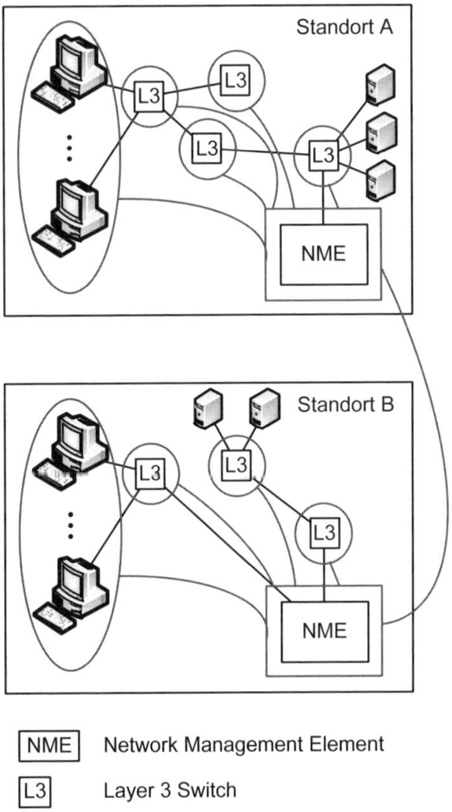

Abb. 6.1-4: Verteiltes Computernetz-Management.

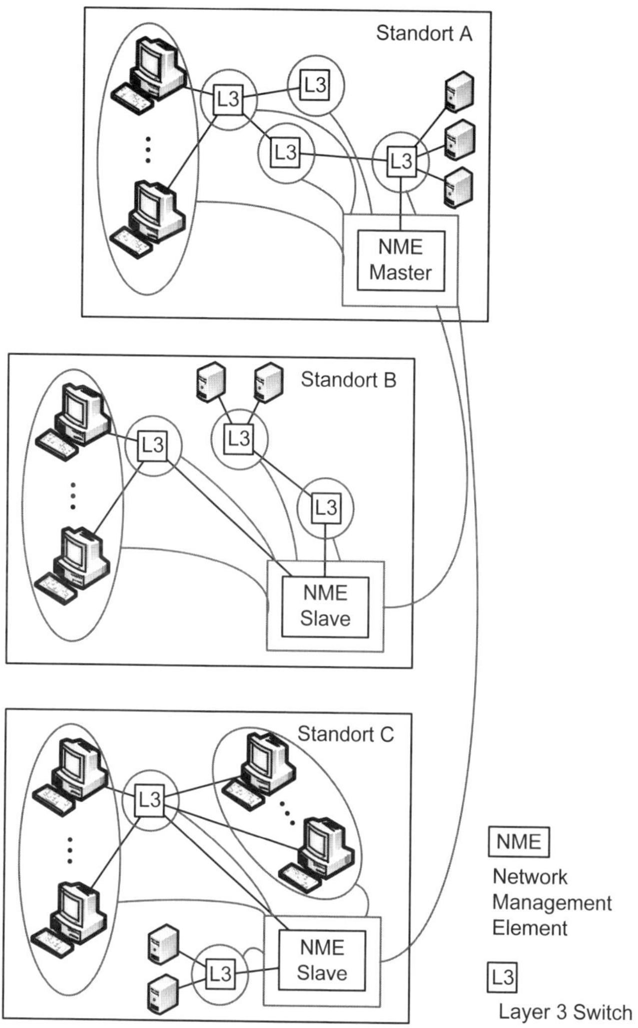

Abb. 6.1-5: Hierarchisches Computernetz-Management.

6.1.2 Technisches Basiswissen **

In diesem Kapitel wird notwendiges Basiswissen zum Computernetz-Management vermittelt, das zum Verständnis der Vorgehensweise notwendig ist. Die verschiedenen Bereiche des Computernetz-Management werden inhaltlich gegeneinander abgegrenzt und in Bezug auf verschiedene Ausgestaltungsvarianten diskutiert. Des Weiteren werden verschiedene im Netzwerkmanagement eingesetzte Protokolle und Werkzeuge zusammenfassend vorgestellt:

6.1.2.1 Definitionen **

Technische Aspekte der Computernetz-Management sind das Network Measurement, das Network Monitoring und das Network Management. Diese drei Bereiche bauen aufeinander auf. Werden alle drei Bereiche berücksichtigt, wird dies auch als Network Control bezeichnet.

Messen

Grundlage des Computernetz-Management ist die Erfassung von Informationen, das **Network Measurement**. Ohne diese Erfassung der für das Computernetz relevanten Informationen kann keine Aussage über den Zustand und die dynamischen Abläufe des Computernetzes erfolgen und dementsprechend keine Überprüfung oder administrative Reaktion ausgelöst werden. Beim Network Measurement liegt der Fokus auf der Erstellung einer Datenbasis, aus der Informationen (z. B. Kennzahlen) abgeleitet werden können. Beispielsweise können mit einem Packet Sniffer die gesendeten und empfangenen Pakete auf einem Host mitgeschnitten werden. Daraus können später Kennzahlen, wie das übertragene Datenvolumen, die Paketverlustrate oder Verzögerungszeiten, abgeleitet werden. Durch Einsatz verschiedener Techniken kann für ein physikalisches Subnetz auch ein Mitschnitt über gespiegelte Ports der Switches erfolgen. Dieses Verfahren wird als Port-Mirroring bezeichnet. Wird ausschließlich das Koppelelement betrachtet, werden beispielsweise zyklisch die Längen der Warteschlangen, die durchschnittlich übertragende Datenmenge oder ähnliche Charakteristika erfasst. Diese werden insbesondere auf den Server Hosts erfasst, können jedoch beispielsweise bei lokalen Performance-Problemen auch bei Client Hosts von Interesse sein.

Überwachen

Aufbauend auf den durch das Network Measurement bereitgestellten Daten und Informationen arbeitet das **Network Monitoring**. Hier liegt der Fokus auf der Erstellung bzw. Ableitung und

Bereitstellung von Kennzahlen auf Grundlage der erfassten Charakteristika. Häufig erfolgt dabei eine Aggregation von Werten über einen definierten Zeitraum zu einem Durchschnittswert, die Abfrage von Spitzenwerten ist jedoch auch üblich. Das Network Monitoring ist primär für Server Hosts und Koppelelemente von Bedeutung. Koppelelemente dürfen durch das Computernetz-Management nicht über die Maßen hinaus belastet werden. Darum ist die für das Computernetz-Management zur Verfügung stehende Rechenzeit auf den Koppelelementen beschränkt und es kann keine Messung, wie bei Hosts möglich, erfolgen. Letztendlich ist die Erstellung, Erfassung und Ableitung von Kennzahlen nur sinnvoll, wenn diese regelmäßig bzw. beim Über-/Unterschreiten von Schwellwerten abgerufen werden. Diese Form der Überwachung fällt unter das Network Monitoring, ebenso wie die Überwachung der Einhaltung von Service Level Agreements (SLAs) mit Providern sowie die Einhaltung von Performancerichtlinien (Performance-Policies). Ferner ist beim Network Monitoring die Art der Benachrichtigung hinsichtlich bestimmter Ereignisse zu unterscheiden: Einerseits können die entsprechenden Informationen regelmäßig durch ein **Computernetz-Management-Element** abgefragt werden (**Polling**) oder aber ereignisbasiert (**Pushing/Notification**) an dieses weitergegeben werden. Dementsprechend könnten sich Datenflüsse (vgl. Kommunikationsmodelle der Anforderungsanalyse) ändern. Da jedoch per Definition das Computernetz-Management so ausgelegt sein muss, dass es den sonstigen Datenverkehr im Computernetz nicht beeinflusst, sind in der Regel nur selten weitere Iterationsschritte bezüglich des Planungsalgorithmus zu erwarten. Dies gilt insbesondere dann, wenn das Computernetz-Management wichtiger Elemente Out-of-Band durchgeführt wird, wie in Abb. 6.1-6 veranschaulicht. In diesem Fall existiert ein dediziertes physikalisches Computernetz, das einzig der Überwachung und Steuerung des Produktionsnetzes dient.

Reagieren

Es sollte jedoch nicht nur ein Monitoring, also eine reine Überwachung bzw. Informationsbereitstellung erfolgen, sondern aufbauend auf dem Monitoring eine Verarbeitung der erfassten Werte, die unter Umständen zu einer automatisierten Reaktion führen kann. Eine Reaktion auf veränderte Kennzahlen kann beispielsweise die Änderung einer Konfiguration sein, durch die die maximale Datenrate eines Nutzers reduziert oder ein Nutzer gesperrt wird. Darüber hinaus gehört auch die dynamische und möglicherweise zeitlich beschränkte Anpassung von QoS-Regeln zum **Network Management**, wie die proaktive Konfigurationsänderung. Ob die Änderung manuell nach Benachrichtigung durch Administratoren oder teil- bzw. vollautomatisch durchgeführt wird, hängt von der entwickelten Architektur so-

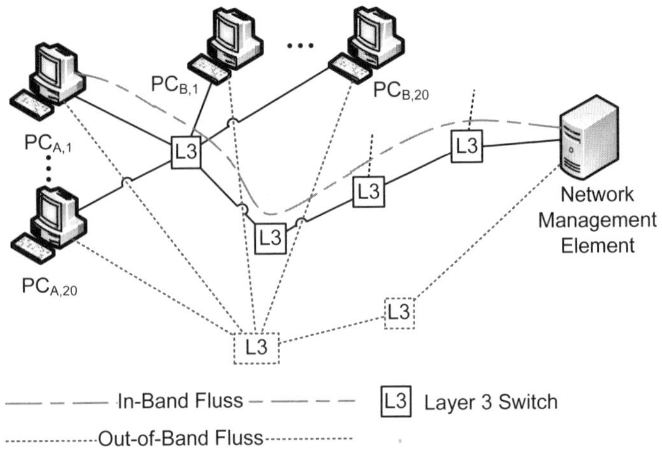

Abb. 6.1-6: Computernetz-Management wichtiger Elemente Out-of-Band.

wie den eingesetzten Werkzeugen ab. Der vollständige Prozess (vgl. Abb. 6.1-7), der sowohl Network Measurement, Network Monitoring und Network Management umfasst, wird auch als **Network Control** bezeichnet. Hierbei erfolgt eine Gesamtsicht auf das Computernetz, da nur so eine effiziente und nahezu vollständige Überwachung und Steuerung möglich wird. Network Control bezieht sich somit nicht nur auf das Computernetz und damit die für den Betrieb notwendigen Koppelelemente und Funktionsserver (z. B. DNS, DHCP etc.) selbst, sondern betrifft ferner auch Client Hosts und Server Hosts.

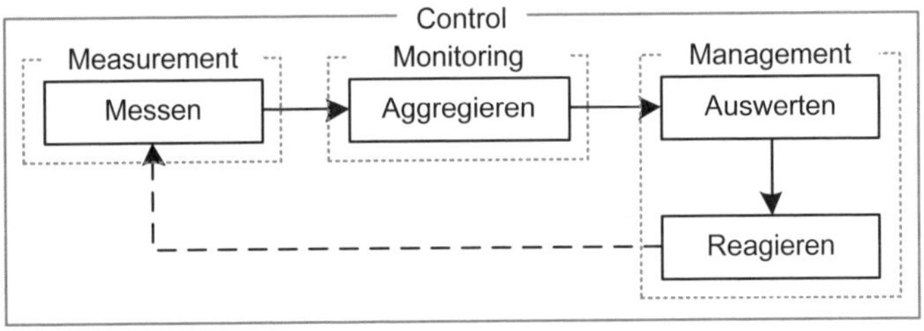

Abb. 6.1-7: Network Control Prozess.

6.1.2.2 Protokolle **

Beim Computernetz-Management wird häufig Software eingesetzt, die eine der bekannten Protokollsuiten verwendet: Simple Network Management Protocol und Syslog.

Simple Network Management Protocol (SNMP)

Das Simple Network Management Protocol (SNMP) ist ein Protokoll zur zentralisierten Überwachung und Steuerung von Elementen im Computernetz (vgl. [RFC 3410], [RFC 3411], [RFC 3412], [RFC 3413], [RFC 3414], [RFC 3415], [RFC 3416], [RFC 3417] und [RFC 3418]). Überwacht und gesteuert werden können alle Elemente, die dieses Protokoll implementieren und dementsprechende Dienste, sogenannte Agenten, anbieten. Diese Agenten erlauben es in Abhängigkeit vom jeweiligen Element und der Rechtestufe des aufrufenden Network Management Elements, ein Element zu überwachen und zu steuern. Seit Version 3 integriert SNMP Sicherheitsmechanismen, die insbesondere die Sicherheit bei der Steuerung von Elementen erhöhen soll. Trotz dieser Eigenschaft ist der Anteil der Vorgängerversion SNMP v2 immer noch größer als der von SNMP v3. SNMP regelt als Protokoll der Anwendungsschicht lediglich den Nachrichtenaustausch zwischen Agenten auf den Elementen und den Computernetz-Management-Elementen. Die Informationen selbst werden in einer oder mehreren sogenannten **Management Information Base** (MIB, [RFC 3418]) beschrieben, die jeweils aus mehreren Parametern – bezeichnet als Managed Objects – bestehen können (vgl. Abb. 6.1-8).

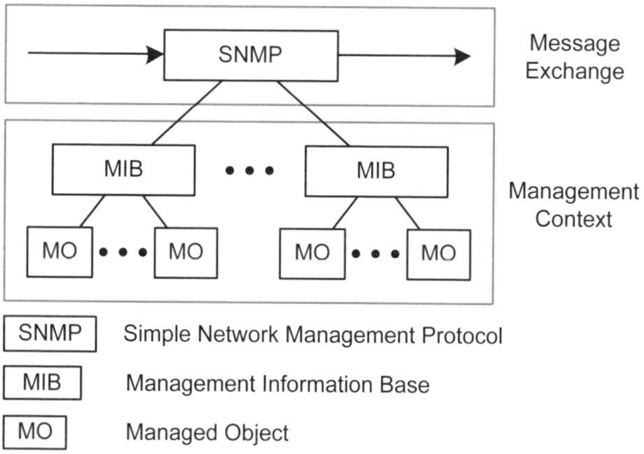

Abb. 6.1-8: Simple Network Management Protocol.

Durch **Remote Monitoring** (RMON) ([RFC 1271], [RFC 1757], [RFC 2819], [RFC 2021]) wird eine proaktive Überwachung möglich, durch die bereits frühzeitig auf möglicherweise auftretende Probleme reagiert werden kann. RMON ist jedoch keine eigene Protokollsuite wie SNMP, sondern eine Sammlung speziell definierter MIBs, die für die Überwachung des Netzwerkes und der dazugehörigen Performance-Parameter verwendet werden.

SysLog

Syslog erlaubt, ähnlich wie SNMP, die Überwachung von Computernetzen, jedoch nicht die Steuerung von Elementen und somit des Netzes [RFC 5424]. SysLog wird deshalb ausschließlich für die Übertragung von **Log-Meldungen** verwendet. Wie SNMP besteht auch Syslog einerseits aus einem Protokoll für die Kommunikation, andererseits aus einem wohldefinierten Format, das die Log-Meldungen beschreibt. Syslog-Nachrichten werden stets, wie auch in den älteren Versionen von SNMP, unverschlüsselt übertragen. Obwohl keine Steuerungsmöglichkeiten durch Syslog bestehen, könnte bereits das Abhören Angreifern Vorteile bringen und Rückschlüsse auf mögliche Schwächen zulassen.

6.1.2.3 Werkzeuge **

Der Markt bietet eine Reihe unterschiedliche Werkzeuge, die eine Überwachung und Steuerung des Computernetzes erlauben. Dazu zählt, neben herstellerspezifischen Lösungen, insbesondere das Werkzeug Wireshark.

Daten erfassen

Grundlage für die Analyse ist es zunächst, den entstehenden Netzwerkverkehr zu erfassen. Eines der am weitesten verbreiteten Werkzeuge ist das frei verfügbare Werkzeug **Wireshark** (http://www.wireshark.org/) der Firma Riverbed, (vormals Cace Technologies). Wireshark erlaubt den Mitschnitt von Netzwerkverkehr auf Hostsystemen und integriert bereits vielfältige Analysefunktionen. Durch einen entsprechenden Messaufbau über gespiegelte Switching-Ports (siehe Abb. 6.1-9) oder Network-Taps (siehe Abb. 6.1-10) kann an Netzknoten High-Performance Messequipment eingesetzt werden, um dort den Verkehr aufzuzeichnen. Ein Nachteil ist jedoch häufig, dass Probleme niederer Schichten, wie beispielsweise auf Layer-2, automatisch in Koppelelementen behoben werden und so in den Messungen nicht erfasst werden können.

Daten aufbereiten

Zur detaillierten Auswertung und grafischen Veranschaulichung der mit Wireshark erfassten Daten bietet Riverbed das kommerzielle Werkzeug **Pilot** an. Ein weitverbreitetes, frei verfügbares Werkzeug für die Überwachung von Computernetzen ist **Nagios** (http://www.nagios.org/). Nagios bietet neben der Grundfunktionalität für die Überwachung Möglichkeiten, die Funktionalität durch eigene Plug-Ins zu erweitern.

Effizienz steigern

Ähnlich arbeitet das in der Arbeitsgruppe Integrierte Informationssysteme der Ruhr-Universität Bochum entwickelte Framework **INControl**. Dieses bietet eine Managementplattform für Endgeräte, die sich durch Plug-Ins beliebig erweitern lässt. Besonders hervorzuheben sind dabei der modulare Aufbau, die

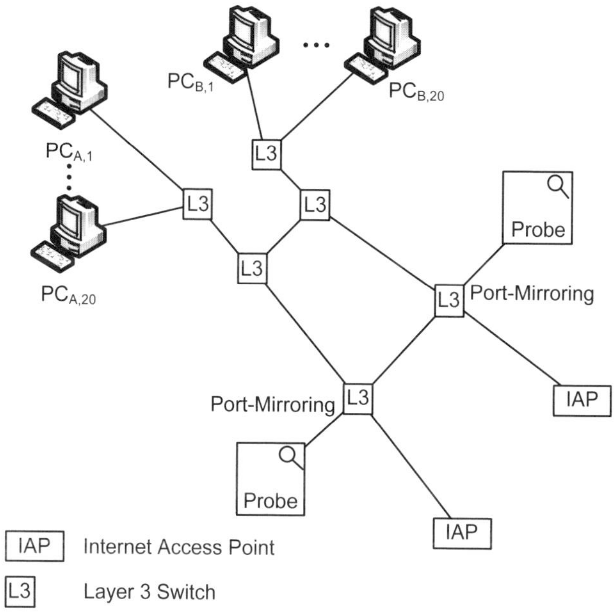

Abb. 6.1-9: Messaufbau über gespiegelte Switch-Ports.

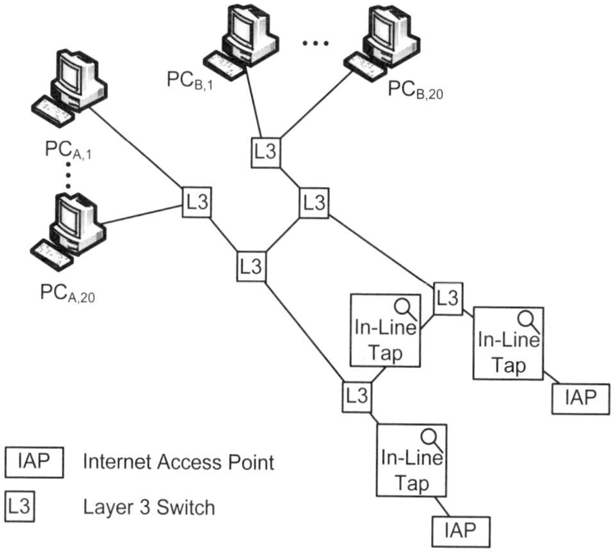

Abb. 6.1-10: Messaufbau über In-Line Taps.

hierarchische Kommunikationsstruktur sowie grundlegende Sicherheitsmechanismen zur Verschlüsselung und Signierung von Nachrichten, die im Kern des Framework berücksichtigt sind [BPT10]. Hinzu kommt die integrierte Anbindung an eine Business Intelligence Plattform [BPP+10]. Dieses System erlaubt auf Basis der hierarchischen Kommunikationsstruktur, erfasste Daten auf verschiedenen Ebenen der Kommunikationshierarchie zu aggregieren und damit die Belastung des Computernetzes infolge der Übertragung von Messdaten zu reduzieren.

Weiterhin existieren proprietäre Werkzeuge verschiedener Hersteller von IT-Equipment, insbesondere von Koppelelement-Anbietern. So bieten beispielsweise Cisco oder Hewlett-Packard eigene Lösungen zum Management von Computernetzen an, zugeschnitten auf die eigene Hardware.

6.2 Content-Delivery-Architektur **

Eine Content-Delivery-Architektur wird zur Optimierung der Datenflüsse in einem Computernetz eingeführt. Unterschiedliche Gründe können einen Planer zur Optimierung eines neu entworfenen Computernetzes veranlassen: Teilweise sind es Unzulänglichkeiten in der Benutzung, häufig jedoch lediglich die Verbesserung der bereits fehlerfrei funktionierenden Bereitstellung von Anwendungen und Diensten in einem bereits realisierten Computernetz. Betroffen von einer solchen Optimierung sind nicht nur das Computernetz mit seinen Koppelelementen, sondern auch die unterschiedlichen Arten von Endpunkten.

Eine derartige **Optimierung** hat beispielsweise die Reduzierung der Antwortzeit zum Ziel. Die sich bei einer Anfrage für den Benutzer ergebenden Wartezeiten bleiben von diesem in der Regel ungenutzt und werden als negativ empfunden. Eine Reduzierung der Antwortzeit kann somit gleichzeitig die Produktivität gesteigert werden. Dazu ist es jedoch erforderlich, die Auslastung der maximal zur Verfügung stehenden Übertragungsgeschwindigkeit sowie die damit verbundenen Parameter, wie beispielsweise die Verzögerung, zu optimieren. Damit geht wiederum die Optimierung der entsprechenden Anwendungsserver, der Infrastruktur der Anwendungsserver sowie der darauf angebotenen Diensten und letztendlich der Inhalte einher. Ursache für zu lange Antwortzeiten sind in der Regel sogenannte Flaschenhälse.

Flaschenhälse im Computernetz

Flaschenhälse im Computernetz treten besonders häufig bei Internet Access Links sowie den Geräten von Service Providern auf. Das bedeutet, dass die zur Verfügung stehende **Bandbreite** nicht ausreichend ist, also das Computernetz an dieser Stelle – dem Flaschenhals – überlastet ist. Eine Content-Delivery-Architektur erlaubt es temporär oder dauerhaft auftretende Flaschenhälse zu beseitigen und somit die durch sie entstehenden Probleme im Betrieb zu minimieren. Die Problematik von Flaschenhälsen über verschiedene Streckenabschnitte wird in Abb. 6.2-1 veranschaulicht. Die unterschiedlichen Differenzen in Abb. 6.2-1 sollen dabei die Bandbreite des jeweiligen Netzabschnitts darstellen.

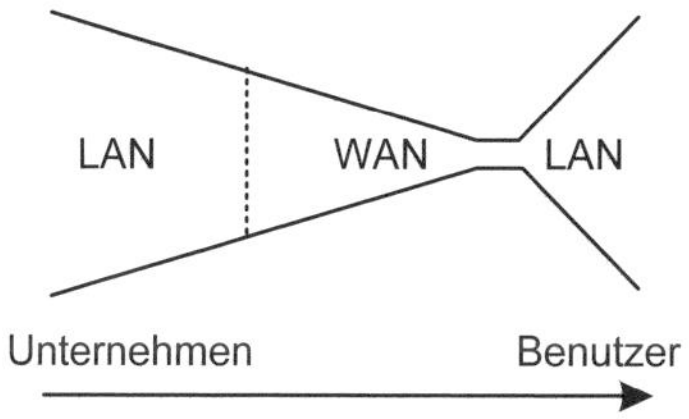

Abb. 6.2-1: Fläschenhälse über verschiedene Streckenabschnitte.

Für die Entwicklung der Content-Delivery-Architektur wird eine an den Planungs- und Auslegungsprozess angepasste Vorgehensweise aufgezeigt, die jedoch technisches Basiswissen hinsichtlich der realisierbaren Konzepte voraussetzt. Beide Themenblöcke werden in diesem Kapitel behandelt:

- »Vorgehensweise«, S. 277
- »Technisches Basiswissen«, S. 283

6.2.1 Vorgehensweise **

Outsourcing

Content-Delivery-Architekturen begegnen den Nutzern hauptsächlich bei Webseiten, die zum einen eine hohe Anzahl paralleler Zugriffe verarbeiten, zum anderen hohe Datenmengen an die parallel zugreifenden Benutzer übertragen müssen. Das ist beispielsweise bei komplexen Webseiten mit Multimediainhalten der Fall, die von darauf spezialisierten Outsourcing-Unternehmen bereitgestellt werden. Exemplarisch sei das Unternehmen Akamai als Anbieter von **Content-Delivery Dienstleistungen** genannt. Akamai zählt namhafte Unternehmen, wie beispielsweise Apple, AUDI oder IBM, zu seinen Kunden, deren Webseiten über die Content-Delivery Infrastruktur von Akamai weltweit bereitgestellt werden. Durch die strategische Positionierung von Elementen auf verschiedenen Kontinenten, die die jeweils angebotenen Inhalte stets lokal und up to date vorhalten, sowie dem Einsatz alternativer Routen zwischen Anfragendem und Angefragtem wird das Angebot für die Benutzer der jeweiligen Webseiten signifikant verbessert. In einer Studie zu einer Content-Delivery-Architektur von Akamai für die AUDI AG wurde festgestellt, dass eine Verkürzung der Ladezeiten von Webseiten der AUDI AG um bis zu 90 % durch diese Technik möglich ist. Weiterhin wird die Übertragung zwischen Europa und Asien um bis zu 40 % schneller [Akam10].

Service Provider vs. Eigenregie

Da auch eine Optimierung der Datenflüsse unternehmensinterner Anwendungen und Dienste möglich ist, profitieren besonders (weltweit) verteilt agierende Unternehmen vom Einsatz einer Content-Delivery-Architektur. Die Bereitstellung einer Content-Delivery-Architektur muss nicht ausschließlich über Service Provider wie Akamai erfolgen. Gemäß der verschiedenen Konzepte (vgl. »Technisches Basiswissen«, S. 283) lassen sich in vielen Unternehmensstrukturen eigene Content-Delivery-Architekturen etablieren. Dabei hängt der Nutzen einer Content-Delivery-Architektur nicht von der Größe des Unternehmens ab, sondern von der Anzahl der betroffenen Nutzer.

Beispiel

Der Nutzen wird anhand des in Abb. 6.2-2 dargestellten Beispiels deutlich. Das Computernetz des dabei betrachteten Unternehmens sei hierarchisch strukturiert. Die Benutzer des Unternehmens wechseln mehrmals täglich ihre Arbeitsplätze (siehe Abb. 6.2-2, 1 bis 4). Im Computernetz werden für die verschiedenen Aufgaben ca. 150 Anwendungen betrieben, wobei im Folgenden lediglich die Anwendung A zur Demonstration verwendet wird. Anwendung A speichert bei jedem Start die kompletten Inhalte des Benutzerprofils für den angemeldeten Benutzer zwischen und entfernt diese wieder, aus Sicherheitsgründen vollständig, nach der Abmeldung. Die Anbindung der Standorte Dortmund und Bochum mit lediglich geringer und nicht erweiterbarer Kapazität an die zentrale IT-Abteilung in Gelsenkirchen hat eine Überlastung der Internet Access Links (in Abb. 6.2-2 hervorgehoben) zur Folge. Neben Anwendung A werden auch weitere Anwendungen beeinträchtigt, da auch diese auf die zentrale IT-Abteilung in Gelsenkirchen zugreifen. Es werden bereits verschiedene Quality-of-Service-Mechanismen eingesetzt. Diese führen jedoch beim Einsatz von Anwendung A zu einer nicht akzeptablen Verzögerung, die von den Benutzern als negativ empfunden wird. Die Entwicklung und Einführung einer Content-Delivery-Architektur ist in diesem Fall eine Lösungsmöglichkeit.

In verschiedenen Einzelschritten ist jedoch zu prüfen, wie geeignet Anwendungen und Dienste für eine Content-Delivery-Architektur sind, welche Randbedingungen des Unternehmens Auswirkungen auf die Content-Delivery-Architektur haben können und an welchen Stellen der Computernetztopologie ein Einsatz sinnvoll ist:

- »Anwendungen und Dienste analysieren«, S. 279
- »Richtlinien des Unternehmens prüfen«, S. 281
- »Topologie des Computernetzes analysieren«, S. 281
- »Konzept auswählen«, S. 282

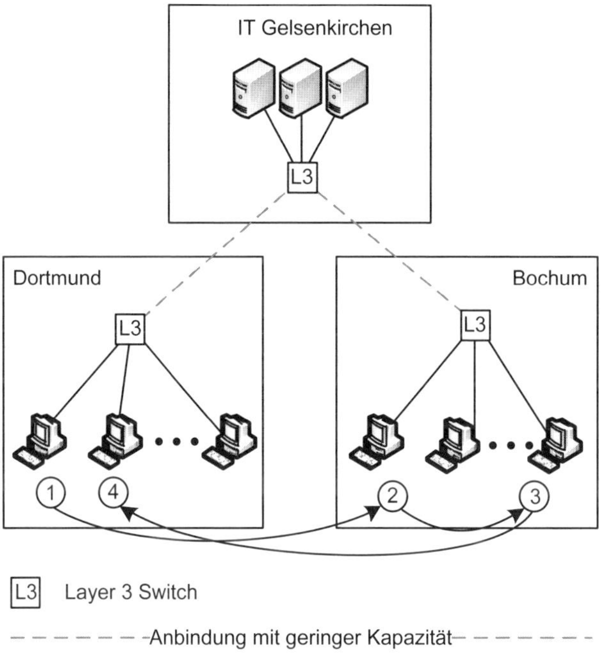

Abb. 6.2-2: Hierarchisch strukturiertes Computernetz eines Unternehmens.

6.2.1.1 Anwendungen und Dienste analysieren **

Ein Computernetz kann nur durch eine Content-Delivery-Architektur optimiert werden, wenn Anwendungen und Dienste einer entsprechenden Architektur prinzipiell nicht entgegen stehen. Ferner muss berücksichtigt werden, dass nicht alle Anwendungen und Dienste optimiert werden können, nicht optimierbare Komponenten jedoch nicht schlechter gestellt werden sollten. Dementsprechend muss zunächst eine Analyse der Anwendungen und Dienste erfolgen.

Performance optimieren

Das übergeordnete Ziel der Content-Delivery-Architektur ist die Optimierung der Performance. Nach der Einführung muss daher eine Verbesserung der Bereitstellung der optimierten Anwendungen und Dienste erkennbar sein, die zu keiner merklichen Verschlechterung der Bereitstellung der nicht optimierten, jedoch trotzdem betroffenen Anwendungen und Dienste führen darf. Dies kann beispielsweise durch die gezielte **Anpassung von QoS-Richtlinien** (vgl. Performance-Architektur) sichergestellt werden.

Anwendungen auswählen

Bei der Auswahl der zu optimierenden Anwendungen und Dienste ist zu berücksichtigen, dass sich nicht jede Anwendung bzw. jeder Dienst gleichermaßen für die Integration in eine Content-

Delivery-Architektur eignet bzw. dabei auf bestimmte Konzepte beschränkt ist. Die **Eignung** hängt zum einen von den entstehenden Datenflüssen ab, zum anderen davon, inwieweit die Anwendung oder der Dienst es erlauben sowohl flache als auch hierarchische Strukturen und Redundanzen zu generieren. Berücksichtigt werden müssen weiterhin die **Anschaffungskosten** für die zusätzlich eingesetzten Elemente und die darauf betriebenen Anwendungen bzw. Dienste sowie die damit verbundenen Betriebskosten für Wartung, Instandhaltung sowie eine etwaige Lizenzierung. Unter anderem können nachfolgend aufgelistete Parameter als Berechnungsgrundlage für die Dimensionierung verwendet werden:

- Menge der übertragenen Daten pro Sekunde
  Durch eine Sitzung erzeugter Verkehr, den das Computernetz pro Sekunde behandeln muss.
- Anzahl der gleichzeitigen Übertragungen
  Parallele Sitzungen, die das Computernetz und die zusätzlichen Elemente gleichzeitig behandeln müssen.
- Menge der übertragenen Daten pro Sitzung
  Das von einer Anwendung erzeugte Datenvolumen pro Sitzung und Nutzer, das für die Speicherung auf einem zusätzlichen Element entsteht.

Hier kann auf die Vorarbeiten der ersten Phase zurückgegriffen werden. Die zu optimierenden Anwendungen sollten in einer priorisierten Übersicht aufgelistet werden (vgl. Tab. 6.2-1). Höchste Priorität haben die Anwendungen und Dienste, bei denen die Notwendigkeit einer Optimierung der Datenflüsse am größten ist.

Anwendung	Kommunikationsstruktur	Übertragene Daten pro Sekunde	Anzahl gleichzeitiger Übertragungen	Volumen der übertragenen Daten pro Sitzung
A1	Client / Server hierarchisch	150 KByte	3	5 MByte
A2	Client / Server flach	500 KByte	25	20 MByte
...	...	...	...	...

Tab. 6.2-1: Priorisierte Übersicht zu optimierender Anwendungen.

6.2.1.2 Richtlinien des Unternehmens prüfen **

Die Einführung einer Content-Delivery-Architektur ist keine rein technische Entscheidung. Diese wird nämlich auch von den Richtlinien des Unternehmens bestimmt.

Wie im gesamten Planungs- und Auslegungsprozess, müssen auch hier die im Unternehmen existierenden Richtlinien, insbesondere die Richtlinien zur **Betriebssicherheit** und **Rechteverteilung**, berücksichtigt werden. Davon betroffen ist die Positionierung der zusätzlichen Elemente: Zum einen muss eine sichere Positionierung der zusätzlichen Elemente, wie sie in der Security-Architektur vorzusehen ist, ermöglicht werden. Die räumliche Zugangserlaubnis muss derjenigen entsprechen, die auch bei den Ursprungselementen angewandt wird. Zum anderen müssen die Wartung und Zuverlässigkeit sowie die Überwachung der Elemente auch an den zusätzlich ausgewählten Positionen sichergestellt werden können. Es ist somit zu prüfen, ob alle in der ersten Phase des Planungs- und Auslegungsprozesses erfassten und erstellen Randbedingungen bzw. Richtlinien ebenso wie ggf. entwickelte Sicherheitsrichtlinien aus der Security-Architektur eingehalten werden.

6.2.1.3 Topologie des Computernetzes analysieren **

Der Aufbau eines Unternehmens und damit verbunden die Topologie des entwickelten Computernetzes bilden die Grundlage für eine Content-Delivery-Architektur und müssen vor der Konzeption dieser Architektur analysiert werden.

Die sich aufgrund der Struktur ergebenden **Datenflüsse** sind dabei für die Entwicklung der Architektur von maßgeblicher Bedeutung. Deshalb sind sowohl die Datenfluss- und Elementhierarchien als auch die Positionierung der vorhandenen Elemente zu berücksichtigen.

In der ersten Phase des Planungs- und Auslegungsprozesses wurden bereits Aggregationspunkte von Datenflüssen identifiziert und im Rahmen der zweiten Prozessphase durch reale Koppelelemente ersetzt. Diese sind hinsichtlich ihrer Auslastung und einer möglichen Überlastung zu analysieren, da eben diese Elemente, wie auch beispielsweise Server, von der Optimierung des Computernetzes profitieren sollen (vgl. Abb. 6.2-3). Des Weiteren lassen sich aus den vorhandenen Netzplänen mögliche Standorte für Elemente, die durch die Einführung einer Content-Delivery-Architektur im Computernetz hinzugefügt werden müssen, extrahieren. Analyse

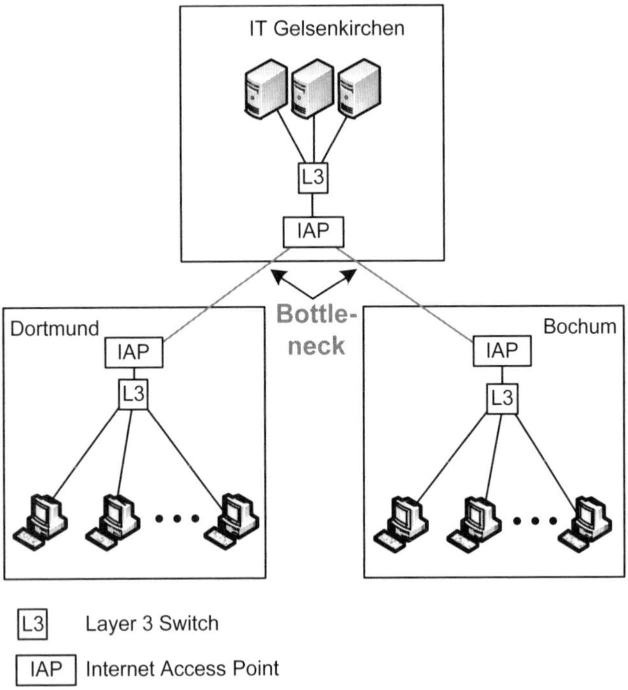

Abb. 6.2-3: Bottlenecks in einem Computernetz.

Punktuelle Verbesserung

Es sollen im Rahmen der Content-Delivery-Architektur nicht nur **Bereitstellungszeiten** punktuell verbessert, sondern auch langfristig mögliche Flaschenhälse optimiert bzw. entfernt werden. Diese kapazitären Flaschenhälse müssen bei der Gestaltung berücksichtigt werden. Dabei muss der Vorteil für die Benutzer erkennbar, aber auch die sich ergebende Einsparung größer sein, als die zusätzlich entstehende Last im Computernetz.

6.2.1.4 Konzept auswählen **

Für Anwendungen und Dienste wird abschließend ein spezifisches Konzept für die Content-Delivery-Architektur ausgewählt, das sich an den Eigenschaften und der Struktur der jeweiligen Software-Produkte orientiert.

Die Planung und Umsetzung einer Content-Delivery-Architektur hängt stark von den jeweiligen Anwendungen und Diensten, insbesondere von deren **Datenhaltungs- und Kommunikationsstrukturen** ab. Trotzdem ist es im Rahmen dieses Schritts sinnvoll, Konzepte für die verschiedenen Anwendungen und Dienste auszuwählen, um diese in einer weiteren Iteration mit den Ergebnissen der zweiten Prozessphase zu harmonisieren. Die detaillierte Ausgestaltung des jeweiligen Konzepts in Form von zusätzlichen Elementen, Regeln etc. ist aufgrund der Anwendungsabhängigkeit im Nachgang zur Planung und Auslegung durchzuführen. Bei der Auswahl der Konzepte können die in Tab. 6.2-2 zusammengefassten, wesentlichen Entscheidungsparameter zur Hilfe genommen, wobei jedoch weiterhin die Unterstützung eines Konzepts durch die Anwendung eine Voraussetzung ist.

Konzept	**Entscheidungsparameter**	**Anwendungen und Dienste (exemplarisch)**
Content Cache	Häufige gleiche Anfragen an gleiche Ziele? Kapazitätsbegrenzte Internet Access Links vorhanden?	Web-Seiten
Content Routing	Anfragen von verschiedenen Standorten / Ballungsräumen? Hohe Antwortzeiten? Viele parallele Anfragen?	Web-Seiten, Audio- / Videostreaming
Content Distribution	Kapazitätsbegrenzte Internet Access Links vorhanden? Anfragen von verschiedenen Standorten / Ballungsräumen?	Web-Seiten, Web-Anwendungen, Audio- / Videostreaming, Benutzerprofile innerhalb von Domänen
Load-Balancing	Überlastete Server Hosts vorhanden? Hohe Antwortzeiten? Viele parallele Anfragen?	Web-Seiten, Web-Anwendungen

Tab. 6.2-2: Konzepte und Entscheidungsparameter.

6.2.2 Technisches Basiswissen **

Eine Möglichkeit der Optimierung des Computernetzes ist die kontrollierte Bereitstellung von Informationen an anfragende Benutzer im Zusammenspiel mit der Positionierung der Informationsquellen nahe der anfragenden Benutzer. Um dies zu realisieren, existieren verschiedene Konzepte, die im Rahmen einer Content-Delivery-Architektur auf ein Computernetz angewandt werden können. In diesem Kapitel werden die folgenden Konzepte vorgestellt:

- »Content Cache«, S. 284
- »Content Routing«, S. 286
- »Content Distribution«, S. 287
- »Load-Balancing«, S. 292

6.2.2.1 Content Cache **

Ein Content Cache ist ein zusätzliches Element im Computernetz. Es speichert einmal angefragte Daten zwischen, um diese für spätere Anfragen – unabhängig vom anfragenden Benutzer – vorzuhalten.

Performance optimieren

Der nachfolgend beschriebene Betriebsablauf bei Einsatz eines Content Caches ist in Abb. 6.2-4 dargestellt. Bei dem dargestellten Betriebsablauf handle es sich um die optimierte Kommunikation mit einem oder mehreren Web-Servern.

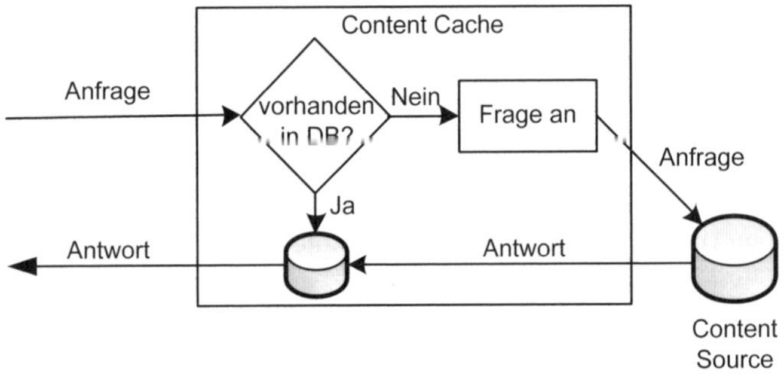

Abb. 6.2-4: Betriebsablauf bei Einsatz eines Content Cache.

Anfragen umleiten

Bei Einsatz eines Content Caches wird die Anfrage an den Web-Server nicht mehr direkt an diesen, sondern an den Content Cache geleitet. Der Content Cache prüft zunächst, ob das angeforderte Objekt bereits in seinem Speicher vorhanden ist. Falls das Objekt vorhanden sein sollte, kontaktiert er das eigentliche Ziel der Anfrage, um zu prüfen, ob eine neuere Version auf diesem vorhanden ist, und lädt diese ggf. in seinen Speicher. Anschließend sendet er das angeforderte Objekt an den anfragenden Benutzer. Falls das Objekt nicht vorhanden sein sollte, kontaktiert er das eigentliche Ziel der Anfrage um das angeforderte Objekt zu beziehen. Anschließend sendet er das angeforderte Objekt an den anfragenden Benutzer.

Versionen vergleichen

Fragt nun ein weiterer Benutzer nach dem gleichen Objekt, liegt dieses bereits auf dem Content Cache vor und muss nicht, mit Ausnahme der Verfügbarkeit einer neueren Version, über eine WAN-Verbindung bezogen werden. Die Anfrage des Content Caches an das eigentliche Ziel, ob eine neuere Version zur Verfügung steht, ist im Vergleich zur direkten Anfrage vom Umfang her vernachlässigbar klein. Auch wird die durch die Anfragen entstehende Last des Servers verringert. Es wird ersichtlich, dass der Einsatz eines Content Caches genau dann sinnvoll ist, wenn die gleichen Objekte regelmäßig und von verschiedenen Benutzern angefragt werden.

Umleitung konfigurieren

Die Umleitung der Anfragen auf den Content Cache kann zum einen durch eine **Umkonfiguration** von Routern auf Basis ausgewählter Parameter (z. B. Layer-4-Protokoll und Layer-4-Port) erfolgen, sodass ausgewählte Typen von Anfragen zum Content Cache umgeleitet werden. Dieser Vorgang ist für den anfragenden Benutzer transparent. Zum anderen kann der Content Cache als Element mit Proxy-Funktionalität verwendet werden. Die Anfragen werden dann stets direkt an den Content Cache geleitet, der diese bearbeitet. Die Konfiguration des Routers würde entfallen. Dieser Vorgang ist für den anfragenden Benutzer nicht transparent, da Änderungen auf dem Host vorgenommen werden müssen. Die Auswirkungen auf die Basisarchitekturen sind bei diesem Konzept deutlich zu erkennen. Die Veränderung der Datenflüsse führt zu einer Änderung von Switching- und Routing-Architektur und letztendlich auch der Performance-Architektur. Lediglich die Security-Architektur wird nur in bestimmten Fällen überhaupt tangiert.

Das in Abb. 6.2-4 dargestellte Beispiel zeigt das Konzept und die Vorteile eines Content Caches bei Implementierung auf der Seite der anfragenden Benutzer. Jedoch kann ein Content Cache auch vor den angefragten Servern positioniert werden (vgl. Abb. 6.2-5), um diese zu entlasten. Bei einem Web-Server bietet es sich beispielsweise an, häufig angefragte, hauptsächlich statische Objekte in einem Content Cache vorzuhalten, um einem dahinter gelagerten Server, der möglicherweise hauptsächlich dynamisch Seiten generiert, mehr Kapazitäten für eben diese Aufgabe zuzuweisen.

Anwendungsseitige Unterstützung

Bei Einsatz eines Content Caches sind die Randbedingungen, die sich aufgrund der eingesetzten Anwendungen und Dienste ergeben, besonders zu berücksichtigen. Nicht jede Anwendung eignet sich für die Optimierung unter Einsatz eines Content Caches. Das Konzept des Content Caches muss also in die Strukturen der jeweiligen Anwendung integrierbar sein. Überwiegend wird das Konzept des Content Caches im Bereich der effizienten Bereitstellung von Webseiten oder Videostreams eingesetzt, bei dem besonders die Entlastung der Internet Access Links im Fokus steht. Für Anwendungen und Dienste, die (harte) **Echtzeitanforderungen** haben, eignet sich das Konzept der Content Caches nicht.

Literatur

[BPV08], [Verm02], [TePa05], [Akam11]

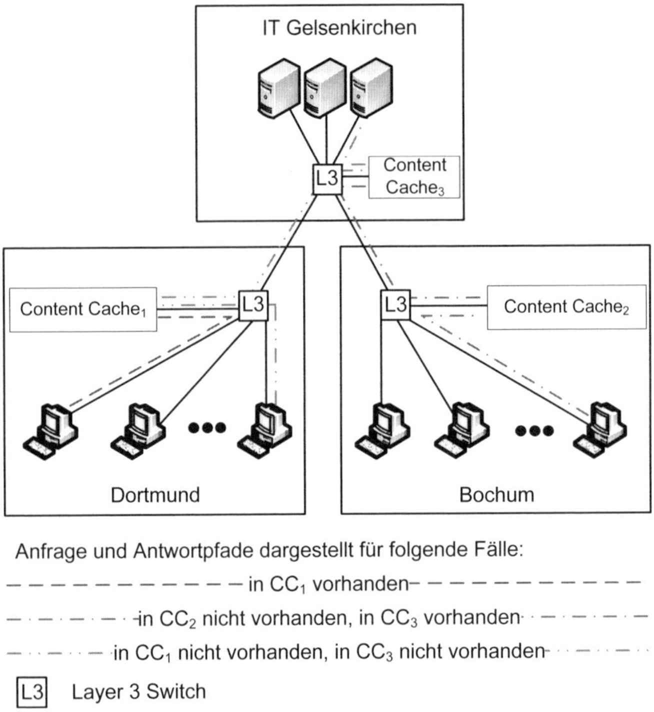

Abb. 6.2-5: Positionierung von Content Caches.

6.2.2.2 Content Routing **

Das Konzept des Content Routing sieht vor, Anfragen nicht an das angefragte Ziel zu senden, sondern transparent an einen Content Router.

Ziel dynamisch auswählen

Unter Content Router ist ein Modul zu verstehen, das Informationen führt, wie beispielsweise die Adressen, zu einem oder mehreren möglichen Zielen, die eine Anfrage bearbeiten können. Die Anfrage wird dann an die möglichen Ziele weitergeleitet. Das zuerst antwortende Ziel wird anschließend Kommunikationspartner des anfragenden Benutzers und beantwortet die Anfrage (vgl. Abb. 6.2-6). Die Menge der möglichen Ziele wird vom Content Router bestimmt. Dabei muss diese Menge nicht alle möglichen Ziele enthalten. Der Content Router entscheidet auf Basis verschiedener Parameter, wie beispielsweise der Antwortzeit und der räumlichen Nähe, an welche möglichen Ziele die Anfrage weitergeleitet werden soll. Dies führt dazu, dass der anfragende Benutzer stets die beste Verbindung zu einem Kommunikationspartner besitzt und somit optimal die bereitgestellten Anwendungen und Dienste nutzen kann. Eine **transparen-**

te Umleitung von Anfragen an den Content Router kann beispielsweise durch Anpassung der entsprechenden DNS-Einträge des angefragten Ziels erfolgen.

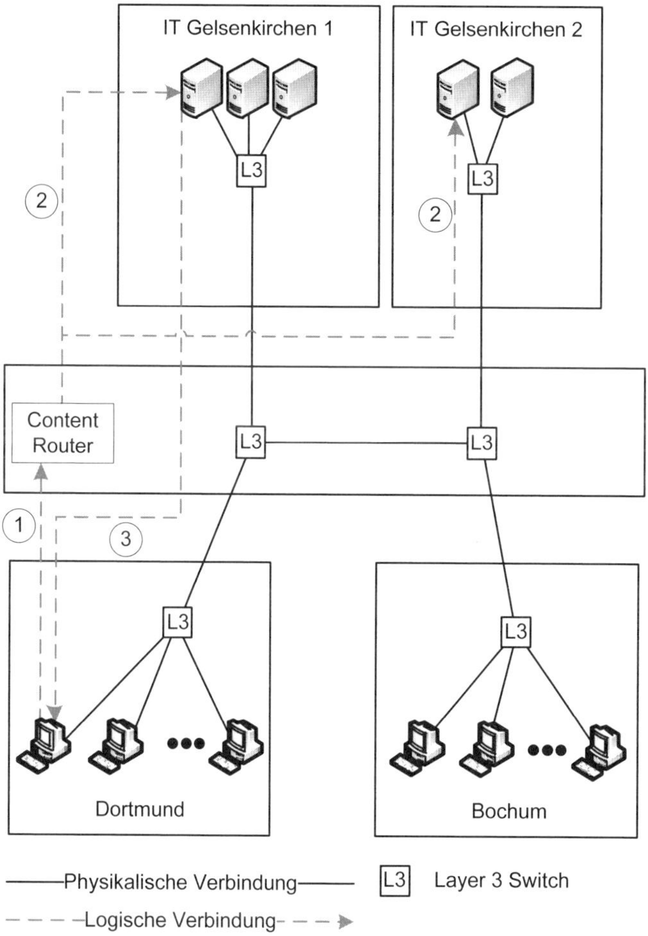

Abb. 6.2-6: Prinzip des Content Routing.

[BPV08], [Verm02], [TePa05], [Akam11] Literatur

6.2.2.3 Content Distribution **

Im Gegensatz zu den reaktiven Konzepten des Content Caches und des Content Routing, ist die Content Distribution ein proaktives Verfahren. Hierbei werden Inhalte gezielt an meist räumlich getrennt liegenden Standorten nahe verschiedener Benutzergruppen für diese verfügbar gemacht.

Inhalt verteilen

Das Konzept der Content Distribution ist im Vergleich zu den Konzepten des Content Caches und des Content Routing deutlich komplexer in der Entwicklung und Einführung. Content Distribution ist anwendungs- bzw. dienstspezifisch zu gestalten und somit in hohem Maße von der Unterstützung durch die Anwendung bzw. den Dienst abhängig. Das Konzept (vgl. Abb. 6.2-7 und Abb. 6.2-8) sieht vor, dass Inhalte kontrolliert an vorpositionierte Stellvertreterelemente in einer Hierarchie verteilt werden. Die **Stellvertreterelemente** befinden sich näher an den anfragenden Benutzern, als das Ursprungselement. In dem in Abb. 6.2-7 und Abb. 6.2-8 dargestellten Szenario werden Benutzerprofile, die beispielsweise Teil einer Microsoft Active Directory Domäne sind, bei jeder Anmeldung von einem Server in Gelsenkirchen auf die jeweiligen Arbeitsplätze in Bochum bzw. Dortmund transferiert und nach einer Abmeldung – aus Sicherheitsgründen – wieder vollständig gelöscht. Die Benutzer wechseln mehrmals täglich am eigenen Standort, selten standortübergreifend, die Arbeitsplätze. Somit werden die Benutzerprofile häufig über den Internet Access Link transferiert, was zu hohen Wartezeiten bei der Anmeldung der Benutzer führt. Der Internet Access Link wird als **Flaschenhals** erkannt. Im Rahmen der Content-Delivery-Architektur werden deshalb an den einzelnen Standorten Stellvertreterelemente platziert, die lokale Kopien der Benutzerprofile vorhalten. Zwischen dem Server in Gelsenkirchen und den Stellvertreterelementen an den Standorten Bochum und Dortmund entsteht dann lediglich noch Verkehr bei der Aktualisierung der Benutzerprofile, welche im Vergleich zu dem vorher entstandenen Verkehr signifikant kleiner ist. Durch diese Synchronisierung an verschiedenen Standorten wird gleichzeitig ein hoher Grad an Redundanz gewährleistet.

Stufen bilden

Neben dem in Abb. 6.2-8 veranschaulichten Konzept ist es im Rahmen der Content Distribution möglich, weitere Stufen der **Hierarchisierung** einzuführen. Dabei werden, wie in Abb. 6.2-9 dargestellt, mehrere Stellvertreterelemente zu einer Gruppe zusammengefasst und lediglich das erste Stellvertreterelement vom Ursprungselement gezielt mit Daten beliefert. Das erste Stellvertreterelement übernimmt anschließend die ebenfalls kontrollierte Weiterverteilung innerhalb seiner Gruppe. Das Ursprungselement sowie alle Stellvertreterelemente sind stets auf dem gleichen Informationsstand. Die Hierarchisierung ist dabei zunächst als statisch anzunehmen. Das heißt, dass jedem Benutzer das nächste Stellvertreterelement zugewiesen ist. Die Hierarchie kann jedoch, bei gleichzeitigem Einsatz von Content Routing, auch dynamisch gestaltet werden.

Literatur

[BPV08], [Verm02], [TePa05], [Akam11]

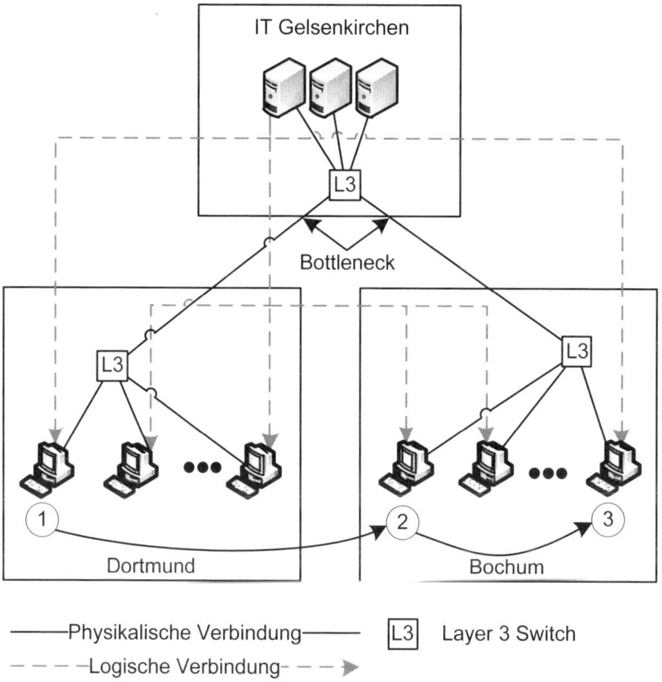

Abb. 6.2-7: Computernetz ohne Einsatz von Content Distribution.

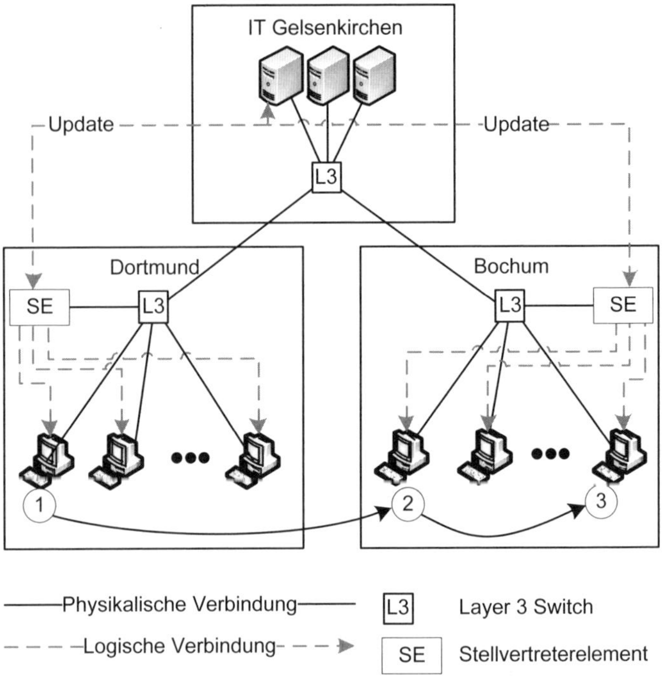

Abb. 6.2-8: Computernetz mit Einsatz von Content Distribution.

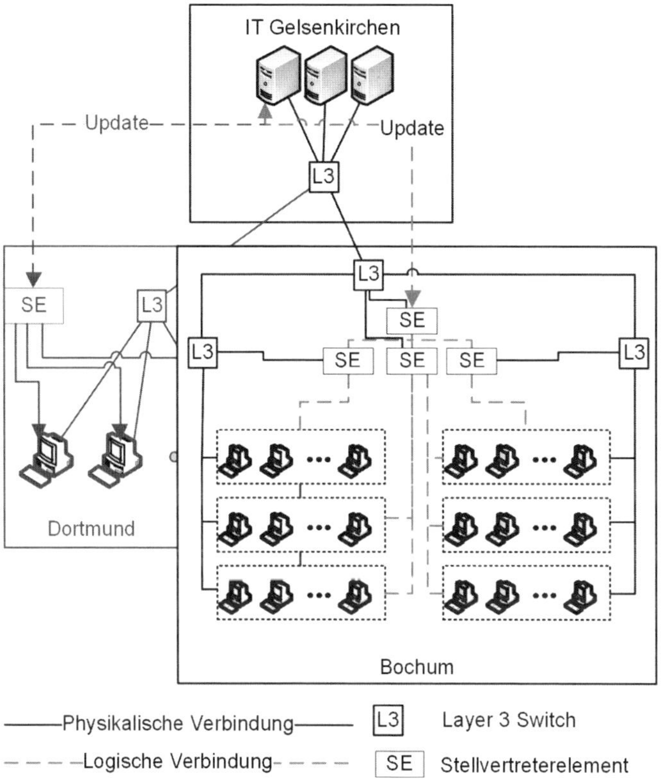

Abb. 6.2-9: Hierarchisierung von Content Distribution.

6.2.2.4 Load-Balancing **

Beim Load-Balancing werden Anfragen zunächst aggregiert und dann zur Verteilung der Auslastung auf verschiedene Server, die jeweils die Anfragen bearbeiten, weitergeleitet. Dadurch kann die Performance der Server und als Konsequenz die Performance der angefragten Anwendung optimiert werden.

Last verteilen

Das Load-Balancing wirkt sich stärker auf die Auslastung und somit die Performance der Server aus, die Anwendungen und Dienste anbieten, als auf das Computernetz selbst. In Abb. 6.2-10 und Abb. 6.2-11 wird das Konzept des Load-Balancing veranschaulicht. Einer Gruppe von Servern, auf denen die gleichen Anwendungen und Dienste betrieben werden, wird ein weiteres Element, der sogenannte Load-Balancer, vorgeschaltet. Der Load-Balancer verteilt die Anfragen nach vorher festgelegten Kriterien auf die verschiedenen Server, sodass die **Auslastung** der Server optimiert wird. Hierzu werden Richtlinien festgelegt, die neben der gleichmäßigen Verteilung dafür sorgen, dass beispielsweise die Anfragen eines Benutzers, einer Gruppe von Benutzern oder auch eines bestimmen Endgerätetyps, stets von demselben Server beantwortet werden.

Anfragen aggregieren

Ziel des Load-Balancing ist es, die Anfragen zu aggregieren und durch die – meist gleichmäßige – Verteilung auf die Server, Lastspitzen effektiv abzufangen, um die verfügbaren Geräte gleichmäßig auszulasten. Eine Optimierung durch Anwendung dieses Konzepts setzt voraus, dass das Computernetz selbst keinen Flaschenhals enthält. Die gleichmäßige Verteilung der Anfragen auf verschiedene Server führt zu einer Optimierung der Antwortzeiten, die ein anfragender Benutzer wahrnimmt. Anwendungsmöglichkeiten für das Load-Balancing sind beispielsweise Web-Server-Farmen.

Literatur

[BPV08], [TePa05], [Akam11], [Verm02]

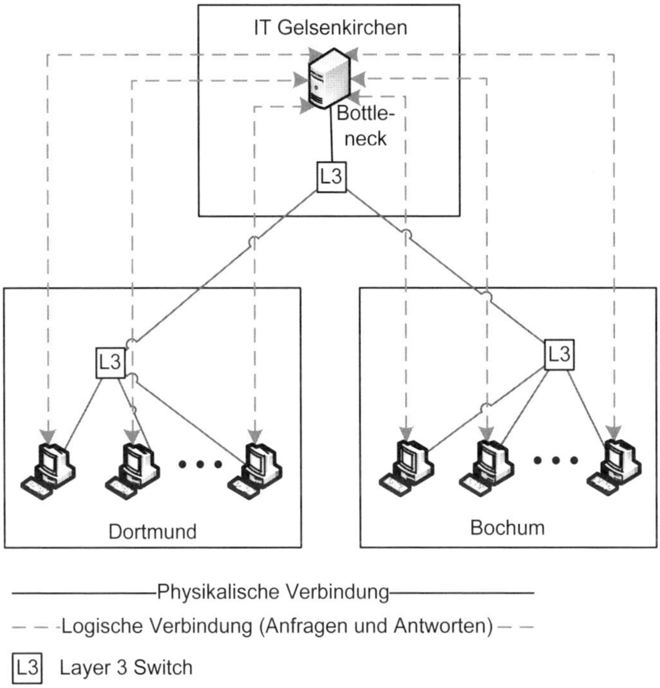

Abb. 6.2-10: Computernetz ohne Load-Balancing.

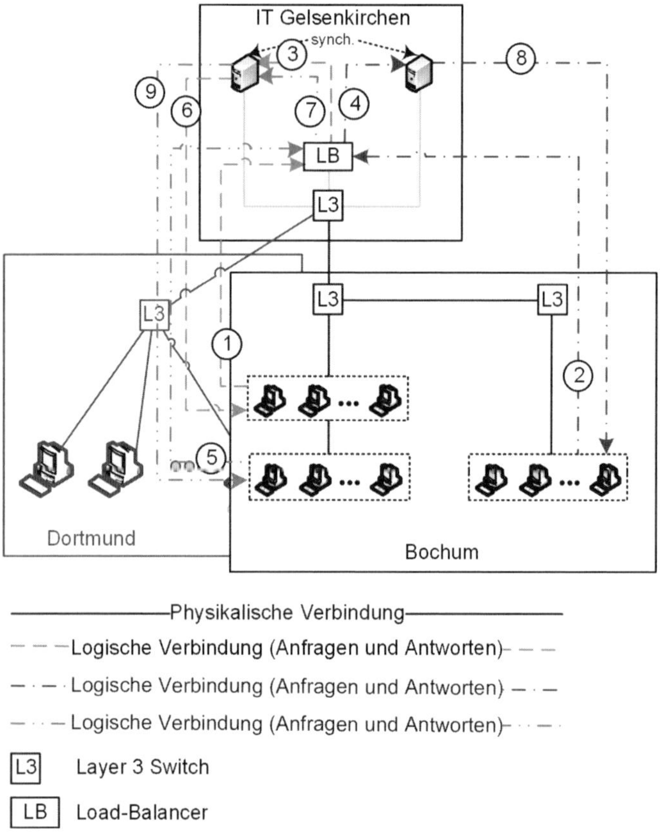

Abb. 6.2-11: Computernetz mit Load-Balancing.

7 Phase 4 – Hardware auswählen und positionieren **

Im Anschluss an die Entwicklung der Basisarchitekturen und Erweiterungsarchitekturen erfolgt aufbauend auf den bisherigen Ergebnissen die Auswahl und Zuordnung konkreter Hardware.

Zunächst werden die notwendigen Verbindungsmechanismen bestimmt und technisch konkretisiert. Parallel oder auch zu einem späteren Zeitpunkt werden die Computernetzelemente, wie beispielsweise Koppelelemente, entsprechend den Anforderungen an ihre Funktionalitäten ausgewählt, bevor abschließend das Computernetz-Layout aktualisiert wird (vgl. Abb. 7.0-1).

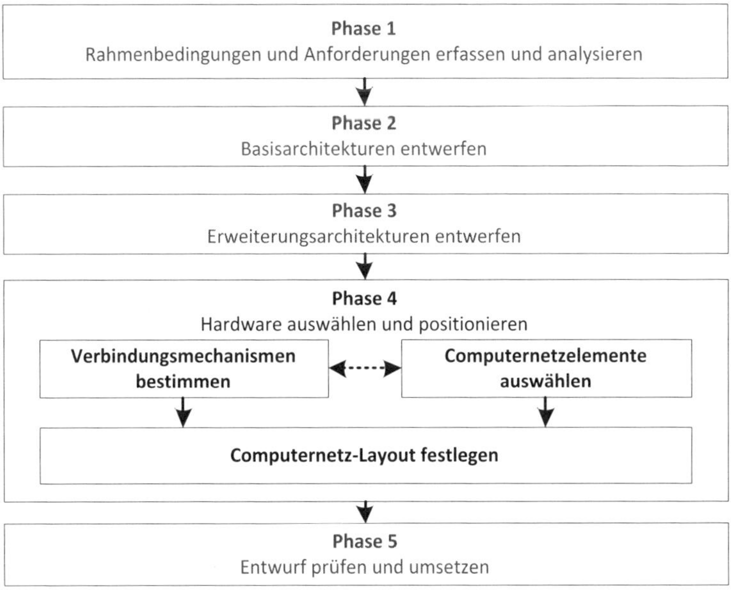

Abb. 7.0-1: Übersicht Phase 4.

Vor dem Hintergrund sich stetig ändernder Techniken und Standards ist es im Rahmen dieses Buchs nicht zielführend, Entscheidungshilfen zur Auswahl konkreter Verbindungsmechanismen und Computernetzelemente vorzuschlagen, da dann eine kontinuierliche Fortschreibung und Aktualisierung und zudem ein vollständiger Marktüberblick erforderlich wäre. Zielsetzung

Empfehlenswert ist, die Auswahl entsprechend den Anforderungen an Verbindungsmechanismen und Computernetzelemente auf Basis der Literatur des jeweiligen Herstellers vorzunehmen. Die zur Verfügung stehende **herstellerspezifische Literatur** setzt häufig genau an dem Punkt an, an dem Anforderungen for- Hersteller muliert und Architekturen bereits entwickelt wurden. Vor diesem Hintergrund wird nachfolgend bewusst eine allgemeine, darauf jeweils anwendbare Vorgehensweise empfohlen wird.

Verbindungsmechanismen bestimmen

Techniken

Zunächst werden die **Verbindungsmechanismen** für alle Verbindungsabschnitte VA_k bestimmt. Dazu sind die möglichen, verwendbaren Techniken zu eruieren, die den zuvor festgelegten Anforderungen bzw. den Ergebnissen der vorangegangenen Phasen genügen. Hierbei muss einerseits auf die berechneten Kennzahlen der einzelnen Verbindungsabschnitt VA_k zurückgegriffen werden, andererseits jedoch auch auf die schrittweise erstellten Stammblätter der einzelnen Computernetzelemente.

Zwar geben die Kennzahlen Aufschluss über die erforderliche Bandbreite eines Verbindungsmechanismus für einen Verbindungsabschnitt VA_k, jedoch nicht über die Anforderungen, beispielsweise hinsichtlich der Unterstützung von Techniken zur Gewährleistung von QoS. Auch bauliche Faktoren, wie beispielsweise Streckenlängen oder die Beschaffenheit von Wänden, beeinflussen die Auswahl der Techniken.

Die Kennzahlen sollten in jedem Fall, falls nicht bereits geschehen, hinsichtlich eines möglichen **Unternehmenswachstums** überprüft und ggf. entsprechend neu berechnet werden, damit die aktuell ausgewählten Techniken nicht bereits mittelfristig wieder ausgetauscht werden müssen und so zusätzliche, unnötige Kosten entstehen.

Ökonomisch entscheiden

Ein Grundsatz bei der Bestimmung der Verbindungsmechanismen sollte sein, dass nicht unbedingt die neueste und beste Technik ausgewählt wird, da diese in der Regel auch die teuerste ist und der Mehrwert für das konkrete Projekt nicht unbedingt den höheren Preis rechtfertigt und zudem das Budget übersteigen kann.

Vielmehr sollte eine ausgewogene Lösung gefunden werden, bei der einerseits die Anforderungen, auch hinsichtlich eines prognostizierten Unternehmenswachstums, erfüllt werden können und andererseits das zur Verfügung stehende Budget nicht unnötig belastet wird.

Da die Auswahl der Techniken für die Verbindungsmechanismen auch durch deren Verfügbarkeit in den ebenfalls in dieser Phase auszuwählenden Computernetzelementen bestimmt wird, sollte die Bestimmung der Verbindungsmechanismen parallel zur Auswahl der Computernetzelemente erfolgen.

Computernetzelemente auswählen

Technische Leistungsmerkmale

Die Auswahl der Computernetzelemente sollte – wie bereits angedeutet – gleichzeitig mit der Bestimmung der Verbindungsmechanismen erfolgen. Im Planungs- und Auslegungsprozess wurden für alle Computernetzelemente **Stammblätter** angelegt und sukzessive mit Fortschritt des Prozesses um die jeweils hinzugekommenen Anforderungen ergänzt. Grundlage für die Auswahl der Computernetzelemente sind die Anforderungen an die technischen Leistungsmerkmale, die aus den verschiedenen Teilarchitekturen resultieren und in den Stammblättern dokumentiert sind. Auf dieser Basis können konkret Hersteller und Produkte ausgewählt werden. Die Homogenität hinsichtlich der Techniken im Computernetz kann bei der Auswahl, insbesondere hinsichtlich der Kosten, ein entscheidender Faktor sein. Empfehlenswert ist es dabei in vielen Fällen auch, Homogenität in Bezug auf die Hersteller anzustreben, um so die Wartbarkeit des Computernetzes zu vereinfachen und den Aufwand für die Wartung zu minimieren.

Budget

Auch bei der Auswahl der Computernetzelemente sollte der gleiche Grundsatz wie bei der Bestimmung der Verbindungsmechanismen zugrunde gelegt und das Budget als wesentlicher Faktor berücksichtigt werden. Auch hier muss eine ausgewogene Lösung gefunden werden, bei der einerseits die Anforderungen erfüllt werden und andererseits das zur Verfügung stehende Budget nicht unnötig belastet wird.

Computernetz-Layout aktualisieren

Blaupausen

Im abschließenden Schritt dieser Phase ist die Dokumentation, insbesondere das Computernetz-Layout, zu aktualisieren. Durch die Übernahme der ausgewählten Verbindungsmechanismen und Computernetzelemente in das Computernetz-Layout werden die vorhandenen Netzpläne somit zu **physikalischen Netzplänen (Typ 3)** erweitert. Das endgültige Computernetz-Layout wird für die Prüfung und Durchführung der Implementierung in der nachfolgenden Phase verwendet und bildet damit quasi die Blaupause für die Umsetzung der entwickelten Architektur für das Computernetz.

8 Phase 5 – Entwurf prüfen und umsetzen **

In der fünften Phase werden die Ergebnisse der vorangegangen Phase unter anderem geprüft und das Computernetz implementiert und in Betrieb genommen.

In der fünften Phase werden die Ergebnisse der vorangegangen Phase zunächst geprüft und validiert. Wenn die Validierung positiv verlaufen ist, können Implementierung und Inbetriebnahme geplant und durchgeführt werden (vgl. Abb. 8.0-1).

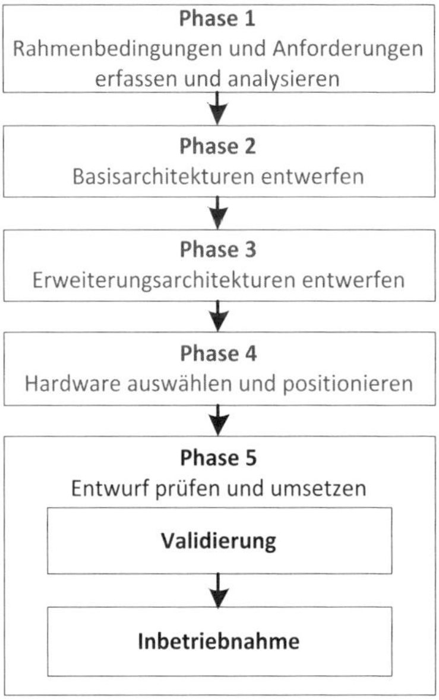

Abb. 8.0-1: Schritte der Phase 5.

Ist das Ergebnis des sich daran anschließenden Testbetriebs ebenfalls positiv, kann der **Produktivbetrieb** aufgenommen werden. Verlaufen Validierung oder Testbetrieb negativ, so ist eine Überarbeitung der Planungsergebnisse erforderlich. In Abb. 8.0-2 wird der Zusammenhang zwischen den Teilschritten veranschaulicht. Die Bedeutung dieser Phase wurde bereits in »Ermittlung und Bewertung der Güte der Planung und Auslegung«, S. 53, verdeutlicht.

Validierung

Vorprüfung

Da trotz aller Sorgfalt bei der Planung und Auslegung bisher unentdeckte Fehler aufgetreten sein können, müssen die Planungsergebnisse vor der Implementierung und Inbetriebnahme zu-

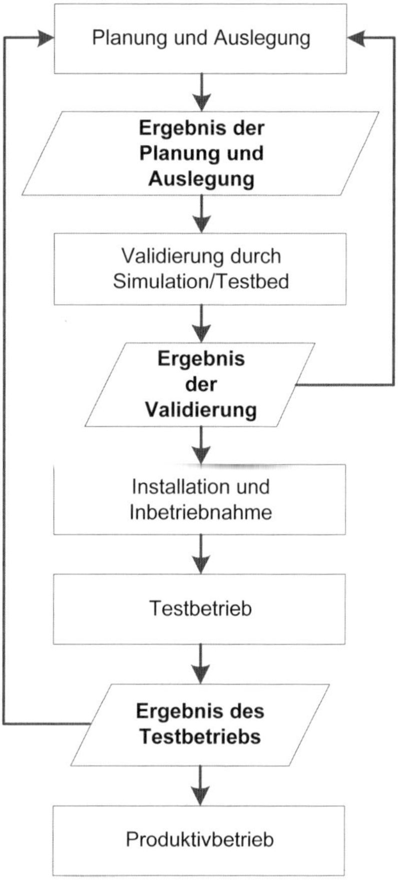

Abb. 8.0-2: Ablauf des Prüfverfahrens.

nächst validiert werden. Diese Vorprüfung wirkt sich beim Auftreten von Fehlern positiv auf die entstehenden Kosten aus, da **Ausfallzeiten** durch Fehler und Probleme bei der Inbetriebnahme minimiert werden können. Aufgrund der wirtschaftlichen Bedeutung darf auf die Validierung in keinem Fall verzichtet werden. Grundlage für die Validierung können einerseits die Kennzahlen der verschiedenen Verbindungsabschnitte VA_k sein, andererseits müssen es aber auch die Informationen aus den unterschiedlichen Architekturen sein, die für die Validierung als Prüfungsbasis herangezogen werden.

Simulation

Für die Validierung bietet es sich schon allein aus Kosten- und Aufwandsgründen an, das entworfene Computernetz unter Verwendung eines Simulationswerkzeugs bezüglich der Einhaltung von Performance-Anforderungen, insbesondere der Kennzahlen, zu simulieren. Alternativ können Testbeds aufgebaut werden, in denen ausgewählte Netzbereiche abgebildet und geprüft werden können. Jedoch kann dieses Verfahren mit hohen Kosten für die Beschaffung am Ende vielleicht für den Produktivbetrieb nicht benötigter Hardware verbunden sein. Die Basis für beide Varianten bilden die Verkehrsprofile der Hosts, welche die entsprechenden Charakteristika der Datenflüsse definieren. Bei einer nicht erfolgreichen Validierung sind die kritischen Bereiche des Computernetzes detailliert zu überprüfen. Ein mögliches Ergebnis kann sein, dass Phasen erneut durchlaufen werden müssen, da Teilarchitekturen fehlerhaft sind oder nicht den Anforderungen entsprechen.

Installation, Inbetriebnahme und Testbetrieb

Konnten die Ergebnisse des Planungsprozesses positiv validiert werden, so können Installation und Inbetriebnahme gefolgt von einem Testbetrieb beginnen.

Risiko reduzieren

Sofern es sich um die Erweiterung oder Anpassung eines vorhandenen Computernetzes handelt, sollte ein Grundsatz eine schrittweise Implementierung und Inbetriebnahme sein. Dadurch kann das Risiko von Ausfällen im Produktivbetrieb reduziert werden. Bevor das Computernetz für den Produktivbetrieb freigegeben werden kann, muss ein abschließender **Testbetrieb** erfolgen. Sollte diese Überprüfung entgegen den Erwartungen, die auf einer positiven Validierung beruhen, Probleme oder Fehler offensichtlich werden, so ist eine weitere Iteration im Planungsprozess unumgänglich. Nur durch ein gewissenhaftes Vorgehen in dieser Phase kann sichergestellt werden, dass das Computernetz auch im Produktivbetrieb mit sehr hoher Wahrscheinlichkeit den Anforderungen entspricht und unerwartete, für das Unternehmen nachteilige Auswirkungen vermieden werden.

Weitere Iteration

Wie bereits aufgezeigt, können während der Validierung Probleme z. B. bezüglich der Performance erkannt werden, die noch vor der Inbetriebnahme beseitigt werden sollten. Aber auch während der Inbetriebnahme können aufgrund mittlerweile veränderter Rahmenbedingungen beispielsweise durch unzulängliche **Fortschreibung der Dokumentation**, Probleme zutage treten. Dies kann dazu führen, dass eine weitere Iteration des Planungsprozesses durchzuführen ist, was unter Umständen auch die Einführung einer Erweiterungsarchitektur nach sich ziehen kann.

Glossar

AAA-Dienst
AAA steht für Authentifikation, Autorisierung und Accounting. Ein AAA-Dienst ermöglicht die Verwaltung von Benutzern sowie die Vergabe von Rechten. Ferner wird die Abrechnung der durch den Benutzer in Anspruch genommenen Leistungen ermöglicht. (Abk.: AAA)

Ablauforganisation *(process organization)*
Die Ablauforganisation regelt die innerhalb des Rahmens Aufbauorganisation abzuwickelnden Arbeits- und Informationsprozesse. Sie ist Teil der Organisationsstruktur eines Unternehmens. Auf Basis der Aufbauorganisation werden weitere Einzelheiten fixiert, z. B.: Teilung des Arbeitsvolumens in einzelne Schritte, zeitliche Reihenfolge der Arbeitsschritte, Einsatz von Ressourcen, räumliche Zuordnung der Arbeitsprozesse.

Aggregationspunkt
Punkt, an dem eine große Menge von Datenflüssen zusammenläuft.

Antwort-Verzögerung *(response delay)*
Die Antwort-Verzögerung setzt sich zusammen aus der Round-Trip-Verzögerung sowie der Dauer der Bearbeitung der Anfrage eines Senders beim beantwortenden Empfänger.

Anwendung *(application)*
Unter Anwendung bzw. Anwendungssoftware ist ein Computerprogramm bzw. ein System von Programmen zu verstehen, das die Lösung von Aufgaben der Informationsverarbeitung in Unternehmen, Institutionen und Verwaltungen unterstützt.

Anwendungssignatur
Eine Anwendungssignatur besteht aus verschiedenen Parametern, wie z. B. Anwendungsprotokoll und TCP-Port. Sie dient zur Identifizierung einer Anwendung.

Assured Forwarding
Assured Forwarding erlaubt die Einordnung von Paketen verschiedener Anwendungen in bis zu zwölf verschiedene Klassen, die jeweils ein eigenes Per-Hop-Behavior abbilden.

Asynchrone Kommunikation
Bei der asynchronen Kommunikation sind Sende- und Empfangsvorgänge zeitlich versetzt, zeitlich entkoppelt und somit zeitlich unabhängig voneinander (z. B. E-Mail, Mailinglisten).

Aufbauorganisation *(organizational structure)*
Die Aufbauorganisation strukturiert ein Unternehmen in Organisationseinheiten (Bereiche, Abteilungen, Gruppen, Stellen), ordnet diesen Einheiten Aufgaben und Kompetenzen zu und ermöglicht so gleichzeitig die Koordinierung der einzelnen Einheiten.

Autonomes System *(autonomous system)*
Ein autonomes System ist die Zusammenfassung von IP-Netzen unter einer administrativen Verwaltung, deren interner Datentransit über ein oder mehrere gemeinsame Routing-Protokolle erfolgt. (Abk.: AS)

Backbone
Der Begriff Backbone beschreibt in diesem Kontext alle Teilnetze verbindenden Koppelelemente, die sich entweder durch besondere Funktionalitäten oder durch eine hohe Leistung auszeichnen. Sie bilden den Kern (Core) eines Netzes.

Benchmark
Mittels Benchmarks werden Performance-Parameter und andere Kenngrößen verschiedener Systeme verglichen, um eine Aussage über die relative Leistungsfähigkeit eines Systems machen zu können.

Best-Effort
Best-Effort ist hinsichtlich des Pro-Hop-Behaviors die Standardverkehrsklasse. Bei der Weiterleitung von Paketen erfolgt keine besondere QoS-Behandlung der Pakete. Best-Effort bildet somit die niedrigste Klasse ohne jegliche Anforderungen und Garantien hinsichtlich der Übertragung der Pakete.

Blaupausen *(Blueprint)*
Im Kontext der Netzplanung werden als Blaupausen die Netzpläne bezeichnet, die als Vorlage für die Implementierung dienen.

CIDR *(Classless Inter Domain Routing)*
Beim Classless Inter Domain Routing erfolgt keine feste Zuordnung einer IPv4-Adresse zu einer Netzklasse. Netz- und Hostteil einer IP-Adresse werden durch Angabe einer Netzmaske bestimmt.

Class Selector
Das DiffServ Per-Hop-Behavior Class Selector erlaubt die Zuordnung von Paketen verschiedener Anwendungen zu bis zu acht verschiedene Klassen, die jeweils ein eigenes Per-Hop-Behavior definieren.

Datenrate *(data rate)*
Die Datenrate gibt an, inwieweit ein System dazu in der Lage ist, eine bestimmte Anzahl von Datenbits in einem Zeitintervall zwischen zwei Punkten zu übertragen. Sie ist eine Funktion der Bandbreite des verwendeten Übertragungsmediums.

Denial-of-Service
Angriff, bei dem ein Dienst durch gezielte Überlastung gestört wird.

Dienst *(service)*
Ein Dienst ist ein Computerprogramm bzw. eine Anzahl von Programmen, das nicht direkt durch den Benutzer, sondern durch das System selbst gesteuert wird.

Differentiated Services
Das DiffServ-Modell ist ein Dienstgütemodell zur reservierungslosen Priorisierung von Pakten in Computernetzen. (Abk.: DiffServ)

Drill-Down
Als Drill-Down wird im Kontext der Netzplanung das Hineinzoomen in die Netzplanhierarchie bezeichnet.

Durchschnittliche Datenrate *(mean data rate, average data rate)*
Die durchschnittliche Datenrate (DDR) beschreibt die im Mittel entstehende bzw. benötigte Datenrate. (Abk.: DDR)

Edge-Router
Ein Edge-Router verbindet ein oder mehrere Netzsegmente mit dem Backbone.

Ende-zu-Ende-Verzögerung *(end-to-end delay)*
Mit der Ende-zu-Ende-Verzögerung wird die Zeit beschrieben, die ein Signal von einem Sender über das Netz zu einem Empfänger benötigt.

Expedited Forwarding
Das DiffServ Per-Hop-Behavior Expedited Forwarding definiert ein Per-Hop-Behavior für die bevorzugte Weiterleitung von Paketen und eignet sich beispielsweise für die Weiterleitung von VoIP-Paketen.

Flaschenhals *(bottleneck)*
Eine die Performance eines (Teil-)Systems verschlechternde Komponente.

Floating-Lizenzierungsverfahren
Bei Verwendung des Floating-Lizenzierungsverfahrens für Anwendungen wird eine begrenzte Menge von zum Betrieb dieser Anwendung notwendigen Lizenzen zentral bereitgestellt. Benutzer konkurrieren um diese Lizenzen, sodass nur eine definierte Anzahl an Benutzern diese Anwendung gleichzeitig benutzen kann. Dieses Lizenzierungsverfahren wird verwendet um die Betriebskosten zu senken.

Geschäftsprozess *(business process)*
Ein Geschäftsprozess ist eine Abfolge von einzelner Tätigkeiten (auch als Aktivitäten bezeichnet) zur Erfüllung einer betrieblichen Aufgabe, wobei eine Leistung in Form von Informations- und/oder Materialtransformation erbracht wird. (Syn.: Prozess Ablauf)

Hop
Im Computernetz passiert ein Paket auf dem Pfad zwischen Quelle und Ziel eine Menge von nicht durch Knoten unterbrochenen Teilpfaden, welche durch zwei Knoten begrenzt werden. Jeder zurückgelegte Teilpfad wird als Hop bezeichnet.

Human Response Time
Die Human Response Time (max. ca. 100ms) ist die maximale Verzögerungszeit, die von einem Menschen in der Regel nicht wahrgenommen wird. (Abk.: HRT)

Integrated Services
Das IntServ-Modell ist ein Dienstgütemodell zur reservierungsbasierten Priorisierung von Datenflüssen in Computernetzen. (Abk.: IntServ)

Intrusion Detection System
Ein Intrusion Detection System erkennt Verkehrs-Anomalien im Computernetz und weist einen Administrator oder ein anderes System auf diese hin. (Abk.: IDS)

Intrusion Prevention System
Ein Intrusion Prevention System versucht Angriffe auf ein Computernetz frühzeitig zu unterbinden. (Abk.: IPS)

Intrusion Response System
Ein Intrusion Response System reagiert auf die von einem Intrusion Detection System gemeldeten Vorfälle. (Abk.: IRS)

Konvergentes Netz
Werden über ein Computernetz initiiert durch verschiedene Anwendungen und Dienste unterschiedliche Datenarten übertragen – also klassische Daten zusammen mit Sprache, Video etc. – wird das Netz als konvergentes Netz bezeichnet.

Logische Verbindung *(logical link)*
Eine logische Verbindung beschreibt den Zusammenhang zwischen Elementen im Computernetz, unabhängig von der physikalischen Architektur des Computernetzes und der dabei verwendeten Techniken. Sie wird daher auch als virtuelle Verbindung bezeichnet.

Mean Time Between Critical Failure
Die Zeit bis zum erwarteten Auftreten eines fehlerhaften, betriebsgefährdenden Verhaltens wird als Mean Time Between Critical Failure bezeichnet. (Abk.: MTBCF)

Mean Time To Recover
Mit Mean Time To Recover wird das Zeitintervall definiert, das nach Beginn des fehlerhaften Verhaltens oder Ausfall des Dienstes bzw. Systems vergehen darf, bis der normale Zustand wieder hergestellt sein muss. (Abk.: MTTR)

Minimale Datenrate
Die minimale Datenrate beschreibt die durch eine Anwendung verursachte Mindestbelastung des Übertragungsmediums. (Abk.: MDR)

Multiprotocol Label Switching
Multiprotocol Label Switching ermöglicht den verbindungsorientierten Transport von Paketen in verbindungslosen Netzen. (Abk.: MPLS)

Network Management Element (NME)
Elemente im Computernetz, die Aufgaben des Computernetz-Managements übernehmen (Abk.: NME)

Netztopologie *(network topology)*
Die Netztopologie beschreibt die Struktur eine Computernetzes (Stern, Bus, Ring, Baum, Masche)

Overlay-Netzwerk *(overlay-network)*
Ein Overlay-Netzwerk ist ein logisches Netzwerk, das über ein bereits vorhandenes Netzwerk betrieben wird.

Per-Hop-Behavior
Bei der DiffServ Performance-Architektur wird das Verhalten der unterschiedlichen Verkehrsklassen pro Hop in einer Per-Hop-Behavior-Klasse festgelegt. (Abk.: PHB)

Performance-Parameter
Als Performance-Parameter von Computernetzen sind die Merkmale bzw. Kenndaten Zuverlässigkeit, Datenrate und Verzögerung definiert.

Physikalische Verbindung *(physical link)*
Eine physikalische Verbindung beschreibt die Verbindung zwischen Elementen im Computernetz in Abhängigkeit von der physikalischen Architektur und der verwendeten Technik.

Produktionsfaktor *(production factor)*
Als Produktionsfaktoren werden Güter und Leistungen bezeichnet, die zur Herstellung anderer Güter und Leistungen erforderlich sind.

PSTN
PSTN (Public Switched Telephone Network) ist die Bezeichnung für das öffentliche, leitungsgebundene Telefonnetz.

Quality-of-Service (QoS)
Die Dienstgüte (QoS) beschreibt eine Anforderung an die netzseitig zu erbringende Performance. Die Anforderung bezieht sich stets auf den einzelnen Datenfluss einer Anwendung oder eines Dienstes und wird anhand eines oder mehrerer Performance-Parameter beschrieben. (Abk.: QoS)

Redundanz *(redundancy)*
Redundanz bezeichnet bezogen auf Computernetze die Verfügbarkeit zusätzlicher, funktional gleicher oder vergleichbarer Ressourcen hinsichtlich Verbindungen bzw. Elementen, die bei störungsfreiem Betrieb nicht benötigt werden.

Roll-Up
Als Roll-Up wird im Kontext der Netzplanung das Herauszoomen aus der Netzplanhierarchie bezeichnet.

Round-Trip-Verzögerung *(round-trip-delay)*
Die Round-Trip-Verzögerung umfasst sowohl die Verzögerung, die ein Signal von einem Sender über das Computernetz zu einem Empfänger benötigt, als auch die Zeit, die ein Antwortsignal über das Computernetz zurück zum Sender benötigt.

Service Level Agreement *(Service Level Agreement)*
Ein Service Level Agreement ist ein Vertrag zwischen einem Auftraggeber und einem Dienstleister, in dem die vom Dienstleister zu erbringenden Leistungen und deren Qualität vereinbart werden. (Abk.: SLA)

Simulation *(simulation)*
Die Simulation ist in diesem Kontext ein Verfahren, das zur virtuellen Nachbildung von Computernetzen verwendet werden kann, damit diese mit angemessenem Aufwand validiert werden können. Dazu wird ein Modell des Computernetzes mit Hilfe eines Simulationswerkzeugs untersucht.

Site-to-Site-Verbindung *(site-to-site-connection)*
Die Kommunikationsverbindung zwischen zwei Unternehmensstandorten wird als Site-to-Site-Verbindung bezeichnet.

Source & Sink
Modul der funktionalen Strukturierung. Dem Source & Sink (User) Modul sind die Benutzer, deren zugehörige Benutzergruppen sowie deren an das Computernetz gekoppelte Endgeräte zuzuordnen. Dem Source & Sink (Serverfarm) Modul sind alle Server des Computernetzes für die Anwendungen und Dienste des internen Unternehmensbetriebs zuzuordnen.

Spitzendatenrate *(peak data rate)*
Die Spitzendatenrate (SDR) beschreibt die kurzfristig, höchstmöglich auftretende Datenrate, mit der eine Anwendung sendet bzw. senden können muss oder darf. Die Spitzendatenrate ist durch die Bitrate des physikalischen Mediums begrenzt. (Abk.: SDR)

Terminal-Anwendung *(terminal application)*
Bei einer Terminal-Anwendung wird auf dem Host eines Benutzers lediglich die grafische Benutzungsoberfläche zur Verfügung gestellt. Die Anwendung selbst wird auf einem entfernten Server Host betrieben.

Testbed
Ein vom Produktionssystem unabhängiges Testsystem.

Verbindungsmechanismus
Ein Verbindungsmechanismus bzw. eine Verbindungstechnik ist die zur Herstellung einer physikalischen Verbindung zwischen System verwendete Technik (z. B. Ethernet).

Verfügbarkeit *(availability)*
Die Verfügbarkeit ist das Verhältnis von Mean Time Between Critical Failure zu einer festzulegenden Normbetriebszeit ohne Ausfall in Prozent.

Verzögerung *(delay)*
Die Verzögerung bzw. Verzögerungszeit definiert die Zeitdifferenzen bei der Informationsübertragung in einem System. Hierbei sind sowohl die Verzögerung durch das Netzwerk (Latenz der Koppelelemente, Ausbreitungsgeschwindigkeit des Signals auf dem Medium) als auch Verzögerungen durch andere Systemelemente (z. B. Verarbeitung durch Anwendung, Betriebssystem, Netzwerkkarte) zu berücksichtigen.

Virtual Local Area Networks (VLANs)
Virtuelle Gruppierung physikalischer Elemente zu einer Broadcast-Domäne.

Virtual Private Network
Verschlüsselte, sichere Verbindung zwischen zwei oder mehreren Endpunkten bzw. Netzen über eine unsichere Verbindung. (Abk.: VPN)

Virtuelles Stellvertreter Element
Ein virtuelles Stellvertreter-Element stellt einen Verweis zwischen verschiedenen Netzplänen dar, um einerseits die Lesbarkeit der Netzpläne zu erhöhen und andererseits die Konsistenz der Pläne bei der Abbildung von Datenflüssen zu erhöhen. (Abk.: VSE)

Voice over IP
Die Sprachübertragung in IP-Netzen. (Abk.: VoIP)

Workflow *(workflow)*
Workflow dokumentiert eine inhaltlich, logisch und zeitlich zusammenhängende Folge von Arbeitsschritten bzw. Funktionen, die innerhalb eines Geschäftsprozesses durchzuführen sind. (Syn.: Arbeitsablauf)

Zuverlässigkeit *(reliability)*
Die Zuverlässigkeit gibt an, in wie weit ein System deterministisch und korrekt arbeitet. Darüber hinaus gibt sie an, wie schnell sich ein System nach einem Ausfall wieder in den normalen Zustand versetzen lässt.

Literatur

[ADE08]
Ash, Gerald R.; Davie, Bruce; Evans, John; *Network Quality of Service*, Morgan Kaufmann, 2008.

[AGW+08]
Alpar, Pail; Grob, Heinz Lothar; Weimann, Peter; Winter, Robert; *Anwendungsorientierte Wirtschaftsinformatik: Strategische Planung, Entwicklung und Nutzung von Informations- und Kommunikationssystemen*, 5. Auflage, Vieweg+Teubner, 2008.

[Akam10]
Akamai Fallstudie: Audi sorgt durch schnelleren Zugriff auf Webinhalte weltweit für mehr Zufriedenheit bei Kunden und Händlern, 2010, `http://www.akamai.de/dl/CS_AUDI.pdf`.

[Akam11]
Akamai EdgePlatform, 2011, `http://www.akamai.de/edgeplatform.html`.

[BPP+10]
Bök, Patrick; Patalas, Michael; Pielken, Dennis; Tüchelmann, York; *Efficient Data Aggregation and Management in Integrated Network Control Environments*, in: In Proceedings of the 5th International ICST Conference on Access Networks, Budapest, Ungarn, 2010.

[BPT10]
Bök, Patrick-Benjamin; Pielken, Dennis; Tüchelmann, York; *Towards an Integrated Network Control Architecture*, in: In Proceedings of the Ninth IASTED International Conference on Parallel and Distributed Computing and Networks, Innsbruck, Österreich, 2010, S. 172–180.

[BPV08]
Buyya, Rajkumar; Pathan, Mukaddim; Vakali, Athena; *Content Delivery Networks (Lecture Notes in Electrical Engineering)*, Berlin, Springer, 2008.

[HaSz04]
Hattingh, Christina; Szigeti, Tim; *End-to-End QoS Network Design: Quality of Service in LANs, WANs, and VPNs*, Macmillan Technical Publishing, 2004.

[Herh08]
Herheuser, Rolf; *Planung von Vermittlungsnetzen*, ETH Zürich, vdf Hochschulverlag, 2008.

[ISO 10400]
ISO 10040: Information technology – Open Systems Interconnection – Systems management overview, International Organization for Standardization, 1998.

[ITU-T M.3400]
ITU-T Recommendation M.3400 (02/00): TMN management functions, International Telefommunication Union, 2001.

[KuRo09]
Kurose, James F.; Ross, Keith W.; *Computer Networking: A Top-Down Approach*, Prentice Hall International, 2009.

[LSW08]
Lehner, Franz; Scholz, Michael; Wildner, Stephan; *Wissensmanagement. Grundlagen, Methoden und technische Unterstützung*, 1. Auflage, Hanser Fachbuchverlag, 2008.

[Mcca07]
McCabe, James D.; *Network Analysis, Architecture, and Design*, 3, Burlington, Massachusetts, USA, Morgan Kaufmann, 2007.
Literaturverzeichniseintrag Kapitel 4.1.4.

[Mcca98]
McCabe, James D.; *Network Analysis, Architecture, and Design*, Morgan Kaufmann, 1998.

[MSS11]
McFarland, Shannon; Sambi, Muninder; Sharma, Nikhil; *IPv6 for Enterprise Networks*, Cisco, 2011.

[Muel09]
Müller, Maxim; *Information als Produktionsfaktor*, TU Dresden, Proseminar Information Lifecycle Management, Lehrstuhl für Multimediatechnik, 2009.

[RFC 1058]
Hedrick, C.; *RFC 1058: Routing Information Protocol*, IEFT, 1988, https://tools.ietf.org/html/rfc1058.

[RFC 1271]
Waldbusser, S.; *RFC 1271: Remote Network Monitoring Management Information Base*, IEFT, 1991, https://tools.ietf.org/html/rfc1271.

[RFC 1388]
Malkin, G.; *RFC 1388: RIP Version 2. Carrying Additional Information*, IEFT, 1993, https://tools.ietf.org/html/rfc1388.

[RFC 1633]
Braden, R.; Clark, D.; Shenker, S.; *RFC 1633: Integrated Services in the Internet Architecture: an Overview*, IEFT, 1994, https://tools.ietf.org/html/rfc1633.

[RFC 1757]
Waldbusser, S.; *RFC 1757: Remote Network Monitoring Management Information Base*, IEFT, 1995, https://tools.ietf.org/html/rfc1757.

[RFC 2021]
Waldbusser, S.; *RFC 2021: Remote Network Monitoring Management Information Base Version 2 using SMIv2*, IEFT, 1997, https://tools.ietf.org/html/rfc2021.

[RFC 2328]
Moy, J.; *RFC 2328: OSPF Version 2*, IEFT, 1998, https://tools.ietf.org/html/rfc2328.

[RFC 2474]
Nichols, K.; Blake, S.; Baker, F.; Black, D.; *RFC 2474: Definition of the Differentiated Services Field (DS Field) in the IPv4 and IPv6 Headers*, IEFT, 1998, https://tools.ietf.org/html/rfc2474.

[RFC 2475]
Blake, S.; Black, D.; Carlson, M.; Davies, E.; Wang, Z.; *RFC 2475: An Architecture for Differentiated Services*, IEFT, 1998, https://tools.ietf.org/html/rfc2475.

[RFC 2597]
Heinanen, J.; Baker, F.; Weiss, W.; Wroclawski, J.; *RFC 2597: Assured Forwarding PHB Group*, IEFT, 1999, https://tools.ietf.org/html/rfc2597.

[RFC 2598]
Jacobson, V.; Nichols, K.; Poduri, K.; *RFC 2598: An Expedited Forwarding PHB*, IEFT, 1999, https://tools.ietf.org/html/rfc2598.

[RFC 2638]
Nichols, K.; Jacobson, V.; Zhang, L.; *RFC 2638: A Two-bit Differentiated Services Architecture for the Internet*, IEFT, 1999, https://tools.ietf.org/html/rfc2638.

[RFC 2819]
Waldbusser, S.; *RFC 2819: Remote Network Monitoring Management Information Base*, IEFT, 2000, https://tools.ietf.org/html/rfc2819.

[RFC 2873]
Xiao, X.; Hannan, A.; Paxson, V.; Crabbe, E.; *RFC 2873: TCP Processing of the IPv4 Precedence Field*, IEFT, 2000, https://tools.ietf.org/html/rfc2873.

[RFC 3056]
Carpenter, B.; Moore, K.; *RFC 3056: Connection of IPv6 Domains via IPv4 Clouds*, IEFT, 2001, https://tools.ietf.org/html/rfc3056.

[RFC 3410]
Case, J.; Mundy, R.; Partain, D.; Stewart, B.; *RFC 3410: Introduction and Applicability Statements for Internet Standard Management Framework*, IEFT, 2002, https://tools.ietf.org/html/rfc3410.

[RFC 3411]
RFC 3411: An Architecture for Describing Simple Network Management Protocol (SNMP) Management Frameworks, IEFT, 2002, https://tools.ietf.org/html/rfc3411.

[RFC 3412]
Case, J.; Harrington, D.; Presuhn, R.; Wijnen, B.; *RFC 3412: Message Processing and Dispatching for the Simple Network Management Protocol (SNMP)*, IEFT, 2002, https://tools.ietf.org/html/rfc3412.

[RFC 3413]
Levi, D.; Meyer, P.; Stewart, B.; *RFC 3413: Simple Network Management Protocol (SNMP) Applications*, IEFT, 2002, https://tools.ietf.org/html/rfc3413.

[RFC 3414]
Blumenthal, U.; Wijnen, B.; *RFC 3414: User-based Security Model (USM) for version 3 of the Simple Network Management Protocol (SNMPv3)*, IEFT, 2002, https://tools.ietf.org/html/rfc3414.

[RFC 3415]
Wijnen, B.; Presuhn, R.; McCloghrie, K.; *RFC 3415: View-based Access Control Model (VACM) for the Simple Network Management Protocol (SNMP)*, IEFT, 2002, https://tools.ietf.org/html/rfc3415.

[RFC 3416]
Presuhn, R.; *RFC 3416: Version 2 of the Protocol Operations for the Simple Network Management Protocol (SNMP)*, IEFT, 2002, https://tools.ietf.org/html/rfc3416.

[RFC 3417]
Presuhn, R.; *RFC 3417: Transport Mappings for the Simple Network Management Protocol (SNMP)*, IEFT, 2002, https://tools.ietf.org/html/rfc3417.

[RFC 3418]
Presuhn, R.; *RFC 3418: Management Information Base (MIB) for the Simple Network Management Protocol (SNMP)*, IEFT, 2002, https://tools.ietf.org/html/rfc3418.

[RFC 3849]
Huston, G.; Lord, A.; Smith, P.; *RFC 3849: IPv6 Address Prefix Reserved for Documentation*, IEFT, 2004, https://tools.ietf.org/html/rfc3849.

[RFC 4213]
RFC 4213: Basic Transition Mechanisms for IPv6 Hosts and Routers, IEFT, 2005, https://tools.ietf.org/html/rfc4213.

[RFC 4380]
Huitema, C.; *RFC 4380: Teredo: Tunneling IPv6 over UDP through Network Address Translations (NATs)*, IEFT, 2006, https://tools.ietf.org/html/rfc4380.

[RFC 4843]
Nikander, P.; Laganier, J.; Dupont, F.; *RFC 4843: An IPv6 Prefix for Overlay Routable Cryptographic Hash Identifiers (ORCHID)*, IEFT, 2007, https://tools.ietf.org/html/rfc4843.

[RFC 5424]
Gerhards, R.; *RFC 5424: The Syslog Protocol*, IEFT, 2009, https://tools.ietf.org/html/rfc5424.

[RFC 791]
RFC 791: Internet Protocol, IEFT, 1981, https://tools.ietf.org/html/rfc791.

[Seid98]
Seidenberg, Ulrich; *Ist Information als eigenständiger Produktionsfaktor aufzufassen?*, Siegen, Universität Siegen, Fachbereich Wirtschaftswissenschaften, Fachgebiet Betriebswirtschaftslehre, 1998.

[TePa05]
Teare, Diane; Paquet, Catherine; *Campus Network Design Fundamentals*, Indianapolis, USA, Cisco Press, 2005.

[Verm02]
Verma, Dinesh Ch.; *Content Distribution Networks: An Engineering Approach*, Wiley & Sons, 2002.

[Wigg04]
Wiggers, Jens; *Planung lokaler Computernetze: Methoden zur Synthese, Simulation und Modellbildung*, 1. Auflage, dissertation.de, 2004.

Sachindex